内外城河风光带

图书在版编目（CIP）数据

大事如皋. 2019 / 江苏省如皋市档案馆编. —北京：方志出版社，2020. 6
ISBN 978-7-5144-4224-3

Ⅰ. ①大… Ⅱ. ①江… Ⅲ. ①如皋—地方史—大事记—2019 Ⅳ. ①K295. 34

中国版本图书馆CIP数据核字（2020）第109360号

大事如皋（2019）

编　　者：江苏省如皋市档案馆
责任编辑：黄　彦

出 版 者：方志出版社
地址　北京市朝阳区潘家园东里9号（国家方志馆4层）
邮编　100021
网址　http://www.fzph.org
发　　行：方志出版社图书经销中心
电话（010）67110500
经　　销：各地新华书店

印　　刷：南通彩虹印刷有限责任公司
开　　本：889×1194　1/16
印　　张：18
字　　数：423千字
版　　次：2020年6月第1版　2020年6月第1次印刷
印　　数：001～500册

ISBN 978-7-5144-4224-3　定价：150.00元

·版权所有　翻印必究·

大事如皋

CHRONICLE OF EVENTS IN RUGAO

中共江苏省如皋市委员会
江苏省如皋市人民政府 主办
江苏省如皋市档案馆 编

2019

方志出版社
Publishing House of Local Records

《大事如皋》编纂委员会

主 任 委 员：张建华　何益军

副主任委员：丁兴华　钱志刚　张亚鸾　刘晓洁

委　　　员：杜晓峰　龚卫东　陈小燕　许映亮　谢晓明

冒玉书

主　　　编：谢晓明

副　主　编：徐爱军　陈　红　陈永圣　周丽君　沈红莲

编　　　辑：曹　健　刘宁宁　李小霞　周春燕　吴红梅

丁小雁　陈建华　姚　晖　石明志

序

岁月荏苒，历史的如椽巨笔，始终在神州大地浓墨重彩书写巨大的变化。刚刚过去的2019年，举国共庆中华人民共和国70华诞，如皋围绕“构建长江经济带战略支点重要支撑”定位，突出“做实产业、做优城市、做好民生、建强队伍”四大重点，只争朝夕不负韶华，担当作为不甘人后，奋力谱写了“强富美高”新如皋建设的崭新篇章。

坚持抓项目促发展，以实干笃定前行，高质量发展平稳推进。全年新开工亿元以上项目126个，投资300亿元的正威5G新材料项目正式签约，跑出了令人称赞的“如皋速度”。全市“5+2”产业体系初具规模，工业、服务业等主要经济指标保持高位增长，GDP增速高于全国、全省和南通水平。

着力回应百姓关切，办实事服务民生，城乡建设统筹发展。调整优化教育布局，开工建设如师二附、城东小学等一批学校，如皋市普通高考三项核心指标列南通第一。排除万难、系统推进公立医院改革。老百姓期盼已久的龙游河与外城河正式贯通，城市水质大幅度提升；推进实施了34项重点城建工程，城市新的网红打卡地相继建成。以产业带动乡村振兴，务实推进防范化解重大风险、精准脱贫、污染防治三大攻坚，天蓝、水清、地绿的美丽画卷正徐徐展开。

全面改善出行条件，全方位改造提升，交通格局有效拓展。盐通高铁、通沪铁路大桥、如皋高铁南站抓紧建设，如皋距离上海一小时都市圈又近了一步。切实解决农村交通“最后一公里”，高标准完成路、桥改造提升，全面改善出行条件。张皋地江通道双向八车道的桥梁方案确定，如皋跨过长江天堑、全方位融入苏南的梦想不再遥远。

如皋援疆60年纪念大会上，《豪情雉水 壮志天山》宣传片令所有与会者泪流满面；面对尖刀英勇牺牲的辅警沈银亮、助人为乐热心公益的薛娟、诚实守信一诺千金的施建银当选“中国好人”；华人少年季显恩作为唯一一位钢琴家获法国《神童》天才秀总冠军；朱美芳当选中国科学院士、许映乔浩瀚星海酬壮志……2019年，感动如皋的人和事不断涌现。如皋，以他们为傲！

全力以赴，必见彩虹。如皋建成全国规范城市户外广告设施管理试点县、创成国家农业绿色发展先行区、“四好农路”省级示范市、农村物流省级示范市。如皋国际马拉松赛暨全国马拉松锦标赛、中甲联赛等重大赛事成功举办。融媒体中心全省率先挂牌，新时代文明实践中心守正创新，“两个中心”成为全国试点。各类风险矛盾有效化解，连年荣膺省平安县（市）、省法治建设示范县（市）称号，百姓安全感不断提升。文化新地标华夏电影文化中心正式开馆，平园池村代表江苏亮相海南博鳌。

新故相推，未来可期。回顾2019，市档案馆秉持档案工作者历史使命，及时编撰出版《大事如皋（2019）》，谨以此书忠实记录如皋人民生产、生活中发生的大事、要事以及取得的丰硕成果，并向奋斗者致以崇高的敬意！展望2020，时值高水平全面建成小康社会、“十三五”规划即将完美收官和十九届五中全会全新开局，在这巨变的年代，勤劳智慧的如皋人民必将继续担当历史责任和使命，牢牢把握长三角一体化发展重大机遇，直面变局和挑战，重启征程，奋勇向前，用实干推动高质量发展走在前列，用实干创造如皋更加美好的明天！

编　者

2020年4月

编辑说明

《大事如皋》是以马克思列宁主义、毛泽东思想、邓小平理论、“三个代表”重要思想、科学发展观、习近平新时代中国特色社会主义思想为指导，坚持辩证唯物主义和历史唯物主义的立场与观点，以时间为序，收录如皋市经济、政治、文化、社会、生态文明建设的重要档案文献资料，旨在为各级领导、各部门了解全市的工作动态和发展情况、总结经验、指导工作等提供系统的档案信息服务。

《大事如皋(2019)》记录和反映了如皋市2019年全市范围内发生的大事、要事、新事及市委、市政府为民办实事项目，以图文并茂的形式记述党和政府的重大政策、各部门的重大活动、各界人士关注的重大事件、与人民群众生活密切相关的重大项目，记录成就，展示风貌，保存史料。

全书由领导调研、热点聚焦、新闻人物、大事纪要、成就展台、惠民实事、专文选编、先进荣誉、组织机构9个部分的内容组成。

领导调研 主要记录和反映省、部级以上和南通市委、市人大、市政府、市政协主要领导人在本地区的重要活动情况。

热点聚焦 选取全市2019年事关全局、有广泛和长远影响的大事、要事、特事，重点加以记述。

新闻人物 简要介绍如皋市新上任、有变动的四套班子成员简历；作出重大贡献、获得全国性表彰、取得突出成就，或产生重大影响的本地、外地及海外如皋籍人士的履历、事迹。

Bianji shuoming

大事纪要 按时间顺序逐条记载2019年如皋经济、政治、军事、文化、社会、生态文明等方面的情况、部门工作动态、重大活动和事件、重大案件和事故及本地区的特异自然现象等。结合新中国成立70周年，增加“壮丽如皋70年”最具影响力的10件大事的内容。

成就展台 记录和展示全市2019年经济社会发展所取得的重大成就。结合新中国成立70周年，增加新中国成立70周年如皋市国民经济综合实力综述的相关内容。

惠民实事 记述2019年市委、市政府确定的为民办实事项目的落实情况。

专文选编 选录市委、市政府重要专题报告和相关部门的情况公报。

先进荣誉 包括获得国家级、省部级、南通级和如皋市级奖励和荣誉称号的人物、成果、活动等。

组织机构 反映全市组织机构设置和四套班子、各单位各部门当年度在职的正、副职负责人员名录。若当年度职务有变动的，则注明任职、免职时间。

如皋市档案馆

2020年3月

目 录

■领导调研

■热点聚焦

Mu Lu

■新闻人物

■大事纪要

■成就展台

■惠民实事

■专文选编

■先进荣誉

■组织机构

领导调研

Lingdao Diaoyan

南通市领导黄巍东一行在如皋开展慰问活动

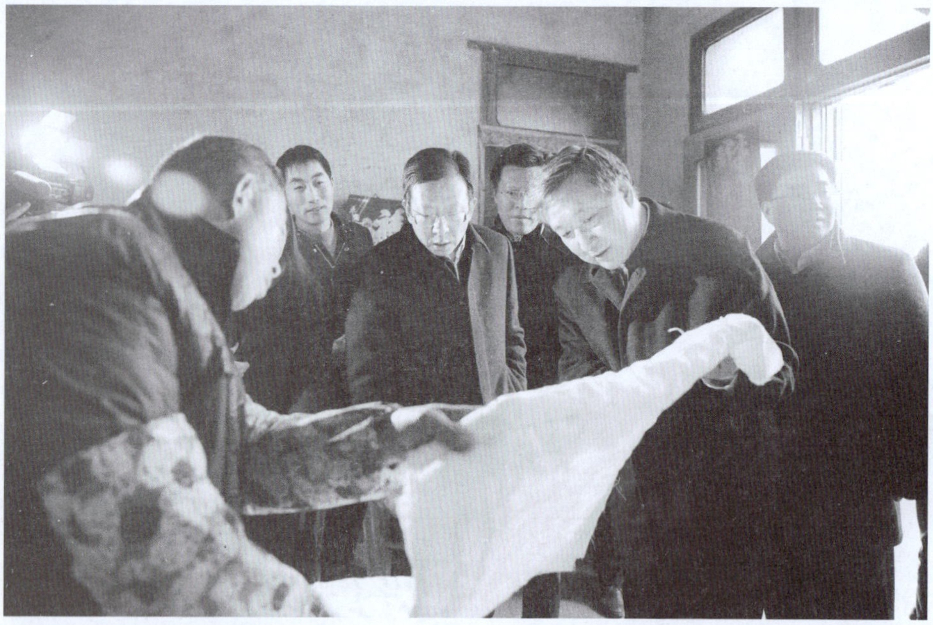

黄巍东（右二）一行在如皋开展慰问活动　　　　邱　宇　摄

1月28日，南通市政协主席黄巍东、南通市人大常委会副主任董正超一行到如皋，开展慰问活动。市领导张建华、张元健参加活动。

在驻如空军部队，黄巍东了解部队建设情况，向官兵们致以新春佳节祝福和亲切问候，并对部队官兵为地方发展作出的贡献表示衷心感谢。黄巍东说，驻如皋空军部队始终保持我军优良传统，是一支特别能战斗的部队，在保家卫国、支持地方发展等方面做了大量工作。他表示，在今后的工作中，将一如既往地关心支持军队建设发展，与时俱进做好拥军优属工作，切实当好坚强后盾，不断推动军民融合深度发展。

家住吴窑镇小马村22组的顾海泉，曾参加南疆保卫战，是重点优抚对象，患有糖尿病，退休后在家务农。黄巍东详细了解老人身体状况和生活情况，他说，老人作为一名老军人，为社会主义国防事业作出过重大贡献，有关部门和单位要主动关心关爱，定期走访慰问，用心用情做好服务工作，积极帮助老人解决生活难题，让老人安享晚年，幸福生活。

家住吴窑镇立新社区的严林，因意外导致双腿活动不便。妻子年迈体弱，需要长年服药。黄巍东关切地询问他家的生活情况，鼓励他要保持乐观心态，树立信心，积极面对困难，并叮嘱社区干部，要照顾好困难群众的基本生活，让他们感受到党和政府的温暖。

吴窑镇敬老院强化投入，为老年人创造了良好的生活娱乐条件，使老年人不仅能够老有所养，还能够老有所乐。黄巍东一行仔细察看敬老院老人们居住和休闲环境，并与老人、敬老院负责人和工作人员亲切交谈，详细询问老人们饮食起居等生活情况，并叮嘱敬老院负责人，要继续加强管理、照料好老人的饮食起居，让他们在敬老院愉快地安享晚年。

黄巍东向不同对象分别送上慰问品和慰问金，并强调，要牢固树立以人民为中心的发展思想，时刻把百姓冷暖放在心上，想群众之所想、急群众之所急、解群众之所需，千方百计帮助群众排忧解难，推动发展成果持续惠及广大百姓，不断提升群众幸福感和满意度。

徐惠民调研如皋生态环境整治工作

3月5日，南通市委副书记、市长徐惠民率队到如皋，对生态环境整治工作进行重点调研。市领导张建华、丁锋、黄文斌陪同调研。

图为徐惠民（前排右二）调研如皋市生态环境整治工作　黄友谊　摄

沪江油品整治现场负责人介绍，如皋市已于2018年10月形成场地调查与风险评估报告、生态环境损害评估报告、修复技术方案，经反复论证，通过专家评审。修复工程已于2月中旬开始现场施工。听取汇报后，徐惠民表示，要高度重视、一抓到底，精准施策、科学治理，严格按照规范施工作业，消除可能存在的环境污染隐患。

徐惠民还实地查看了沿江非法码头拆除复绿工程的部分施工现场。2017年以来，如皋市主动梳理排查违法占用生态岸线的小码头33座，高效推进沿江岸线整治，切实保护沿江生态红线，2018年3月全部拆除完毕，并对原有场地进行了土地平整复绿。2019年，如皋市又全面启动绿化提升工程，对原非法码头拆除后的场地进行覆土植绿，栽种水杉苗，确保北汊区域绿化成林成带。徐惠民强调，一定要狠抓过程控制、确保工程质量，努力提高苗木的成活率，同时要落实专人加强栽后管护，保证复绿一处、成林一片。

在化工园区废气扰民整治现场，徐惠民实地检查了百川化工的监测中心和废气排放点。目前，百川化工正按照整改方案加大基础设施投入改造，加强无组织废气收集处理，对储罐废气、污水站厌氧废气治理措施进行同步优化。“企业要发展，一定要舍得投入。只有环保投入跟上了、检测达标了，企业才能一劳永逸，一心一意谋发展，才能驶上快车道。”徐惠民要求如皋市继续强化整改力度，继续督促企业扎实整改，努力实现经济发展与安全生态环境保护双赢。

调研中，徐惠民强调，认识要再统一，牢固树立“绿水青山就是金山银山”的理念，强化问题导向，克服惯性思维，加大落实力度，凝聚全社会环保共识；措施要再加强，要通过联动执法、综合执法等，倒逼企业履行责任、加大投入、整改问题，推动环境质量持续改善；成效要再提升，要以系统化思维推进标本兼治，提高环保水平和治理能力，让老百姓参与、监督、认可。徐惠民同时强调，要正确处理生态环保与项目建设、经济发展的关系，提高项目准入门槛和企业环保标准，用大项目、好项目推动新型工业化，坚定不移走高质量发展之路。

省政协副主席洪慧民调研如皋创业就业工作

4月3日，省政协副主席洪慧民率队到如皋，就“大力促进创业就业”开展专题调研。南通市政协主席黄巍东、副主席马啸平及如皋市领导何益军、张元健、茅红宇、高峰、刘晓洁及政协秘书长许映亮陪同调研。

洪慧民一行实地考察江苏省如皋留学人员创业园、顾庄生态园，并召开座谈会，听取如皋市促进创业就业工作情况汇报及部分企业家、职工代表的建议意见。

几年来，如皋市坚持扩大就业与提升质量并重、创业带动与促进就业并举，深入实施“就业富民”工程、“创业远航”行动、援企稳岗“护航行动”，全市创业就业形势稳中向好，创业就业工作服务社会稳定、经济转型、改善民生的作用得到充分发挥。近三年来，全市新增就业2.8万人，新增创业1.65万人，创业带动就业6.2万人，就业创业培训4.4万人，城镇登记失业率稳控在2%以下。创业创新环境评价全省第一，荣获“江苏省创业型示范城市”“农民工返乡创业国家级试点城市”称号，位列全国创新创业（双创）百强县第23位。

市委副书记、市长何益军指出，如皋市作为人口大县，大众创业、万众创新显得尤为重要。实体经济是创业就业的根本，就业兜底保障事关老百姓的幸福指数，事关民心之本，事关党的执政基础。要注重把孵化中小企业的温床培育好，营造良好的营商环境，推动创业带动就业，实现稳定扩大就业。何益军表示，如皋市下一步将进一步加大工作力度，推动创业就业工作高质量发展，让老百姓充分享受改革开放的成果。

洪慧民充分肯定如皋市大力促进创业就业工作所取得的成绩，认为如皋市在提升创业就业能力、培育载体、优化服务等方面取得了显著成效，值得学习借鉴。他表示，调研组将认真总结如皋经验，梳理汇总相关意见建议，同时希望如皋市持续加大对创业就业工作的投入力度，有效降低社会保险费率，促进实体经济健康发展。

省委宣传部副部长葛莱调研如皋新时代文明实践中心建设工作

4月10日，省委宣传部副部长葛莱率队到如皋，就新时代文明实践中心建设工作开展调研。南通市委常委、宣传部部长陆卫东，如皋市领导丁兴华、茅红宇陪同调研。

葛莱一行实地走访丁堰镇刘海村公共文化服务中心、市文化广场、孔庙社区公共文化服务中心、武定苑、安定广场移风易俗主题文艺巡演现场、如皋24小时自助图书馆、长巷秀水公共服务中心等处，深入了解如皋市新时代文明实践中心（所、站、点）建设和活动开展情况，并听取如皋市关于试点工作开展情况的汇报。

2018年10月，如皋市被定位全省27个新时代文明实践中心建设试点县（市、区）之一。为更好地推动新时代文明实践工作，如皋市问需于民、精准施策、知行合一，推动市、镇、村、组文明实践中心、所、站、点四级体系建设，首批建成的153个新时代文明实践示范站点，遍及城乡各个板块，推动文明实践由点及面，从先行示范到全面开花。

葛莱对如皋市新时代文明实践试点建设工作给予充分肯定。他说，这次调研深受感染、收获很大，能够真切感受到新时代文明实践建设在如皋落地生根，特别是在新时代文明实践建设中体现出的“自觉主动、融合创新、精细务实”三个方面令人印象深刻。他希望如皋市在下阶段新时代文明实践中心建设中，要坚持在高水准全覆盖上下功夫，要在融媒体中心、新时代文明实践中心“两个中心”深度融合上下功夫，确保试点工作走在南通乃至全省前列；要进一步推动城乡一体文明，在持续做好全国文明城市创建标杆的同时，加强农村精神文明建设，争创全国县域农村精神文明建设示范县，打造全省文明实践的如皋样板。

中国侨联副主席邵旭军到如调研经济社会发展情况

5月23日，全国政协委员、中国侨联副主席邵旭军率队到如，调研如皋市经济社会发展情况。市领导何益军、吴道健、刘向阳、程瑞琴陪同调研。

邵旭军一行实地调研花木大世界（如皋）国际园艺城、李昌钰刑侦科学博物馆等处。

如皋市是全国知名的花木之乡，花木产业既是特色产业也是富民产业，花木大世界（如皋）国际园艺城是如派盆景的集中展现地。在详细了解了如派盆景艺术的历史发展、流派传承、布设之法、继承创新以及名师佳作之后，邵旭军对如皋的盆景艺术以及园艺城以绿为媒，挖掘和保护盆景艺术的建设宗旨表示赞赏，她希望如皋市今后要在现有基础上进一步彰显特色、凸显优势，带动园艺、旅游等相关产业发展。

被誉为“当代福尔摩斯”“现场重建之王”的国际著名刑侦专家李昌钰是如皋籍侨胞的典型代表。李昌钰刑侦科学博物馆以李昌钰家庭、著作、成就等为主线，再现其人生轨迹。除传统资料展陈外，虚拟影像、数字影片、凶案现场模拟等激发了参观者对刑侦的兴趣。邵旭军详细了解了李昌钰博士的求学、工作经历及著名刑侦鉴识案例后，对博物馆的建设给予充分肯定，她希望如皋市进一步加大对博物馆的保护、挖掘和塑造力度，让李昌钰博士“让不可能成为可能”的卓越精神得到传承和弘扬。

考察中，邵旭军对如皋市先进的发展理念、强劲的发展魄力和浓厚的发展氛围深有感触。她表示，回去后将充分结合侨联人才荟萃、智力密集、联系广泛的优势，把握机遇，为如皋实现更高质量发展、推进更高水平开放、创造更加美好生活，作出侨界的贡献。她同时希望广大侨胞与如皋地方政府加强交流与沟通，争取达成合作，助力如皋经济社会持续跨越发展。

南通市委书记陆志鹏到如皋调研

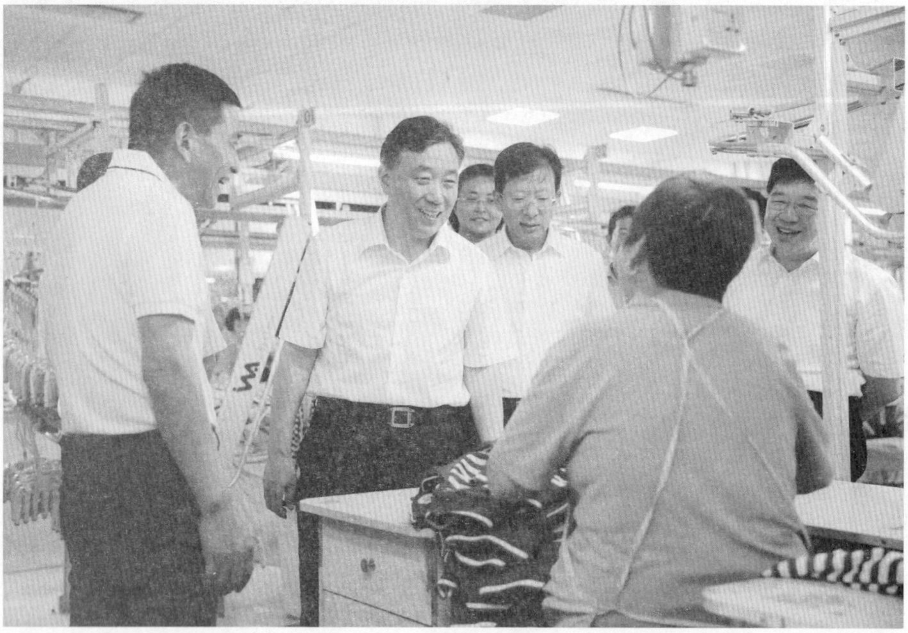

陆志鹏（左二）一行在小樱时装调研　　邱　宇摄

7月17日，南通市委书记陆志鹏一行到如皋市调研。南通市委副书记、秘书长、统战部部长沈雷，南通市委常委、组织部部长封春晴及如皋市领导张建华、丁兴华、茅红宇参加活动。

项目建设推进情况时刻牵动着陆志鹏的心。在森松（江苏）重工有限公司，陆志鹏在工作人员的带领下，走进企业新上项目车间，参观产品整个生产流程，并就关切的生产工艺、产品性能、配件供应、科技研发、未来发展计划等话题，与企业负责人进行交流。森松（江苏）重工有限公司现已经成长为国内压力容器生产企业翘首，陆志鹏希望企业加快上市步伐，进一步做大做强如皋基地。南通小樱时装有限公司是一家传统服装生产企业，在服装设计、生产两大关键环节上，以独特的款式和优质的品质赢得客户欢迎，成为品牌童装的定点生产企业。在参观企业生产车间的过程中，陆志鹏仔细询问产品利润和客户结算的一些情况。他鼓励企业积极转型升级，进一步提升生产经营水平。江苏卓远半导体有限公司是一家以创新为主导，以先进技术为基础的高新技术企业，主要从事第三代半导体晶体碳化硅、MPCVD钻石、大尺寸硅晶体的全自动智能设备制造及晶体材料的研发、生产、深加工，具有建设晶体生长到晶体精加工完整产业链的能力。在项目现场，陆志鹏听取项目概况、研发力量、主要产品等情况介绍，详细解了项目建设进度、产能等有关情况。他对企业负责人心系家乡，积极回如皋创业、助推家乡发展的情怀给予赞赏。

随后，陆志鹏一行又到全国文明村——江安镇周庄社区进行调研。在了解社区人口、农民人均纯收入、党员队伍建设等基本情况后，陆志鹏就关心的村新时代文明实践站建设和运行工作，与社区负责人进行探讨。周庄社区通过制定村规民约、搭建文化活动阵地、提供红白喜事场所、打造周庄乡愁馆等综合措施，把生态宜居社区变成既美丽又文明的幸福社区。

他指出，新时代文明实践中心（所、站）不仅是培育和践行社会主义核心价值观的重要载体，也是党组织发挥核心作用、凝聚民心、服务群众的重要平台。他引用抗日战争时期共产党人做群众工作的事例启发大家，要强化组织建设，形成组织全覆盖，从而更好地服务群众、帮助群众解决实际问题，让广大人民群众充分感受到党的温暖。

调研座谈会上，市委书记张建华汇报如皋市项目建设、招商引资、党的建设、“三大攻坚战”等重点工作推进情况。陆志鹏在讲话时指出，如皋市要集中力量抓项目的转化，着力推动签约项目向开工项目转化、开工项目向竣工项目转化、竣工项目向规上企业转化；要强化底线思维，坚决守住项目建设环保底线、政策底线、产出底线。他强调，要落实更扎实有效措施，打好“三大攻坚战”。他要求，要加强平台建设，抓好队伍建设，抓实基层工作，提升党建水平。

省高院领导刘亚平到如皋调研长江流域环境资源第二法庭工作情况

7月26—27日，省高院巡视员、审判委员会专职委员刘亚平率队调研长江流域环境资源第二法庭工作情况。市委常委、政法委书记缪小华出席会议。

刘亚平一行参观如皋市生态环境保护执法司法联动中心，详细了解联动中心的部门组成、工作机制、运行情况，对如皋市在生态环境保护上取得的成效给予肯定。

座谈会上，相关部门负责人汇报长江流域环境第二法庭设计方案及一年以来环境资源审判工作情况。缪小华表示，市人民法院人少案多的情况有所缓解，司法部门工作效率也在不断提高，下一步，市委、市政府将全力支持环境资源第二法庭的建立，不辜负上级和群众的信任。

刘亚平肯定如皋市人民法院关于环境资源审判跨区域管辖的工作成果，并提出了相关建议。他表示，环境资源法庭的建立，尤其是根据生态工程区划分的“9+1”专业化法庭（2019年1月，江苏省高级人民法院以全省生态功能区为单位，在全省基层法院中设立九个生态功能区环境资源法庭，跨行政区划集中管辖全省基层法院管辖的一审环境资源案件。同时，经最高人民法院批准，在南京中院设立环境资源法庭，集中管辖全省中级人民法院审理的一审环境资源案件和不服九个环境资源法庭审结案件的上诉案件，形成环境资源审判的“9+1”新机制）是贯彻落实生态文明建设的重要载体，离不开高水平的政治站位，如皋市人民法院要把工作放在依法治国、全面深化改革中来考虑；要放宽眼界，充分利用专家库的专家，将环境审判打造成国际品牌；要建立法院联络网，积极协调辖区法院和巡回法院的关系；要用历史的眼光看问题，坚持保护环境的司法理念；要推广信息化技术，提升治理水平、治理能力，让如皋成为环境资源审判跨区域管辖的样本。

省委主题教育第四巡回指导组吕振霖一行到如皋调研指导

10月26日，省委“不忘初心、牢记使命”主题教育第四巡回指导组组长、省人大常委会原秘书长吕振霖一行到如皋，就如皋市主题教育开展情况进行调研指导。南通市委组织部常务副部长杨曹明，南通市委“不忘初心、牢记使命”主题教育第三指导组组长、南通市政协副秘书长陈亮及如皋市领导张建华、何益军、丁兴华、刘向阳、缪爱诚参加活动。

市委书记张建华汇报了如皋市“不忘初心、牢记使命”主题教育开展情况。“不忘初心、牢记

吕振霖（右二）一行走访花木大世界（如皋）国际园艺城　邱　宇　摄

使命”主题教育开展以来，如皋市按照中央和省市统一部署，紧扣“守初心、担使命，找差距、抓落实”总体要求，聚焦主题主线，对标对表一体推进，扎实推动主题教育落地落效。过程中，如皋市把开展好主题教育作为一项重大政治任务，精心组织推进，压紧压实责任，加强督促指导，牢牢把握组织领导到位、指导推进到位、宣传引导到位“三个到位”，确保全市主题教育有力有序推进；强化理论武装，抓牢学习教育这个根本，聚焦学习贯彻习近平新时代中国特色社会主义思想这条主线，做到坚持提前谋划学、坚持以上率下学、坚持丰富载体学“三个坚持”，促进党员干部在学深悟透中筑牢信仰之基、补足精神之钙、把稳思想之舵，真正使理论思想观念与初心相契合、与使命相符合、与时代相融合；强化问题导向，坚持把问题导向贯穿主题教育全过程，以正视问题的自觉和刀刃向内的勇气，立足深入开展调查研究、深刻检视存在问题、深度推动整改落实“三个深”，边学边查边改，着力通过探索建立“两代表一委员”密切联系群众工作机制，访民情、听民意、解民忧，推动主题教育取得更多实质性效果；强化分类指导，全面落实“普通党员全员参与、全面覆盖”的工作要求，努力做到标准体系建设全覆盖、支部书记培训全覆盖、普通党员参与全覆盖，抓实基层党支部和普通党员学习教育，进一步发挥好基层支部战斗堡垒作用和党员先锋模范作用；

强化统筹推进，把开展主题教育与推进中心工作、改善民生紧密结合，努力把产业做得更实、城市做得更优、民生做得更好、队伍建得更强，让人民群众真正感受到主题教育带来的实实在在的变化。

吕振霖在调研中指出，如皋开展主题教育思想认识到位、组织领导到位、各项工作推进到位。

在肯定成绩的同时，他希望如皋市在开展主题教育中做到理论联系实际，用习近平新时代中国特色社会主义思想研究如皋实现高质量发展的新思路、新举措；抓好“关键少数”,带动“绝大多数”，发挥好领导班子的榜样作用，引领带动全市主题教育往深里走、往心里走、往实里走，让习近平新时代中国特色社会主义思想“飞入寻常百姓家”；把主题教育与其他工作紧密融合，持续推动经济社会发展和民生改善，让老百姓在主题教育中有更多获得感、幸福感。

吕振霖一行还走访了红十四军纪念馆（南通市初心使命党性教育基地），经济技术开发区的城北社区、平园池村以及如皋工业园区（如城街道）的花木大世界（如皋）国际园艺城、江苏华夏电影胶片修复技术有限公司。每到一处，他都要详细了解“不忘初心，牢记使命”主题教育开展情况，并希望各单位结合自身实际，切实推动主题教育接地气、见实效。

热点聚焦

Redian Jujiao

如皋百岁老人440位再创新高

老龄办对全市老龄人口情况进行详细统计，数据显示，截至2019年1月1日，百岁老人总数达440位，比上年新增37位，再创历史新高。百岁老人中，男性92位，女性348位，105岁以上的达22位。

百岁老人中，最年长的寿星是家住下原镇桃园村2组的杨德英，111岁高龄；最年长男性为白蒲镇107岁的陈湖庭老人。此外，如皋还有一对百岁夫妻和百岁姐弟。白蒲镇文峰村的一对百岁夫妻加起来207岁，丈夫徐良泉103岁，妻子邵秀英104岁，结婚已经83年，生育两儿两女，目前五世同堂；在子孙的悉心照料下，二老仍能一起看报、打长牌，成为当地一段佳话。搬经镇103岁的马士凤与城北街道101岁的马治元为百岁姐弟，虽然不能走动来往，但经常视频通话，姐弟感情笃深。

如皋是我国百岁老人总数最多的县(市)，是著名的“世界长寿乡”。另有80周岁以上高龄老人6.48万人，90周岁以上高龄老人0.94万人。近年来，该市先后出台一系列养老、惠老政策，全市尊老敬老孝老助老蔚然成风。

市委十二届八次全体(扩大)会议召开

市委十二届八次全体(扩大)会议会场　　黄友谊 摄

1月5日，市委十二届八次全体(扩大)会议在市行政中心礼堂胜利召开，高举习近平新时代中国特色社会主义思想伟大旗帜，贯彻落实中央和省委、南通市委各项决策部署，回顾总结去年工作，研究部署今年经济社会发展和党的建设工作，动员全市各级党组织和广大党员干部，推动解放思想再深入、改革开放再出发，团结带领全市上下真抓实干、跨越赶超，奋力构建长江经济带战略支点重要支撑，接续开辟如皋高质量发展新境界。

市领导张建华、何益军、吴道健、张元健、丁兴华、马金华、缪小华、刘向阳、丁锋、史有根、缪爱诚、茅红宇、祝国庆、石慧宏在主席台就坐。

市委书记张建华代表市委常委会向大会作题为《解放思想再深入 改革开放再出发 接续开辟如皋高质量发展新境界》的工作报告。与会人员分组讨论并审议了此报告。

经过认真酝酿、讨论，出席这次全会的市委委员以举手表决的方式，一致通过《中国共产党第十二届委员会第八次全体(扩大)会议决议(草案)》。

会上,市委副书记、市长何益军通报2018年度全市项目建设考核结果,并就2018年度全市项目建设情况进行点评。高新区(城南街道)、长江镇(如皋港区)、江安镇、磨头镇、石庄镇、白蒲镇被授予流动红旗,如皋工业园区(如城街道)、搬经镇、下原镇进行表态发言。

何益军强调,2019年是重特大项目落地落实年。全市上下要牢固树立"抓项目就是抓经济"的理念,大力推进重大项目的落地落实、在建项目的竣工转化,全力打赢项目建设"翻身仗",确保考评位次重返南通"第一方阵"。要提振信心谋化项目,充分认识到项目建设是全市经济工作的"重头戏",是赢得竞争优势的"先手棋",是打基础利长远的"接力赛"。要精准发力紧盯项目,突出招大引强、补链强链,锁定重点区域、重点行业,抓住关键企业、关键人才,探索企业化、专业化招商机制。要分类施策推进项目,做好项目储备,抓实项目开工,加快项目推进,全力以赴突破关键环节,推动各领域项目建设取得更大成效。要优化环境服务项目,强化全程服务、要素保障、督查推进,坚持把服务项目作为应尽之责、分内之事,持续深化"放管服"改革,不断优化营商环境。

就贯彻落实全会精神,张建华强调,要统一思想抓落实。"构建战略支点重要支撑,接续开辟高质量发展新境界"的发展定位,既是历史赋予的使命责任,也是对我们的重大考验。面对新的目标定位,全市上下要以坚如磐石的信心、只争朝夕的劲头、坚韧不拔的毅力,一步一个脚印地拼搏奋斗,努力把宏伟蓝图变成美好现实。要聚焦重点抓落实。市委确定要围绕做实产业、做优城市、做好民生、建强队伍四大重点抓工作突破,各镇(区、街道)、各部门要紧扣目标任务,把力量往实处下、把心思往一线沉,抓好细化分解、抓实重点举措,确保抓出实效。不但要在全市比贡献,而且要在南通比位次,不断推动如皋高质量发展走在前列。要紧扣当前抓落实。临近春节,各项工作千头万绪,要善于"弹钢琴",统筹抓好当前工作。要集中精力开好"两会",确保会议圆满成功。要扎实推进机构改革,严格按照目标时限、动作规范,认真抓好各项工作。要统筹做好"春节"前后社会稳定、安全生产、食品安全、帮扶慰问、农民工工资等保障工作,确保社会大局保持和谐稳定。

如皋市举行纪念"爱心邮路"20周年暨新时代文明实践中心建设主题活动

1月7日,如皋市举行纪念"爱心邮路"20周年暨新时代文明实践中心建设主题活动,进一步挖掘和弘扬如皋"大爱文化",打造"大爱如皋"品牌,推动新时代文明实践中心建设。南通市委宣传部副部长、文明办主任蔡忠及如皋市张建华、何益军、丁兴华等四套班子领导参加活动。

图为1月7日新时代文明实践中心揭牌现场　邱　宇摄

市委书记张建华在活动上致辞。他说,雉水大地,古邑如皋,素有勤俭自强、乐善好施、扶危济困的传统美德,助人为乐的典型事例层出不穷。如皋的大爱美德一直在接续传承,爱心之花一直在竞相绽放。"爱心邮路"就是当今大爱如皋的一个生动典范。2006 年,市委、市政府作出建设爱心城市的决定,致力以凡人善举点亮道德灯塔,以群体效仿引领全民向善。12 年来,一大批爱心典型相继涌现。他指出,迈入新时代,以习近平为核心的党中央从战略和全局高度作出建设新时代文明实践中心的重大决策,着眼凝聚群众、引导群众,以文化人、成风化俗,打通宣传群众、教育群众、服务群众的"最后一公里",打造聚人聚心的"百姓之家"。如皋作为全省新时代文明实践中心建设试点市,理应以更高标准、更高定位落实试点工作任务,用"大爱文化"铸就如皋人民特有的精神标志,致力打造新时代文明实践的江苏样板。他强调,新时代文明实践中心建设是"爱心之城"的内涵延续。爱心之城的建设需要每一位市民的参与,需要每一份爱心的汇聚。要以新时代文明实践中心建设为契机,进一步挖掘如皋爱心文化底蕴中的向善基因,延伸拓展爱心城市建设载体平台,让市民在乐于参与、便于参与的活动中体悟美好生活、提高自身素质、积极奉献爱心,打造文明如皋爱心文化精神标志,构建具有如皋地域文化特质的核心价值体系。新时代文明实践中心建设是"文明之城"的品质提升。要广泛开展各类新时代文明实践典范培育选树,持续开展"文明皋城、你我同行"主题活动,引导广大市民积极投身文明实践,树立良好风尚,积善成德、明德唯馨,争做社会主义道德的示范者、良好风尚的维护者,共同铺就如皋浓厚的文明底色。新时代文明实践中心建设是"微笑之城"的幸福表达。作为中国最具幸福感县级城市,如皋要以新时代文明实践中心建设为契机,进一步推动城市发展与百姓福祉深度融合,依靠群众、服务群众,凝聚民心、汇聚力量,以实实在在的工作成效增强全体市民的获得感、幸福感,努力让每一位市民脸上都洋溢着幸福的微笑,让每一位来客一踏上如皋大地就感受到这座城市的温暖。

活动中,围着大红围巾、佩戴新时代文明典范徽章的爱心邮路乡邮员、中国好人、江苏好人、南通文明百佳、道德模范、爱心团队爱心大使等新时代文明典范代表纷纷走上红毯,接受欢迎礼遇;部分乡邮员代表、市外媒体代表接受访谈;参加活动人员集中聆听一组如皋新时代文明典范故事;蔡忠、张建华为如皋市新时代文明实践中心揭牌;市委副书记、市长何益军发布如皋市"新时代文明实践中心建设"内容;活动还为新时代文明实践分中心、所授牌;通过现场连线,来自市文广传媒集团的融媒体记者分享三个新时代文明实践点建设有关情况。

政协如皋市第十四届委员会第三次会议召开

1 月 21—25 日,中国人民政治协商会议如皋市第十四届委员会第三次会议在市行政中心礼堂召开。来自全市各行各业的市政协委员将履行政治协商、民主监督、参政议政职能,为奋力构建长江经济带战略支点重要支撑、接续开辟如皋高质量发展新境界、建设"强富美高"新如皋议政建言、献计出力。市政协主席张元健,副主席冒平、杜永红、郑振明、严世斌、刘晓洁,秘书长许映亮在主席台就座。市委、市人大、市政府领导张建华、何益军、吴道健、丁兴华、缪小华、刘向阳、史有根、缪爱诚、茅红宇、祝国庆、石慧宏,市人大、市政府其他领导,市人民法院院长、市人民检察院检察长以及市政协的历届老领导应邀出席大会并在主席台就座。

开幕式和闭幕式别由杜永红、冒平主持。

市委书记张建华代表市委向大会的召开表示热烈的祝贺。一年来,市政协紧紧围绕市委决策部署,坚定正确的政治方向,主动服务经济社会发展大局,唱响了参政议政、履职为民的"好声音"。在实体经济转型发展、新城规划建设、"放管服"改革、农村建房管理等方面，形成了一批有见地、可操作的调研报告、建议案和优秀提案；在污染防治攻坚上，站位一线、真督实查；在重点困难人群救助帮扶等热点难点问题上，主动深入基层一线，为人民群众排忧解难，充分彰显了政协委员"但愿苍生俱饱暖"的为民情怀和使命担当。

政协如皋市第十四届委员会第三次会议闭幕式会场

黄友谊 摄

张建华强调，新的一年，是新中国成立70周年、人民政协成立70周年，也是决胜高水平全面建成小康社会的关键之年。在刚刚闭幕的市委十二届八次全体(扩大)会议上，市委对今年及今后一个时期的工作作了部署，提出"奋力构建长江经济带战略支点重要支撑，接续开辟如皋高质量发展新境界"的发展定位。希望市政协和广大政协委员继承和发扬优良传统，积极建言献策、参政议政，在构建长江经济带战略支点重要支撑、开辟如皋高质量发展新境界中书写"政协篇章"、再展"政协风采"。

受市政协十四届委员会常务委员会委托，市政协主席张元健作政协如皋市第十四届委员会常务委员会工作报告。一年来，市十四届政协常委会在中共市委的坚强领导下，深入学习贯彻习近平新时代中国特色社会主义思想和党的十九大精神，组织广大政协委员围绕市委中心工作，集思广益助发展，倾情履职惠民生，凝心聚力促和谐，为推动高质量发展、加快建设"强富美高"新如皋作出新的贡献。主要表现在：一、抓思想建设，强理论武装，政治信念更加坚定；二、议发展大计，献务实良策，协商议政更有质效；三、谋民生之利，解百姓之忧，履职为民更富活力；四、重民主监督，显资政优势，政协工作更具特色；五、创管理新招，促自身建设，服务水平更为提升。

2019年是新中国成立70周年，也是人民政协成立70周年。2019年市政协常委会工作将以习近平新时代中国特色社会主义思想为指导，认真贯彻落实中共十九大精神和习近平总书记关于加强和改进人民政协工作的重要思想，在中共如皋市委的坚强领导下，聚焦市委十二届八次全会提出的"做实产业、做优城市、做好民生、建强队伍"四大重点，有效协商议政，精准监督助推，广泛凝心聚力，着力提质增效，推动政协事业高质量发展，为奋力构建长江经济带战略支点重要支撑、接续开辟如皋高质量发展新境界、建设"强富美高"新如皋作出更大贡献。他要求，一要提高政治站位，持续深化政协党的建设；二要聚焦中心任务，积极推动委员议政建言；三要坚持履职为民，全面加强民主监督协商；四要广泛凝智聚力，充分彰显统战资政优势；五要加强队伍建设，大力提升履职素质能力。他希望广大政协委员更加紧密地团结在以习近平为核心的党中央周围，在中共市委的坚强领导下，砥砺筑梦新时代，同心共赴新征程，协力共担新使命，不断开创如皋政协事业新局面，以助推"强富美高"新如皋建设的优异成绩向新中国和人民政协成立70周年献礼。

受市政协十四届委员会常务委员会的委托，市政协副主席严世斌向大会报告市政协十四届二次会议以来提案工作情况。市政协十四届二次会议以来，广大政协委员紧紧围绕谱写高水平全面建成小康社会如皋新篇章，提交提案431件，并案处理69件，转作参考30件。立案的332件提案中，集体提案35件、联名提案32件，占交办提案20.2%。总体看来，提案内容丰富、重点突出，问题导向鲜明、选题针对性强，数量趋向合理、质量有所提高。立案交办的提案，分别由65个单位办理，截至2018年10月底全部办结。其中，提案所提问题已基本解决284件，占85.6%；正在组织实施或纳入计划36件，占10.8%；留作参考12件，占3.6%。委员对提案办理结果表示满意324件，占97.6%；表示基本满意9件，占2.4%。提案的务实办理，为经济社会高质量发展发挥了重要推动作用。

会议审议通过市政协十四届三次会议议程；选举政协如皋市第十四届委员会常务委员1名，马铁军当选为市政协十四届委员会常委；会议通报提案审查情况；一致通过《中国人民政治协商会议江苏省如皋市第十四届委员会第三次会议决议》。

市十四届政协主席张元健在闭幕式上发表讲话。他说，会议期间，委员们以饱满的政治责任感和高度的履职自觉，认真讨论政府工作报告、政协常委会工作报告和有关报告，积极参政议政、踊跃建言献策，提出许多有价值的意见建议，展示新时代政协委员的责任担当和智慧风采。全体政协委员对"奋力构建长江经济带战略支点重要支撑，接续开辟如皋高质量发展新境界"形成强烈共鸣，达成广泛共识。这是一次民主的大会，团结的大会，催人奋进的大会。

张元健强调，市委书记张建华在大会开幕式上所作的《为接续开辟高质量发展新境界共同奋斗》的重要讲话，主题鲜明、催人奋进，讲在政协、面向全市，讲在当前、面向未来，是向全市政协委员发出的助力开辟如皋高质量发展新境界的动员令。讲话回顾上一年如皋经济社会发展取得的重大成就，充分肯定市政协十四届二次会议以来所做的工作和取得的成绩，对做好全年各项工作提出新的希望和要求，为做好今后政协工作指明方向，给全体委员以极大鼓舞和鞭策。

张元健指出，新的一年，是新中国成立70周年、人民政协成立70周年，也是决胜高水平全面建成小康社会关键之年。此届政协履职已到届中，船到中流更当砥砺奋进，行至半程更需加足马力。大家要倍加珍惜当前各级党委高度重视、政府大力支持、社会广泛关注政协工作的政治生态，倍加珍惜合作共事、和谐融洽的工作环境，倍加珍惜一届政协、一生情缘的履职时光，在中共如皋市委的领导下，高质量地抓好各项履职工作落实，以高质量的工作，在助力开辟如皋高质量发展新境界中书写"政协篇章"、再展"政协风采"。

如皋市十七届人大三次会议召开

1月22—25日，如皋市第十七届人民代表大会第三次会议在市行政中心礼堂举行。

开、闭幕式应到代表为417名，实到代表分别为395名、391名，符合法定人数。市人大常委会主任、大会主席团常务主席、执行主席吴道健，大会主席团常务主席、执行主席钱志刚分别主持开、闭幕式。

开幕式上，市委副书记、市长何益军代表如皋市人民政府向大会作工作报告。2018年，紧扣"高质量发展走在前列"的目标定位，践行新发展理念，统筹做好改革发展稳定各项工作，较好完成全年目标任务。2018年实现地区生产总值1120.5亿元、增长7.3%；一般公共预算收入70亿元，税占比84.6%；全社会研发投入占GDP比重2.66%；固定资产投资400.8亿元、增长8.5%；社会消费品零售总额404.3亿元、增长9.2%；进出口总额229.6亿元、增长10%；城镇登记失业率降至1.82%；城乡居民人均可支配收入分别增长8.7%、9.2%；万元GDP能耗降幅和主要污染物减排完成上级下达任务。列福布斯中国大陆最佳县级城市第9位、全国综合实力百强县(市)第25位。

2019 年主要预期目标：地区生产总值增长 7.5%以上，一般公共预算收入完成 72.5 亿元，全部工业应税销售增长 20%以上、服务业应税销售增长 12%以上，实际利用外资 3 亿美元，外贸进出口增长 6%左右，固定资产投资增长 8%以上、力争 8.5%，全社会研发投入占比达到 2.68%，居民消费价格涨幅控制在 3%左右，城镇登记失业率控制在 3%以内，居民收入增长快于经济增长，万元 GDP 能耗下降和主要污染物削减量完成上级下达任务。

图为 1 月 22—25 日市十七届人大三次会议会场　　邱　宇摄

大会选举李晓红为市十七届人大常委会委员。大会通过关于设立如皋市第十七届人民代表大会监察和司法委员会、社会建设委员会的决定以及组成人员名单。

大会还通过《关于如皋市人民政府工作报告的决议》《关于如皋市 2018 年国民经济、社会发展计划执行情况和 2019 年国民经济、社会发展计划报告的决议》《关于如皋市 2018 年财政预算执行情况及 2019 年财政预算报告的决议》《关于如皋市人大常委会工作报告的决议》《关于如皋市人民法院工作报告的决议》《关于如皋市人民检察院工作报告的决议》《关于进一步深化殡葬改革推进移风易俗的决议》。

如皋市召开机构改革动员部署会议

2 月 21 日，如皋市召开机构改革动员部署会议，标志着如皋市机构改革正式进入实质推进阶段。张建华、何益军、吴道健、张元健、丁兴华等市四套班子领导出席会议。

市委副书记、市长何益军主持大会。市委副书记丁兴华传达机构改革方案。市委常委、市纪委书记、市监察委员会主任史有根做了有关纪律说明。市委常委、组织部部长、统战部部长缪爱诚宣读了市委常委会关于干部任免的研究决定。

市委书记张建华出席会议并讲话，要求站在政治和全局高度，深刻认识这次机构改革的重要性，知晓意义，深化认识，提高站位，服从大局，切实把思想和行动统一到中央、省委和南通市委的决策部署上来。他说，市委、市政府认真贯彻省委部署，密切跟进改革动向，在深入调研、听取意见的基础上谋划起草改革方案，经反复论证、多轮修撰形成《如皋市机构改革方案》，并于 1 月 31 日获南通市委、市政府正式批复同意。市委、市政府在制定方案时，整个过程都体现中央的顶层设计，体现省委、南通市委的实施意见精神，主要突出四个方面：坚持把加强党的全面领导作为首要任务，坚持把践行以人民

附件1

中共如皋市委机构设置表

- 纪律检查委员会监察委员会机关
- 办公室
- 组织部
- 宣传部
- 统一战线工作部
- 政法委员会
- 研究室
- 全面深化改革委员会办公室（设在市委研究室）
- 全面依法治市委员会办公室（设在市司法局）
- 网络安全和信息化委员会办公室（设在宣传部）
- 外事工作委员会办公室（设在市政府办公室）
- 机构编制委员会办公室
- 审计委员会办公室（设在市审计局）
- 农村工作领导小组办公室（设在市农业农村局）
- 巡察工作办公室
- 老干部局

说明:

中共如皋市委设置纪检监察机关1个，计入机构限额的工作机关9个（设在相关部门的市委议事协调机构的办事机构不计入机构限额）。其中，纪律检查委员会与监察委员会合署办公，实行一套工作机构，两个机关名称；办公室挂机要局、市国家保密局、市国家密码管理局、市档案局牌子；组织部挂非公有制企业和社会组织工作委员会、党建工作领导小组办公室、市级机关工作委员会、市公务员局牌子；宣传部挂市精神文明建设指导委员会办公室、市新闻出版局（市版权局）、市互联网信息办公室牌子；统一战线工作部挂台湾工作办公室、市政府台湾事务办公室、市民族宗教事务局、市政府侨务办公室牌子；机构编制委员会办公室挂市事业单位登记管理局牌子；老干部局挂离退休干部工作委员会牌子。教育工作委员会与市教育局合署办公，市委信访局与市信访局合署办公，均不计入机构限额。

附件 1:中共如皋市委机构设置表(图)

附件2

如皋市人民政府机构设置表

- 办公室
- 发展和改革委员会
- 教育局
- 科学技术局
- 公安局
- 民政局
- 司法局
- 财政局
- 人力资源和社会保障局
- 自然资源局
- 住房和城乡建设局
- 城市管理局
- 交通运输局
- 水务局
- 农业农村局
- 商务局
- 文体广电和旅游局
- 卫生健康委员会
- 退役军人事务局
- 应急管理局
- 审计局
- 行政审批局
- 市场监督管理局
- 统计局
- 医疗保障局
- 信访局
- 地方金融监督管理局

说明:

如皋市人民政府设置工作部门27个。其中，市政府办公室挂市政府研究室、市政府外事办公室牌子；发展和改革委员会挂工业和信息化局、粮食和物资储备局牌子；财政局挂市政府国有资产监督管理办公室牌子；自然资源局挂林业局牌子；住房和城乡建设局挂人民防空办公室、地震局牌子；城市管理局挂综合行政执法局牌子；农业农村局挂市政府扶贫工作办公室牌子；商务局挂口岸办公室牌子；文体广电和旅游局挂文物局牌子；行政审批局挂政务服务管理办公室牌子；市场监督管理局挂知识产权局牌子；地方金融监督管理局挂市政府金融工作办公室牌子。

附件 2:如皋市人民政府机构设置表(图)

为中心的发展思想作为根本追求，坚持把转变政府职能作为主攻方向，坚持把优化协同高效作为重要原则。

张建华要求，要坚持基本原则，尊重历史沿袭，积极稳妥构筑领导班子的好格局、新气象。选优配强领导班子是机构改革的重要内容，也是事关改革目标能否顺利实现的基础保障。市委对此次人事调整工作高度重视，改革之前做了大量的基础工作。这次机构改革人事调整工作，既毫不动摇地坚持改革的基本原则，同时也充分尊重如皋市干部队伍的历史沿袭，立足于干部队伍建设的全局，兼顾领导班子结构优化、“三项机制”成果运用等，不唯年龄，不搞跃进，把握积极稳妥的调整思路，努力让合适的人在合适的岗位干事创业。他希望涉调的干部认真做好“四个要”：一要增强党性观念，自觉服从大局；二要坚持履职担责，确保顺利推进；三要加强团结协作，凝聚工作合力；四要推动服务发展，展示改革成果。

张建华强调，根据省委的部署要求，县级机构改革要在2月底前基本到位。就如皋市而言，涉改部门就有26个，时间紧、任务重、要求高。各部门必须强化时间意识和效率观念，紧紧围绕市委工作部署，紧锣密鼓推进，稳妥有序落实，确保如期高质量完成机构改革各项目标任务。要加强组织领导，强化过程把控，注重宣传引导，严明改革纪律。

此次机构改革后，如皋市共设置党政机构37个。党委机构10个，其中，纪检监察机关1个，工作机关9个；政府工作部门27个。

如皋市创立南通首家“创业者驿站”

3月5日,如皋市在南通率先创立的“创业者驿站”投入运行。如皋维记牧业有限公司总经理吴晓燕成为驿站首位服务对象。吴晓燕到如皋市行政审批局市场准入窗口咨询办理外资项目增加注册资本和变更股东事宜,虽然相关程序较为复杂,“创业者驿站”的审批局安排专门人员对接受理,全程提供问题解答和跟踪服务,仅用1个小时便顺利办结相关业务。

如皋市在政务服务大厅设立“创业者驿站”,安排业务骨干服务,实行“常驻人员+联络员”制度,为创业者提供细致高效服务。服务内容涵盖指导开展新设企业注册咨询、外网申请、电子签名、资料审核、核准发照、公章刻制、银行开户、办理税务等方面全流程辅导,并提供相关环节帮办协办;全面提供外商投资政策咨询,跟踪开展企业申请注册、变更、注销等全生命周期服务;特色开展重点企业重大项目及重要环节的点对点政策咨询和面对面问题解答,做好与各相关部门协调对接;对涉及项目投资建设的企业,及时牵线相关审批科室进行提前无缝对接,提供跟踪服务;对在如皋投资企业在科技、人才、土地、融资等方面提供相关政策咨询。

从“投资者之家”到“创业者驿站”,如皋不断优化行政审批服务,为企业提供从登记准入、经营审批、项目建设到注销退出的全生命周期服务,有力促进创新创业。

如皋市融媒体中心在全省率先挂牌

如皋市融媒体中心揭牌仪式现场　　黄友谊 摄

3月8日,如皋市融媒体中心(如皋市传媒集团)挂牌,这是在全省率先挂牌运行的县级融媒体中心。江苏省委宣传部副部长赵金松、南通市委宣传部常务副部长司祝建,如皋市领导张建华、何益军、茅红宇、钱志刚、刘晓洁参加活动。

市委副书记、市长何益军主持挂牌仪式。

市委书记张建华致辞。他指出,推进媒体融合发展、做大做强主流舆论,是党中央交给我们的重大任务,是时代赋予我们的重要使命。要以融媒体中心挂牌为新的起点,进一步增强责任感、使命感、紧迫感,以改革创新和时不我待的精神实现自我突破和提升,把融媒体中心建设成为如皋市贯彻落实习近平新时代中国特色社会主义思想、巩固宣传思想文化阵地、壮大主流思想舆论、主动服务人民群众的重要载体和平台。他要求,市融媒体中心要努力在“融”字上下功夫,以大融小,以主流融支流,切实发挥舆论引导和意识形态主力军作用;要坚持正确的政治方向、舆论导向、价值取向,突出围绕中心、服务大局，不断提高新闻舆论传播力、引导力、影响力、公信力，为推动如皋高质量发展营造良好的舆论环境。全市广大新闻工作者要自觉肩负起“举旗帜、聚民心、育新人、兴文化、展形象”的使命任务，按照习近平总书记提出的“政治过硬、本领高强、求实创新、能打胜仗”宣传思想工作队伍总体要求，不断增强“脚力、眼力、脑力、笔力”，主动学习新知识、熟悉新领域、开拓新视野、增强新本领，持之以恒转作风、改文风，生动鲜活地讲好如皋故事，传播好如皋声音。市媒体深度融合发展改革工作领导小组成员单位要进一步落实推动媒体融合发展的政治责任、领导责任，积极从政策、资金、编制、人才等方面加大支持力度，科学制定考核办法，配套落实政策措施，更加有力有效地推动如皋市媒体融合发展，坚决完成党管媒体、党管宣传、党管意识形态的根本任务。

市委常委、宣传部部长茅红宇介绍如皋市融媒体中心建设情况。如皋的融媒体中心建设工作从2010年启动至今，分成物理整合、初步相融、纵深融合三个阶段。在纵深融合阶段，如皋市着力科学整合机构编制、强化技术平台支撑、打造全媒宣传矩阵、积极拓展产业空间、建强全媒体人才队伍，媒体融合工作得到上级的充分肯定。2018年9月，如皋市被中宣部确定为全国57家首批重点支持推动的县级融媒体中心之一。2019年2月，中共中央政治局委员、中宣部部长黄坤明在媒体深度融合工作推进会上对如皋市的工作成效给予充分肯定。下一步，如皋市将按照习近平总书记重要讲话要求，优化内容生产，拓展服务功能，建设一流队伍，将媒体深度融合迈得更加坚实、更加有力。

赵金松、张建华为如皋市融媒体中心揭牌，司祝建、何益军为如皋市传媒集团揭牌。

与会人员参观融媒体生产指挥中心，听取有关情况介绍，观看融媒体新闻行动演示。赵金松表示，如皋市融媒体中心建设得很好，取得不少成绩，作为中宣部在全国重点支持的县级融媒体中心建设试点单位，下一步要勇于探索，为全国全省县级融媒体中心建设探好路子、多出经验、做好样板。

如皋国际马拉松赛暨全国马拉松锦标赛鸣枪开跑

3月10日，相关领导为大赛开跑鸣枪　　邱　宇摄

3月10日上午8时，如皋国际马拉松赛暨全国马拉松锦标赛鸣枪开跑。此次赛事设全程、半程马拉松和5.5公里欢乐跑三个项目，共吸引来自国内外逾万人参赛。经过激烈角逐，埃塞俄比亚选手包揽男女全程、半程马拉松冠军。其中，乐马和迪巴比分别荣获男、女全程马拉松赛冠军；半程马拉松赛冠军分别被阿斯玛和哈维摘得。

国家体育总局田径运动管理中心社会活动部主任、中国田径协会副秘书长水涛，江苏省体育局副局长熊伟，南通市副市长徐新民，南通市体育局局长杨建，如皋市领导张建华、何益军、吴道健、张元健、茅红宇、钱志刚、张亚鸾、刘晓洁等出席开赛仪式并共同为马拉松赛开跑鸣枪。

市委书记张建华在致辞中指出，2019 如皋国际马拉松赛暨全国马拉松锦标赛在如皋开赛，这是展现文明如皋形象、促进对外交流合作的难得机遇。他希望赛事全体工作人员，全力以赴为赛事提供优质服务，努力创造一流的赛事环境；各位运动员用拼搏和汗水诠释体育竞技的真正含义，在速度与激情中尽情体验如皋魅力。他最后邀请全体来宾在赛事之余，多在如皋走一走、看一看，多关心关注如皋、多宣传推介如皋。

随着发令枪响，10000 余名跑友在美丽的古城如皋尽情奔跑。此次赛事充分展示“最美花木之道，畅跑长寿之乡”主题，赛道穿越如皋主城区、新城区、高新区，参赛选手途经奥体中心、红十四军公园、东大街历史文化街区、内外城河、顾庄生态园、龙游湖风景区等主要生态及人文景区，沿途气氛热烈、花木繁茂、景色秀丽，花木之乡、长寿之乡、文明之城、活力之城的底蕴和特色鲜明突出。

这次比赛由中国田径协会、江苏省体育局、如皋市人民政府共同主办，江苏省体育竞赛管理中心、文体广电和旅游局联合承办，江苏铁人体育文化发展有限公司运营，江苏如皋农村商业银行冠名赞助。2019 如皋国际马拉松赛与全国马拉松锦标赛同时举办，并冲击中国田径协会“铜牌赛事”。

张建华做客“新时代文明实践中心主任系列访谈”

如皋市是全省 27 个新时代文明实践中心建设试点县(市、区)之一。3 月 25 日，市委书记、市新时代文明实践中心主任张建华，做客“新时代文明实践中心主任系列访谈”，推介雉水大地文明实践的特色做法，展示“微笑之城、大爱如皋”的靓丽身姿。市委常委、宣传部部长茅红宇参加活动。

图为访谈现场　　邱　宇摄

“新时代文明实践中心主任系列访谈”由中共江苏省委宣传部、省文明办主办，《新华日报》、中国江苏网、交汇点新闻客户端、江苏文明网承办。

访谈中，张建华表示，新时代文明实践，如皋有丰厚的土壤，那就是创成全国文明城市打下的深厚群众基础，有信心以“大爱文化”铸就如皋人民特有的精神标志，致力打造新时代文明实践的江苏样板。当前，如皋市正将新时代文明实践作为深化全国文明城市建设、提升市民文明素养的重要载体，立足全面覆盖、全员参与，系统谋划、整体推进如皋市新时代文明实践中心建设试点工作，持续推动组织机构、志愿队伍、服务对象、实践主体全覆盖。

组织机构全覆盖就是形成覆盖各类社会空间的新时代文明实践中心(所、站、点)四级推进体系,覆盖各类社会空间:农村→村民小组,城市→楼道小组,企业→车间班组,以及学校、医疗、两新组织、公共场所等;以市级中心为引领,14个镇(区、街道)成立新时代文明实践所,347个村(社区)成立新时代文明实践站,各村民小组(或居民小区、自然村等)设立新时代文明实践点,常态化组织开展文明实践志愿服务活动,并明确"8+X"的建设标准,做到有阵地、有机构、有队伍、有机制、有菜单、有活动、有温度、有标志,"X"为个性化创新打造。

志愿队伍全覆盖就是要充分发挥各级各类志愿服务组织、志愿者队伍作用,构建市镇村组四级联动、职能部门和社会组织协同运行的全覆盖文明实践志愿服务体系。目前,在如皋市,市级整合完善20支专业志愿服务支队;市级机关各部门、企事业单位、文明单位、社会组织根据自身优势,组建150多支各具特色的志愿服务小分队;镇村两级通过发动吸纳辖区退休干部、退休教师、"新乡贤""百姓名嘴"、文化名人、艺术达人、社区文化辅导员、社区体育指导员等,充实新时代文明实践志愿服务队伍,每镇都组建8支以上的专业志愿服务中队;离实践所、站较远,参与活动不便的村民小组,则发动邮递员、网格员、城管员、农技员等加入文明实践志愿者行列,充当科学理论的宣传员、群众需求的信息员、邻里互助的引导员、乡风文明的监督员、群众困难的帮办员、邻里矛盾的调解员。

服务对象全覆盖首先是按照户籍人口、常住人口、流动人口分众化收集志愿服务需求。线上,借力融媒体中心建设试点,组织研发新时代文明实践信息交互、指挥管理云平台,畅通电视屏、电脑屏、手机屏、户外LED屏,方便年轻、文化层次较高的市民群众在线点单;线下,针对农村地区在家留守的老少病穷年龄偏大、文化程度低,不会点单的问题,通过志愿者上门问询、指导,实现文明实践志愿服务对象更加广泛。其次是以到边到底为目标具象实施项目,通过实践所、站、点覆盖延伸,在常态开展送理论、送政策、送文艺、送教育、送就业、送科技、送健康、送法律、送爱心、送礼仪等"十送"基本项目菜单的基础上,积极应对不同市民群众需求,持续开发各具个性的特色实践项目。

实践主体全覆盖是全市要努力实现的目标,通过新时代文明实践活动的蓬勃开展,引导广大市民由被服务者转变为服务者,主动加入到志愿服务行列中来,积极投身文明实践,积极参与扶危济困、文明引导、邻里互助等志愿服务活动,给他人更多的关爱,给社会更多的正能量,在服务他人、服务社会中实现个人价值,"我为人人,人人为我",共同营造团结互助、平等友爱、共同进步的社会氛围,让城市文明更有显示度和感受度。进一步推动城市发展与百姓福祉深度融合,依靠群众、服务群众,凝聚民心、汇聚力量,以实实在在的工作成效增强全体市民的获得感、幸福感,努力让皋城人人洋溢着幸福的微笑,处处涌动着大爱的暖流。

如皋市启动全民阅读日暨第六届李渔读书节活动

4月22日,如皋市"4·23"全民阅读日暨第六届李渔读书节活动在市文化馆正式启动。市领导何益军、茅红宇、张亚鸾、严世斌参加活动。

活动在诗歌朗诵《盛世中国》中拉开序幕。一直以来，市委、市政府持续加大阅读保障力度，积极打造阅读品牌，加快构建阅读推广服务体系，全民阅读和书香如皋建设取得丰硕成果，获评省"书香城市建设示范市"，成功入选第二届"书香城市（区、县级）"发现活动名单，群众文化获得感和满意度持续攀升。

“一个城市只有充盈书香，才会富有精神气质、文化魅力和创造活力。”市委副书记、市长何益军在致辞时说，当前，如皋市正处于加快转型发展的关键时期，改革发展稳定的任务十分繁重，必须充分认识全民阅读活动的重要性，切实把“书香城市”建设摆在突出位置，进一步抓紧抓实、抓出成效。市全民阅读活动领导小组要切实担负起组织领导责任，持续加强阅读平台和阅读新空间建设，不断拓展“书香如皋”版图，让皋城“处处有书读、处处可读书”。广大党员干部要大兴学习之风，带头阅读，通过坚持不懈的阅读与学习，开阔视野、增强本领、提升能力，用新理念、新思维破解发展难题。

何益军还与大家分享《习近平在正定》一书，他希望大家可以认真阅读，在精神上得到鼓舞、在思想上得到升华、在工作中得到启迪。

此次活动首次采用融媒体连线的方式，向全市市民展现红十四军纪念馆经典诵读，长途汽车客运站读书快闪、书香家庭等多个阅读故事现场。活动还对2018年涌现出的书香如皋建设先进单位和先进个人进行表彰。

南通民企首次主导制定国际标准《船舶与海洋技术——海船用锚链轮》获批发布

6月19日，从南通市市场监管局得知，由南通力威机械有限公司主导制定的国际标准《船舶与海洋技术——海船用锚链轮》获批发布。这是南通市、更是如皋市首个由民营企业主导起草制定并发布的国际标准，南通、如皋在国际标准化工作领域取得突破性进展。

南通力威机械有限公司主要从事起重机械、海工、船舶机械的研发、制造、销售及技术服务工作，目前拥有国家重点新产品1个、省高新技术产品10个，获得授权发明专利16项。公司传统产品卷扬机在全国中高端产品市场的占有率达80%以上，其也是国内唯一一家拥有海洋半潜平台配套系泊定位系统自主品牌的企业。

海洋船舶由浅海向深海发展，对海上作业平台、辅助工作船等海洋工程船锚泊定位提出更高要求。特别是海洋系泊链的强度等级的拓展，需根据锚链强度等级选择合适的锚链轮材料。而此前，国内外锚链轮的设计仍参照内河用锚链轮标准，海洋用锚链轮并无可参照的实施标准。南通力威机械在承担海洋半潜平台配套项目中开展研发攻关，通过大量数据演算和多次实际验证，突破了这一技术瓶颈，并将项目研制过程中的成果进行整理，编制《船舶与海洋技术—海船用锚链轮》标准。

该标准的发布，不但规范全球范围内海洋用锚链轮的制作要求，对提升锚机运转的稳定性和锚泊定位的可靠性起到积极作用，同时为各大船级社船检提供一致的检验标准，为设备维修提供可靠的依据。

作为全省标准化工作的领跑者，南通一直在探索路径打开标准国际化的大门，致力于补齐参与国际标准化活动不够、标准国际化人才缺失等短板。市场监管部门相关负责人介绍，下一步将继续加大高端纺织、船舶海工、电子信息、智能装备、新材料、新能源汽车等领域标准国际化工作力度，鼓励企业将科技创新成果及时转化为标准，推动行业内先进标准向更高层次的国际标准转化。

如皋市普通高考三项核心指标列南通第一

2019年,如皋市普通高考本一上线率、语数外总均分、双B及以上达成率三项核心指标均列南通第一,其中选修科目双B及以上达成率在全省遥遥领先。全市普通高考本一上线率68.3%、语数外总均分352.9、选修学科双B及以上达标率95.7%,均列南通第一;全省理科前50名,如皋4人;如皋中学、白蒲中学、市一中、江安中学、石庄中学均跨入南通前20强。职业对口高考本科上线人数占全省职教对口高考本科招生计划数的1/5,连续十五年列全省第一。空军、海军招飞录取人数占南通市录取总数的1/3,连续31年被评为江苏省空军招飞工作先进单位。

如皋市8所高中高考成绩:

江苏省如皋中学756人参加高考,本一上线737人,本一上线率达97.5%。创新班韩子华以432分勇夺南通市理科第一,与明陈林(429分)、金慧雯(428分)、杨鼎(425分)等4人跻身全省前50名;400分以上61人,390分以上181人,刘畅以403分进入全省文科前100名。

江苏省白蒲高级中学694人参考,最高分412分,400以上5人,390分以上36人,本一上线率超过90%。

如皋市第一中学应届考生600名,一本上线451人,一本上线率75.17%;二本上线598人,二本上线率99.6%;400分以上3人,最高分409。

江苏省江安高级中学全校613人参考,本一上线445人,本一率达72.59%,本二上线611人,本二率达99.67%。400分以上2人。

江苏省石庄高级中学本一上线率60.2%,本二上线率99%,喜录一名飞行员,艺术班艺术专业及文化成绩100%上线,最高分571分,列全省前300名,5人达到全省前500名。

如皋市搬经中学全市第六名,生源共计541人参考,一本上线246人,上线率45.47%,二本上线531人,上线率98.15%;六门选修四门过B率超过90%。美术班4名同学列全省前500名。

如皋市第二中学真正实现"三类生源,一流成绩"。文化班本一上线71人,其中日语班上线27人(上线率64.29%),外语均分99.8分,最高分112,理科语数外最高分380分,文科最高分368分;艺术班本科上线率96.38%。

如皋市长江高中高考实现"一般生源,一流成绩,一路辉煌"。本一上线131人(含艺术),上线率43.23%,日语班本一上线率59%,最高分382分;艺术类本科上线率96.39%,最高分565分,列全省367名;体育类本科上线率100%,均列全省前1000名,其中最高分424分,列全省141名。

如皋市举行庆祝中国共产党成立98周年大会暨"七一"大党课

7月1日,如皋市举行庆祝中国共产党成立98周年大会暨"七一"大党课,重温党的优良传统,学习弘扬先进典型,引导和激励全市各级党组织和广大党员干部深入贯彻习近平新时代中国特色社会主义思想和党的十九大精神，扎实开展“不忘初心、牢记使命”主题教育，解放思想、追赶超越，奋力构建长江经济带战略支点重要支撑，接续开辟如皋高质量发展新境界。

大会表彰现场　　邱　宇摄

市四套班子全体领导，市人民法院院长、市人民检察院检察长，各镇（区、街道）领导班子成员，市级机关各部门（含垂直管理部门）领导班子成员，市管企事业单位党组织负责人，全体村（社区）党组织书记在主会场参加会议。

市委副书记、市长何益军主持会议。市委副书记丁兴华宣读《中共如皋市委关于表彰先进基层党组织、优秀共产党员、优秀党务工作者、十佳党员企业家和“双强”型村（社区）党组织书记标兵的决定》。大会对相关先进集体和先进个人进行表彰。

市委书记张建华给广大党员干部上了一堂题为《恪守入党初心 勇担时代使命 接续开辟如皋高质量发展新境界》的“七一”专题党课。他引导广大党员干部回顾党的光辉奋斗历程，并强调要进一步坚定初心，牢记使命。他指出，不忘初心、牢记使命，要以革命先辈、时代楷模、身边榜样为标杆，学习先进典型，汲取精神力量，争当时代先锋。要弘扬恪守初心、矢志不渝的忠诚精神；要弘扬解放思想、开拓进取的创新精神；要弘扬勇于担当、攻坚克难的奋斗精神；要弘扬不计得失、竭诚为民的奉献精神。

张建华指出，不忘初心、牢记使命，具体到如皋的党员干部来说，就是将为145万如皋人民谋幸福的初心牢牢记在心中，发扬新时期“勠力同心、同甘共苦、坚韧不拔、善作善成”治沙精神，将推动如皋高质量发展的使命放在心头、扛在肩上。一要旗帜鲜明讲政治，做到心中有党不褪色。突出政治建设，增强政治定力；突出理论学习，坚定理想信念；突出党员标准，强化带头意识；突出领导带头，做到以上率下。二要心无旁骛抓发展，做到心中有责不懈怠。全力聚焦项目建设，以发展实体经济为己任，围绕支柱产业紧盯项目源头，用好用足招商渠道，着力提升招引实效，同时发扬“店小二”精神，在项目落户、建设、投产全过程做好保姆式服务；全力保障经济运行，以新发展理念为指引，专心致志发展好实体经济，加快产业转型升级，推动经济高质量发展；全力提升城建品质，进一步拓宽发展思路，统筹推进城市建设，在做优城市规划、提升城市配套、优化城市管理上下功夫，不断提升城市品位，切实增强人民群众的幸福感和满意度。三要千方百计惠民生，做到心中有民不忘本。体民情，听取群众意愿，认真落实“一线工作法”，坚持到基层一线了解民情、发现问题，摸清群众的真实诉求；解民忧，回应群众诉求，千方百计为老百姓办实事、解难题；贴民心，赢得群众口碑，办实办好教育、医疗卫生、文化体育这些民生实事，赢得群众认可；强服务，引领群众跟随，加强新时代精神文明建设，打通教育群众、关心群众、服务群众的“最后一公里”，让广大人民群众真正感党恩、听党话、跟党走；大抓基层党建，建强基层党员干部队伍，增强基层党组织的战斗力和服务人民的能力。四要时时处处树形象，做到心中有戒不妄为。力戒形式主义，改进工作作风；加强廉洁自律，优化政治生态；大胆容错免责，激发担当作为。

何益军就贯彻落实会议精神强调，要统一思想快落实。迅速抓好会议精神的贯彻传达，以开展“不忘初心、牢记使命”主题教育为契机，全面加强党的建设，坚定不移推动全面从严治党向纵深发展，为奋力谱写新时代如皋高质量发展新篇章提供坚强保障。要恪守初心做表率。以先进为榜样，认真学习他们的好经验、好做法，大力宣传先进典型，努力在全社会营造学习先进、崇尚先进、争当先进的浓厚氛围。要勇担使命善作为。把“守初心”与“担使命”紧密结合在一起，不断增强“四个意识”，紧扣做实产业、做优城市、做好民生、建强队伍四大重点，持续深入推进“三大攻坚战”“扫黑除恶”等工作，用脚步丈量责任，用汗水书写担当，勠力同心、砥砺前行、奋斗不息，切实推动各项工作实现新突破、再上新台阶，为完成全年目标任务奠定坚实基础，以高质量发展的优异成绩向新中国成立70周年献礼。

如皋市举行爱心城市馆开馆暨第九届“小亭志愿服务月”启动仪式

7月26日，如皋市举行爱心城市馆开馆暨 第九届“小亭志愿服务月”启动仪式。市领导张建华、丁兴华、高峰、陈万圣、严世斌参加活动。

2019年7月是如皋市第9个“小亭志愿服务月”，小亭志愿服务精神早已在如皋这座爱心之城渗透扎根。如今，因为新时代文明实践，小亭志愿服务月又有了更坚强的力量。

首期“新时代文明实践——我说”栏目亮相此次活动现场，市卫健委、搬经镇、市委老干部局、石庄镇邹蔡村等新时代文明实践分中心（所、站、点）的负责人先后开讲，说说自己的特色，讲讲自己的亮点，亮亮自己的成绩，“医路丹心”“搬经之声”“霞映皋城”“邹蔡新风”轮番上场，让大伙儿对新时代文明实践和志愿服务活动开展有了更直观、更具体的认知。

自开展新时代文明实践中心建设试点工作以来，如皋市以群众需求为导向，持续开展群众认可、乐于参与的志愿服务活动，月月有主题，周周有精彩。结合元宵节、“学雷锋日”、端午节、建党节等时点，各级各类志愿服务组织持续开展“志愿接力马拉松”，万“粽”一心、“我带爸妈看如皋”“520为爱而来”新婚第一课、“党员志愿者 同唱一首歌”等特色志愿服务活动，掀起一轮又一轮志愿服务的热潮。全市累计开展各类志愿服务活动5000余场次，形成个性特色项目88个。志愿者群体也在不断扩充，从党员志愿者到社会志愿者，从青年为主到老少皆有，如皋的注册志愿者人数已达21万，志愿服务组织500余个。

此次活动的高潮出现在如皋爱心城市馆开馆的那一刻。市委书记、市新时代文明实践中心主任张建华以及市文明委领导、历届好人代表共同开启大爱之门。在如皋，除了好姑娘赵小亭，还涌现出一大批爱心典型，有同饮一江水铭心救命情的杨菊玲，有传承雷锋精神的当代好军人谢国江，有扎根群众的“扒地草”刘荣贵……200多位身边好人、道德模范，让爱心之花在雉水大地竞相绽放，爱心接力在古邑如皋蔚为风尚，具有深厚积淀的如皋爱心城市馆应运而生。如皋爱心城市馆位于图书馆一楼东侧，日常免费对市民开放。

开馆当天，部分好人代表、市民代表成为好人馆首批嘉宾入馆参观。“中国好人”赵颖东激动地说：“在这个馆里看到自己的名字备受鼓舞，我只是137条‘爱心邮路’上乡邮员中的一员，做了一些力所能及的小事，我会坚持做下去，继续服务乡邮路上的老人们。”

活动中，市文明委对一年来涌现出的优秀志愿服务集体和个人给予表彰，褒扬他们的善行义举，鼓励更多市民参与志愿服务。为更好地扶持全市优秀志愿服务组织和优秀志愿服务项目，如皋市还将举办首届“微爱”公益项目大赛活动,“微爱”主题取自“微笑之城 大爱如皋”,也寓意着眼市民群众微小需求,鼓励市民群众特别是广大志愿者积极奉献爱心,力所能及地关爱帮助身边的群众,如皋市各级各类在“江海志愿者服务平台”注册的志愿服务组织均可申报参赛。

市委常委、宣传部长,市新时代文明实践中心副主任高峰强调,大家要传承小亭志愿精神,整合实践项目,建设百姓家门口的“服务中心”;要延续爱心城市内涵,健全体制机制,建设百姓家门口的“慈善中心”;更要不忘初心牢记使命,引领群众跟随,建设百姓家门口的“信仰中心”。

世界之最背后的“如皋制造”

7月29日，世界上首座主跨超千米的公铁两用斜拉桥——沪通长江大桥北侧段完成全部钢梁架设任务,南侧段也进入最后的冲刺阶段,向着全线贯通迈出坚实的一步。在这一备受瞩目的世界级工程的顺利推进，离不开千万个挥汗如雨的建设者和多支为其提供强有力科技支撑的团队。其中总重65542吨、采用新型材料Q500桥用钢生产箱桁结构的主桥钢梁，就是出自于长江镇中铁山桥重工的“如皋制造”。

中铁山桥重工施工现场

横跨长江的沪通长江大桥是世界上首座主跨超千米的公铁两用斜拉桥,大桥工程用钢量约48万吨,相当于12个“鸟巢”,代表着当前中国乃至世界同类型桥梁建设的最高水平。参与这项“世界之最”,对中铁山桥重工而言,也是一次技术上的重大挑战,企业专门组织研发设计骨干团队,针对大桥技术难度高、工程复杂的特点,攻克了一系列技术难关。

为保证沪通长江大桥钢梁的质量、缩短施工工期，中铁山桥重工充分利用工厂化先进技术和设备,减少现场施工作业,提高工厂化制造程度,大桥的钢梁结构采用先整体节段拼装后运到桥址架设的施工方法。大桥主航道桥为142+462+1092+462+142米双塔三索面斜拉桥,合龙精度控制在毫米级。节段梁施工的关键在于精度控制,这是生产过程中的一个难点,要想实现毫米级的合龙精度,就必须提前在预制精度上下功夫,对现有的每道工序进行“精度升级”,充分考虑影响精度的每一个细节。除了控制精度,中铁山桥重工还在工业质量上进行了细化升级,根据项目设计采用了国内最高级别、500兆帕的高强钢。在生产制造过程中,以那宪伟为首的研发团队创新探索出“大型箱桁式斜拉桥双节间桁架节段模块化制造关键技术”,攻克高强钢焊接、精度控制、复杂杆件制造技术等数十个难题,申请专利15项,大大提升了钢梁的质量,在确保钢梁施工高精度的同时,真正实现百年桥梁的梦想。在造桥领域的创新,是中铁山桥重工由传统制造迈向智能制造的有力之举。以信息化带动工业化、以工业化促进信息化,作为全省两化融合贯标重点培育企业,中铁山桥重工走出一条新型工业化道路。

长江镇入选2019中国淘宝镇名单

8月1日,阿里研究院2019年淘宝村、淘宝镇正式公布,长江镇被认证为“中国淘宝镇”。

至2019年6月底,阿里研究院在全国发现4310个淘宝村、1118个淘宝镇。其中,淘宝村已经广泛分布于25个省、自治区、直辖市;全国淘宝镇数量从2018年的363个上升到1118个。据了解,“淘宝镇”的认定标准主要包括:一个乡镇或街道的淘宝村大于或等于3个;或者在阿里平台,一个乡镇一年电商销售额超过3000万元、活跃网店超过300个,不局限于是否有淘宝村。“淘宝村”的认定标准主要包括:经营场所在农村地区,以行政村为单元;电子商务年销售额达到1000万元;本村活跃网店数量达到100家,或活跃网店数量达到当地家庭户数的10%。

江苏神马电力股份有限公司在上交所上市

江苏神马电力股份有限公司上市鸣锣仪式 朱蓓宁摄

8月5日上午9点30分,上海证券大厦五楼交易大厅,随着“当当当”的锣声敲响,江苏神马电力股份有限公司在上交所上市,证券简称为“神马电力”,证券代码为“603530”。

神马电力成功登陆A股,既是企业发展史上一个新的里程碑,也是南通推动企业转型升级、做大做强的又一成果。作为在如皋成长起来的本土民营企业,神马电力创立23年来,始终致力于技术、管理和业务模式创新,聚焦主业,深耕实体,已发展成为国际知名的电力系统复合外绝缘产品研制企业、国内电力设备用橡胶密封件的龙头企业。在企业自身实现从无到有、由小到大的发展过程中,累计已为全球的电网用户节约了超过400亿元的事故与维护成本,产生巨大的经济与社会效益。参与的“特高压±800千伏直流输电工程”项目获2017年度国家科技进步奖特等奖。

在上海证券交易大厅,神马电力董事长马斌沉稳低调地表示:“特别激动,神马20多年奋蹄驰骋,终于迎来这样一个历史性的时刻。神马会一如既往地专注、聚焦于主业,巩固电力系统复合外绝缘的全球领先地位,用创新推动电力行业进步。”

南通六建、中如建工两家企业跻身中国民企500强

8月22日，全国工商联发布2019中国民营企业500强榜单，如皋市有2家企业上榜，其中南通六建、中如建工分别位列第170位和第379位。

2019年以来，如皋以做实产业、做优城市、做好民生、建强队伍为重点，推动高质量发展走在前列。加快建设长三角产业高地，围绕“3+3+4”特色产业体系，深入研究产业链、创新链、金融链发展需求，进一步完善预审和容缺审批制度。树立以亩产论英雄的导向，优先发展先进制造业，引导企业加快技改转型，培育打造出一批领跑全省乃至全国的产业标杆。

民营企业500强的发布，是了解和认识中国民营企业经济和民营企业发展的重要渠道，是展示大型民营企业创新发展、转型升级的重要窗口，也是社会公众了解全国大中型民营企业发展情况的权威途径。

世界500强正威国际集团与如皋签约

8月27日，如皋市在南通文峰饭店举行正威国际集团(如皋)5G新材料产业园项目签约仪式。正威国际集团董事局主席王文银，南通市委书记陆志鹏，南通市委副书记、市长徐惠民，南通市领导吴永宏、陈俊，如皋市领导张建华、何益军、丁兴华、刘向阳出席活动。

正威国际集团(如皋)产业园项目签约现场　　邱　宇摄

活动中，王文银介绍项目概况以及投资计划，就项目实施规划及合作细节进行了深入探讨与交流。

位列世界500强第111名的正威国际集团，是由产业经济发展起来的一家以新材料(金属新材料和非金属新材料)完整产业链为主导的高科技产业集团，2018年实现营业收入5060亿元。此次签约合作的5G新材料产业园总投资约300亿元，共涉及6个项目，包括年产552万平方米纳米铜触控显示一体化项目，年产25万吨低氧光亮铜杆项目，集创意、生产、展示、交易、文化交流、健康、观光于一体的盆景艺术文化创意产业园，碳纤维材料及应用产业园，以高端装备智能控制系统为研发核心的智能装备研究院，整合区域铜产业资源的供应链平台项目。

陆志鹏对5G新材料产业园落户如皋表示欢迎，他指出，一直以来，如皋始终高举发展大旗，坚持产业为重，突出招商引资，狠抓重特大项目建设，持续掀起项目建设热潮，一批重大项目在如皋落户，

此次正威国际集团5G新材料产业园落户如皋,必将为如皋产业项目建设和园区转型发展注入新的生机活力,为如皋高质量发展走在前列提供新的强大支撑。他希望如皋以5G新材料产业园落户为契机,深化与正威国际集团的战略合作,以更加务实的举措、更加积极的态度、更加优质的服务,为项目发展营造良好环境,推动项目早建设、早竣工、早达产、早见效。

王文银感谢南通和如皋市委、市政府对项目的大力支持和关心,他说,该项目曾在多地进行选址,此次签约与如皋优越的地理区位、丰富的产业基础、良好的营商环境、高效的工作对接密不可分。如皋是一块投资的热土,正威国际集团将把如皋作为战略布局的立足点,全面开展与南通、江苏的合作,在互利共赢的前提下,充分发挥企业在战略、市场、品牌、服务、技术等方面的优势,保质保量投入项目建设,为如皋高质量发展作出贡献。

如皋市市委副书记、市长何益军与正威国际集团负责人共同签订项目投资协议。

纪念如皋支边(援疆)六十周年会议在乌市举行

市委书记张建华为支边(援疆)代表颁发纪念章　　丁宏波 摄

8月28日,如皋市在乌鲁木齐昆仑宾馆举行如皋支边(援疆)六十周年纪念会议。市委书记张建华出席并讲话。他强调,站在新的历史起点上,要以习近平新时代中国特色社会主义思想为指导,大力弘扬老一代支边人不畏艰苦、甘于奉献、顾全大局的“支边精神”,不忘初心,牢记使命,不断战胜前进道路上的“娄山关”“腊子口”,为建设一个繁荣富强、稳定安康、文明进步、安居乐业的新边疆而砥砺奋进。

市领导丁兴华、陈万圣、杜永红,30名当年支边(援疆)代表以及北京、上海、南京、天津、青岛等异地如皋商会及新疆本地的相关兄弟商会负责人参加会议。

张建华代表市委、市政府及家乡145万父老乡亲,向60年来万余名参与新疆社会主义建设的如皋儿女致以崇高敬意。他说,60年前,12208名如皋儿女积极响应党中央的号召,踊跃参与支边(援疆)行动,毅然选择离别故土亲人,远赴祖国最西部的新疆。他们在艰苦恶劣的环境下,扎根天山南北、戈壁荒漠,用汗水和智慧艰苦拼搏,将千里荒漠改造成万亩良田,把茫茫戈壁治理成连片绿洲,为边疆的繁荣稳定做出了积极贡献;他们默默奉献在最边远、最艰苦的基层一线,在新疆的各个领域取得了令人瞩目的业绩,涌现了一批先进模范代表。改革开放以来,又有许多如皋人积极响应国家号召,乘着改革开放的春风,陆续加入了支援新疆、建设新疆、繁荣新疆的大潮,一批批社会精英脱颖而出,成为时代的弄潮儿。如皋支边(援疆)人员在新疆这个第二故乡落地生根,他们的第二代、第三代接过历史的接力棒,在建设新疆、发展新疆的征途上接续奋斗。一代又一代的优秀如皋儿女扎根新疆、艰苦创业,为维护社会稳定、促进民族团结、推进经济发展做出了重要贡献。

张建华还向与会人员简要介绍了近年来如皋市经济社会发展情况。他指出，当前，在新时代发展的新征程中，如皋迎来了长三角一体化的发展新机遇。如皋地处长江入海口北岸，是长三角一体化的核心区域，随着国家《规划纲要》的实施，整个区域交通格局、产业布局、城市功能等将发生深刻变化，带来长三角经济地理重塑，为高质量发展带来新的动能。南通新机场、北沿江高铁、通州湾江苏出海新通道三个利好消息，对如皋来说又是千载难逢的重大战略机遇。为积极策应长三角一体化带来的新机遇，如皋市对加快融入长三角一体化作出了部署安排，明确了建成长三角最具资源和成本优势的中高端产业集聚区、最具特色的生态旅游城、最具爱心的民生幸福地、最具活力的创业强磁场的发展目标，全力推动"一城两区三基地"建设。如皋市将持续打开对外交通格局，加快公铁水基础设施建设，加快融入全国性综合交通枢纽；大力发展先进制造业和现代服务业，推动产业向中高端转型，在长三角产业分工中勇拔头筹；彰显长寿之乡品牌特色，突出绿色生态比较优势，坚定不移优功能、补短板，打造长三角宜居宜业现代化城市和休闲养生理想目的地。他最后指出，家乡发展离不开大家的关心和支持，期待与新疆的各位亲朋在如皋畅叙乡情、共谋发展。

"作为如皋'支边二代'，身体里流淌着如皋人的血，为自己是'支边二代'感到自豪！"新疆兵团如皋商会会长石磊在致辞中说，父辈们流血、牺牲为新疆建立起的丰功伟绩将时刻激励着他们发扬传统，为新疆的经济建设和长治久安，为故乡的经济腾飞贡献力量。

"对家乡的思念，对家乡的热爱，始终藏在每一位异乡游子心中，吃一口家乡菜，喝一口家乡水，听一句家乡话都是我们最幸福的事情。家乡的一个细微的发展变化，我们都会欣喜若狂，津津乐道。"支边援疆代表、自治区农委原副主任孙葆煜表示，在新疆的如皋同乡将以这次纪念活动为契机，进一步加强联系，沟通感情，互相支持，做好故乡、家乡，如皋、新疆沟通工作。

新疆江苏商会副秘书长陆平宣读了新疆江苏商会发来的贺信。南通市援疆工作组副组长、伊宁县副县长周勇，兵团商务局投资促进处处长胡康进行了交流发言。与会人员观看了如皋支边(援疆)六十周年宣传片。会议为支边(援疆)代表颁发了纪念章。会议前夕还举行了纪念如皋支边(援疆)六十周年老同志座谈会，市领导与部分支边(援疆)老同志进行座谈。

市委召开庆祝人民政协成立70周年大会暨全市政协工作会议

9月21日，市委召开庆祝人民政协成立70周年大会暨全市政协工作会议，全面贯彻党中央关于加强人民政协工作的一系列决策部署，深入落实省、南通市政协工作会议精神，认真总结近年来市政协工作经验，研究部署新形势下政协工作。

张建华、吴道健、张元健、丁兴华、缪小华、刘向阳、史有根、缪爱诚、茅红宇、祝国庆、高峰、石慧宏等市四套班子领导，市人民法院院长、市人民检察院检察长；市政协离退休老领导、老同志出席会议。各镇(区、街道)、各部门主要负责人；全体政协委员，政协第五届联谊会全体人员，市政协机关干部；在如的省、南通市政协委员参加会议。

市委副书记丁兴华主持会议。

市委书记张建华在讲话中指出，1956年3月政协如皋县第一届委员会成立，由此开启了如皋人民

全市政协工作会议现场　　黄友谊 摄

政协事业发展的新征程,63年来,如皋政协组织高举爱国主义、社会主义伟大旗帜,发挥自身优势,认真履行职能,在协调关系、汇聚力量、建言献策各个方面,开展了大量卓有成效的工作,有力推动了全市经济社会又好又快发展。

张建华说,中央政协工作会议暨庆祝中国人民政治协商会议成立70周年大会于20日在北京召开。要进一步深刻理解习近平总书记关于加强和改进人民政协工作的重要思想,切实把思想和行动统一到习近平总书记的讲话精神上来,深入贯彻习近平总书记在中央政协工作会议上提出的人民政协工作八项要求。要深刻认识人民政协在凝聚思想共识中的重要作用,在团结各方力量中的重要作用,在发扬人民民主中的重要作用,在推动改革发展中的重要作用,立足全局,进一步发挥人民政协在推动发展中的独特优势和重要作用。回想当初,党领导各民主党派、无党派人士、人民团体和各族各界人士在政治制度上进行伟大创造,建立起了政治协商制度。

当前,如皋正处在改革发展的关键阶段,特别需要群策群力、集思广益,使各项决策经得起历史、人民和实践的检验;市政协组织要始终围绕大局,坚持团结和民主两大主题,提高政治协商、民主监督、参政议政水平,更好凝聚共识,当好"强富美高"新如皋的建设者、推动者和促进者;要围绕中心,服务大局,在助推改革发展稳定中勇担当,发扬民主,增进团结,在推进协商民主建设中显优势,坚守初心,情牵百姓,在履职为民中善作为,与时俱进,砥砺奋进,在高效履职中树形象;要强化保障,进一步加强和改进党对政协工作的领导。政协工作是党的全局工作的重要组成部分, 做好新形势下的政协工作,必须不断加强和改进党对政协的领导,切实把政协工作摆到重要位置,充分发挥政协党组的领导核心作用,积极支持政协依章履行职能,努力为政协开展工作创造良好条件。

张建华最后强调,人民政协事业的发展与党和国家事业的发展息息相关。要紧密团结在以习近平为核心的党中央周围,高举中国特色社会主义伟大旗帜,同舟共济,开拓进取,扎实工作,为全面开创如皋政协事业新局面,奋力构建长江经济带战略支点重要支撑,接续开辟如皋高质量发展新境界作出新的更大贡献。

市政协党组书记、主席张元健在会议结束时就贯彻落实会议精神提出要求。他提出,日前召开的中央政协工作会议,对人民政协工作提出最新要求:新时代加强和改进人民政协工作,要把坚持和发展中国特色社会主义作为巩固共同思想政治基础的主轴,把服务实现"两个一百年"奋斗目标作为工作主线,把加强思想政治引领、广泛凝聚共识作为中心环节。张元健指出,贯彻落实中央政协工作会议和今天的会议精神,要不断提高政治站位,始终坚持党对政协工作的领导,保持正确的政治方向。政协组织和广大政协委员要坚定"四个自信",坚定不移地走中国特色社会主义道路,旗帜鲜明地坚持党的领导,把坚持在市委领导下开展工作、履行职责作为重要政治纪律,认真贯彻市委的决策部署,确保政协事业始终沿着党指引的方向不断发展前进;要紧扣建言资政与凝聚共识双向发力,更加主动地融入如皋改革发展大局,引导各界委员有序表达意见诉求,积极建言资政;要积极协助党委政府多做解疑释惑、宣传政策、凝聚共识、汇聚力量、理顺情绪、化解矛盾的工作,最大限度统一思想、凝心聚力,共同致力于如皋经济社会发展大局;要发挥好政协自身优势,全力写好"党政所需、政协所能、群众所盼"这篇大文章;要提升理论学习、视察调研、联系群众和服务与管理委员的能力,不断加强政协自身建设,使人民政协工作常做常新、永葆活力。他希望市政协和广大政协委员以更加昂扬的姿态、更加饱满的热情、更加务实的作风,同心同德,群策群力,务实求进,奋力开创市政协事业新篇章,为建设"强富美高"新如皋贡献更大的政协力量。

会上还进行交流发言,并对市政协组织开展的"我的政协工作实践""我的政协履职纪实"征文活动获奖者进行颁奖。

第四届国际氢能与燃料电池汽车大会在如皋举行

9月26日,第四届国际氢能与燃料电池汽车大会在如皋市拉开序幕。来自国内外的氢能与燃料电池汽车领域的专家和相关产品制造商围绕氢能燃料电池技术市场化应用、燃料电池堆和关键零部件、制储氢技术、氢能基础设施建设、政策标准法规、市场投资等热点话题展开交流。

第四届国际氢能与燃料电池汽车大会现场　　邱　宇摄

中国工程院院士、中国汽车工程学会理事长李骏,省政府副秘书长张乐夫,南通市委副书记、市长徐惠民,南通市委常委、常务副市长单晓鸣及如皋市领导张建华、何益军、吴道健、丁兴华、马金华、高峰、陈晓彬、程瑞琴、顾留忠等出席开幕式。

李骏在会上致辞时说,氢能是多能源传输及融合交互的纽带,是未来清洁低碳能源系统的核心之一。此届大会聚集了来自国内外的政策制定者、企业高管以及来自科技界、金融界的专家代表,旨在加强跨氢能及燃料电池整个产业链的全球合作,共同促进氢能及燃料电池汽车的商业化发展。就推动下一步氢能和燃料电池汽车产业发展,他建议加强统筹引领,凝聚行业发展共识,巩固发展合力;坚持科技创新驱动和市场应用示范引领"两条腿走路"的发展思路;重视"重点突破与协同推进"相结合的推广应用模式;充分认识氢能和燃料电池技术与应用对打赢蓝天保卫战,实现商用车近零排放的重大作用;加强国际交流与合作,扩大发展共识,规划长远合作愿景,推进氢能与燃料电池汽车开放合作发展。

徐惠民在致辞时说,当前,绿色、低碳、可持续发展已经成为全球的共识,新能源产业呈现出多元化、智能化和跨界融合等新趋势。面对世界新一轮科技革命和产业变革的大潮,南通敏锐把握,主动作为,把新能源及新能源汽车作为战略性的主导产业来打造,营造了浓厚的发展氛围,集聚了一批拥有自主创新能力、核心竞争优势的企业。他表示,南通将以本次大会为契机,进一步营造独具竞争力的产业生态和发展环境,构建协同创新的共同体,鼓励和支持领军企业、高精尖人才来通创新创业,加快建设全国重要的新能源及新能源汽车产业高地；将继续支持如皋把氢能与燃料电池汽车作为地标性的特色产业来培育和发展；将加快推进氢经济示范城市项目，积极参与长三角氢走廊的建设，不断强化关键布局领域的技术攻关，着力完善氢能的制、储、运、用的产业链，努力打造具有全球竞争力和影响力的氢能产业基地。

张乐夫在讲话时说，几年来，江苏省以如皋为基地，大力发展氢燃料电池汽车产业，如皋已经成为了全国氢能产业起步比较早、产业集聚度比较高、产业链建设比较全的地区之一。他指出，第四届国际氢能与燃料电池汽车大会汇集了全球氢燃料电池领域的著名专家和企业家，围绕世界氢燃料电池汽车前沿和趋势热点开展对话交流，寻求合作共赢，必将进一步推动整合优化全球的创新链、资源链和价值链，加快打造氢燃料电池汽车产业集群。他希望南通市、如皋市进一步聚焦政策支持，完善政策服务，优化发展环境，增强企业竞争力，提升产业集中度，努力打造具有较大影响力的氢燃料电池汽车产业发展高地。

开幕式上，国家氢能源汽车研究检测公共服务平台揭牌，《长三角燃料电池汽车一体化示范实施方案》《如皋经济技术开发区与现代自动车株式会社燃料电池商用车研究开发和示范应用》等合作方案和项目进行了集中签约。日本众议院议员、日本前环境大臣原田義昭，欧盟燃料电池及氢能合作组织执行董事 Bart BIEBUYCK，上海汽车集团股份有限公司副总裁、总工程师祖似杰等有关专家作主题演讲，如皋市委副书记、市长何益军作题为《氢能新梦想，小城大战略》的演讲。

2019 中国森林旅游节·全国精品盆景展在如皋开幕

9 月 28 日，2019 中国森林旅游节·全国精品盆景展开幕式在花木大世界（如皋）国际园艺城会展中心举行。国家林业局原副局长李育才，国家林业和草原局生态保护修复司司长赵良平，国家林业和草原局森林旅游工作领导小组副组长、国有林场和种苗管理司司长程红，中国花卉协会副秘书长杨淑艳，江苏省粮食和物资储备局局长夏春胜，南通市委副书记、统战部部长沈雷及领导张建华、何益军、吴道健、张元健、丁兴华、刘向阳、邵晓泉、张百璘、杜永红出席开幕式。

市委副书记、市长何益军主持开幕式。据了解，此次活动由中共南通市委员会、南通市人民政府、2019 中国森林旅游节执委会主办，中国花卉协会盆景分会、中共委员会和人民政府承办。活动以“森林之旅，盆景之韵”为主题，以“加强行业交流合作，促进盆景产业发展”为宗旨，以盆景艺术文化为切入点，顺应花木行业持续发展的方向和需求，为全国花木盆景行业提供产品、服务、交流、贸易渠道。

此次盆景展参展的 412 盆（组）精品盆景来自全国 17 个省市区，包括“中国杯”盆景大展及其他国家级展获得金、银奖作品，2019 年北京世园会部分获金、银奖作品，部分盆景收藏家珍藏作品和盆景大师自创作品。类型主要分为树木盆景、山水盆景、水旱盆景、微型组合盆景、观花观果类盆景等。

市委书记张建华在活动中致辞，他说，如皋素有“中国花木盆景之都”的美誉，如皋盆景艺术通过数百年的技艺传承，形成独具魅力的“如派”盆景风格，精品层出不穷。如皋盆景在国内国际大赛中屡获殊荣，是国家地理标志盆景类唯一证明商标，制作技艺被列为国家级非物质文化遗产。中国花卉协会盆景分会在如皋的设立和江苏盆景博物馆的落户，更是开启新的里程碑，带动全市花木盆景产业的蓬勃发展。当前如皋正处于加快融入长三角一体化进程的黄金发展期，花木盆景已成为的特色富民产业、绿色生态产业，以盆景为主导的花木全产业链产值超 200 亿元。此次全国精品盆景展在如皋举办，是对花木盆景产业发展的鼓励和鞭策，更为弘扬盆景文化、推动盆景产业转型升级搭建一个良好平台。

李育才宣布“2019中国森林旅游节·全国精品盆景展”开幕。开幕式上，与会领导和嘉宾共同为全国盆景展特等奖和金奖获得者颁奖。

2019 中国森林旅游节·全国精品盆景展开幕式现场　　黄友谊　摄

开幕式结束后，60余名国内盆景爱好者现场进行盆景制作技艺大比拼。由国家级评委、中国盆景艺术大师组成的评委专家组，对大比拼中的盆景进行严格评判，并为获奖者颁发奖牌和证书。

如皋市举办大型专场文艺演出庆祝新中国成立70周年

9月29日晚，庆祝新中国成立70周年专场文艺演出在如皋大剧院举行。张建华、何益军、吴道健、张元健、丁兴华等市四套班子领导与各界干部群众共同观看演出。

整场文艺演出由来自全市各条战线的600多位演职人员编排展演，分为“血沃春泥”“激情岁月”“东方风来”三个篇章，生动展现新中国成立前后，如皋人民在党的领导下不同历史时期接续奋斗的壮丽征程，充分表达了如皋人民紧密团结在以习近平为核心的党中央周围，建功新时代的豪情壮志。

文艺演出激情奋进、气势恢宏，《今天是你的生日 我的中国》《我爱你中国》等耳熟能详的歌曲旋律，激励人们坚定信念、不断向前，创造更加辉煌的崭新业绩。《溜溜的水乡》《如皋之歌》等组歌吹响了如皋大地奋进新时代、续写新篇章的前进号角。歌舞《在灿烂的阳光下》《我的祖国》《江山多娇》展现改革开放后祖国山河春潮涌动的蓬勃生机，宣示全市各界坚定不移听党话、跟党走，在以习近平为核心的党中央坚强领导下，不忘初心、牢记使命，接续奋斗。

文艺演出还包含很多如皋特色文化和精神内涵，充分体现群众性特点。舞蹈《车轮滚滚》讲述50年前，如皋儿女自力更生，艰苦奋斗，车轮滚滚战高沙，战天斗地改良田，终于实现旱改水，如今美丽村庄赛江南的故事，演绎“勠力同心、同甘共苦、坚韧不拔、善作善成”的治沙精神。在情景表演《我们都是追梦人》中，表演者的生动演出让人们穿越了时光隧道，回到80多年前，红十四军军长何昆在攻打老户庄的战斗中光荣牺牲，谱写了一曲英雄赞歌。重温激情燃烧的岁月，缅怀革命先烈，继承革命遗志。演出过程中，现场大屏幕配合节目内容滚动播出视频画面，向观众展现70年来党领导全国人民取得的辉煌成就和如皋大地日新月异的发展变化。演出最后，全场起立，市四套班子全体领导来到舞台中央，与演员们及全场观众一同挥舞国旗高唱《歌唱祖国》，深情祝福伟大祖国繁荣昌盛、明天更加美好。

如皋市举行公祭活动缅怀先烈

图为公祭活动现场　　　　邱　宇摄

9月30日是中国第六个烈士纪念日。当日上午，如皋市在烈士陵园举行缅怀先烈公祭活动，深切缅怀革命先烈的丰功伟绩，追忆革命英雄艰苦奋斗的光辉历程，祭奠革命烈士不朽英灵，进一步激发全市上下的斗争精神、担当精神、奋斗精神，在新时代新征程上坚守初心、勇担使命、砥砺前行。

市四套班子全体领导，市人民法院院长、市人民检察院检察长；各镇(区、街道)党(工)委书记、分管退役军人工作的负责人、人武部部长；市级机关各部门(含垂直管理部门)主要负责人及分管党务工作的负责人；驻如部队机关主要领导及代表；烈属代表；社会各界代表；学生代表等参加活动。

公祭活动由市委副书记、市长何益军主持。

市委书记张建华宣读祭文。他指出，近代以来，无数仁人志士为民族独立、国家富强、人民幸福而前仆后继、舍生忘死，书写了可歌可泣的壮丽诗篇。新中国成立70周年来，革命先烈矢志奋斗、无私奉献、舍生取义的精神，激励和鼓舞着全国各族人民，在建设中国特色社会主义的道路上，取得一个又一个举世瞩目的成就，构筑起一座座跨越时代、永不褪色的精神丰碑。他指出，如皋是革命老区，红十四军发祥地，在革命战争年代和社会主义建设时期，一批又一批的如皋优秀儿女为了人民幸福、民族解放和国家富强，不怕牺牲、前赴后继、艰苦斗争，用自己的鲜血和生命谱写了一曲曲壮丽的英雄赞歌。在任何时候、任何情况下都不能忘记，今天所拥有的和平发展、幸福生活，无不凝聚着革命先烈的巨大牺牲，无不浸透着仁人志士的沸腾热血。他强调，牢记历史，继往开来。缅怀先烈、祭奠忠魂，就是要牢记历史、不忘英雄，就是要秉承遗志、奋勇前进，倍加珍惜先烈用鲜血和生命换来的美好今天，接续推进烈士未竟事业。当前，如皋正迎来百年不遇的发展新机遇，正处在构建长江经济带战略支点重要支撑、接续开辟如皋高质量发展新境界的关键时期，一定要铭记先烈遗愿、弘扬烈士精神，不负历史使命。一要以更加坚定的信念坚守初心。始终牢记共产党人的初心就是为中国人民谋幸福，以本次“不忘初心、牢记使命”主题教育活动为契机，以革命先烈精神为指引，永葆赤子之心，矢志不渝为人民谋幸福，坚定不移做好民生，不断提升群众的幸福感和满意度。二要以更加主动的担当践行使命。以强烈的政治责任感和历史使命感，忠诚履责、尽心尽责、勇于担责。三要以更加务实的作风奋斗前行。进入新时代，面对新机遇，要以务实的作风，继续埋头苦干、奋斗前行，奋力谱写如皋高质量发展的新篇章。

参加活动的人员齐唱《中华人民共和国国歌》。少先队员献唱《我们是共产主义接班人》。在向烈士敬献花篮后，市委、市人大、市政府、市政协主要领导，部队官兵代表，烈士遗属代表分别上前整理花篮挽联，表达对烈士的崇高敬意和深切哀思，立志弘扬烈士精神，为实现中华民族伟大复兴的中国梦而奋斗。随后，全体人员向革命烈士三鞠躬，并按秩序缓步前行，祭扫烈士墓并献上手中鲜花，追思革命先烈的丰功伟绩，感受今天来之不易的幸福生活，坚定继往开来、继续奋斗的信心。

如皋市召开中青年干部座谈会暨“不忘初心、牢记使命”主题教育专题党课

10月9日,如皋市召开中青年干部座谈会。市委书记张建华出席会议,并为全体学员上了一堂“不忘初心、牢记使命”主题教育专题党课。2019年如皋市中青年干部培训班全体学员参加会议。

会上,19名中青年干部代表围绕“成长·担当·作为”的主题,结合个人成长经历、自身工作实际谈了感悟体会,既交流了成长中的疑问困惑,又分享了培训中的成果收获,还畅谈了今后的奋斗目标。

据了解,如皋市历来高度重视中青年干部的培养选拔工作。近年来,市委紧扣长远发展,打造锤炼载体,每年选派优秀中青年干部到新农村建设、招商引资、城市搬迁、信访维稳、项目建设等条线锤炼成长。创新“五型”第一书记选派模式,先后选派140名优秀中青年干部到农村基层“三弱两重”村(社区)担任第一书记。坚持择优统筹选配,注重选拔使用经过实践考验的优秀中青年干部,一批“五线五百”实践锻炼一线的优秀中青年干部走上了领导岗位。如皋市一线培养锻炼选拔中青年干部的相关做法经验得到上级认可,被人民网、《中国组织人事报》等媒体广泛宣传推介。

张建华对中青年干部的发言予以肯定,对如皋市中青年干部队伍培养建设成效表示满意。他勉励全体中青班学员要以此次培训班为新的起点,在如皋下一步发展的更广阔天地中发挥聪明才智。

结合“不忘初心、牢记使命”主题,张建华在党课上对广大中青年干部提出六点期盼。一是要有坚定的政治站位。切实增强“四个意识”、坚定“四个自信”、做到“两个维护”,坚定不移听党话、跟党走。要以本次主题教育活动为契机,在学习贯彻新思想时往深里走、往实里走、往心里走。二是要有强烈的事业追求。要找准自己的人生坐标,多学身边干事创业的榜样,俯下身子,多做平常事,做一个人民认同、社会认可的好干部。三是要有扎实的学习能力。要不唯书,不唯上,勇于创新,增强学习的主动性,主动涉足新的领域,注重实际能力的持续提升,做新时代复合型的干部。四要有昂扬的创业激情。要保持持久的、无条件的激情,要有大局、有格局,不要太计较一时一刻的利益得失。始终保持斗争精神,增强斗争本领,在困难面前轻易不服输,在矛盾面前轻易不回避。五要有过硬的担当本领。不能投机取巧,要挺直自己的肩膀,脚踏实地、勤勤恳恳,一步一个脚印,凡事干在前、抢先干。六要有严格的自律底线。任何时候都不放过、不放纵任何一个细节和小节,不因善小而不为,不因恶小而为之。

市委副书记丁兴华主持座谈会。市委常委、组织部部长、统战部部长缪爱诚参加会议。

如皋再次挺进2019年度全国综合实力百强县市,排名第24位

10月8日,《人民日报》发布公告,发布2019年中国中小城市高质量发展指数研究成果,江苏多地上榜。分别入选2019年度全国综合实力百强县市,名列第24位;2019年度全国绿色发展百强县市,名列第21位;2019年度全国科技创新百强县市,名列第19位。

由中小城市发展战略研究院、国信中小城市指数研究院等机构倾力构建的中国中小城市发展指数研究系统工程,持续15年对中小城市发展指数进行深入系统研究,并逐年推出其阶段性研究成果。

天津市如皋商会成立

11月9日，天津市如皋商会一届一次会员大会暨成立大会在天津市举行。市领导张勇、顾留忠、杜永红出席活动。

大会由市政协副主席杜永红主持。会议通过商会章程，选举产生商会会长及理事成员。

改革开放40年来，一批批如皋人从家乡到天津创业就业、求学参军、安家落户。许多乡贤在天津这块土地上逐渐站稳了脚跟，并获得了长足的发展。成立天津市如皋商会，是如皋籍企业家的愿望，也是民营经济发展的客观要求，对促进民营经济的健康发展，加速天津、如皋两地民营经济发展步伐起着重要的桥梁纽带作用。

新当选会长黄勇华表示，在搞好自身产业的同时，将以极大的热忱关注家乡、关注在天津打拼的如皋人，希望帮助在天津求学就业创业的年轻人，加强与家乡的科技、人才、资源对接，共建家乡、反哺家乡。

活动还宣传推介了如皋市的投资发展环境。

第三届国际司法警政刑侦科学教育文化会议在如皋举行

克罗地亚索林市与如皋市签署友好城市合作备忘录　邱　宇 摄

10月17日，第三届国际司法警政刑侦科学教育文化会议在如皋市举行。

省人大常委会副主任、党组成员曲福田，美国纽黑文大学终身教授兼副校长、前美国康涅狄格州警政厅长兼鉴识科学中心主任、李昌钰鉴识科学研究中心创始人李昌钰，最高人民法院刑一庭庭长、二级高级法官杨立新，最高人民检察院检察技术信息研究中心司法鉴定中心副主任刘勇，国家文化和旅游部资源开发司副司长吴科锋，省委统战部副部长、省侨务办公室主任王华，省侨联主席周建农，南通市委常委、政法委书记姜永华，南通市人大常委会副主任黄卫成，南通市副市长、市公安局局长陈旭，中国工程院院士顾晓松，波兰华沙大学法律与行政学院教授塔德乌什·托马舍夫斯基，克罗地亚索林市市长达利博·宁赛维克及张建华、何益军、吴道健、张元健等如皋市四套班子领导出席会议。

会议由市委副书记、市长何益军主持。

来自美国、印度、丹麦、韩国、新加坡、波兰等世界各地的法政学者、公安警政首长、刑侦科学专家共聚一堂，就司法、警政、刑侦、科学、教育、文化等领域的相关议题展开研讨。

市委书记张建华在会上致辞时介绍如皋的基本情况，并指出，自古以来，如皋就是一方钟灵毓秀、人杰地灵的宝地，孕育了无数历史名人，近现代更是涌现出一批享誉海内外的贤才俊彦，李昌钰博士便是其中的杰出代表。作为世界著名的刑事鉴识专家、全美警界最高职位的华裔首长，李昌钰博士凭借精湛独到的鉴识学识、捍卫正义的执着信念、严谨细致的治学态度，赢得全球警界的瞩目和赞誉。他是如皋人民的骄傲，也是全世界华人的骄傲。他强调，在李博士的首倡和推动下，首届国际司法鉴识教育研讨会于2016年在如皋市成功举办。经过三年来的发展，会议已成为司法鉴识领域展示世界各国最新成果，深化国内外交流合作，推动科研发展的专业化平台。2019年的会议以司法警政、刑侦科学和教育文化为主题，围绕“法律、教育与科学”“鉴识、法医与科技”“计算机犯罪、大数据与人工智能应用”“指纹、DNA与生物识别技术”举行4场学术报告会，近30位国内外行业顶尖专家将作主旨演讲，百余名相关领域的专家学者和行业大拿将展开交流研讨。如皋市衷心期待，借助此次会议，各位专家在这里碰撞思想、交流观点、畅想未来，在这里展示技术、分享成果、对接合作；也真诚希望，通过此次会议，各位嘉宾和社会各界人士能够走近如皋、了解如皋、爱上如皋。

李昌钰在讲话时说，国际司法警政刑侦科学教育文化会议是一个联通世界的桥梁，借助这个桥梁把世界各国在司法鉴识等领域的最新成果和经验传送到世界各地，推动司法警政刑侦水平提升。他希望参会的人员紧扣本次会议的主题，积极交换意见、促进国际合作。

顾晓松在讲话时说，李昌钰博士深爱着祖国和家乡，为推动家乡发展作出了积极贡献，是华人的骄傲。他希望，持续举办好国际司法警政刑侦科学教育文化会议，努力形成品牌效益，借助这个平台推动如皋走向世界，让世界更多的知晓如皋。

姜永华在讲话时说，开展司法鉴定理论与技术交流对于提高司法鉴定工作水平，保障人民生命财产安全，推动平安中国、法治中国建设具有重大现实意义。他希望，与会嘉宾以此次会议为契机，坚持问题导向，以更加开阔的思路和更加国际化的视野加强相关理论与热点问题的研究，积极开展形式多样、广泛深入的合作，共同开创司法鉴定行业新局面。

曲福田在讲话时说，国际司法教育会议自2016年举办以来，已成为行业具有影响力的学术交流平台，在推动刑侦科学理论发展与促进技术进步方面发挥了重要作用。第三届国际司法警政刑侦科学教育文化会议再次在如皋召开，必将对进一步促进世界刑侦鉴识的理论研究、科技创新、实践成果的展示和交流，以及推进中国司法警政、刑侦科学的进步和发展等方面产生积极的意义。

会上，克罗地亚索林市市长达利博·宁赛维克与何益军分别代表克罗地亚索林市和如皋市共同签署友好城市合作备忘录，就进一步增加互相合作达成共识。未来，两市将在经济、文化、艺术、教育、体育等共同关心的领域开展交流活动。

中国少年先锋队如皋市第三次代表大会开幕

10月19日，中国少年先锋队如皋市第三次代表大会在如师附小儿童剧院开幕。南通团市委书记王鸣昊及如皋市领导张建华、缪爱诚、张勇、张亚鸾、严世斌出席开幕式。

开幕式上，十佳少先队员、十佳少先队辅导员受表彰。

市委书记张建华在开幕式上致辞。他说，全市各级少先队组织认真落实“立德树人”的根本任务，

市委书记张建华参加少先队展示活动　　　　邱　宇摄

广泛开展“红领巾相约中国梦”“祖国在我心中”“争做新时代好队员”等主题教育活动,有力促进少年儿童的健康成长、全面发展。他指出,少先队员们生活成长在一个幸福美好而又充满希望的新时代,是幸运的一代,也是肩负重担的一代。当前,全市上下紧扣高质量发展走在前列的目标定位,统筹推进各项工作,经济社会保持平稳健康发展。当下,如皋正抢抓长三角一体化发展等重大战略机遇,奋力构建长江经济带战略支点重要支撑,这既需要全市人民的共同努力,也需要少先队员们的接力奋斗。他希望全市少先队员爱党爱国、志存高远,做有志向有抱负的新时代好少年。从小树立远大理想,矢志报效祖国,把个人的成长进步与国家的前途命运、家乡的繁荣发展结合起来,从小听党话、跟党走,做中国特色社会主义事业的合格建设者和可靠接班人。修身立德、陶冶情操,做有道德有品行的新时代好少年。把思想品德修养作为人生的必修课,扣好人生的第一粒扣子,迈好人生的第一个台阶,立志成为新时代文明实践的小标兵;学习和传承中华民族传统美德,弘扬和践行社会主义核心价值观,见贤思齐,与人为善,明礼诚信,做文明美德的传承者、文明风尚的传播者、文明榜样的传颂者,努力成长为品德高尚、向上向善的人。勤奋学习、慎思笃行,做有知识有本领的新时代好少年。珍惜美好年华,勤于学习、善于学习、乐于学习,不断丰盈思想、提高本领,用扎实的学习为将来打下坚实的基础;勤于动脑、积极实践、大胆创新,努力培养创新的意识、思维和能力,把好奇心和想象力转化为创新创造的新实践,做到学与思、知与行的统一。强健体魄、磨炼意志,做有自信有担当的新时代好少年。坚持参加体育锻炼,积极参加劳动,不断增强体质、强健体魄;自立自强,磨炼坚强意志,锻造刚毅品格,积极向上、锐意进取,知难而进、不怕挫折,满怀信心地迎接未来的各种挑战;热爱生活、学会感恩,懂得珍惜、善待生命,做到“德智体美劳”全面发展,成为合格的“共产主义接班人”。他强调,少年儿童是祖国的希望和未来,全市各部门要站在党和国家事业薪火相传的战略高度,进一步加强领导和保障,为少先队员健康成长和少先队事业发展创造条件。

开幕式前,张建华一行参加少先队展示活动,并听取如师附小校园文化建设情况汇报。

华夏电影文化中心正式开馆

10月20日,华夏电影文化中心正式开馆。江苏省人大常委会外事委员会主任司锦泉、江苏省档案馆馆长陈向阳、中国服务贸易协会数字经济分会会长陈文敬、如皋市人民政府市长何益军、南通市委宣传部常务副部长司祝建、南通市档案馆馆长曹斌、南通市妇联主席秦艳秋、华夏电影文化中心创始人刘建共同启动水晶球,为华夏电影文化中心开馆。如皋市领导丁兴华、茅红宇、钱志刚、张亚鸾、刘晓洁一同出席活动。

出席开馆仪式的领导、嘉宾共同按下启动水晶球

陈圣银 摄

华夏电影文化中心收藏并展示胶片电影、胶片洗印设备、修复设备、放映设备、电影剧本及相关的老电影藏品共20余万件。同时，华夏电影文化中心还通过胶片档案物理修复与数字修复方法的研究与开发，以专业化手段对胶片进行常规性和创新性抢救保护，承接所有胶片档案的抢救和保护任务，建成国内一流的胶片档案抢救保护研发基地。

市委副书记、市长何益军在致辞中表示，华夏电影文化中心馆藏丰富、种类齐全、设备先进、技术领先，作为博物馆群建设的杰出代表，凝聚了一个时代的记忆，唱响了电影文化的主旋律，绘就了雉水文化的新篇章，不但为民众提供了一处优质的文化交流场所，更为如皋打造了一张重量级的城市文化名片，未来必将推动电影文化的交流与繁荣，促进电影胶片档案资源的共享与服务，成为古城如皋崭新的文化地标，进一步彰显文化魅力，提升城市品位和竞争力。他希望各部门和华夏电影文化中心积极探索电影胶片档案管理新机制，建设一流的电影档案保管保护基地、产学研实践基地、科普示范基地，建设一流的电影文化交流平台、电影文化体验中心和全域旅游网红打卡地，为传承城市文脉、提升城市品质作出积极贡献。

活动现场举行“江苏省档案馆如皋电影史料馆”“中国服务贸易协会数字经济分会副会长单位”“江苏电影档案展示馆”“上海电影学院产学研实践基地”的揭牌仪式，同时华夏电影文化中心与四家单位签订了纪录片数字化修复项目、影片《红樱桃》数字化修复项目和《中国地质大学声像档案》数字化修复项目的合作协议。此外，西安灞河影业有限公司总经理、制片人王乐还向华夏电影文化中心捐赠了《团圆》和《图雅的婚事》的胶片拷贝和影片版权。领导嘉宾们共同按下启动水晶球，宣布华夏电影文化中心正式开馆。

如皋市举行扫黑除恶专项斗争新闻发布会

扫黑除恶新闻发布会现场　　谢同山 摄

10月25日，如皋市举行扫黑除恶专项斗争新闻发布会。市委常委、政法委书记、市扫黑办主任缪小华参加活动。

发布会上，缪小华通报全市扫黑除恶专项斗争工作开展情况。自扫黑除恶专项斗争工作开展以来，市委、市政府坚持把专项斗争作为一项重大政治任务扛在肩上、抓在手上，全市“一盘棋”，上下“一条心”，始终坚持把专项斗争作为强化"四个意识"、坚定"四个自信"、践行"两个维护"的重大政治工程,坚持提高政治站位、强化组织领导、深入宣传发动、深化线索摸排、紧抓破案攻坚、推进综合治理、创新机制建设,持续推动扫黑除恶专项斗争不断走向深入,以优异战果回应广大人民群众的新期盼,群众的获得感、幸福感、安全感持续攀升。截至10月20日,如皋市依法惩处黑社会性质犯罪组织2个、恶势力犯罪集团2个、恶势力犯罪团伙1个,累计破获九类涉黑涉恶犯罪案件475起(其中现行案件134起),抓获涉黑涉恶犯罪嫌疑人437人,扣押涉黑涉恶资产9000余万元;提起公诉涉黑涉恶案件4件35人;一审判决涉黑涉恶案件2件17人;立案查处涉黑涉恶腐败案件34件34人;整顿提升软弱涣散基层党组织4个,调整不合格不胜任村(社区)党组织书记9名。

随后,市纪委监委、市委组织部、市人民法院、市人民检察院、市公安局等部门相关负责人,分别就纪委监委开展"打伞破网",市委组织部门整顿基层软弱涣散村(社区)党组织具体举措,市人民法院发挥审判职能作用、市人民检察院发挥检察职能,依法打击黑恶势力犯罪,市公安局发挥主力军作用扫黑除恶以及"打财断血"举措等问题回答了记者提问。

2019年如皋科技人才洽谈会开幕

科技人才洽谈会开幕式现场　　　　邱　宇　摄

10月28日,2019年如皋科技人才洽谈会在市行政中心礼堂开幕。来自北京大学、清华大学、南京大学、武汉大学、哈尔滨工程大学、中国科学技术大学、东南大学等全国近100所知名高校、院所的300多位专家学者应邀参会。外经贸部原副部长、第十届全国政协外事委员会副主任周可仁,南通市委副书记、统战部部长沈雷,省人社厅二级巡视员张永祎,省科技厅高新处处长倪菡忆,国家统计局大数据研究实验室主任江青,省知识产权局副局长施蔚,以及张建华、何益军、吴道健、张元健、丁兴华等如皋市四套班子领导出席开幕式。

市委副书记、市长何益军主持开幕式。周可仁宣布2019年如皋科技人才洽谈会开幕。

沈雷在开幕式上致辞。他指出,如皋作为南通发展中的重要板块,是全国文明城市、中国人居环境奖城市,有着深厚的历史底蕴和优越的发展环境。如皋积极抢抓长三角一体化等国家战略叠加机遇,解放思想再深入,改革开放再出发,经济社会发展持续迈上新台阶。2019年,如皋深入开展"重特大项目落地落实年"活动,勇于担当、主动作为、敢于争先,财政收入、固定资产投入、工业应税销售等多项指标位居南通前列。他强调,人才是第一资源,创新是第一动力,希望广大人才通过在如皋考察交流,深切感受这座长寿之乡、文明之都、创新之城的独特魅力,努力在如皋这方创新热土和创业福地上施展抱负,成就事业,圆梦人生。

市委书记张建华作题为《拥抱长三角 逐梦新时代》的主旨演讲。他说，如皋地处长江三角洲北翼，素享“江苏历史文化名城、中国花木盆景之都、世界长寿养生福地”的美誉，是全国文明城市、中国人居环境奖城市，位居全国县域经济百强榜第24位、福布斯中国大陆最佳县级城市第9位。将积极策应国家战略的深入实施，主动接轨大上海，加快融入长三角，坚定不移做实产业、做优城市、做好民生、建强队伍，努力建成长三角最具资源和成本优势的中高端产业集聚区、最具特色的生态旅游城、最具爱心的民生幸福地、最具活力的创业强磁场，重点抓好“一城两区三基地”建设，为各类企业和人才搭建创新创业的广阔舞台。他指出，今日之如皋，发展机遇无限，合作空间广阔。关注如皋，就是关注财富；选择如皋，就是选择机会；投资如皋，就是赢得未来。

开幕式上，中乌第三代半导体产业技术研究院、DHRG尖端纤维材料实验室、如皋长寿特色农产品研究院等三个科技创新平台项目揭牌；创新创业企业家代表作交流发言；一批“2019年科技强企人物”受表彰；与会嘉宾参观了新中国成立70周年科技创新图片展。

此届洽谈会主题为“智汇雉水 科创皋地”。会议期间，精心策划推出2019“百所高校如皋行”校企对接会、第五届“梦想之星”创业大赛、第四届国际氢能与燃料电池汽车大会、长三角一体化创新创业大赛暨长三角年度创新创业大会、第二届第三代半导体晶体及智能制造国际研讨会、如皋港工业园区新材料产业高质量发展峰会等特色化专题活动。通过洽谈会，全力搭建“政企校银”合作平台，探索生产要素双向流动、利益共享的区域协作模式，进一步宣传推介发展环境。

如皋市举行“不忘初心、牢记使命”主题教育专题党课

11月2日，按照中央和省、南通市委“不忘初心、牢记使命”主题教育部署要求，根据市委主题教育工作安排，昨日，如皋市举行“不忘初心、牢记使命”主题教育专题党课。南通市委“不忘初心、牢记使命”主题教育第三指导组组长、南通市政协副秘书长陈亮以及如皋市四套班子领导张建华、吴道健、张元健、丁兴华等参加活动。

专题党课由市委副书记丁兴华主持。

市委书记张建华为广大党员干部上了主题为“坚守初心使命　树牢宗旨意识　切实肩负起新时代为民服务的责任担当”的专题党课。他说，习近平指出：“守初心，就是要牢记全心全意为人民服务的根本宗旨，以坚定的理想信念坚守初心，牢记人民对美好生活的向往就是我们的奋斗目标，时刻不忘我们党来自人民、根植人民，永远不能脱离群众、轻视群众、漠视群众疾苦。”习近平总书记的重要讲话充分阐明，初心就是中国共产党人自建党之初树立的奋斗精神，就是对人民永远保持的赤子之心，就是向全党提出“饮水要思源，人不要忘‘本’”的告诫与要求。当前，中国特色社会主义进入新时代，我们要牢记党的初心使命，准确把握以人民为中心的发展思想，进一步树牢为民服务的宗旨意识，做到不忘初心、践行初心、坚守初心。

张建华强调，坚守党的初心使命，要全面对照以人民为中心的发展思想，深刻检视问题查找差距。全市广大党员干部要坚决落实习近平总书记指示，按照省委和南通市委要求，对照以人民为中心的发展思想，认真检视自己的理想信念强不强、政治标准坚守得严不严、为民服务的宗旨意识牢不牢、推动高质量发展的成效好不好、民生短板补得齐不齐、干事创业的本领足不足、个人的工作作风实不实等问题，静下心来仔细想一想，对照标准好好问一问，想明白问题在哪里，弄清楚差距有多大，推动思想进一

步升华，行动进一步深化。

张建华指出，践行党的初心使命，要贯彻落实以人民为中心的发展思想，坚定扛起为民服务的责任担当。深入学习贯彻习近平新时代中国特色社会主义思想，坚定理想信念，树牢宗旨意识，贯彻落实中央、省委和南通市委决策部署，紧紧围绕市委工作安排，推动经济社会高质量发展，着力突出“三做一建”四大工作重点，以时不我待的责任担当抢抓发展机遇，以奋勇争先的拼搏精神狠抓落实，以高质量发展的过硬成果满足人民群众对美好生活的向往。一要站在以人民为中心的高度，深刻理解为什么要做实产业，怎样做实产业。做实产业是落实新发展理念的具体实践，是推动高质量发展的有效途径，是践行以人为本思想的现实需要，广大党员干部要针对如皋市产业基础比较薄弱的实际，保持发展定力，坚定不移做实产业，努力在实体、实力、实效上下功夫，重点大力发展实体经济、致力招引实力项目、构建特色产业体系。二要站在以人民为中心的高度，深刻理解为什么要做优城市，怎样做优城市。落实“城市让生活更美好”的初心，积极回应人民期盼，重点优规划、优功能、优管理，推动城市建设更加贴近群众需求、满足群众需要，让人民群众拥有更加美好的城市生活。三要站在以人民为中心的高度，深刻理解为什么要做好民生，怎样做好民生。“做好民生”是党员领导干部为官一任、主政一方最根本的出发点，也是贯彻以人民为中心发展思想的最根本落脚点。对照高水平全面小康任务，如皋市小康指标还有一些短板，民生领域还有不少问题没有得到根本解决，因此要正视发展中的短板和不足，坚决破除“一俊遮百丑”的思维定式，重点聚焦群众增收、生态环境、公共服务、基层治理等领域，并积极解决一批人民群众最关注、最关心热点难点问题，推动实现更充分、更平衡、更高质量的发展。四要站在以人民为中心的高度，深刻理解为什么要建强队伍，怎样建强队伍。为政之要，惟在得人。用什么样的干部，如何选人、怎样用人，是关乎如皋市队伍战斗力、关乎做实产业、做优城市、做好民生的关键性、根本性问题。同时，建强队伍，也是抓党建的重中之重。针对如皋市队伍建设存在的薄弱环节，要重点加强思想政治建设、加强干部队伍建设、加强党风廉政建设，努力打造新时代高素质干部队伍。

南通支云客场力克中甲冠军成功保级

11 月 2 日下午，2019 中甲联赛展开最后一轮比赛，南通支云客场挑战青岛黄海，经过 90 分钟激烈对决，南通支云 2 比 1 战胜对手，离开升降级附加赛区，成功留在中甲赛场。

此次比赛之前，南通支云仍处于升降级附加赛区，积分落后竞争对手，对决领头羊青岛黄海，支云没有退路，唯有客场取胜才能避免附加赛。比赛开始仅仅 2 分钟，青岛黄海 24 号亚亚·图雷从身后一个多余动作踢倒南通支云 30 号李湘彬，裁判通过观看 VAR 后直接出示红牌将亚亚·图雷罚下。第 57 分钟，黄海打破僵局，32 号杨宇直塞，7 号高翔右侧禁区获得单刀机会破门，黄海 1–0 南通。第 59 分钟，南通扳平比分。11 号李嘉玮右侧传中，20 号季俊前点头球后蹭，18 号姆拉登后点赶到将球踢进大门，黄海 1–1 南通。第 89 分钟，南通反超比分。南通开出右路角球，18 号姆拉登小禁区线上高高跃起头球破门，黄海 1–2 南通。

中甲元年，南通支云迎来空前挑战。4 月 6 日，球队在主场 4 比 2 战胜新疆雪豹纳欢，取得赛季首场胜利。6 月 22 日，球队在客场战胜北体大后，遭遇低谷期，连续 12 轮联赛不胜，排名也跌至倒数第二。8 月 6 日，如皋市领导带队前往如皋奥体中心，看望慰问正在高温天气下积极备战训练的南通支云足球俱乐部将士，为队员们打气鼓劲，并送上慰问品和慰问金。市领导表示，“一旦拥有不可失去”，南通支云足球俱乐部已成为如皋的一张城市名片，如皋委、市政府高度重视支云俱乐部的发展，将一如既往支持帮助支云足球俱乐部，和俱乐部一起认真研究谋划支云的长期可持续发展。8月18日，主教练魏新离任。8月20日，英国人盖瑞·怀特拿起支云教鞭，在最后8轮比赛中，带领南通支云取得3胜3平2负战绩，最终成功保级。

2019第二届如皋国际铁人三项赛圆满举办

11月3日，“龙游湖壹号”2019第二届如皋国际铁人三项赛在风光秀丽的龙游湖畔圆满举办。这是如皋市第二次举办铁人三项赛，也是世界长寿乡与热血运动的一次盛大“约会”。市领导何益军、丁兴华、茅红宇、钱志刚、陈晓彬、张亚鸾、刘晓洁等出席活动。

铁人三项赛赛场　　邱　宇摄

开赛仪式上，市委副书记、市长何益军发表致辞。他说，铁人三项运动是一项集刺激性、挑战性、观赏性为一身的运动项目，参赛选手在挑战自我极限、享受体育激情的同时，用脚步丈量古城如皋的秀美风光，用心灵体验雉水文化的独特魅力，让“铁人精神”与“把不可能变成可能”的如皋精神深度融合，为如皋经济社会发展注入了不竭的生机与活力。他指出，与上年相比，2019年无论是比赛规格还是参赛人数都创新高。此次比赛既为广大铁人提供了同堂竞技、增进友谊的舞台和展示平台，也有力推动如皋市体育、文化和旅游产业的发展壮大，进一步提升如皋城市知名度和美誉度。

此次比赛吸引了来自国内外的600多名参赛选手，比赛内容包括1.5公里的游泳、40公里的自行车和10公里的跑步。比赛场地龙游湖风景区，环境优美、生态宜人，水质长期保持在国家二类标准，是如皋市重要的“生态绿肺”。此届比赛由市人民政府主办，高新区管委会、市文体广电和旅游局承办，北京三夫体育发展有限公司执行。比赛纳入了中国铁人三项运动协会积分系统，是中铁协C级官方认证赛事。上午8时许，发令笛准时鸣响，选手们纷纷跃入水中，在龙游湖美景中开始了一场紧张而又难忘的铁三征程。经过激烈的角逐，最终来自中国的苗浩以01:52:34的成绩揽获全场男子冠军，来自中国台湾的张嘉家以02:09:13的成绩赢得全场女子冠军。

如皋师范学校第二附属小学正式开工

11月8日，如皋师范学校第二附属小学项目举行开工仪式。该项目建成后，将成为如皋市教育事业又一张新的名片，有利于提升如皋市教育质量，让更多的如皋孩子享受到更为优质的教育资源。市领导张建华、何益军、茅红宇、高峰、钱志刚、张亚鸾、严世斌参加开工仪式。

如皋师范第二附属小学位于高新技术产业开发区，总用地面积 7.66 万平米(115 亩)，总建筑面积 6.6 万平方米。其中地上建筑面积约 5.5 万平方米，地下建筑面积 0.75 万平方米，学校规模为 12 轨制。学校设计过程中，始终秉承市委、市政府建全市最好学校的要求，以历史上优秀的教育传说与现代科技高度融合，做到了教育理念与学生成才有机统一。学校为非寄宿制学校，具备满足全体师生同时午餐的条件。校园建成后，将成为如皋高铁新城的“宜居、宜学、宜游、宜业”新名片。

市委副书记、市长何益军在开工仪式上致辞。他说，如皋市委、市政府始终坚持教育优先战略，努力把这一“国之大计、党之大计”落实好，把这一民生“头等大事”办得更有质量、更有成效。特别是从 2012 年起，如皋市围绕优质均衡教育，累计投入超 150 亿元重建、改造全市三分之二的中小学和幼儿园校舍，全市学校布局不断优化，资源配置日趋完善，教育服务供给水平全面提升，如皋成为江苏省首批教育现代化县级示范区，年度监测得分保持苏中苏北首位，连续三年列南通第一。他说，市委、市政府以最大的诚意、尽最大的努力谋划如师二附项目，精心比选新城区最好的地块，聘请最一流的设计单位，秉持最一流的设计理念，选择最一流的施工单位，满足最高标准的办学需求。他希望教育局和高新区不辱使命、不负众望，把如师二附办成教学一流、管理一流、成效一流的尖端名校，为打造新时代“南通第一、江苏一流、全国知名”的“教育如皋”品牌注入新动能；希望市级相关部门加强协调，强化服务，想项目之所想，急项目之所急，为项目顺利实施提供坚强保障；希望施工单位围绕项目工期，高效组织、精心施工，将如师二附打造成精品工程、优质工程、人民满意工程。

市委书记张建华，市委副书记、市长何益军等市领导为项目开工培土奠基。

市融媒体中心(传媒集团)新闻综合高清频道开播

市融媒体中心新闻综合高清频道开播现场

黄友谊 摄

11 月 8 日，市融媒体中心(传媒集团)新闻综合高清频道开播仪式在市融媒体中心播出部举行。省新闻战线“三项学习教育活动”领导小组办公室常务副主任周强、副主任刘哲，如皋市领导张建华、高峰、钱志刚、张亚鸾、刘晓洁出席活动。

市委书记张建华宣布高清频道正式开播，参加活动的领导共同按下启动按钮。2019 年以来，在市委、市政府的关心支持下，在江苏有线如皋分公司等单位配合下，市融媒体中心(传媒集团)加大投入力度，先后投入 1000 多万元，完成对全台摄录系统、非编系统和播出系统的高清化改造，已具备高清播出的全部条件，可实现新闻综合频道高标清同步播出。在确保安全播出上，市融媒体中心(传媒集团)在节目播出的主要环节配备安全可靠的备份系统，播出方式以全硬盘播出为主，充分考虑到系统的安全性、可用性、先进性、兼容性和可扩展性。

张建华在现场详细了解高清频道演播和制播流程，听取高清频道改造相关情况的汇报。张建华对高清频道改造整体质量及效果给予肯定，要求技术部门与节目制作部门加强合作，进一步完善节目内容和技术应用，增强演播室的互动功能，切实提升频道节目制作播出能力。目前，全市上下正在开展“不忘初心、牢记使命”主题教育，融媒体高清频道的正式开播也是媒体人践行初心和使命的又一具体行动，高清电视频道的开播，也将更好地满足如皋人民群众对美好生活的向往。

此次新闻综合高清频道正式开播后，将实现如皋本土主要电视节目播出高清化。如皋市民将能收看到画面更清晰、层次更丰富、色彩更缤纷、视觉更柔和的电视节目。市融媒体中心(传媒集团)也将以此次高清频道开播为契机，进一步深入开展媒体融合改革，推动舆论宣传工作再上新台阶。

如皋市举行学习贯彻党的十九届四中全会精神省委宣讲团报告会

11 月 28 日，如皋市举行学习贯彻党的十九届四中全会精神省委宣讲团报告会。省委宣讲团成员、省委委员、省委宣传部常务副部长焦建俊作专题辅导报告。

市委书记张建华主持报告会。

何益军、丁兴华等市四套班子领导参加会议。

图为宣讲团报告会现场　　邱　宇摄

焦建俊以“开启国家治理新征程”为题作专题报告，在报告中介绍了党的十九届四中全会的基本情况和重大意义，从“中国制度的深厚历史底蕴”“中国特色社会主义制度和国家治理体系的显著优势”“中国制度的丰富实践基础”三方面阐释中国特色社会主义的制度自信；围绕全会《决定》提出的总体要求、总体目标和重点任务进行系统解读；对贯彻落实全会精神提出要求。他指出，要进一步加强党的领导，毫不动摇坚持和巩固中国特色社会主义制度，与时俱进完善和发展中国特色社会主义制度和国家治理体系，不折不扣遵守和执行制度，确保全会确定的各项目标任务全面落实到位。

张建华在讲话时指出，报告高屋建瓴、视野开阔、深入透彻，具有很强的政治性、理论性、指导性，对我们深刻理解和坚持中国特色社会主义制度、推进国家治理体系和治理能力现代化具有重要的指导意义。会后，大家要进一步学习领会、消化吸收。

就如何深入学习宣传贯彻全会精神，张建华强调，要全面掀起学习宣传热潮，广泛开展宣传宣讲活动，推动全会精神进企业、进农村、进机关、进校园、进社区，营造学习宣传贯彻的浓厚氛围；要结合当前正在开展的“不忘初心、牢记使命”主题教育，通过中心组学习、基层党委会和支部会等形式，迅速组织传达学习，确保覆盖到每一个基层党组织、每一名党员。要深刻领悟全会精神实质，持续在学懂弄通做实上下功夫，切实把思想和行动统一到全会精神上来，统一到中央决策部署上来，进一步增强“四个意识”，坚定“四个自信”，做到“两个维护”，切实增强用全会精神指导实践、推动工作的政治自觉、思想自觉和行动自觉。要全力以赴抓好贯彻落实，把学习宣传贯彻全会精神与工作实践结合起来，统筹推进各项重点工作，全力冲刺全年目标任务；要结合如皋市实际，认真研究谋划明年工作，理清发展思路、明确重点任务、务实工作举措，确保全会精神在如皋落地生根。

如皋市妇女第十六次代表大会召开

与会领导为受表彰人员颁发荣誉证书　　黄友谊 摄

11月30日，如皋市妇女第十六次代表大会召开。300多名妇女代表汇聚市民服务中心三楼报告厅，共商如皋妇女事业发展大计。张建华、何益军、吴道健、张元健、丁兴华等市四套班子领导出席会议。

如皋市妇女第十五次代表大会召开以来，全市各级妇联在市委、市政府和南通市妇联的领导下，紧紧围绕“强富美高”新如皋建设，组织动员广大妇女建功新时代；注重发挥妇女独特作用，推动社会主义核心价值观在家庭落地生根；依法维护妇女合法权益，在引领联系服务中为党凝聚妇女人心；将妇联改革进行到底，筑牢党联系妇女群众的根基。

市委书记张建华在讲话中充分肯定过去五年全市各级妇联和妇女群众为建设“强富美高”新如皋作出的贡献。当前，如皋经济社会发展进入新阶段，需要我们主动融入长三角区域一体化发展，突出“做实产业、做优城市、做好民生、建强队伍”四大工作重点，全力推进“一城两区三基地”建设。这些都为全市广大妇女施展才智、建功立业提供了更加广阔的舞台，也对做好妇女工作提出更高要求。他希望全市广大妇女高举伟大旗帜，在拥护中国特色社会主义妇女发展道路中阔步前行；要胸怀远大抱负，在建设中国特色社会主义伟大实践中彰显作为；要发挥独特作用，在践行社会主义核心价值观中涵养美德；要敢于奋力拼搏，在实现中华民族伟大复兴中国梦征程中追梦奋斗。

南通市妇联主席、党组书记秦艳秋在讲话中充分肯定如皋市妇女工作取得的成绩，并希望全市各级妇联组织和广大妇女要坚定不移听党话、跟党走，围绕中心主动服务发展大局，奋力建功新时代，更好地代表和维护妇女合法权益，重视家庭文明建设，深化妇联改革，激发妇联组织工作新动能。

会上，市领导对“三八”红旗手标兵和“三八”红旗集体代表进行了表彰。市总工会主席、党组书记周太荣代表群团组织致贺词。

张皋过江通道桥隧方案确定双向八车道桥梁方案

12 月 3 日，江苏省交通工程建设局在南京组织召开张皋过江通道桥隧方案比选专家论证会。专家和代表经讨论认为：根据过江通道的建设条件和相关专题研究成果，桥梁和隧道建设方案均可行，综合考虑实施可靠性、通行条件、经济性、运营期维护、应急抢险等因素，同意研究单位推荐的双向八车道桥梁方案。下一步，相关部门将按照通航影响评价要求完善相关工作，并针对桥梁方案开展关键技术研究。

张皋过江通道是《江苏省城镇体系规划(2015—2030)》中规划的公路过江通道之一，位于江阴大桥和在建的沪通大桥之间，分担江阴大桥、苏通大桥和张皋汽渡的交通压力，是联系江南张家港与如皋市间重要通道，在京沪国家高速公路和沪陕国家高速公路之间形成一个新的快速连接通道。

张皋过江通道位于江阴大桥下游 28 千米、苏通大桥上游 57 千米、在建沪通大桥上游 16 千米。拟采用双向八车道(接线段六车道)高速公路标准设计。线位起自张家港晨阳镇东侧疏港高速，向北于张皋汽渡上游进入长江，上跨浏海沙水道，经靖江马洲岛，跨越如皋中汉福姜沙北水道，于如皋华泰重工厂区登陆，向西北方向延伸，终点接沪陕高速，路线全长约为 28 千米。根据计划，工程将于 2020 年 3 月 1 日开工，2026 年 12 月 31 日竣工。

如皋市再领两个鲁班奖“小金人”

12 月 10 日，由中国建筑业协会主办的建筑业科技创新暨 2018—2019 年度中国建设工程鲁班奖(国家优质工程)表彰大会在北京会议中心召开。会议为 2018—2019 年度中国建设工程鲁班奖(国家优质工程)获奖单位进行颁奖。如皋市三家建筑企业喜获殊荣，公司负责人现场领取了鲁班金像及证书。至此，如皋市建筑铁军已捧回 26 座鲁班奖“小金人”，获奖总数继续名列全国县级市前茅。

鲁班奖于 1987 年设立，作为全国建筑行业工程质量的最高荣誉奖，每年颁奖一次(自 2010—2011 年度开始，每年一评审，两年一颁奖)，授予创精品工程的企业。随着一批批获奖工程的问世，鲁班奖的声誉已受到全社会的关注和认可，成为优质工程的标志和企业信誉的象征。

此次，如皋市获奖的 2 个项目分别是江苏南通六建建设集团有限公司总承包承建、江苏元辰安装集团有限公司参建的迪拜万丽中心酒店(获境外鲁班奖)；江苏沪港装饰有限公司参建的新疆益民大厦(获参建鲁班奖)。迪拜万丽中心酒店(万丽酒店全球旗舰店)是按照高档标准打造的超五星级酒店，位于迪拜海湾商务区，建筑面积 6.76 万平方米，地面高度 117 米，地下 5 层，地上 25 层，设计高起点、装修高要求。由江苏沪港装饰有限公司装饰装修的益民大厦项目，对加快乌鲁木齐市服务型政府建设，提高政府部门工作效能和服务水平具有重要意义，是提升城市综合服务功能、促进社会协调发展的标志性建设工程。

从 20 世纪 70 年代末开始，如皋市建筑工人成建制走出如皋，支援新疆、大庆油田建设。伴随着改革开放的东风，催生了如皋建筑业的蓬勃发展，如皋市建筑业总产值从 1990 年的首次破亿到 2018 年的 1194 亿元，成为如皋市第一个产值超 1000 亿元的板块产业。全行业从业人数超 20 万人，各类职称(资格)管理人才超 1.5 万人，建立 4 个省级技术研发中心，完成 4 项国家级行业标准。

1994 年，南通六建总承包的大庆油田商贸中心斩获如皋市第一个全国工程质量最高荣誉奖——鲁班奖，掀开如皋建筑铁军新篇章。如皋市委、市政府把争创鲁班奖工程作为提高工程质量水平的重要措施，引导企业加强质量管理，增强质量意识，多创精品工程。如皋市广大建筑企业始终把争创优质工程作为重要的质量管理措施，不断提高工程质量管理水平，取得显著效果，如皋市建筑业龙头企业南通六建、江中集团分别夺得 12 个鲁班奖，为打造全省全国知名的如皋建造品牌作出了重要贡献。

如皋市华理企业家商会二届一次会员大会举行

12 月 15 日，如皋市华理企业家商会举行二届一次会员大会，选举产生新一届华理企业家商会领导班子。市领导缪爱诚、张勇、顾留忠、杜永红出席活动。大会由市政协副主席杜永红主持。会议通过商会章程，选举产生了新一届华理企业家商会领导班子，并举行了授牌仪式。

如皋市华理企业家商会的全称为如皋市工商业联合会华东理工大学商学院企业家商会，成立于 2014 年，是华东理工大学商学院 EMBA 班如皋籍学员自愿组成的联合性群体。商会的成立，将有力加强学员及企业之间的联系，推动实现和谐互助、资源共享、良性互动。

会议结束前，市委常委，组织部部长、统战部部长缪爱诚上了一堂《坚定不移跟党走》的专题党课。他要求全体与会的非公经济人士要坚定不移跟党走，时刻牢记自己的初心和使命，实现企业发展、回报国家、奉献社会的最大统一；要学懂弄懂新思想，用习近平新时代中国特色社会主义思想武装头脑、指导实践，统一思想、解放思想；要抢抓机遇谋发展，充分认识到如皋的经济发展已经进入黄金期，如皋正成为长江以北上海产业转移、先进制造业集聚的首选之地，切实抢抓长三角区域一体化战略机遇，推动产业转型升级，为建设“强富美高”新如皋、接续开辟如皋高质量发展新境界作出应有的贡献。

2019 中国江苏乡土人才技艺技能大赛、花卉盆景制作项目决赛在如皋举行

12 月 19 日，由江苏省人力资源社会保障厅会同省总工会、团省委、省妇联等部门共同主办，由南通市人力资源和社会保障局承办，如皋市具体承办的 2019 中国江苏乡土人才技艺技能大赛花卉盆景制作项目决赛在如皋市江海技工学校拉开序幕。省人力资源和社会保障厅党组成员、副厅长、大赛组委会主任朱从明，南通市人大常委会副主任、市总工会主席葛玉琴及如皋市委书记张建华，市委副书记、市长何益军出席开幕式。

张建华在开幕式上致辞。他说，绿色是大自然的馈赠，是如皋城市最靓丽的生态底色。始于宋朝、兴于明清的如派盆景，以“云头雨足美人腰、左顾右盼两弯半”的独特造型，跻身全国“七大流派”，连续 20 多年妆点人民大会堂和中南海，在国内外各类盆景艺术大赛中亦是屡获殊荣。其制作技艺被列为

图为决赛开幕式现场　　邱　宇摄

"国家级非物质文化遗产代表性项目",成为全国首个盆景类地理标志证明商标。他指出,2019年来,如皋市聚焦"做优城市"的发展定位,以花木盆景为特色,以打造国际国内花木盆景最佳集散地为抓手,形成了以盆景为核心、花卉苗木为基础、园林施工为支撑的全产业链,如派盆景成为城市的又一张靓丽名片,在国内外的美誉度和影响力不断扩大。他强调,当前,随着"一带一路"、长江经济带、长三角一体化等国家战略的交汇叠加,使如皋迎来了百年未有的新机遇,给如皋开拓了参与全球资源配置的新境界,让如皋站上长三角一体化发展的新风口,为如皋高质量发展走在前列赋予了新动能。如皋市将以承办此次决赛为契机,深入贯彻落实全省乡土人才"三带"行动计划经验交流会精神,大力弘扬高超的盆景技艺与不凡的工匠精神,最大限度地把如皋乡土人才资源转化为融入长三角一体化的新优势,全力推动如皋"一城两区三基地"建设,奋力构建长江经济带战略支点重要支撑,为南通争当长三角更高质量一体化发展先锋作出积极贡献。

朱从明在讲话时指出,此次花卉盆景制作项目决赛是2019中国江苏乡土人才技艺技能大赛的收官之战。大赛紧贴行业发展,汇聚全省各地的盆景制作高手,同台竞技,对弘扬精益求精的工匠精神和永不懈怠的攀登精神,引导激励广大花卉盆景从业人员学习知识、专研业务,打造新时代花卉盆景行业乡土人才队伍必将起到积极的推动作用。他希望大会组委会、各部门及承办单位精心组织,科学安排,办出特色、办出成效;各位选手增强职业自信,涵养家国情怀,赛出风格、赛出水平,充分学习互鉴,展示精湛技艺和职业精神;各位裁判严格标准,公正评判,确保赛事的权威性。全省上下要以举办本次大赛为契机,进一步加大乡土人才工作力度,创新乡土人才工作举措,努力提高乡土人才待遇,营造良好环境,培养造就一大批能带动一方百姓、搞活一片经济、富裕一个乡村的乡土特色技艺人才,为开创江苏乃至全国高质量发展的新乡土人才时代、为决胜全面建成小康社会、实现中华民族伟大复兴的中国梦作出新的更大的贡献。

朱从明、何益军共同为"江苏如皋红十四军革命老区国家级专家服务基地"揭牌。朱从明一行还参观精品展示和技艺技能展演、如皋江海技工学校实训中心,为"德国工业智能工厂教育及培训中心""德中培训中心"揭牌。

据了解,此次决赛中,53名选手将参加角逐,展示各自花卉盆景制作"绝活",促进花卉盆景制作领域乡土人才技艺技能提升。

“2019 年中国美丽休闲乡村”平园池村代表江苏亮相海南博鳌

12 月 24 日，如皋经济技术开发区平园池村作为南通唯一入选“2019 年中国美丽休闲乡村”的村庄，在海南博鳌参加 2019 年中国美丽乡村休闲旅游行（冬季）推介活动。

据了解，全国共有 260 个村庄（江苏共 9 家）被评为“2019 年中国美丽休闲乡村”，活动为获得“2019 年中国美丽休闲乡村”的 20 个村庄代表进行授牌。如皋经济技术开发区平园池村作为南通唯一入选的村庄，代表江苏出席推介活动，并接受“2019 年中国美丽休闲乡村”授牌。

几年来，平园池村大力实施乡村振兴战略，推进“农业+”工程，以千亩荷塘为载体，推动与田园项目体验、农事文化教育、高附加值产品等产业深度融合；村庄内种植的千亩莲藕、千亩菊花、400 亩的牡丹，300 亩的微型盆景、300 亩的果园形成天然氧吧，真正实现“北有藕池园、南有盆景园、东有采摘园、西有蔬菜园，家住长寿园”。平园池村先后被评为中国美丽乡村百佳范例、中国首届农民丰收节“100 个特色村庄”、全国乡村治理示范村、2019 中国美丽乡村休闲旅游行（夏季）精品景点、国家 AAA 级旅游区、江苏最美乡村、江苏省文明村、江苏省乡村旅游重点村、江苏省休闲农业精品村等。

如皋市消防救援大队挂牌

12 月 31 日，根据国家综合性消防救援队伍机构编制方案，按照上级统一工作安排，如皋市消防救援大队挂牌仪式举行。市委常委、常务副市长茅红宇参加活动。

茅红宇表示，一直以来，如皋市消防救援大队紧紧围绕“对党忠诚、纪律严明、赴汤蹈火、竭诚为民”的总要求，以压降火灾数量、创建安全环境为目标，不断健全火灾防控体系，加强各类消防安全隐患排查治理，使全市火灾形势整体保持稳定。她指出，消防救援大队全体指战员要以此次挂牌为契机，加快转型，完善机制，锤炼队伍，提升本领；要认真学习贯彻习近平总书记在中央政治局第十九次集体学习时的重要讲话精神，以授旗训词为引领，增强“四个意识”、坚定“四个自信”、做到“两个维护”，坚决听从党的号令；要把防范化解重大消防安全风险的职责牢牢抓在手上、稳稳扛在肩上；要深入研判消防安全形势，加强隐患治理，优化监管模式，加快提升如皋市消防治理体系和治理能力现代化水平；要立足改制后“全灾种、大应急”的新形势新任务，加强专业人才培养，针对如皋市主要事故灾害特点，强化实战训练，提升应急救援专业化水平；要严格教育、严格训练、严格管理、严格要求，用铁的纪律打造铁的队伍，以崭新的姿态、昂扬的斗志，奋力开创如皋消防救援事业的新局面。

新闻人物

Xinwen Renwu

党 政 领 导

孙恒担任如皋市人民政府副市长、党组成员(挂职)

1月起,孙恒担任如皋市人民政府副市长、党组成员(挂职),市科技镇长团团长,吉林大学交通学院党委副书记、纪委书记,负责科技镇长团工作。

孙恒,男,汉族,1978年12月出生,吉林农安人,大学学历,硕士学位,2003年7月参加工作,2003年5月加入中国共产党。

1999年9月至2003年7月,在吉林大学交通运输类(汽车运用工程)专业学习,取得大学学历;

2003年7月至2006年8月,担任吉林大学交通学院辅导员;

2006年8月至2008年8月,担任吉林大学交通学院学办副主任兼团委书记、助教(其间,2005年12月至2008年5月,在吉林大学交通运输工程专业学习,获工程硕士学位);

2008年8月至2012年12月, 担任吉林大学交通学院学办主任兼团委书记、讲师;

2012年12月至2015年5月,担任吉林大学交通学院党委副书记;

2015年5月至2018年8月,担任吉林大学交通学院党委副书记、纪委书记;

2018年8月至2018年12月,担任吉林大学交通学院党委副书记、纪委书记,如皋市科技镇长团团长;

2018年12月至2019年1月,担任如皋市人民政府副市长人选,市科技镇长团团长,吉林大学交通学院党委副书记、纪委书记;

2019年1月起,担任如皋市人民政府副市长、党组成员(挂职),市科技镇长团团长,吉林大学交通学院党委副书记、纪委书记。

茅红宇担任中共如皋市委常委,市人民政府常务副市长

6月起,茅红宇任中共如皋市委常委、市人民政府常务副市长,负责市政府常务工作,主持高新区(城南街道)全面工作。

茅红宇,女,江苏启东人,1975年11月生,中央党校研究生文化程度,1997年6月加入中国共产党。

1991年9月至1995年7月,在江苏省江海贸易学校市场营销专业学习;

1995年8月至1997年9月,任启东市海复镇团委书记;

1997年9月至1999年1月,任启东市海复镇妇联主席;

1999年1月至2001年10月,任启东市近海乡副乡长(其间,2000年12月,在南京师范大学英语专业自考大专毕业);

2001年10月至2003年4月,任启东市海复镇党委副书记(其间,2003年2月至2003年4月,任启东市惠丰镇党委副书记);

2003年4月至2004年12月,任启东市惠丰镇党委副书记、镇长(其间,2001年8月至2003年12月,任中央党校经济管理专业本科学习);

2004年12月至2007年8月,任启东市惠丰镇党委副书记、常务副镇长(享受正乡职待遇)(其间,2004年9月至2007年7月,在中央党校经济管理专业研究生学习);

2007年8月至2010年1月,任启东市科协主席、党组书记;

2010年1月至2010年8月,任启东市科技局局长、党组书记,地震局局长,科技产业园(留学人员创业园)党工委副书记、管委会副主任;

2010年8月至2012年1月,任启东市科技局局长、党组书记,地震局局长,科技产业园(留学人员创业园)党工委书记;

2012年1月至2012年3月,任如皋市人民政府副市长;

2012年3月至2016年7月,任如皋市人民政府副市长、党组成员;

2016年7月至2016年8月,任如皋市委常委,市政府副市长、党组成员;

2016年8月至2017年10月,任中共如皋市委常委、宣传部部长;

2017年10月至2019年5月,任中共如皋市委常委、宣传部部长,主持高新区(城南街道)党工委日常工作;

2019年5月至2019年6月,任中共如皋市委常委、宣传部部长,市人民政府副市长人选,主持高新区(城南街道)党工委日常工作;

2019年6月至今,任中共如皋市委常委,市人民政府常务副市长、党组副书记,主持高新区(城南街道)党工委日常工作。

顾留忠担任如皋市人民政府副市长、党组成员

6月起，顾留忠担任如皋市人民政府副市长、党组成员，长江镇党委书记、如皋港工业园区党工委书记。负责工业经济、民营经济、对外开放、招商引资、项目建设、园区建设、商务、口岸等工作。

顾留忠，男，1972年9月出生，江苏如皋人，中央党校大学学历，1992年8月参加工作，1995年12月加入中国共产党。

1990年9月至1992年7月，在苏州大学政治系大专学习；

1992年8月至1995年11月，在如皋市常青乡团委工作，担任团委书记；

1995年11月至1996年3月，担任如皋市常青乡乡长助理、副乡长候选人；

1996年3月至1998年4月，担任如皋市常青乡副乡长；

1998年4月至2000年4月，担任如皋市加力乡党委副书记（其间，1996年8月至1998年12月，在中央党校经济专业本科学习）；

2000年4月至2001年1月，担任如皋市常青镇党委副书记、纪委书记；

2001年1月至2002年11月，担任如皋市常青镇党委副书记、镇长；

2002年11月至2005年12月，担任如皋市江安镇党委书记；

2005年12月至2007年7月，担任如皋经济开发区党工委副书记、管委会副主任、纪工委书记；

2007年7月至2010年12月，担任如皋市发改委党组副书记、副主任，市招商局局长、党委副书记；

2010年12月至2011年1月，担任如皋港区党工委副书记、管委会主任，如皋市长江镇党委副书记；

2011年1月至2011年7月，担任如皋港区党工委副书记、管委会主任，长江镇党委副书记、镇长；

2011年7月至2012年2月，担任如皋港区党工委副书记、管委会主任；

2012年2月至2012年3月，担任如皋港区党工委副书记、管委会主任，如皋市长江镇镇长人选（机构升格、副处职）；

2012年3月至2013年3月，担任如皋市长江镇党委副书记、镇长（副处职），如皋港区党工委副书记、管委会主任；

2013年3月至2013年6月，担任如皋市长江镇党委副书记、行政工作组组长（副处职），如皋港区党工委副书记、管委会主任；

2013年6月至2016年11月，担任如皋市长江镇党委副书记、镇长（副处职），如皋港区党工委副书记、管委会主任（其间，2016年7月起主持长江镇党委工作）；

2016年11月至2017年7月，担任如皋市长江镇党委副书记、镇长（主持长江镇党委工作），如皋港区党工委书记、管委会主任；

2017年7月至2017年12月，担任如皋市长江镇党委副书记、镇长（主持长江镇党委工作），如皋港区党工委书记；

2017年12月至2018年1月，担任如皋市长江镇党委书记、如皋港区党工委书记；

2018年1月至2019年2月，担任如皋市长江镇党委书记；

2019 年 2 月至 2019 年 5 月，担任如皋市长江镇党委书记、如皋港工业园区党工委书记；

2019 年 5 月至 2019 年 6 月，担任如皋市人民政府副市长人选，长江镇党委书记、如皋港工业园区党工委书记；

2019 年 6 月起，担任如皋市人民政府副市长、党组成员，长江镇党委书记、如皋港工业园区党工委书记。

高峰担任如皋市委常委、宣传部部长

6 月起，高峰担任中共如皋市委常委、宣传部部长，负责市委宣传部工作，具体负责意识形态、宣传思想、精神文明建设和全国文明城市长效常态建设工作。

高峰，男，汉族，江苏如东人，1976 年 8 月出生，1998 年 8 月参加工作，1998 年 4 月加入中国共产党。

1995 年 9 月至 1998 年 8 月，在南京师范大学中文系涉外文秘专业大专学习；

1998 年 8 月至 2002 年 6 月，如东县政协办公室秘书（其间，1999 年 6 月，在南京师范大学汉语言文学专业自考本科毕业）；

2002 年 6 月至 2006 年 1 月，担任共青团如东县委副书记；

2006 年 1 月至 2007 年 11 月，担任共青团如东县委书记；

2007 年 11 月至 2011 年 1 月，担任如东县新店镇党委副书记、镇长（其间：2006 年 9 月至 2009 年 7 月，在江苏省委党校世界经济专业研究生学习）；

2011 年 1 月至 2013 年 1 月，担任如东县新店镇党委书记；

2013 年 1 月至 2015 年 12 月，担任如东县岔河镇党委书记；

2015 年 12 月至 2016 年 5 月，担任南通外向型农业综合开发区管委会主任、如东县岔河镇党委书记；

2016 年 5 月至 2016 年 6 月，担任南通外向型农业综合开发区党工委副书记、管委会主任；

2016 年 6 月至 2016 年 7 月，担任如皋市人民政府副市长人选；

2016 年 7 月至 2019 年 5 月，担任如皋市人民政府副市长、党组成员；

2019 年 5 月至 2019 年 6 月，担任中共如皋市委常委，市人民政府副市长、党组成员；

2019 年 6 月至今，担任中共如皋市委常委、宣传部部长。

蒋丽担任如皋市人民政府党组成员、副市长

蒋丽，女，1981年2月出生，陕西汉台人，省委党校研究生学历，2004年7月参加工作，2007年6月加入中国共产党。

2000年9月至2004年7月，在西安交通大学国际经济与贸易专业学习，取得大学学历(其间，辅修西安交通大学会计学本科)；

2004年7月至2008年12月，任汉中市商务局外资外经科科员(其间，2005年9月至2008年7月，在陕西省委党校经济管理专业在职研究生学习)；

2008年12月至2011年6月，任汉中市商务局外资外经科副主任科员；

2011年6月至2012年2月，任汉中市商务局物流办副主任；

2012年2月至2013年1月，任汉中市商务局办公室副主任；

2013年1月至2016年5月，任汉中市商务局对外贸易科科长兼办公室副主任；

2016年5月至2019年4月，任汉中市商务局市场体系科科长；

2019年4月至2019年7月，任汉中市商务局副局长、党组成员；

2019年7月至2019年9月，任如皋市人民政府副市长人选，汉中市商务局副局长、党组成员；

2019年9月起，任如皋市人民政府党组成员、副市长，汉中市商务局副局长、党组成员。

英 模 典 范

辅警沈银亮当选 1 月“中国好人”

1 月底，中央文明网发布了 1 月“中国好人榜”，共有 105 位（组）好人上榜。如皋市面对尖刀毫不退缩、英勇牺牲的年轻辅警沈银亮当选“中国好人”。

沈银亮，生前系市公安局白蒲中心派出所辅警，白蒲镇专职消防队队长。作为辅警，他时刻严格要求自己，刻苦钻研公安业务知识，遇到困难和危险冲锋在前。10 年间，沈银亮协助破获“两抢”等恶性违法犯罪案件 50 余起，协助抓获各类违法犯罪嫌疑人 300 余名，有效制止违法犯罪活动 460 余次。

2018 年 10 月 19 日，在协助民警抓捕犯罪嫌疑人的过程中，他突然遇袭壮烈牺牲。噩耗传开后，社会各界纷纷致敬这位素不相识的英雄。公安部政治部发来唁电，对沈银亮的牺牲表示沉痛哀悼。去年 10 月 25 日，南通追授沈银亮首届“最美辅警”特别奖；10 月 30 日，团市委追授他“南通青年五四奖章”。

许钱荣获“全国五一劳动奖章”

4 月 23 日，2019 年庆祝“五一”国际劳动节暨“全国五一劳动奖章”和全国工人先锋号表彰大会在人民大会堂小礼堂举行。江苏南通六建建设集团有限公司江苏南通六建建设集团有限公司项目工长、工程师许钱荣获“全国五一劳动奖章”，受到表彰。

许钱，男，1973 年 4 月出生，江苏如皋人。现任江苏南通六建建设集团有限公司江苏南通六建建设集团有限公司项目工长、工程师。其主要荣誉有：2016 年 2 月参与的天拖一期实泽园（M 地块）项目荣获 “2015 年度天津市建筑工程结构海河杯”；2016 年 4 月荣获天津市总工会颁发的 “天津市五一劳动奖章”；2018 年 5 月参与的天拖一期春丰园（D 地块）项目荣获“2017 年度天津市优秀农民工业校”；2019 年 1 月荣获江苏省住房和城乡建设厅颁发的 “2018 年度江苏出省施工先进个人”；2019 年荣获“全国五一劳动奖章”。

许钱12岁母亲去世少年艰辛,15岁初中辍学外出打工,22岁在南京工程学院自费学习。他入职六建,从木工学徒到掌握多项工种技能的多面手,再到"作风过硬、技术过硬"的项目工长,负责的天拖项目在融创全国128个交付测评项目中荣获第一,诠释了"行行出状元"的真谛。

"保证工程质量"是项目工长的首要职责。许钱视建设质量如同自己的生命。每一个经手项目,都严格按照施工管理工作程序组织施工,并做好监控记录。2016年,他率领的团队承建的黄河道永基花园项目在建设部抽查中以零问题列天津南开区第一名。同时,连续三年荣获融创优秀供应商,三次荣获融创集团第一名。承建的天拖M地块在融创中国128个项目中独占鳌头,12批人前来考察交流。

"降低工程成本"是项目工长的主要责任。他合理调配生产要素,妥善安排劳力、机具、材料使用计划,科学地组织施工管理,做好均衡施工。他牵头组建的天拖项目QC小组针对"提高剪力墙层间接槎部位质量合格率"展开研究,累计节约人工材料费70万元,该成果荣获天津市QC成果二等奖。该团队先后荣获全国工程建设优秀QC成果二等奖2个、三等奖3个。

他大力加强对员工的教育培训,建立职工业校学习制度,带头授课,带头听其他专家授课。所负责项目上的职工业校被评为"天津市优秀农民工业校"。所属的5名职工参加天津市第七届建筑业技能大赛,2人分别取得钢筋第3名和优秀奖,1人取得镶贴工第5名。一个个年轻人从这里走向更高的管理岗位,宗春健就是典型代表,他高中毕业初出茅庐,短短5年时间成长为直营项目最年轻的技术总工。

此外,作为集团优秀的项目工长,无论是工期紧张或是技术难题,许钱总是无所畏惧,频频"接招"。澜海庄园11号地原施工班组因技术力量不足、管理措施不严,延误工期5个多月。许钱主动担责,无数个日夜兼程的鏖战、多少台塔吊不停回旋的交响,该项目实现质的转变,在第三方飞检测评中取得了94.65分的好成绩,如期达到建设方预售节点的进度要求,年终被集团评为"优秀团队"。

管建明荣获江苏省"五一劳动奖章"

4月29日,江苏省庆"五一"表彰大会暨劳模先进事迹报告会在南京隆重举行。会议表彰了一批在全省高质量发展中做出突出贡献的先进集体和个人。如皋市国网江苏省电力有限公司如皋市供电分公司党委书记兼副总经理、高级工程师管建明荣获2019年江苏省"五一劳动奖章"。

管建明,1965年2月出生,江苏如皋人。现任国网江苏省电力有限公司如皋市供电分公司、党委书记兼副总经理、高级工程师。其主要荣誉有:

2003年荣获第三届如皋市十大杰出青年称号;2005年、2008年分别荣获江苏省电力系统优秀县级供电企业经营管理者;2006年荣获江苏省电力公司优秀党务工作者称号;2007年荣获南通市十佳建设工匠,南通市 "五一劳动奖章";2009年荣获南通供电公司优秀经营管理者;2015年荣获苏州供电公司;2017年荣获苏州供电公司;2019年荣获江苏省"五一劳动奖章"。

管建明从事电力工作近二十年,无论岗位怎么调整、工作多么繁重、环境如何变化,始终不忘初心、牢记使命，坚持“围绕中心、服务大局、凝聚人心”的工作思路，着力落实管党责任，健全党建机制，夯实基层基础，积极践行“人民电业为人民”宗旨，把服务民生需求、服务经济发展、服务职工群众作为履职尽职第一要务。

作为基层企业负责人，他充分发挥把方向、管大局、保落实作用，把旗帜鲜明讲政治融入各项工作，把管党治党要求贯穿公司治理全过程，促使全体干部职工树牢“四个意识”，坚定“四个自信”，坚决做到“两个维护”。打造了“团队带头人+技术骨干+创新团队”劳模工作室模式，建立了“劳模创新工作室党支部”，组织支部党员开展学习劳模精神大讨论，引导年轻党员汲取劳模精神力量，运用头脑风暴法研究实际工作的创新课题，解决工作过程中的技术难题。2018 年，如皋公司丁雪峰劳模创新工作室被省总工会命名为示范劳模创新工作室。

他以服务人民需要和社会发展为出发点和落脚点，组建四大主功能区“供电服务组”，超前对接服务政府和企业，2018 年累计解决园区政府及客户用电需求 159 项，跟踪服务大唐热电、赛麟汽车等全市 29 个重大项目，为全市 1318 家企业进行“电力体检”，协助客户整改安全隐患 1500 余条，帮助客户节约用电成本约 200 万元。2018 年，公司获取综合服务地方经济发展先进单位。

他认真履职，勇于担当，推行党委委员复合式分工，高质量推进党支部标准化建设。扎实开展“双好”活动，以“支部管用，党员像样”为目标，以党员责任区示范岗、党建工作绩效考核为抓手，全方位推进公司党建工作。注重中层管理人员综合能力提升培训，选派青年骨干党员和基层支部书记参加省公司能力素质培训，完成新任党支部书记培训和全体党员轮训工作。2018 年，公司党委被如皋市委表彰为先进基层党组织。

他坚持文化引领，深化行为信条体系建设，推进价值观理念落地和行为规范统一，举办“我能我行，有诺必践”“我守我职，履责当担”等各类讲堂，挖掘传播信条实践行动的故事和典型。他的个人学习体会《构建信条体系，凝心聚力促发展》被省公司组织部录入优秀学习心得汇编，也被《农村电工》录用。

他注重加强基础管理。进一步规范完善“三重一大”等管理制度体系，落实从严治党、从严管理干部的要求，加强班子建设、干部选用、党员发展和监督约束等方面的管理。坚持严管厚爱，加强对班子成员、身边工作人员和亲属的教育管理，上廉政党课，开展谈心谈话活动，规范公司生产经营活动。2018 年公司领导班子被南通公司党委表彰为四好领导班子。

如皋市 2 名青年获共青团江苏省委表彰

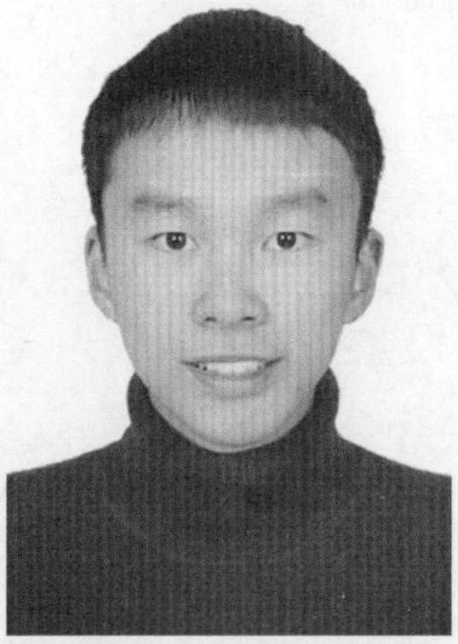

4 月 30 日，共青团江苏省委发文表彰 2018 年度江苏优秀共青团员、江苏省优秀共青团干部、江苏省优秀团支部书记、江苏省五四红旗团委(团支部)，江苏省如皋中学高二(3)班班长、校学生会主席范顾聪骢，南通六建建设集团有限公司机关团支部书记陈小丽分别被表彰为江苏优秀共青团员、江苏省优秀共青团支部书记。

范顾聪骢，男，17 周岁，共青团员，江苏省如皋中学高二(3)班班长、校学生会主席。从小学起历年均被评为校“三好学生”，2015 年 5 月被江苏省少工委表彰为“江苏好少年”，2016 年 5 月被南通市教育局、共青团南通市委表彰为南通市“优秀学生干部”。他学习刻苦、品行优良、奉献集体、兴趣广泛，是一名德、智、体、美、劳全面发展的优秀共青团员。

陈小丽，女，现任南通六建建设集团有限公司机关团支部书记。自2003年兼任团的工作以来，在思想上积极要求进步，工作上锐意进取、努力创新，能够以服务企业发展、服务青年为出发点和落脚点，坚持“党建带团建”，深入开展“青年文明号”创建工作，积极主动地围绕生产经营创造性地开展工作，充分抓好团员青年思想道德建设，切实增强团组织的凝聚力和战斗力，有效团结和带领广大团员青年为企业稳定发展作贡献。集团团委创全国青年文明号两项、省级青年文明号一项，市级青年文明号四项，其中她原所在济南分公司获得全国青年文明号，机关支部被评为南通市五四红旗团委。她本人先后获得南通市青年岗位能手、南通市优秀团干部、南通市新长征突击手、如皋市共青团工作先进个人等荣誉称号。

首届“如皋工匠”实录

4月30日，如皋市举行庆祝“五一”国际劳动节暨“十大工匠”和五一劳动奖表彰大会，会议公布了如皋市首届“如皋工匠”评选结果，张斌、丁邦建、周青春、邢汉芝、林涛、陈霞、杨林才、袁国明、王如生、吴昊分别当选。

张　斌，男，南通白蒲黄酒有限公司总经理。在传统黄酒发酵的基础上，传承了白蒲黄酒酿造技艺第八代传人的“二次喂饭工艺”，独创了“前缸后罐”黄酒发酵工艺，出酒率比传统工艺提高了10%左右。他始终对黄酒发酵工艺不断创新，他经过不同温度环境下的发酵研究，最终找到了低温发酵的黄酒新工艺，既确保黄酒的正常发酵，在保证黄酒的品质基础上，又大大减少EC生产的机率，该项“低温发酵的黄酒酿造工艺”进行专利申请并得到授权证书。该项工艺在同行业中具有先进性和预见性。先后培养了1名质量工程师，5名高级技师，4名省级评酒师。近三年申请并获发明专利5项、实用新型专利6项。2016年获中国商业联合会科学技术奖，全国商业科技进步奖二等奖；2018年获“江苏省酒类行业十大工匠”。

丁邦建，男，南通力威机械有限公司技术总工，机修钳工高级技师。他主持开发“镶嵌式篱笆式绳槽”加工工艺并实施，取得国家发明专利。《篱笆式卷筒制造工艺设计——镶嵌法》一文在《起重运输机械》杂志上发表。2017年开发的200吨全回转船舶起重机，连接回转支承的大型法兰，外径5930毫米高度12000毫米，采用摇臂钻床等其他辅助加工，成功加工出达到要求法兰平面，每台节约加工成本16.5万元。手柄操纵部分(卷扬机控制关键部分)的创新改造，申请获得国家实用新型专利。主编修订《建筑卷扬机》等三项国家标准引领行业发展。成功申请发明专利8项、实用新型专利28项，发表论文12篇。采用带徒、培训等方法传授技能、技艺，紧密型日常传授20多人的团队。2016年9月获评“江苏省企业首席技师”。

周青春，男，市宏茂重型锻压有限公司技术总监。博士学位，上海大学博士后工作站研究员。2013年10月至今从事公司模具钢开发，担任生产技术总监，工作期间取得发明专利5项、实用新型专利证书18项。参与完成“十一五国家科技支撑计划”课题。2013年被中国模具工业协会模具材料委员会特聘为“中国模具工业协会模具材料委员会”常务委员。2016年江苏省第五期“333高层次人才培养工程”第三层次培养对象。

邢汉芝，男，如皋衣园文化发展有限公司设计师 从事纺织服装研究30多年，对中国的汉服、旗袍、中山装有一定的研究。1993年创办南通亚细亚职业服装有限公司，目前亚细亚职业装是中国职业装十大领衔品牌，2002年为美国总统布什及夫人劳拉设计和定制服装；2005年被评为中国职业装十大设计名师，同时评聘为江西服装学院客座教授；2005年至担任多部电影电视连续剧及综艺节目活动策划和服装设计，为多位国内军政高级首长设计和定制服装。2014年筹建中国第一个以衣为题，以衣为景的服装文化生态公园，取名衣园。2016年该项目获批江苏省三星级乡村旅游景区，同时被正式批准命名为“中国职业装文化创意产业基地”。被授予江苏省服装行业领军人物荣誉称号。2017年担任江苏省乡土人才技能大赛缝纫项目裁判，多次到服装大专院校演讲、授课，为培养更多的服装专业人才尽心尽责。2017年12月荣获江苏省八部委共同审定和颁发的江苏省乡土人才“三带”新秀。

林涛，男，梦百合家居科技股份有限公司工程技术研究中心主任。主要从事记忆绵生产的改进与新产品的研究。经过10年的磨练与沉淀，成功研制记忆绵新产品超过20种，获得1件国内发明专利，并将最新研究成果“气感记忆绵”申请了国际专利。科研产品“可生物降解记忆绵”获得江苏省太空记忆绵工程技术研究中心认可。2012年获得“南通市五一劳动奖章”。

陈霞，女，标龙建设集团有限公司总工程师。一直从事建筑施工技术工作，2016年1月至今作为标龙公司技术主要完成人，获得4项发明专利、6项实用新型专利、6篇QC成果，分别荣获2012—2013年度国家优质工程奖突出贡献者，2016年、2017年、2018年省工程建设优秀质量管理小组QC活动成果三等奖，QC成果获中建协全国工程建设质量管理小组活动成果二等奖。“基于销式抗扭脚手架的模板支撑体系施工工法”获2018年江苏省省级工法。2016年获华夏科学技术进步三等奖，她为主要获奖人。主要参编起草的《混凝土基体植绿护坡技术标准》于2017年8月23日由住建部批准为行业标准。先后获中建协绿色建造与施工分会专家、江苏省建筑业协会绿色施工分会专家、江苏土木建筑协会专家委员、南通土木建筑学会副理事长、施工专业委员会委员。

杨林才，男，市汉默工艺品雕刻工作室负责人。从艺30多年来，把古老的篆刻艺术融入到竹刻中。在技术上，潜心钻研竹木开裂与变型的处理问题，取得3年永不开裂和变型独特技艺。弘扬竹刻艺术，多人学徒获如皋市非遗传承人称号。2002年竹刻《孙子兵法》入选在北京举办的中华世纪坛文化精品展。“二龙戏珠”篆刻印章入选第十一届亚运会“艺术荟萃”；“饱览人间春色”被日本大阪博物馆收藏，2017年参加“一带一路”中华文化走出去全球艺术巡展第七站暨中加两国艺术大展，获华文媒体“金枫叶”特别大奖，并被加拿大总理永久性收藏。2018年在斯里兰卡进行文化艺术交流，古老的竹文化走出了国门。1998年竹刻作品《香港回归赋》获中国艺术研究院文心奖二等奖。2016年竹刻作品《论语》获中国工艺美术“百花奖”铜奖。2017年获评省乡土人才“三带”能手。

袁国明，男，石庄镇农业服务中心高级农艺师。30多年在基层一线从事农业技术试验、示范、推广、研究、农产品质量安全检测、耕地质量监测等工作。为百姓提供防灾预警、“一种麦稻同播栽培技术”“水肥试验田隔离装置”等技术，申报发明专利和实用新型专利各1项，2篇论文获奖，形成科技成果2项。获评南通市农业科技推广奖6项、南通市粮食高产攻关竞赛一等奖、2012年南通市局科研课题评审中获科研开发三等奖、江苏省农业科技推广奖、江苏省农业领导工程丰产方竞赛“玉米高产奖”一等奖、江苏省农业丰收奖一等奖、江苏省第五届民间发明创新三等奖等荣誉。

王如生，男，市花木盆景协会盆景分会会长。发明真柏、罗汉松裹纸嫁接法，成活率95%以上。从2001年第五届中国盆景评比展览至2016年第九届中国盆景评比展览中共获6个金奖、2个银奖。2000年被评为“江苏非物质文化遗产、如皋盆景技艺代表性传承人”。被聘为BCI中国区盆艺几架专业委员会高级顾问。2005年被评为“中国盆景艺术大师”；2017年被评为“国际盆景大师”，“杰出盆景艺术家”“如皋盆景技艺省级传人”,江苏省乡土人才“三带”名人。

吴昊,男,国网如皋供电公司电力调度控制分中心主任兼党支部副书记。主持开展的中置式开关底盘检修装置等创新成果获得5项专利,主持完成的12项群创与QC小组课题“缩短直流系统接地查找时间”获得2016年QC成果全国优胜奖,缩短110千伏主变例行试验时间等两个课题获得省“质协杯”QC小组一等奖。发表论文4篇。多次获评“南通供电公司先进工作者”“南通供公司安全生产先进个人”“江苏省电力系统知识型员工”等荣誉。

田贞家庭荣获2019年度全国“最美家庭”

5月15日上午在北京揭晓的2019年度全国“最美家庭”中,如皋市妇联选送的田贞家庭光荣当选。

田贞家庭,是一个拥有17口人的大家庭。在2018年寻访“最美家庭”活动中,南通、如皋妇联的领导曾经这样问:“在一个拥有17口人的大家庭中,你们维系和谐与幸福的秘诀是什么?” 田贞的丈夫金建龙坦诚地说:“用不离不弃的‘爱心’赡养老人,是我们的本分;用从严教育的‘耐心’教育成长中的孩子和弟妹们,让他们懂得生活中的包容;用坚定的‘信心’带领弟妹们跨过人生的各种坎坷,始终对未来的幸福生活充满憧憬。”2008年,家族里一位孤寡痴呆老爷爷,本可以由市、镇民政部门予以安排,田贞、金建龙夫妇却毫不犹豫地把他接到家里。田贞给这位孤寡爷爷喂饭、洗澡、清理排泄物;生病了,给他换药、输液,在病房里照顾着,一晃就是10多年。他们的儿媳,身为一家医院的护士长,也是一位孝敬老人、远近闻名的好媳妇。这个大家庭,多次感动妇联、民政部门的领导,受到社会众多人士的好评。2018年5月,田桢家庭被如皋市、南通市妇联寻访为2018年度“最美家庭”;2018年12月,又被江苏省妇联推选为江苏省“最美家庭”。这一家庭是弘扬优良家教家风的榜样,是推动形成爱国爱家、相亲相爱、向上向善、共建共享的社会主义文明新风尚的楷模,更是如皋市新时代文明实践涌现出的又一新典型。

天道酬勤,吴学根入选中国美术家协会会员

7月16日,中国美学家协会官网公布《2018年度中国美术家协会会员名单》,如皋市文化馆吴学根榜上有名,成为中国美术家协会会员。

中国美术家协会是全中国从事绘画工作者心目中的荣誉殿堂。每年都会有几十万甚至上百万人去申请中国美术家协会的会员。但是能够成为会员的,却是风毛麟角;中国美术家协会会员都是中国最顶级的艺术家,他们撑起了中国画坛的百年长青,他们都是中国各个画派的翘楚,他们的书画造诣炉火纯青。吴学根成功入选中国美术家协会会员，不仅是吴老师个人的荣誉更是如皋的骄傲。

吴学根有多幅作品入选国内大型画展,其中,《太行雄姿》入选 2014 年 5 月 “精致立场·全国第二届现代工笔画大展”,《暖秋》入选 2018 年 8 月 “翰墨青州”2018 年全国中国画作品展,《醉秋》入选 2018 年 5 月“海丝情 中国梦 中国福州海上丝绸之路”全国中国画作品展,《水谣》入选 2018 年 8 月“万年浦江”全国中国画(工笔)作品展,并被收藏。

吴学根为人谦和低调，性格开朗风趣，踏实不求张扬，从小酷爱绘画风雨三十年，一边辛苦经营着家庭的责任，一边怀揣着自己的丹青之梦，在人生的道路上踽踽独行。吴学根追梦的道路不是一蹴而就的，而是天道酬勤。现已是知天命之年他依旧笔耕不辍，探索不止，他对艺术执着追求令人唏嘘感叹。

如皋市女企业家薛娟当选“中国好人”

7 月 31 日,中央文明办在内蒙古呼和浩特举办全国道德模范与身边好人现场交流活动,并发布 7 月“中国好人榜”,共有 109 位身边好人光荣上榜，如皋市女企业家薛娟入选“助人为乐”好人。

薛娟,1970 年出生,2008 年加入农工民主党，现任南通保贝尔气体有限公司总经理。2005 年以来,薛娟先后资助四川省汶川、青海省玉树 2 名贫困家庭儿童继续学业。15 年来,她组织参与了“我爱蓝天,我爱绿色家园”“让心不再留守,让爱传递温情”儿童安全守护、“一滴汗、一份力”扶贫接力、“爱心添衣”帮助因病致贫家庭等大型主题公益活动 200 多场。2019 年年初,在南通市“志愿江海 20 年”纪念大会上,薛娟被授予“最美志愿者”称号。

沈良兵:铸就建筑民企“铁军”的楷模

8月29日,如皋市著名建筑企业家沈良兵荣获中共中央、国务院、中央军委颁发的“庆祝中华人民共和国成立70周年”纪念章。这份殊荣,沈良兵受之无愧。

沈良兵,江苏江中集团董事局主席。先后荣获江苏省勤政廉政好干部、江苏省扶贫状元、全国建筑业优秀企业家、建设部劳动模范、“全国五一劳动奖章”、全国劳动模范等光荣称号。

40多年前,手持一把瓦刀,沈良兵与13名农民瓦木工兄弟揽活谋生;而今,吸纳就业大军达3万多人。

40多年来,在他的带领下,企业已发展成具有国家房屋建筑施工总承包特级资质的省级集团企业。

成就建筑铁军精锐之师

江苏江中集团高质量发展再传捷报:2019年,施工产值同比增长8%,在手工程项目210项,合同额280亿元;承建高层、超高层建筑99栋,10万平方米以上的规模项目及小区84项,年缴纳如皋地方税金超过1.3亿元。

这一连串的成绩背后,凝结着3万名员工的汗水,更是董事局主席沈良兵运筹帷幄的结晶。

山西国贸大厦——这座矗立在太原市资本雄厚、经济繁荣的府西街上的42层“双子楼”,在太原人眼里,就像曾经的纽约世贸大楼一样巍峨挺拔。这座以六个第一刷新了山西商业建筑的历史,迅速成为山西最具现代化的地标性建筑,就是来自如皋的江中集团拼出来的作品。

山西国贸大厦,原来承建单位并不是江中集团,1998年,施工过程中地下室降水失败,导致周围建筑墙体裂缝,居民闹事而停工,没有一家建筑企业敢接这个烫手山芋。沈良兵果断拍板,从大庆、徐州等地连续调集5支施工队伍,实施太原大会战。施工队采用微膜桩新技术,实现安全施工,沈良兵和工人吃住在工地上,结果半年完成了一年工作量。由此为开端,江中集团扬威全国。

向超高、特、大、难工程进军,沈良兵的梦想始于20世纪80年代。他出任当时的吴窑建安公司一把手后,立即开赴徐州,以此作为跳板,向全国建筑市场进军。

1986年,沈良兵带领团队承建18层的徐州市九州大厦,这是如皋建筑史上第一幢高层。沈良兵亲自为工地组织专用塔吊,最终,施工队提前140天竣工,拼出一个徐州样板工程。徐州市政府专门给沈良兵颁发了“为四化建设立功证书”。

一个乡镇建筑站独当一面承建的一座座高层建筑拔地而起,沈良兵和他的企业迅速在北京、沈阳、南京、哈尔滨、海口等地站稳脚跟。如今,业务遍及全国各地以及美国、阿联酋、科威特、俄罗斯等国。所到之处,工程竣工后,人们惊叹江中不愧为建筑“铁军”精锐之师。

捧回12个金光闪闪“小金人”

江中集团承建的哈尔滨金河湾世纪广场酒店、苏州科文中心等12项工程被评为“鲁班奖”,荣获部优、省优和住宅用户满意工程200多项。

建筑行业的“奥斯卡”奖——鲁班奖是万里挑一,江中集团相继捧回12个金光闪闪的“小金人”,得益于沈良兵对施工质量一抠到底。他要求每一位员工用行动践行“决不向业主交付一平方米不合格工程”的承诺。

沈良兵实施“三百”人才建设工程,不惜投入巨资,坚持每年去院校招聘100名大学生、送100名专业技术人员到培训机构深造、100名员工晋升中高职称。目前，江中集团管理层拥有大专以上学历近千人、中高级职称的500多人，一、二级建造师近300人。他把一批政治素质强、工作作风实、业务技术精、懂经营、会管理的人才，选拔到集团领导班子和各公司管理班子，企业活力迸发，赢得了一个又一个发展的机遇，跨进全国民营企业500强、全国建筑业竞争力百强行列。

向困难群众敞开就业大门

吴窑，人多地少，曾经是当地最贫穷的乡镇。把农民工带出去端上建筑业饭碗，沈良兵一手抓技术培训，一手找米下锅。

40多年前，手持一把瓦刀，沈良兵抱着学一门手艺、支撑一个家庭的求生欲望，与13名农民瓦木工兄弟走村串户、揽活谋生，而今，吸纳就业大军达到3万多人。

沈良兵向困难群众敞开就业的大门。沈良兵结对帮扶，先后助力500多户特困家庭挖掉穷根，安置下岗职工2000多人。2006年，吴窑镇推进社会主义新农村建设，沈良兵投资600多万元，调集300多名施工人员回乡，不到半年的时间，完成66幢4万多平方米的吴窑农村集中居住区开发建设任务。建成后，入住率高达100%。他热心公益事业，累计捐资6000多万元，帮助农村新建水泥路和敬老院、医院、中小学、幼儿园等。每年春节前，沈良兵组织爱心小分队，走进贫困户家中和敬老院，送去救济金和慰问品。

陈培娟获评“全国模范教师”

9月5日，人力资源和社会保障部、教育部发布《关于表彰全国教育系统先进集体和全国模范教师全国教育系统先进工作者的决定》，对全国教育系统先进集体和全国模范教师、全国教育系统先进工作者、全国优秀教师和全国优秀教育工作者进行表彰。如皋市丁堰镇刘海小学教师陈培娟获评 “全国模范教师”。

陈培娟是学生与家长口中“城里来的陈老师”。2018年，她来到全市最弱最小的乡村小学——刘海小学，每天往返50余公里，风里来雨里去，用汗水与真情滋润村小那方“菜畦”。她致力于“慧学语文”的实践与研究，教学成果获评“江苏省教学成果奖特等奖”。她行进在教育公平的“最后一公里”，工作25年，2次主动申请去农村薄弱学校支教。临时板房里，有她带头深入研究教学、开发课程的身影。新建书院式校园中，有精彩的学生作品展示与村民纷纷竖起的大拇指。

据了解，此次一系列表彰活动，是教育部为了庆祝新中国成立70周年和第35个教师节的系列庆祝活动之一。教育部希望通过上述表彰，大力弘扬尊师重教的良好风尚，进一步增强广大教师和教育工作者的荣誉感、责任感，促进广大教师和教育工作者为推进教育现代化、建设教育强国、办好人民满意的教育作出更大贡献。

大事如皋

如皋师范附属小学朱爱华团队获国家级教学成果一等奖

9月10日，全国第35个教师节之际，如皋师范附属小学校长朱爱华，应邀参加在北京人民大会堂召开的2019年教师节暨全国教育系统先进集体和先进个人表彰大会，受到习近平总书记和李克强总理等党和国家领导人的亲切会见，同时代表团队参加国家级教学成果一等奖的颁奖典礼。

国家级教学成果奖是国务院设立的教育教学研究和实践领域最高奖，每四年评审一次。此前，南通市中小学有李吉林、李庾南等老师曾获得该方面奖项。2018年12月，基础教育国家级教学成果奖公布，朱爱华团队《跨界学习，奠基大成——小学育人路径探索20年》作为江苏省小学段唯一的一等奖荣膺其中。

该项目源起于朱爱华的个人实践。20多年的探索，项目由一个人的坚持不懈，到如师附小团队的群体实践，从主题大单元的实验，到主题整合微课程的研发，从"语文+"的探究到"学科+"的跨界研究，从"大成语文"到"大成教育"的领域拓展，从"跨界学习"的路径探索到"完整育人"的系统探求，不变的是"跨界整合，为儿童大成人生奠基"的育人追求。

项目从1997年出发，历时20余载追寻"跨界整合，完整育人，成己成人"的教育理想，创造性地赋权增能，通过整合融通，破解学科壁垒，系统改变师生思维和品质，探索出符合习总书记教育大会讲话精神的"立德树人"总要求的一条有效路径范式。这样的探索广受国内外诸多专家的肯定和同行的追随。

该项目建构了"跨界学习，奠基大成"的5个实践策略：学科融通、活动统整、物型重构、角色换位、生活联通；建构了12个"学科+"一般教学样式；研发了60个主题整合校本微课程群和10个百家校共育网上e平台品格提升微课程资源库；创设了100个"大成小秀"活动平台；改革并探究出关注兴趣值、方法值、意义值的跨界学习评价体系。

在摸索中前行，在改革中锤炼，项目领衔人朱爱华伴随着项目的前进成长为正高级教师，江苏省特级教师，江苏省人民教育家培养对象，南师大研究生导师，全国"十佳"现代校长，同时获得"江苏最美教师"荣誉称号，并于2018年作为全省小学教师唯一代表受邀参加江苏省委书记娄勤俭主持的全省教育座谈会，为全省教育发展大计建言献策。

"大成教育"育人理念和"跨界学习"的实践路径声名远播。朱爱华团队每年代表学校多次在全国、国际论坛上介绍，得到国内外同仁的广泛认可，每年有上万人次同行到校交流。2018年芬兰、美国等8所国家的80多名专家齐聚如师附小观摩、交流。

2017年该项目获得江苏省基础教育教学成果特等奖。2018年获得国家级教学成果奖一等奖并受邀参加第四届中国教育创新成果博览会，广受欢迎。央视、《人民教育》《中国教育报》《新华日报》、中共江苏省委新闻网等诸多媒体专题报道。

施祥贵:小小钢球滚出全国“单打冠军”

9月29日《南通日报》以《小小钢球滚出全国“单打冠军”》为题报道了江苏力星通用钢球公司董事长施祥贵的创业发展之路。施祥贵,1946年出生,江苏如皋人,江苏力星通用钢球公司董事长、总经理、党委书记,“全国五一劳动奖章”、江苏省劳动模范、全国机械工业优秀企业家、改革开放40年南通优秀民营企业家等荣誉称号。

他怀抱对制造业的热忱,秉承匠人精神,带领一家乡镇企业转型为中国唯一一家钢球上市企业,为奔驰、宝马配套滚动体,为航天、军工领域做钢球,为高铁做滚子,行业排名中国第一、世界第二。

现年74岁的施祥贵,已和钢球打了30年交道。他拥抱过传统制造的春天,历经过转型升级的曲折,也见证了高速发展的辉煌。力星三十年的发展历程,就是施祥贵不断奋斗和拼搏的真实写照。

20世纪80年代末,力星的前身是一家做车辆配件的乡镇企业,已无法适应新市场的需求,转型势在必行。“经过一番探索,决定搞钢球,但那时对钢球并不了解。”施祥贵回忆说,1989年,他带着3个人到某国营钢球厂车间“偷师”,还没有20分钟就“暴露”了,直接被门卫“拎”了出去。而就是这短短的20分钟,施祥贵大致了解钢球的生产流程和工艺,他下定决心——5年内,超过这家钢球厂!

虽然启动资金只有借来的3000元,施祥贵没有退缩:“只要有决心,受过的苦就是一种动力。只要勇闯敢拼,‘鸡毛也能飞上天’!”正是凭借这股闯劲和拼劲,企业逐渐在钢球行业站稳脚跟,五年后超过了当年“偷师”的那家厂。

1996年,施祥贵敏锐意识到,如果一直为柴油机、拖拉机轴承做配套,产品档次不高,利润较低,企业将陷入低端无序竞争的泥潭。他果敢决定转型升级,提出“抓大放小,抓精放粗,打入国际市场”的发展方针。为此,他放弃了培育多年的客户和市场,瞄准高精度钢球,带领企业大力调整产品结构;同时,借助中国进入WTO这股东风,在高档汽车轴承高精度配套领域强攻国际市场。

施祥贵当初不识英文,只身一人去欧洲寻找客户。随身带着十来张小卡片,正面印中文,反面印英文,需要问路就拿出卡片给人看,就这样一路从机场问到了厂家。正是凭借这种不服输的干劲,施祥贵的钢球王国牢牢掌握了核心技术,也渐渐掌握了国际市场的主导权。从稳步慢跑到小步快跑,力星的传动轴承钢球成功进入世界顶级汽车行业,从为别克、雷诺配套到为奔驰、宝马配套,力星合作版图慢慢扩张,目前产品已销往27个国家和地区。2015年,企业成功上市。如今,力星已把工厂建到了美国、波兰,在墨西哥、大阪、意大利等地拥有仓库。同时,力星也成为工信部认定的钢球制造“单项冠军示范企业”,传动轴承钢球的市场份额已占全国一半。

施祥贵始终认定企业发展的动力源自创新,企业的壮大离不开创新。企业每年会将销售收入的4%用于研发,现在研发人员已占全体员工的26%。通过自主研发和引进吸收、消化创新,企业形成了国际先进的钢球滚子自动化、智能化生产技术,先后完成20多个国家级科技创新、技术改造项目,两次承担江苏省重大科技成果转化项目,“轨道交通用高精度轴承滚子工程化产业化项目”中标2018年工业强基工程,高档轿车轮毂钢球、风能发电专用钢球等9项产品为“国家重点新产品”。企业已具备国际先进的精密轴承钢球、滚子的工艺技术与研发创新能力,获评“国家知识产权示范企业”“国家火炬计划重点高新技术企业”“全国制造业单项冠军示范企业”等荣誉称号。

从传统制造到精密制造,施祥贵潜心发展实业的脚步没有停歇。他表示,这辈子,他就和钢球、滚子打交道,初心永不变。他要对得起员工,对得起国家。针对国内高铁、城际轻轨、海上风电等领域对高精度滚子需求日渐加大的趋势,他将目标锁定高精度滚子行业,力争打造出国内一流、集自动化和智能化于一体的高精度滚子生产企业,以“超二争一”为目标,追逐世界之巅。

如皋“片儿警”李百战当选第七届“江苏最美警察”

李百战(右)在表彰会场

10月10日下午,第七届“江苏最美警察”推选宣传活动评选结果在江苏大剧院现场揭晓,如皋市公安局如城中心派出所副所长李百战当选“江苏最美警察”。

当选第七届“江苏最美警察”的如皋市公安局如城中心派出所副所长李百战,从警23年,数十次危急关头挺身而出,28次下河救人,用自己的生命去挽救他人生命。他扎根社区21年,用脚步丈量平安,骑坏了13辆自行车,诚心诚意为群众办实事,尽心竭力为群众解难事,以无怨无悔的付出,赢得了辖区群众的信任,成为老百姓最信赖的人。他先后获评“敬业奉献”中国好人、全国优秀人民警察等荣誉称号,荣立个人二等功2次、三等功5次。

第七届“江苏最美警察”推选宣传活动由省委宣传部、省公安厅、省总工会、团省委、省妇联等七部门联合开展,于2019年9月中旬正式启动。根据组委会公布的名单,全省共有45位民警及8个集体公开候选,经过组织推荐和公众、媒体推荐,南通公安有李百战、周洲、章曙华3名民警和一个集体入围候选,角逐10名“江苏最美警察”以及20名提名奖、5个集体奖。最终,李百战从中脱颖而出,当选“江苏最美警察”,章曙华荣获提名奖,网安支队荣获集体奖。

倪张根:从零起步迈向全球

10月10日,胡润研究院发布《2019胡润百富榜》,这是胡润研究院自1999年以来连续第21次发布“胡润百富榜”,上榜门槛连续第七年保持20亿元。上榜企业家财富计算的截止日期为今年8月15日。

如皋梦百合家居科技股份有限公司董事长倪张根以财富38亿元人民币荣列榜单1112名。倪张

根，如皋人，1975 年 3 月出生，同济大学本科学士学位，上海复旦大学硕士学位，高级经济师，南通大学产业教授，梦百合家居科技股份有限公司董事长、总经理，0 压床垫的开创者，先后获得南通市科技兴市功臣、中国家具行业创新十大风云人物、改革开放 40 年南通优秀民营企业家等荣誉称号。

倪张根在国内最早打造 0 压概念的品牌，用一片片记忆绵成就了许多人的恬然入梦，也织就了他的世界品牌梦，把产品卖到全球 70 多个国家，成为国内记忆绵家居领域的领军者、全球布局的领跑者。

“0000”创业一往无前

2016 年 10 月 13 日，倪张根在上海证券交易所敲响了上市的铜锣，梦百合家居的前身、江苏恒康家居科技股份有限公司成为如皋首家 A 股主板上市企业。

创业兴业的这条路，倪张根走得并不轻松。2003 年 4 月，面对一起开发海绵行业数控切割机 4 个多月合作伙伴提出散伙的倪张根，他作出决定：从零开始，返乡创业。没有资金、没有技术、没有客户、没有经验，28 岁的倪张根把他的创业称之为“0000”起步，他在其表哥 10 万元投资资金支持下，在不到 320 平方米的租赁房内，带领团队开始功能性记忆绵系列床上用品的研究开发。

倪张根进一步调查发现，在中国，睡硬板床是种常态：老人要睡硬板床，小孩睡硬板床，腰不好也要睡硬板床。睡硬板床真的有科学依据吗？他请教过大量的专家，从睡眠的角度来看，最重要的是放松，是提高舒适度。如果你老是睡在一个硬板上面，老是要翻身，一翻身就没有深度睡眠。倪张根紧紧盯住健康睡眠开发记忆绵床垫、枕头等系列产品。

开始，也有不少消费者体验一下就走了，倪张根改变销售策略，选择与酒店合作，在全国的酒店里面免费铺“0 压床垫”，通过免费体验的方式挖掘潜在的客户。后来，在跟华住合作推出“0 压大床房”，现已经在整个行业推开，如家、维也纳等酒店，也都在做“0 压房”的尝试。

倪张根亲力亲为推进梦百合构建线上营销渠道和线下的体验店，2019 年年底，600 家线下销售体验店，0 压房酒店今年也会新增 3000 多家。

全球生产全球卖

2018 年，梦百合投资 5000 万美元在美国田纳西州诺克斯维尔设立一家工厂，主要生产、加工和销售慢回弹、阻燃泡沫和开发家居产品，将于 2019 年 6 月投产。

从 2003 年建厂，2011 年登陆美国收获第一桶金，到 2018 年遍布全球 73 个国家，设立五大全球工厂，梦百合的全球扩张计划一步一步地推进。

走出去，倪张根曾经有过无数次的碰壁，直至 2005 年广交会上拿到第一笔稳定的订单。从国内展会转战到国外，美国、德国、英国、丹麦、日本等国家都留下了倪张根拼抢的足迹，两年后，梦百合产品在国际市场上站稳脚跟，拥有一批大型客户。

2018 年年初，梦百合正式收购“床品界的 Zara”——西班牙本土品牌 Maxcolchón。借助 Maxcolchón 强大的战略营销网络和世界级的物流和分拨能力，为欧洲用户提供全方位的配套服务，让更多人享受到婴儿般的深度睡眠。

现在曼联球队，从球员一队、二队、三队到穆里尼奥，从主教练再到背后的老板格雷泽家族，他们现在都已接受和使用梦百合生产的床垫。

2015 年，“Mlily 梦百合”第一个境外生产基地塞尔维亚欧洲工厂投入运营，加速了 Mlily 梦百合品牌全球拓展的步伐；2016 年，“Mlily 梦百合”正式成为曼联首家官方床垫和枕头合作伙伴，国际化由此迈开大步，挺进更为广阔的市场。

成就“世界制造+全球销售”梦想，而今，梦百合家居在如皋的厂房几经扩建，达到27万多平方米，职工总数从最初的6人发展至现在的上千人，生产线实现了自动化、智能化，产能从创业时每周1个货柜增加到平均每天25个货柜，去年销售额猛增到21.38亿元。

施建银当选12月份诚实守信中国好人

12月30日，中央文明办发布消息，如皋市民施建银以21万票的成绩，当选诚实守信中国好人。

施建银，女，1965年4月生，如皋市搬经镇高明庄社区居民。

2006年，施建银在老家与丈夫邱小平共同创办了一家小型织布加工厂。2014年，丈夫不幸患肝癌去世，摆在她面前的不仅是失去家中顶梁柱的痛苦和无助，还有被迫停工的纺织厂和宛若天文数字的贷款和外债。施建银没有逃避，她信守承诺，主动扛起了沉重的债务，只身前往苏州，靠在脚手架公司扛运钢管赚钱，用5年的时间还清了9位工人的欠款，共计10万余元，用实际行动让人们感受到一诺千金的可贵和依法履行义务的可敬。

幸福生活突遭意外，弱小身躯扛起沉重债务。

2006年，施建银和丈夫邱小平贷款在村里办了一家小型织布加工厂。就在工厂一天天走上正轨、一家人和和美美地享受幸福生活的时候，邱小平在2014年不幸被查出肝癌，短短两个月后便离开了人世。施建银从前只会帮忙干活，工厂经营全靠丈夫，如今顶梁柱倒了，厂子经营不下去，只能关闭歇业。

丈夫虽然不在了，织布厂的“后事”却不能一了百了。施建银在丈夫留下的织布厂账本中发现，30多万元贷款没还，还有9名女工的10万多元工资没有结清，对于施建银而言，简直是雪上加霜。“我虽然没文化，但知道什么是诚信，更何况欠债还钱本来就是天经地义！”施建银主动与女工们取得联系，到如皋市人民法院以调解方式确定了欠债事实，约定一年内还清，用柔弱的肩膀扛起了沉重的债务。

信守承诺背井离乡，扛钢管五年还清亡夫欠款

一年的时间转眼过去，作为一名一直生活在农村的普通妇女，施建银文化水平低，年龄又偏大，除了种地，没有别的经济来源，实在无法靠打工在短时间内还清10万余元的高额债务，9名女工一气之下向如皋法院申请强制执行。尽管施建银生活窘迫，但她并没有因此“耍赖”，而是咬紧牙关，一边重新与9人订立了分期还款的计划，一边四处寻找打工挣钱的地方，尽可能地多赚钱还债。

2016年年初，施建银在朋友的帮助下终于找到了一份力气活——在苏州昆山市同乡开办的一家脚手架公司清理脚手架。她把年迈的婆婆托付给自己的兄嫂，只身前往苏州打工，撸起袖子干起了一份本不应该女人干的力气活——扛钢管。公司的场地上，一堆堆脚手架垒成了小山，长的每根重达10公斤，短一些的每根也有二三公斤，施建银的工作是将它们分类整理好。每天，她都要通过肩扛的方式，将上千根钢管一摞一摞地整理打包起来。这份工作拿的是计件工资，为了多挣钱，施建银常常凌晨

5 点不到就起床，晚上 6 点多下班，一天工作超过 12 个小时，沉重的钢管一天来来回回搬运打包几十趟。为了节约开支，她吃住都在工地上，除了基本的生活开销外，每月 3000 元的工资全部用来还债。就这样，她一元一元地挣，一百一百地存，一个一个地还。2018 年，施建银还清了 3 位工人的欠款。2019 年 1 月 7 日，她约好其他 6 人一起到法院，还清了剩下的欠款。还完工人们的欠款，施建银继续回到昆山打工，家里还有当初丈夫开办织布厂时的 30 余万元贷款需要她还，“日子虽然苦，但心里越来越踏实！”施建银说。过去，账本上的数字像一块块石头，压得她喘不过气。现在，她边打工、边还债，还一笔、记一笔，账本上的数字被划掉，心里压着的石头也被搬走了。

诚信无价媒体热议，凡人善举收获满满爱心

2019 年 3 月 29 日，施建银的事迹被江苏高院制成视频发布在“抖音”。视频中，穿着朴素的施建银在如皋法院执行局，从带来的布包中取出一摞百元大钞，然后又从口袋里摸出一把十元、五元的纸币，最后又掏出 1 元、5 角的硬币，还清欠款后的她放声大哭，一声“老公，你的欠债我终于还清了”，让和她一起来的几名女子也不由得泪流满面。视频发布后，短短 3 个小时，点击量就达到了 1700 多万，超过 10 万网友留言评论。24 小时内，该视频累计点击量超过 3700 万次，点赞 333 万次。随后，《人民日报》、新华社、《新华日报》等多家媒体纷纷跟踪报道，央视《新闻联播》以“平民英雄 成就不平凡人生”为题报道了一系列平凡英雄的事迹，其中就包括这位“诚信妻子”。施建银的事迹在网上引起了强烈反响，网民们纷纷点赞，更有网友表示“我要向她学习，我是失信人，我要努力还钱”。

施建银的事迹感动了很多人，其中就包括她所在企业的负责人邱世宏，得知施建银的情况后，邱世宏主动给她涨了工资，换了一份轻松点的工作，并且联系了其他企业为她捐款。中亿丰建设有限公司和浩博设备租赁公司两家公司为施建银捐款合计 11 万元，为她还清债务助了一臂之力。他们表示，“施大姐为夫还债的事情充满了正能量，现在社会经济发达了，我们缺的不是钱，是精神，而精神东西里面最重要的就是诚信，人与人之间的相处也好，生活也好，诚信是最珍贵的。我们大家都愿意伸出手来帮帮她，希望她能够走出目前的困境”。

诚实守信，一诺千金。施建银作为一个普通公民，在人生最困难的时候，没有逃避债务，而是用并不伟岸的身躯扛起了钢管，更扛起了人生大义，用身体力行镌刻真诚信用，更镌刻了不平凡的人生。施建银先后获评第四届“如皋市诚实守信模范”“南通市第 40 次文明新风典型”。

旅外精英

许映乔:浩瀚星海酬壮志

1月3日上午10点26分，嫦娥四号月球探测器完成人类航天史上的一项壮举——成功软着陆在月球背面，并传回世界第一张近距离拍摄的月背影像图，揭开古老月背的神秘面纱。74岁的中国航天科技集团五院深空探测和空间科学首席科学家、嫦娥一号卫星总设计师叶培建院士走向前排工作席的嫦娥四号探测器项目执行总监张熇，两代“嫦娥人”的手紧紧地握在一起。这一瞬间被永久定格于新华社记者金立旺拍摄的一张照片中，而如皋市白蒲中学毕业的学生许映乔博士就坐在张熇旁边，正激动地望着两位前辈。

许映乔，如皋市经济技术开发区柴湾社区人。2002年考入西北工业大学航天器动力工程专业，硕士学位攻读航空宇航推进工程与理论。2009年参加工作，就职于中国空间技术研究院总体部，刚入职就加入到荣誉团队——“空间科学与探测总体室”。许映乔参加了嫦娥三号探测器的研制工作，陪伴嫦娥三号跨过一道道难关，于2013年完成我国首次月球软着陆。2015年，嫦娥四号立项，他又投入到嫦娥四号研制工作中，担任嫦娥四号总体副主任设计师。嫦娥四号着陆区地形起伏达6000米，地势十分崎岖，是太阳系中已知最大的撞击坑之一，为了让嫦娥四号完成精准的软着陆，许映乔所在的团队付出巨大的努力。嫦娥四号着陆那天，先从距离月面15公里开始下降，在距离月面6到8公里处探测器快速调整姿态，在距离月面100米时开始悬停对月面的障碍物落地点进行识别避障，用了不到30秒的时间便找到安全着陆点。实现高精度的软着陆，需要提高探测器导航精度以及制导精度和发动机的推力精度，为此许映乔和他的团队人员奔走于上海、西安等多地，开展大量的试验验证工作。同时为实现高可靠的软着陆，在着陆过程中自主进行避障，在着陆区里选择最为安全的点作为着陆点，团队人员充分发挥中国人的智慧，设计月球低重力模拟系统，战严寒斗酷暑，在地面开展了避障验证试验，大家基本上都是整月整月地蹲守在试验场。1月11日，国家航天局正式宣布嫦娥四号任务取得圆满成功。至此，中国探月工程取得“五战五捷，连战连捷”的好成绩。

何小军入选国家“万人计划”科技创业领军人才

2月3日，中共中央组织部办公厅公布第四批国家“万人计划”入选名单，江苏智途科技股份有限公司董事长何小军作为2018年度科技部“创新创业人才”入选国家“万人计划”科技创业领军人才。

何小军，江苏如皋人，如皋中学毕业后，进入武汉大学测绘工程专业就读。现任江苏智途科技股份有限公司董事长，扬州市工商联副主席、扬州市南通商会会长，江苏优秀青年企业家。

自2006年创办智途科技以来，何小军始终坚持以地理信息产业自主创新研发为核心驱动，研发软件著作权89项，软件产品23项，高新技术产品8项，授权实用新型专利10项。在地理信息+智慧城市领域取得里程碑式的成果，获得了业界的广泛赞许。他创办的智途科技伴随着汽车导航、移动互联网、大数据产业的发展飞速成长，如今已成为国内测绘地理信息产业的知名企业。高德地图、百度地图的数据采集都出自这家公司。

在创新研发层面，不仅让董事长何小军入选国家"万人计划"科技创业领军人才，也让智途科技在地理信息、智慧城市等相关领域加冕桂冠，实现从原来单一服务导航和互联网企业的数据供应商，转型成为国内领先的地理信息系统服务与智慧城市建设运营商，发展成为国家级高新技术企业，中国地理信息百强企业，江苏省软件企业。

如皋籍将军郭锡林的长篇小说改编成电影《天眼风云》在全国上映

5月24日，根据军旅题材长篇小说《天波浩渺》改编的雷达兵题材电影《天眼风云》在全国上映。影片《天眼风云》改编自空军雷达学院原院长郭锡林将军的长篇小说《天波浩渺》，由八一电影制片厂一级导演杨虎担纲执导，男主角由曾主演《乱世丽人行》《我是幸运儿》等多部影视剧的周璞出演，女主角由出演过《我的父亲我的兵》《铁血战狼》等影视佳作的许瑶璇出演。

《天眼风云》以全新的视角，将拍摄目光聚焦在雷达兵这一特殊兵种上，生动讲述上海解放后，人民解放军成立首支雷达队，保卫上海安全的故事，影片真实展现了新中国第一代雷达兵科技报国的赤胆忠心，还原了知识青年科技报国的使命追求，展示出雷达兵对党和人民的忠诚与奉献，寄托了几代雷达兵的革命情怀。

郭锡林，笔名金木，江苏如皋人，正军职空军少将。曾任空军雷达学院院长，空军参谋长助理等职务。1964年考入解放军通信兵工程学院，同年入伍，1965年6月入党。历任学员、排长、雷达团作战参谋，某重点工程试用站站长，雷达团副参谋长、参谋长、团长，某军司令部雷达处处长，空军司令部雷达兵部副部长、部长，空军雷达学院副院长、院长，空军参谋长助理等职。1995年7月，被中央军委授予少将军衔。1999 年 1 月被中央军委提任正军职。荣立二等功 1 次,多次获国家、军队级奖励。

影片上映当天,小说《天波浩渺》的作者郭锡林将军表示,相比其他部队,雷达部队进行的是“看不见的战争”,也因此并不被人们所熟悉。他希望通过自己的创作以及电影的上映,让更多观众,尤其是当代年轻人能够了解这支特殊部队的使命,感受到雷达兵的精神。

亚洲击剑锦标赛收官 石高峰勇夺重剑金牌

6 月 18 日,历时 6 天的 2019 年亚洲击剑锦标赛在日本东京落幕,如皋籍选手石高峰和队友联袂夺得男子重剑团体冠军,为此届亚锦赛画上一个精彩句号。

男子重剑团体赛共有 21 支队伍参加。中国男重首轮轮空,第二、三轮分别击败了印度队、中国香港队后闯进四强。半决赛,石高峰和队友以 45:42 力克日本队,一雪 2018 年亚运会决赛失利之耻。冠亚军决赛中国队遇到亚洲最强队韩国队,在 2018 年亚运会半决赛中国队曾爆冷击败了这支世界级劲旅。中韩决赛的大部分时间,双方比分呈胶着状态,第 8 局结束时韩国队以 39:38 领先 1 分。决胜局,中国选手敢打敢拼,最终以 45:42 力克强大对手,夺得中国击剑队在本届亚锦赛的第 3 枚金牌。

石高峰 1992 年出生于石庄镇石北社区。当年在石庄初中上学的石高峰,被前来招生的南通市击剑教练吴娟看中,自此便与击剑结下不解之缘,随后他进入南京体育学院少体校,到了 2009 年入选了江苏省击剑队,2014 年年底他正式进入国家击剑队。2018 年,在雅加达亚运会击剑男子重剑团体决赛中,石高峰与队友董超、兰明豪、薛洋东组成的中国队获得亚军。

如皋籍科学家黄志伟团队首次在世界上发现免疫细胞重要受体结构

8 月 28 日,如皋籍科学家、哈尔滨工业大学生命学院教授黄志伟带领的团队在《自然》杂志上发表《人 T 细胞受体-共受体复合物组装的结构基础》研究文章。这是世界上首次揭示人 T 细胞受体复合物的结构,是中国科学家在免疫基础科学领域取得的重大原创性发现。

黄志伟生于如皋市吴窑镇,哈佛大学免疫与感染疾病系博士后,2016 年入选“长江学者奖励计划”,现任哈工大博士生导师,主要从事病原与宿主相互作用的研究。2017 年,他就曾在世界顶级学术刊物《自然》在线发表研究论文,向全球首次揭示能够在人类细胞中高效“编辑”DNA 的

CRISPR-Cpfl 系统工作机理。2018 年 11 月 19 日，中国生命科学领域最具影响力的奖项之一——“谈家桢生命科学奖”颁奖典礼在中南大学举行，黄志伟荣获“谈家桢生命科学创新奖”。

T 细胞是脊椎动物适应性免疫系统的关键细胞。黄志伟说，T 细胞受体(TCR) 相当于 T 细胞的“雷达”和“眼睛”，可以识别病原感染的细胞或肿瘤细胞等抗原，并将抗原信号传递到 T 细胞内，像“指挥官”一样启动 T 细胞免疫反应，从而“杀死”病原感染的细胞或肿瘤细胞。因此，T 细胞受体在病毒感染、癌症以及自体免疫疾病中起着关键作用。国际上对 T 细胞受体进行了广泛研究，但对于 T 细胞受体与共受体复合物组装及信号转导结构仍然未知。该项研究揭示了 T 细胞受体和共受体识别、组装成功能复合物的分子机制，为开发基于 T 细胞受体的免疫疗法，治疗癌症、自身免疫性疾病、免疫缺陷疾病等提供了重要科学基础。

五位如皋籍军人在首都天安门广场接受祖国和人民检阅

10 月 1 日上午，庆祝新中国成立 70 周年阅兵式在天安门广场隆重举行，威武的受阅部队中不乏如皋籍子弟兵身影。

邹美余少将领队反坦克导弹方队

邹美余少将，如皋市下原镇邹庄社区人。2015 年晋升中国人民解放军少将军衔。曾任中国人民解放军广州军区某炮兵团团长，中国人民解放军 75230 部队师长，现任中国人民解放军第 42 集团军副军长。在 10 月 1 日庆祝新中国成立 70 周年阅兵式上，邹美余少将和李振领少将分立 2 台指挥车，率 16 辆反坦克导弹发射车组成的反坦克导弹方队，锐气昂首驶过天安门广场接受检阅。

如皋籍军官陈松云担任领导指挥方队中队教导员

陈松云大校，如皋经济技术开发区双楼庄村人。10 月 1 日上午，阅兵式现场，我军首次组建受阅的领导指挥方队，备受瞩目。这一受阅方队，由电影“战狼 2”人物原型、姜国平少将担任领队，而这个方队的中队教导员，则是如皋籍的正师职空军大校陈松云。雄纠纠、气昂昂，首次亮相的领导指挥方队成员，都是人民军队的指挥精英。

如皋籍飞行员陈实二次参阅，用铁血丹心让祖国检阅

陈实，如皋市城北街道邵庄村人，中国人民解放军陆军 81 集团军某陆航旅旅长。在国庆 70 周年阅兵式上他担任陆航突击梯队梯队长，这是他第二次参加国庆大阅兵、执行驾机飞越天安门的庄严神圣任务！

1992 年夏，陈实如愿考上中国人民解放军空军第一飞行学校，在祖国蓝天一飞就是 20 多年。新中国成立 60 周年的时候，他担任梯队副总指挥；2019 年他继续担任副总指挥，还亲自驾机飞越天安门接受全国人民检阅。11 时 29 分，战鹰鱼贯出现，气势磅礴的空中战机梯队衔接紧密，“米秒不差”实现完美受阅。

阚志刚参加国庆 70 周年科研方队大阅兵

阚志刚，如皋市江安镇徐葛村人，如皋中学 2013 届毕业生。10 月 1 日上午 10 时 53 分许，阚志刚与所在的国防科技大学科研方队的队员们，踏着正步走过天安门广场，接受党和人民的检阅。24 岁的阚志刚，正在国防科技大学计算机专业读研，是备受关注的“学霸方队”的一员。

左一为阚志刚

施尹锋第三次参加大阅兵

前排左一为施尹锋

施尹锋，如皋市白蒲镇前进社区人，少校军衔，东部战区陆军。10 月 1 日，施尹锋与战旗方队的队友们一起，参加新中国 70 周年阅兵，接受党和人民的检阅，这是他第三次参加的大阅兵。2006 年高中毕业后以优异成绩被中国人民解放军防化指挥工程学院录取；2008 年参加北京奥运会安保工作；2009 年在新中国成立 60 周年庆祝大会上参加群众游行科学发展观方队；2010 年分配到陆军第十二集团军，同年被授予中尉军衔。2014 年被授予上尉军衔。2017 年参加朱日和“沙场阅兵”；2018 年被授予少校军衔。据了解，为了新中国 70 周年阅兵的完美展现，施尹锋大年三十夜里从家里赶回部队投入训练，付出艰苦的努力。2019 年 6 月 24 日，赶赴北京，正式接受这光荣而神圣的任务。

朱岳兵：为家乡留一座生态花园的坚守

10 月 15 日，朱岳兵参加广西壮族自治区党委统战部与广西电视台合作录制全国扶贫日特别节目，捐助 50 万元用于建设“同心水柜”。

这位朱岳兵就是现任广西紫琅投资有限公司、江苏长生投资集团有限公司董事长。他在办好实业的同时，时刻不忘作为政协委员的社会责任。身在异乡，牢记使命，扶贫济困，奉献爱心。据不完全统计，他个人及所在公司为广西相关地区的村和贫困户捐款捐物，价值 600 多万元。2018 年 11 月 3 日，朱岳兵发动所在公司联合广西壮族自治区台办第一党支部赴隆安县城厢镇那可村开展扶贫日爱心助贫活动。朱岳兵还积极捐款，为如皋市政协委员慈善爱心基金作贡献。他热心支持家乡文化建设，捐资 50 万元资助《出发！第一书记》的拍摄。位于长江镇长青沙岛的长江药用植物园就是由朱岳兵在家乡如皋历时 8 年倾力打造的休闲生态植物养生园。

20 世纪 90 年代初，朱岳兵毕业后被分配到中建八局，成为一名机电施工员。通过自己的虚心请教和刻苦努力，他就升任项目负责人。从初到南宁时闻不惯街头老友粉的酸笋味，到成为广西江苏商会会长，朱岳兵扎根南宁 20 年，带领团队在邕江两岸竖起一座座地标性建筑。

以南宁为基地，朱岳兵的团队足迹遍及广西、广东、云南、四川、河南、上海、山东等诸多省市，参建了福建海峡国际会展中心、深圳大学生运动会主场馆、昆明新机场航站楼、宝安体育场等许多地方政府重大项目，获得了“鲁班奖”“詹天佑奖”以及国优、省优工程等各类荣誉。

朱岳兵在继续深耕建筑施工领域的同时，成立多家投资公司，集中精力进行农业生态旅游项目、教育板块和股权及地产开发方面的投资。

2017年，朱岳兵高票当选为广西江苏商会会长。他又把工作的重心放到推动商会发展、开展公益事业等方面。朱岳兵团结发动在桂的1000多家苏商企业，发挥资本、人才、信息等方面优势，加强苏桂两地经贸合作与交流。再起，商会从苏州引进的一个10亿元的医疗产业生产基地项目。

在他的带领下，广西江苏商会已成为在广西异地商会中的排头兵，当地政府在主办许多重大活动时，都把江苏商会作为一个重要参与者和合作伙伴。他还带领在桂苏商企业积极参与当地各种精准扶贫活动，积极响应党中央号召，为打赢扶贫攻坚战贡献苏商应有的力量。

2018年，广西江苏商会成立爱心慈善基金会，朱岳兵带头捐款100万元，共募得近200万元，用于资助患有重大疾病等需要帮助的人。

朱岳兵从小喜欢花花草草，梦想着有一方属于自己的“百草园”。他一直考虑回乡投资建设农业生态项目，把少年梦变为现实。

一次美国之行，在参观杜邦花园后，他有了更为清晰的想法——自己投资建设一个中国式的“杜邦”花园”。2010年年底，朱岳兵的长江药用植物园开始建设，以收集保存长江中下游药用植物资源为目标，融资源保护、科普教育、科学研究、旅游休闲、康体养生于一体。

历时8年，朱岳兵凭一己之力，投入数亿元，建设了大量辅助设施，收集、种植了大量中草药植物，其中不少是濒临灭绝的珍品，打造了一座“立体的《本草纲目》”。

现在，植物园已成为弘扬国粹，传承中医药文化的养生体验基地和科普宣传教育基地。在这里可观赏药用植物，可倾听呦呦鹿鸣，可流连林间湿地，可开展拓展训练……园区成为“国家药用植物园体系成员单位”“国家AAA级景区”，获得“全国休闲农业与乡村旅游示范点”“全国休闲农业与乡村旅游五星级企业”“江苏省四星级乡村旅游点”等荣誉。

随着长江大保护工作深入推进，长青沙岛作为生态岛的地位越发重要，朱岳兵对建好长江药用植物园的信心更足了。在一期3000亩的基础上，还将推动二期药用植物种苗基地建设，带动周边老百姓种植中药材，致富一方百姓。在老家投资的这个项目，虽然还没赚钱，但他一直认为是最成功的一项投资。他还将继续投资，力争短期内把园子建设得更美，为家乡留一片福地，为子孙留一片净土。

北京大学信息科学技术学院博士生陈震鹏当选2019年微软学者

11月8日上午，2019年度微软学者颁奖典礼在微软亚洲研究院隆重举办，北京大学信息科学技术学院2018级博士生陈震鹏当选，成为2019年度北京大学唯一获奖者。

陈震鹏，如皋人，2012年从江苏省如皋中学毕业，考入北京大学信息科学技术学院；2016年保研至北京大学计算机软件与理论专业，攻读硕士学位；2018年在本专业内硕转博。

陈震鹏的导师为梅宏院士、刘譞哲副教授（2007年微软学者），主要从事Web挖掘和软件工程相关的研究，目前已在《中国计算机学会推荐国际学术会议和期刊目录》A类会议WWW、ESEC/FSE、UbiComp等上发表长文四篇，其中一作三篇。其以第一作者身份发表在WWW 2019上的长文《Emoji-Powered Representation Learning for Cross-Lingual Sentiment Classification》获得了最佳论文奖（中国首次)。

“微软学者”奖学金是微软亚洲研究院1999年启动的一项面向亚太地区计算机科学以及相关专业的优秀博士生的项目。该奖学金项目旨在发掘、支持和鼓励优秀的、有潜力的低年级博士生更好地开展研究工作。除了奖学金之外，微软学者将会被邀请至微软亚洲研究院与全球顶尖的研究员一起进行学术研究。截至2019年，先后有400多位优秀的博士获得“微软学者”称号。其中多位微软学者已经成为学术界中流砥柱或耀眼新星，也有多位微软学者成为工业界翘楚。2019年度微软学者竞争激烈，经过初选、答辩等流程从来自亚太地区31所高校中仅选出了12位获奖者。

微软亚研院院长洪小文为陈震鹏(右一)颁奖

朱美芳当选中国科学院院士

11月12日，2019年中国科学院院士增选名单公布。东华大学材料科学与工程学院教授朱美芳当选中国科学院院士。

朱美芳，1965年生于江苏如皋，东华大学与德国德累斯顿工业大学联合培养博士，教授，博士生导师，东华大学材料学院院长。

朱美芳长期从事纤维材料的功能化、舒适化和智能化研究，取得了系统的创新性成果。1994年晋升为副教授，1998年晋升为教授。现任纤维材料改性国家重点实验室主任，美国纤维学会管理委员会委员 (The Fiber Society(美国)，Governing Council Members(2019—2021))；第七届国务院材料科学与工程学科评议组成员；教育部高等学校材料类专业教学指导委员会副主任委员(2018—2022)；中国材料研究学会副理事长；中国纺织工程学会第25届理事会化纤专业委员会副主任、中国化学会高分子学科委员会副主任；Advanced Fiber Materials, Editor-in-Chief。

朱美芳教授提出并建立热塑性聚合物纤维功能化设计思路和全流程功能化技术体系，解决了合成纤维兼具功能性和舒适性的难题，创建了介观诱导制备智能纤维的新方法，推动了我国纤维质量“由低到高”、产业“由大到强”的重大进步。成果在全国30多家企业实现了产业化，取得了显著的社会和经济效益。发表SCI论文300多篇，出版《纳米复合纤维材料》等著作10部(章)；获授权发明专利160余件、PCT6件。组织国际会议20余次，应邀作国际会议特邀报告60余次。以第一完成人获国家科技进步二等奖、上海市自然科学一等奖、上海市技术发明一等奖等10余项。

朱美芳教授是纤维材料研究领域的学术带头人、国家杰出青年基金获得者、科技部重点领域创新团队负责人。曾获何梁何利基金科学与技术青年创新奖、中国青年科技奖、桑麻基金会纺织杰出青年学者奖、中国青年女科学家奖、全国创新争先奖、国家教学成果二等奖、宝钢优秀教师特等奖和上海市“四有”好教师(教书育人楷模)。所带团队入选首批“全国高校黄大年式教师团队”。

大事如皋

“希望之星”陈晓生励志回馈社会

11月21日，共青团中央在北京举办希望工程实施30周年报告会及推进新时代希望工程工作研讨会。一直受如皋市圆梦行动资助的陈晓生被如皋团市委推荐，参加了希望工程30周年报告会，并被表彰为“希望之星”。

陈晓生为2015年如皋市圆梦行动资助的学生，四年来，如皋共青团与他常态联系，一直关注他的学习、生活，并给予资助与鼓励。陈晓生感受到关爱，励志回馈社会。他现为上海交通大学第21届研究生支教团云南队队长，正在云南省洱源县从事为期一年的扶贫支教；担任上海交通大学青年志愿者服务总队第21届副队长，负责学校志愿服务板块宣传工作，运营校园媒体“交大源源”微信公众号；担任首届中国国际进口博览会、世界大学生赛艇锦标赛等20余项志愿者活动的负责人，本科期间个人志愿服务时长近1000小时；担任2019年上海市浦东新区优秀大学生暑期实践营团总支副书记时，参加共青团上海市浦东新区委员会人才工作部工作；思源公益暑期夏令营支教队员，担任活动组长、高一班主任，统筹夏令营的体验式培训和特色活动相关工作，授课学生人数超过110人；上海交通大学120周年校庆学生组委会人资组负责人，统筹6000名志愿者面试、3000名志愿者培训、800名志愿者调研的校庆活动工作；海康威视上海研究院智能算法部实习生；上海交通大学系统调度与优化实验室学生成员。

如皋人丁佐宏当选上海市江苏商会会长

12月10日，首届长三角苏商大会暨上海市江苏商会第三届第一次会员代表大会在上海国际会议中心成功举行。如皋籍企业家、全国政协委员、月星集团董事局主席丁佐宏当选上海市江苏商会新一届理事会会长。

根据选举结果，会上聘任丁佐宏为上海市江苏商会新一届会长，黄志伟为商会名誉会长。李昌钰、孙晋芳担任商会高级顾问，王德培担任首席顾问，郭广昌、郑永刚、王均金、余渐富、姜照柏担任荣誉顾问。丁佐宏当选后，著名侦探、刑事鉴识专家李昌钰，美国江苏总商会会长蔡成华，安哥拉江苏商会会长王林元纷纷发来祝贺。

丁佐宏在就职演讲中表示，深厚的底蕴和优良的传统是苏商前行的不竭动力，广大苏商要坚持家国情怀，勇当时代精英。面对长三角一体化的战略新机遇，广大苏商群体要顺势而为、乘势而进，通过谋求高质量的发展，通过跨区域联动发展，积极融入一体化进程。新一届上海江苏商将会在现有基础上迈出新步子、跃上新高度、产生新影响、取得新实效，这是新一届商会领导集体的工作目标。

作为上海市江苏商会的会员单位，丁佐宏所带领的月星集团近年来与时俱进，从"美好生活提供商"的战略定位出发，在实体商业领域不断突破和进展，成为在沪苏商企业成功发展的缩影之一。目前，集团旗下的月星家居，在全国已经布局150多家连锁家居商场，其中长三角地区的商场数量占到40%以上；同时，在长三角城市群、三峡城市群、丝绸之路经济带、东北亚经济圈及粤港澳大湾区的超大型环球港综合体项目近50个，已然形成"港湾群"效应。

丁佐宏是如皋籍企业家中的杰出代表、全国政协委员、全国工商联常委、全国工商联家具装饰业商会会长、上海市工商联副主席、改革开放40周年民营企业家、月星集团董事局主席。他曾多次对外表达："家乡是世界上最美丽的地方。"在外打拼这么多年，丁佐宏一直认为，不管是敢为人先也好，还是勤奋努力也罢，首先离不开的是不忘初心、心系家乡的赤诚情怀。

1980年，丁佐宏带着半套木工工具到江苏常州创业；1988年，他用3000元启动资金创立常州茶山月星木器厂，开始涉足家具制造行业；1991年3月至1996年6月，月星由家具制造业进入家居流通业，开始成为国内知名家居品牌运营商；1996年7月至2004年11月，丁佐宏注册成立江苏月星家具集团并任董事长、总裁；2004年12月至今，他带领月星集团从常州走向上海、走向全国。从七年打工攒下的3000元起步，成长为囊括商业、家居、置业、工业四大产业的月星集团，连续18年跻身中国民营企业500强，缔造了中国家居行业的一个传奇。

海外赤子

央视“华人世界”栏目播出如皋籍华人季波父子专访

8月13日下午13时,中央电视台CCTV4中文国际频道,“华人世界”栏目,播出对如皋中学1987届毕业生、如皋籍侨胞、清华大学长江商学院欧洲院首席代表季波教授及其儿子季恩显的专访。

季波,如皋市原建设乡人,如皋中学1987届毕业生。TED Talk演讲家,长江商学院欧洲首席代表,欧洲院长。全面负责长江商学院在欧洲的品牌建设、课程开发、客户维护等各项工作。曾任美国众多500强企业如孟山都(Monsanto)、嘉吉(Cargill)、辉瑞(Pfizer)、箭牌(Wrigley)和马氏(Mars)等公司的总部高管。曾担任3年欧洲工商管理学院(INSEAD)高管培训部中国区总监。长期活跃在欧洲各地,有丰富的课程设计与开发的经验。经常给欧洲最知名的国际商学院INSEAD、西班牙Esade商学院、美国纽约大学(NYU)、香港科技大学(HKUST)、德国慕尼黑科技大学(TUM、台湾国立政治大学EMBA/MBA以及企业董事长和CEO授课与咨询。

季波之子季恩显4岁半学钢琴,曾多次获得国际钢琴赛大奖。在2019年法国电视二台《神童》天才秀入围半决赛名单中,15岁的他位列其中,是2019年器乐组别唯一的华人。《神童》天才秀是一档古典音乐儿童选秀节目,参赛者是7—16岁儿童,这档节目在法国非常有名,竞争也异常激烈,经过数轮淘汰才能晋级决赛。季恩显对古典音乐有自己的理解:“它能够打动人的内心”“它有说话不能表达出来的深刻的东西”。

89岁老兵陈强：在家升国旗 十年如一日

9月25日清晨，如城街道十里社区的一户农家小院中，正举行着一场庄严的升旗仪式。上至90岁高龄的老人，下至咿呀学语的孩子，一家人整齐地站在一起，迎接着那神圣的一刻。伴随着嘹亮的国歌声响起，一面鲜艳的五星红旗迎着微风徐徐升起。农家院的主人叫陈强，现年89岁，1949年6月入伍当兵，9月份入党。10年前陈强第一次在自家小院里升起了旗，所以家中的这面国旗，陈老称他为“三六爱国旗”，含义为新中国成立60年、入党60、工作60年。“10年前看到学校里升国旗,我就想在家里也立个旗杆，我希望通过升旗，来表达我对国家的感谢之情。”下定决心后，陈强买来旗杆、滑轮、国旗，在自家后院砌了简易的旗台，开始每天带着家人在小院里升国旗。陈强是一名退伍军人，也是一名校外教育辅导站兼职辅导员。2007年十里社区把陈强家定为德育教育基地，每年节假日有很多孩子到这里活动，陈老给他们讲党史，讲祖国翻天覆地的变化，讲遵纪守法，讲抗日战争的英雄故事。陈老现在四世同堂，全家幸福美满，在他和老婆的钻石婚建了“钻石纪念亭”，他还爱好花卉盆景，把庭院装扮得错落有致。2014年，在陈家小院拍摄的以陈强为原型的《国旗永远在心中》微型剧，在南通市文明办、南通市关工委开展的“知礼仪、讲文明、展风采”微型剧评选中获特等奖。而陈家小院现在也成为了十里社区“活动专用地”。热爱祖国的表达方式有很多种，作为一名老兵，陈强鼓励后人应征入伍，在他的影响下二儿子也成为了一名军人，长孙高中毕业报考了军校。一家三代从军报国的事迹，感染着青年一代。陈强用自己的方式表达着爱国情怀，同时也激励着更多的人感念过去，感恩现在，播撒浓浓的爱国情怀，传承赤诚的爱国精神。“我会一直升国旗直到我不能动了，我不能动了我就让我的儿子我的孙子去升国旗，一直传承下去。”陈强看着刚刚发下来的庆祝中华人民共和国成立70周年纪念章告诉记者。小院升旗，不仅仅是一家人的家风传承，更涵养了许多人的家国情怀。人民幸福的生活，来自于强大的国家。只有每个人将自己的人生与国家和民族的命运紧密联系在一起的时候，才会深切地感受到祖国给予的温暖和力量，从而创造更加幸福的未来。

如皋四位百岁老人亮相央视重阳节晚会

10月7日，在中央电视台重阳节主题晚会《福寿中国——2019重阳盛典》上，如皋共有四位长寿老人亮相！

作为为全国老年人打造的一场节日盛典晚会，《福寿中国》节目组带着重阳贺礼“满福”印章走进了全国各地99位百岁老人的家中，为他们送去重阳节的祝福。

陶克明、姜洁珍、张万福、许秀珍和他们的家庭亮相，体现咱们如皋老年人的精神风貌，向全国观众传达来自长寿之乡的“快乐养老、健康养老”的观念。

白蒲镇姜洁珍

姜洁珍，女，1920年5月14日出生，家住白蒲镇锦绣龙湾5号楼。老人温文尔雅，待人随和，心地善良，乐于助人，平时总是一脸笑容。她擅长写毛笔字，常常在家里练习书法，陶冶情操。闲暇时爱好吹口琴，丰富生活。子女多为教师、护士，四世同堂，儿孙孝顺，其乐融融。

吴窑镇张万福

张万福老人有一个儿子、三个女儿，由儿子儿媳照顾，如今已是五世同堂，儿孙成群，其乐融融。四年前烟酒都戒了，不挑食什么都吃，很爱喝玉米糁粥，早晚都要在家门口的水泥路上来回散散步。老人牙口好，胃口也好，什么都吃，不挑食，有精神力气，能帮着打理门前的自留地。老人之前经常独自去附近树场捡树枝，家人担心老人安全，劝说老人后，现在不去了。老人偶尔会在门口的菜田里锄锄草。每次溜达回来了，会坐在院子里看会书或者读会儿报纸。

如城街道许秀珍

许秀珍老人有四个儿子，一个女儿。子孙共计约35人。大儿子在家照顾101岁的妈妈，有两个女儿，及两个外孙。老太太是江安池岸人，平时喜欢中午每天吃两块红烧肉，下午一根香蕉，早上一个鸡蛋，一杯牛奶。喜欢唠家常，性格开朗是长寿的原因。老太太喜欢出去旅游，去过无锡，苏州，泰州，扬州，南京，徐州等好多地方。

白蒲镇陶克明

五世同堂户主陶克明，1912年5月26日出生，住蒲塘花苑一号楼。年轻时有一手刺绣好手艺，绣出的花、鸟、草、虫栩栩如生。生活起居规律，夏天早晨六点半、冬天早晨七点半起床，晚上八点左右睡觉。善良大度，一辈子没和别人吵过架、红过脸。一日三餐以蔬菜为主，喜欢清淡的菜肴，早晚两顿喝粥，尤其爱喝大麦粥，还喝少量黄酒，不吃隔夜菜。她育有4女4男，大女儿86岁，孙辈有19人，曾孙辈有18人，玄孙辈有9人，五世同堂。年过百岁，思路清晰，生活规律，且总忙个不停。目前，除有些耳背，生活起居仍能自理。

大事纪要

Dashi Jiyao

2019 年 1 月

1 日

△ 市人民政府市长何益军向全市人民发表新年献词。

△ 2019 年如皋市“农行杯”元旦健步行启动仪式在市行政中心广场举行。市领导钱志刚、张亚骞以及 1000 余名群众参加活动，以健身的方式，共同迎接 2019 年的到来。活动全长约 3.8 公里，从市行政中心东大门出发向南，沿龙游河生态公园一圈，进入奥体中心。

△ 截至当日，如皋市百岁老人总数达 440 位，比上年新增 37 位。其中，男性 92 位，女性 348 位，105 岁以上 22 位，最年长寿星杨德英 110 岁高龄，家住下原镇桃园村 2 组，白蒲镇文峰居 29 组的一对百岁夫妻，丈夫徐良泉 103 岁，其妻邵秀英 104 岁。

2 日

△ 市委书记张建华主持召开市委常委会，传达学习习近平总书记关于坚持和完善人民代表大会制度的重要思想、省县级融媒体中心推进会议精神、《关于以查处违规吃喝案件为戒推动落实全面从严治党主体责任的监督意见》《关于印发〈关于贯彻落实中央纪委和省、南通市委工作部署集中整治形式主义、官僚主义的工作方案〉的通知》，听取 2018 年全市意识形态工作情况汇报，研究讨论市委十二届八次全体（扩大）会议方案及报告（征求意见稿）、《关于三季度全市“两个责任”落实督查的情况通报》《关于调整如皋市媒体深度融合发展改革工作领导小组的通知》《如皋市融媒体中心挂牌仪式活动方案（讨论稿）》等议题。

△ 如皋市召开座谈会，就市委十二届八次全体（扩大）会议报告（征求意见稿）征求企业家、老领导意见。市委书记张建华，市委副书记丁兴华，市委常委、组织部部长、统战部部长缪爱诚出席会议。

4 日

△ 如皋市召开科技人才工作联席会议，听取市科技局、人才办、人社局、科协、科技镇长团相关负责人汇报工作开展情况，汤臣汽配、天鸿镭射、力威机械相关负责人分享科技人才队伍建设方面经验做法，提出意见和建议。市领导何益军、缪爱诚、高峰出席会议。

△ 副市长张亚骞率队深入江安镇江安初中、丁堰镇刘海小学相关工程现场，对工程建设情况进行专题调研。刘海小学新建工程被列为南通市政府为民办实事工程，是策应如皋市“乡村小规模学校提升工程实施”战略规划拆旧新建的一所别具特色的书院式小学。总投资 8000 万元的江安初中校舍建设工程则是 2018 年如皋市政府为民办实事项目、如皋教育均衡提升工程，占地面积约 70 亩，建筑面积近 25000 平方米。

5 日

△ 市委十二届八次全体（扩大）会议在市行政中心礼堂召开，市委书记张建华代表市委常委会向大会作题为《解放思想再深入 改革开放再出发 接续开辟如皋高质量发展新境界》的工作报告，市委副书记、市长何益军通报 2018 年度全市项目建设考核结果，并就 2018 年度全市项目建设情况进行点评。高新区（城南街道）、长江镇（如皋港区）、江安镇、磨头镇、石庄镇、白蒲镇被授予流动红旗，如皋工业园区（如城街道）、搬经镇、下原镇表态发言。会议通过《中国共产党如皋市第十二届委员会第八次全体（扩大）会议决议》。

7 日

△ 如皋市举行纪念“爱心邮路”20 周年暨新时代文明实践中心建设主题活动。南通市委宣传部副部长、文明办主任蔡忠，如皋市委书记张建华出席活动，为如皋市新时代文

明实践中心揭牌，市委副书记、市长何益军发布如皋市“新时代文明实践中心建设”内容。活动还为新时代文明实践分中心、所授牌，并现场连线三个新时代文明实践点，分享了有关实践点建设情况。

△ 如皋市举行电影《出发！第一书记》开机发布会，市委常委、宣传部部长茅红宇参加发布活动。电影在如皋取景拍摄，以如皋市第一书记工作实践为背景，如皋籍演员何明翰饰男主角。

△ 如皋市召开 2018—2019 年度党员冬训工作动员会，部署本年度党员冬训工作。江苏省理论宣讲先进个人、南通市委宣讲团成员、南通市委党校教授季建林应邀为与会人员作冬训首场宣讲报告。市领导丁兴华、茅红宇出席会议。

△ 市行政审批局颁发全市首张电商营业执照。该执照所登记经营场所为互联网网址，这是《中华人民共和国电子商务法》1 月 1 日实施后如皋市审批的第一张“电子商务”个体工商户营业执照。

8 日 △ 如皋市举行黑塌菜产业化推进大会，推动如皋黑塌菜产业化发展，尽快成为如皋市继花木盆景产业之后又一特色板块。市领导丁兴华、邵晓泉、张百璘出席会议。会上市农委负责人解读黑塌菜激励政策，市农委、供销总社相关负责人就加快黑塌菜产业种源供应、技术服务、销售渠道拓宽以及基地建设等表态发言，市君和民贸易有限公司负责人分享了种植黑塌菜的成功案例和发展愿景。

9 日 △ 上海周慧珺书法艺术研究院院长李静等一行到如皋，实地参观定慧寺、东大街、水绘园等景点，并就如皋市文化产业发展状况进行交流。市领导茅红宇、张亚鸾参加相关活动。

△ 市文明委举行全委会，总结 2018 年工作，审议相关评选表彰项目，研究部署 2019 年精神文明建设工作，进一步开创全市精神文明建设新局面。市领导丁兴华、茅红宇、张亚鸾、严世斌出席会议。

10 日 △ 市政府召开座谈会，征求市人大代表、政协委员、各镇（区、街道）、部门和企业家对《政府工作报告（征求意见稿）》以及 2019 年为民办实事项目的意见和建议。市领导何益军、黄文斌、张亚鸾、高峰、程瑞琴、吕兰、孙恒、万维庆参加座谈。

△ 全国食品包装机械标准化技术委员会糖果包装机械标准工作组在如皋成立，标志着又一全国标准化工作组正式在如皋落户。工作组由 11 名成员组成，如皋市的南通维尔斯机械科技有限公司为秘书处单位。至此，如皋市作为全国唯一获批的标准化综合改革试点县级市，不仅成立了全省唯一的标准化管理机构——由市委书记和市长任组长的标准化管理委员会，还获批设立了南通市唯一的全国标准化技术委员会分委会，另有 7 个标准工作组。全国食品包装机械标准化技术委员会秘书长陈润洁，南通市质量技术监督局副局长张伟，如皋市领导张勇、郑振明出席成立会议。

11 日 △ 市政协主席张元健主持召开政协如皋市十四届十次常委会议，听取市政协十四届二次会议委员提案办理情况通报，调整增补部分政协委员，审议通过《市政协十四届常委会工作报告》《市政协十四届常委会提案工作报告》《市第十四届委员会第三次会议议程和日程（草案）》，大会秘书长、副秘书长建议名单和提案委员会建议名单，《2019 年政协如皋市委员会工作要点（讨论稿）》。

△ 如皋市召开 2018 年度抓基层党建、落实党风廉政建设和意识形态工作责任制述职会，听取各镇（区、街道）党委、市委“两新”工委、市委教育工委、市级机关党工委负责人述职。南通市委宣传部副部长黄正平、如皋市委书记张建华等出席会议。

△ 市委副书记、市长何益军主持召开座谈会，就《政府工作报告（征求意见稿）》及 2019 年政府为民办实事项目征求老领导意见。市领导张亚鸾、张百璘、程瑞琴、万维庆出席会议。

12日 △ 如皋市召开如皋港化工新材料产业园区“废气扰民”专项治理动员大会，通报如皋港化工新材料园区停产整顿企业名单、废气扰民重点监控企业名单，强力推进化工园区“废气扰民”专项治理工作。市领导丁兴华、丁锋、黄文斌、高峰、程瑞琴出席会议。市环保局、长江镇相关负责人及3家企业法人代表在会上表态发言。

14日 △ 市委书记张建华一行深入经济技术开发区，调研重点工作推进情况及2019年工作思路，实地走访百应能源二工厂、安思卓新能源、泰慕士、赛麟二工厂、木木机器人、荣威国际、思源赫兹、双钱集团等项目现场，听取经济技术开发区重点工作推进情况汇报。市领导马金华、高峰参加调研。

△ 市扫黑除恶专项斗争领导小组举行第三次会议，传达学习中央和省、南通市对扫黑除恶专项斗争的最新部署要求，听取市公安局、检察院、法院、纪委监委、市委组织部等单位扫黑除恶专项斗争进展情况汇报，研究部署2019年全市扫黑除恶专项斗争工作。市领导缪小华、陈晓彬出席会议。

15日 △ 市委书记张建华率队调研高新区（城南街道）重点工作开展情况，实地查看高新区创新体验中心、双创中心建设现场、中软国际、兰生智能制造产业园建设现场、超达大型汽车检具项目生产建设现场等处，要求高新区（城南街道）保持战略思维和定力，全力打造高质量发展“苏中硅谷”，争创国家级高新区。市委常委、宣传部部长茅红宇参加调研。

△ 市委书记张建华一行调研长江镇重点工作推进情况及2019年工作思路，实地走访和睿电子、东升石材产业城、华电热电联产、长源码头、森松重工、华东煤炭交易中心等处，详细了解企业发展和项目建设情况。市领导丁兴华、程瑞琴、杜永红参加活动。

△ 市第十七届人大常委会第十六次会议召开，听取和审议通过《如皋市第十七届人民代表大会常务委员会代表资格审查委员会关于代表变动情况和补选代表的代表资格的审查报告（草案）》《如皋市人大常委会2019年工作要点（草案）》《关于表彰市十七届人大二次会议优秀代表建议的决定（草案）》《关于表彰2018年度基层人大工作先进单位的决定（草案）》《关于表彰2018年度市人大代表履职先进个人的决定（草案）》，任命孙恒为副市长，并举行宪法宣誓。

△ 2018年度全省县级广电媒体融合创新案例奖颁奖，如皋市文化广播电视传媒集团的《借力媒体融合壮大主流媒体舆论阵地》《情系大凉山爱心之旅》分别获最佳综合案例奖、优秀单项案例奖，获奖数量位居全省同行前列。

16日 △ 省民政厅副厅长王小华、省妇联副主席沈梅率队到如皋，开展春节前关爱留守儿童活动，先后走访长江镇田桥社区两户困境儿童家庭，观看郭园小学学生艺术成果展示，并向留守儿童赠送新年礼包、福袋和爱心图书等礼品。副市长张亚鸾参加活动。

△ 市委书记张建华一行深入如皋工业园区（如城街道）调研，详细了解园区2018年经济社会发展情况和2019年工作计划，实地走访天南电力、九鼎新材、东郡丽水、斯密特森光电、元升集团、国际园艺城、万达轴承等处。市领导刘向阳、黄文斌参加活动。

△ 如皋市召开2019如皋国际马拉松赛组委会成立会议，部署赛事各项工作，动员相关部门、镇（区、街道）凝心聚力优化服务，合力开展如皋国际马拉松赛赛事活动。副市长张亚鸾参加会议。

17日 △ 美国哥伦比亚大学电影学教授 Jack Lechner、上海电影学院工程系主任黄东晋等率领学院研究生团队一行到如皋，专题考察江苏华夏电影胶片修复有限公司，实地参观收藏的电影藏品和修复设备，交流影片修复技术，就达成战略合作开展深入交流，商定合作选取两部胶片电影数字化修复拟参加2019年上海国际电影节。

△ 如皋市举行2019年送温暖工作会议暨春节集中慰问仪式,2019年新一轮结对帮扶单位递交责任书,并向结对特困职工送上慰问金。市领导缪爱诚、张勇、严世斌出席会议。

△ 如皋市举行如皋港化工园区重点监控企业约谈会议，对12家废气扰民问题重点监控企业的主要负责人进行集中约谈。副市长黄文斌参加活动。

18日

△ 市委副书记、市长何益军主持召开第十七届市政府第二十六次常务会议，传达省、市关于整治违规殡葬设施工作会议精神,听取全市安全生产工作情况汇报,讨论《政府工作报告(讨论稿)》、2019年政府为民办实事项目、《关于调整完善市镇(区、街道)财政体制的意见(讨论稿)》《如皋市水务集团有限公司组建方案》《2019年如皋市创建“国家全域旅游示范区”激励办法》等议题。

△ 如皋市召开2018年规模农业项目建设总结会议，对各镇（区、街道）规模农业项目进行质量测评，并通报2018年规模农业项目建设考核结果。与会人员观摩了14个镇（区、街道）规模农业项目亮点，市农委、农工办负责人对全市规模农业项目建设工作进行了点评。市领导丁兴华、张百璘等出席会议。

△ 如皋市举行“创新赋能·实体兴业”2019年青年企业家峰会。市政协副主席严世斌出席活动。会上,“如皋青商”品牌正式发布,上海优秀企业家代表、如皋青年企业家典型分享创业经验,市税务局、如皋农村商业银行相关负责人对有关政策和金融服务进行了解读、推介。

△ 中国软件行业协会举办的2019年中国软件产业年会上,如皋软件园与中关村软件园、上海浦东软件园等一道荣获“2018年中国最具活力软件园”,成为获此殊荣的唯一一家县级市软件园。

19日

△ 市委书记张建华主持召开市委常委会，传达习近平总书记在十九届中央纪委三次全会上的讲话、在庆祝改革开放40周年大会上的讲话精神,讨论《2019年全市经济工作会议方案（讨论稿)》《关于2019年推动经济高质量发展的激励意见》《南通市排查整治违规建设殡葬设施工作专题会议主要精神及工作建议》《政府工作报告(讨论稿)》《2019年政府为民办实事项目(讨论稿)》等议题。

△ 如皋市举行排查整治违规建设殡葬设施工作专题会,强调通过排查整治专项行动,引导骨灰入公墓(骨灰堂)安葬(放),或在符合规定的区域深埋或采取树葬、花坛葬、海葬等生态葬式,禁止装棺重葬,整治乱埋乱葬、乱建坟墓、坟头硬质化等违法违规行为,实现安葬节地化、生态化、长久化,确保整治工作无死角、全覆盖。会议要求凡新去世人员骨灰要选择进入公墓(骨灰堂)、不留坟头深埋或其他生态节地葬等方式进行安葬。副市长张百璘出席会议。

△ 江苏人才发展战略研究院、江苏省人才创新创业促进会联合发布《江苏省县(市)人才竞争力报告(2018)》,以江苏41个县(市)为研究对象,评价得出江苏省县(市)人才综合竞争力排名表,如皋市人才综合竞争力居第九位,连续3年进入全省县(市)前十。

21日

△ 市第十七届人民代表大会第三次会议预备会议在市行政中心礼堂举行。会议听取市人大常委会副主任、代表资格审查委员会主任委员张勇关于代表变动情况和补选代表资格审查的报告,表决通过大会议程,选举产生大会主席团和秘书长,并对人大工作先进单位、优秀代表建议、代表履职先进个人进行了表彰。市人民政府副市长变动情况向大会提交了书面备案报告。

△ 市政协召开会议,对2018年度政协先进委员组和优秀政协委员,优秀提案和提案工作先进委员组、先进委员,“助推全面小康 彰显委员风采”主题活动先进委员,优秀社情民意,政协工作先进单位等进行表彰。

△ 市台企台胞代表座谈会在锦都金鼎大酒店举行，市人大常委会副主任邵晓泉、南通市台协会副会长汤鸿光出席活动。会议通报2018年台办工作开展情况，征求台企台胞的意见和建议。全市台企台胞代表32人参加会议。

21—24日

△ 中国人民政治协商会议如皋市第十四届委员会第三次会议在市行政中心举行，市委书记张建华出席大会并讲话，市政协主席张元健、副主席严世斌分别作政协如皋市第十四届委员会常务委员会工作报告、市政协十四届二次会议以来提案工作情况报告。大会通报提案审查情况，通过《中国人民政治协商会议江苏省如皋市第十四届委员会第三次会议决议》，选举政协如皋市第十四届委员会常务委员1名，马铁军当选为市政协十四届委员会常委。

22日

△ 司法部公共法律服务管理局副局长施汉生一行到如皋，专题调研公证质量专项检查工作。市委常委、政法委书记缪小华陪同调研。

△ 省商务厅副厅长孙津率领省驻外经贸代表团一行，到如皋实地调研开放型经济、开发区考核筹备、赛麟项目建设等工作开展情况，先后实地参观汽车文化馆、百应能源、赛麟汽车等场馆、企业研发生产车间和项目现场，了解如皋市氢能产业和新能源汽车产业发展现状。市领导马金华、程瑞琴陪同调研。

△ “搜索正能量·点赞2018”大型网络宣传活动揭晓典礼在北京举行，现场揭晓展现2018年中国发展进步的新闻热词、感动人物、精彩故事等榜单，如皋氢能产业园成功入选“点赞2018美丽中国建设优秀案例”。产业园位于如皋氢能小镇，规划范围约3.7平方公里，总投资78.5亿元。

22—25日

△ 市第十七届人民代表大会第三次会议在市行政中心举行。会议通过《关于如皋市人民政府工作报告的决议》《关于如皋市2018年国民经济和社会发展计划执行情况与2019年国民经济和社会发展计划的决议》《关于如皋市2018年财政预算执行情况和2019年财政预算的决议》《关于如皋市人大常委会工作报告的决议》《关于如皋市人民法院工作报告的决议》《关于如皋市人民检察院工作报告的决议》《关于进一步深化殡葬改革推进移风易俗的决议》。

23日

△ 新华集团越南公司董事长蔡瑞麟一行到如皋考察，交流探索合作方式和合作项目。市领导何益军、程瑞琴、吕兰陪同考察。

24日

△ 市委、市政府出台关于加快推进如皋黑塌菜产业化发展的政策意见，对全市黑塌菜原种繁育基地、标准化生产基地、黑塌菜加工企业、品牌授权使用基地和企业等进行奖补激励。

25日

△ 南通“希望之光”特殊困境青少年助学金发放仪式暨如皋“暖冬行动·童享阳光”公益计划启动仪式在如皋举行。共青团南通市委书记王鸣昊、如皋市副市长张亚鸾出席活动。活动中，共青团如皋市委发布2019“暖冬行动·童享阳光”公益计划，并进行了集中捐赠，共青团南通市委为各县市区捐赠“希望之光”特殊困境青少年助学专项资金共计15万元，北外附属龙游湖外国语学校为如皋市特殊困境青少年关爱基金捐赠爱心资金1万元，10家爱心单位负责人一起点亮困境青少年2019年度第一批“微心愿”。活动还为6名心理关爱辅导员颁发了如皋市“童享阳光”公益计划心理关爱辅导员聘书。

△ 如皋市召开经济工作会议，市委书记张建华出席会议并讲话，市委副书记、市长何益军作工作报告。会议总结2018年经济工作，表彰先进单位和先进个人，研究部署2019年经济工作任务，动员全

市上下进一步聚焦做实产业、做优城市、做好民生、建强队伍四大重点，奋力构建长江经济带战略支点重要支撑，为高水平全面建成小康社会圆满收官夯实基础，接续开辟如皋高质量发展新境界。市领导吴道健、张元健、丁兴华等出席会议。

△ 如皋市召开企业家座谈会，市委书记张建华出席会议，听取九鼎集团、梦百合家居、森松重工、汤始建华、康迪电动汽车、中如建工等企业负责人介绍各自企业转型升级、生产经营情况，并对如皋投资发展、人才引进、创业就业等提出意见和建议。市四套班子领导何益军、吴道健、张元健、丁兴华等出席会议。

△ 如皋市组织开展"推进移风易俗，弘扬时代新风"党员干部承诺签名文明实践活动。市四套班子领导张建华、何益军、吴道健、张元健、丁兴华等参加活动。市委副书记、市新时代文明实践中心副主任、市文明委主任丁兴华宣读《如皋市党员干部推进移风易俗弘扬时代新风承诺书》，市四套班子全体领导、法检两长，市级机关部门代表，各镇（区、街道）主要负责人，部分村（社区）党总支书记等签名承诺。

26日

△ 市领导张建华、何益军、吴道健、张元健、丁兴华、张百璘率领相关部门负责人一行，视察焦港泵站项目现场，听取焦港泵站工程实施情况汇报，并乘船巡查如泰运河如皋段水环境整治和断面水质达标情况，仔细查看了解河岸保洁、水质状况、河道管护、日常巡查、河道治理等有关情况。

△ 如皋市举行惟怡科技与美国 Nanosys,Inc 战略合作协议签约活动，市领导何益军、高峰等参加活动。

△ 市人民检察院召开恢复重建40周年暨荣获"全国模范检察院"总结表彰会，回顾检察历史，展现模范风采。南通市委常委、政法委书记姜永华，南通市人民检察院党组书记、检察长俞昕水，如皋市领导张建华、缪小华、陈万圣、黄文斌、冒平出席会议。

27日

△ 中船重工716研究所所长助理张建国一行到如皋考察，先后实地参观如皋港规划沙盘、苏中国际集装箱码头、如皋港保税物流中心，并就新材料产业项目研发、组建母基金等领域的交流合作进行深入探讨。市领导何益军、程瑞琴陪同考察。

△ 市委副书记、市双拥工作领导小组组长丁兴华率领民政、农委、供销合作总社等部门负责人一行，赴海南三亚走访慰问中国人民解放军海军某部官兵，介绍如皋市经济社会发展情况，重点介绍如皋市黑塌菜产业化发展相关情况，并代表市委、市政府向官兵们送上如皋黑塌菜等绿色农产品。

28日

△ 南通市政协主席黄巍东、南通市人大常委会副主任董正超一行到如皋开展慰问活动，实地走访驻如空军部队、吴窑镇敬老院和部分重点优抚对象、困难群众。市领导张建华、张元健参加慰问活动。

△ 如皋市在花木大世界（如皋）国际园艺城召开花木盆景产业年会暨如皋市花木盆景产业联合会2018年度总结表彰大会，对2018年度全市花木盆景产业转型发展工作中涌现出的草坪分会、盆景分会、果树分会3个先进集体和章海涯等11名先进个人进行表彰。市领导丁兴华、邵晓泉、张百璘、杜永红出席会议。

△ "新时代、新气象、新风尚"小村春晚主题演出活动在如皋工业园区（如城街道）的沿河村新时代文明实践点内举行。市领导何益军、刘向阳参加活动。

29日

△ 云南省文山州副州长崔同富率队到如皋考察保税物流中心建设发展情况，先后参观苏中国际集装箱码头、如皋港保税物流中心（B型）、中储棉物流园等处，听取如皋港港口建设和对外贸易发展情况汇报，并就货物保税仓储、国际物流配送、进口商品展示销

售及跨境电子商务等领域的发展开展深度交流。市领导何益军、程瑞琴、冒平陪同考察。

△ 如皋市举行“学习强国”学习平台推广应用部署培训会，推动全市上下充分利用好学习平台，让习近平新时代中国特色社会主义思想深入人心、落地生根。市委常委、宣传部部长茅红宇出席会议。

30日

△ “江苏省氢能及燃料电池汽车产业创新联盟”年度工作会议在如皋氢能小镇召开。江苏省工信厅产业政策处处长张瑛、科长邹海鹏，联盟理事长单位如皋经济技术开发区党工委委员、管委会副主任杨飞，江苏省汽车工程学会、江苏大学、南京工程学院、江苏毅合捷汽车科技股份有限公司、南通百应能源有限公司、开沃新能源汽车集团有限公司等联盟副理事长单位代表出席会议。

△ 市委常委班子民主生活会召开，通报上年度民主生活会、2018年巡视整改专题民主生活会整改措施落实情况，围绕“强化创新理论武装，树牢‘四个意识’，坚定‘四个自信’，勇于担当作为，以求真务实作风坚决把党中央决策部署落到实处”“省委第三巡视组巡视南通市反馈意见问题清单指出的五个方面73个问题”“南通环保专项市县联动巡察如皋市问题清单指出的六个方面”三大主题，进行深刻剖析、对照检查，提出整改意见和建议，明确整改措施和要求。南通市委常委、秘书长沈雷参加民主生活会并作点评。

△ 如皋市税务工作会议召开。总结2018年税务工作，把握新形势新要求，部署2019年工作任务。市委常委、常务副市长，市国税地税征管体制改革专项小组组长丁锋出席会议并讲话。

31日

△ 南通市副市长赵闻斌一行到如皋，调研长江岸线利用项目清理整治、“大棚房”整治、违规殡葬设施排查整治等工作，实地查看白蒲镇康盛苗木园艺场、长江镇国鼎管桩码头等处。副市长张百璘参加调研活动。

△ 南通市委宣传部、南通市水利局、南通市文广新局联合召开“寻找运河南通记忆”活动市级运河地标评选会，如皋龙游国家级水利风景区等被评为十大南通运河文化地标，代表南通参加全省“寻找大运河江苏记忆”运河地标推选活动。

△ 市委书记张建华主持召开市委常委会，传达学习全国、全省组织部长会议和省纪委四次全会精神，讨论《2018年度落实“四个全面”战略布局、推动高质量发展综合考核结果》《关于进一步压实主体责任坚决遏制生产安全事故频发态势的专题整改方案》等议题。

△ 市委副书记、市长何益军主持召开第十七届市政府第二十七次常务会议，传达《省政府办公厅关于防范化解地方政府隐性债务风险若干政策措施的指导意见》和《江苏省地方政府隐性债务统计监测工作实施方案》精神，听取全市“大棚房”问题专项清理整治行动工作汇报，并就2019年市政府重点工作及为民办实事项目任务分解、《关于进一步压实主体责任坚决遏制生产安全事故频发态势的专题整改方案》《关于调整如皋市机关、事业单位住房（租金）补贴比例的情况说明》等议题进行研究讨论。

△ 本月，市慈善基金会在全市全面展开“慈善冬送温暖”济困活动，将100万元善款通过银行分别发放至全市14个镇（区、街道）1000户困难家庭（每户1000元资助）银行卡。

2019 年 2 月

1 日

1—2 日

△ 市委书记张建华，市委副书记、市长何益军，市人大常委会主任吴道健，市政协主席张元健等市四套班子领导分别率队，在新春佳节来临之际，开展春节集中走访慰问，慰问驻如部队官兵和全市部分离退休老干部、老领导、优秀人才、道德典型、困难群众、五保户、老党员、百岁老人等，向他们致以节日的问候和祝福，送上党和政府的温暖。

2 日

△ 市委书记张建华，市委副书记、市长何益军率队督查春节期间社会稳定、安全生产工作，先后实地查看大润发、火车站等人流密集场所和市供电公司、十里墩水厂、益有燃气公司 CNG 汽车加气站、市公安局指挥中心等处，并看望慰问节日期间仍坚守岗位的交巡警和环卫工人等一线劳动者。市领导缪小华、丁锋、陈晓彬、黄文斌、高峰参加督查活动。

△ 中共如皋市第十二届纪委第四次全体(扩大)会议召开，听取审议通过史有根代表市纪委常委会所作的工作报告和《中共如皋市第十二届纪律检查委员会第四次全体(扩大)会议决议》，各镇(区、街道)、市级机关各部门主要负责人递交 2019 年度党风廉政建设责任状。

3 日

△ 如皋市召开 2019 年在外企业家新春座谈会，市委书记张建华，市委副书记、市长何益军出席座谈会，听取在外企业家代表发言，征求相关意见和建议。

9 日

△ 农历正月初五，江中集团 2018 年总结表彰暨 2019 年部署动员大会召开。市领导史有根、黄文斌出席会议。

11 日

△ 春节长假后的第一个工作日，市委书记张建华，市委副书记、市长何益军一行前往市项目办、市财政局、市污染防治攻坚战指挥部办公室、市行政审批局(政务服务中心)等有关部门，走访慰问干部职工，送上新春祝福，勉励大家接续开辟如皋高质量发展新境界，并实地查看公共人力资源市场。市领导丁兴华、丁锋、石慧宏、黄文斌、高峰、张百璘参加活动。

12 日

△ 如皋市 11 家企业参加首场洋县 2019 年“春风行动”暨苏陕劳务协作结业扶贫招聘会，提供就业岗位 44 个，需求人数 664 人，平均薪酬 4500 元/月左右，涵盖部门主管、车间主任、品牌经理、普通操作工、电工、保洁等工种，吸引大量求职者报名就职，现场达成意向性就业 334 人。

13 日

△ 南通六建 2019 年出征动员大会在市行政中心礼堂召开。市领导史有根、陈万圣、黄文斌、冒平出席活动。

15 日

△ 市委副书记丁兴华率队督查如皋港化工新材料园区“废气扰民”专项治理推进情况，听取市环保局、长江镇、石庄镇有关负责人分别就目前采取的治理措施和推进情况进行交流汇报，并实地查看宝众宝达、百川化工等化工企业治理整改情况，现场为企业把脉

问诊，开出治理“良方”。市领导黄文斌、高峰、程瑞琴参加活动。

△ 如皋马拉松赛事志愿者服务组工作会议召开，团市委等相关部门负责人对各自工作开展情况进行沟通交流，并结合各自实际提出工作建议。副市长张亚鸾出席会议。

16日

△ 如皋市举行2019年高标准农田建设项目推进会，通报全市2018年高标准农田建设情况，布置2019年工作。副市长张百璘出席会议。

18日

△ 全市2月份规模农业项目现场会召开，与会人员集中观摩下原镇柚森精品苗木园等14个镇（区、街道）规模农业项目亮点，并对各镇（区、街道）规模农业项目进行质量测评，农委、农工办负责人对全市规模农业项目建设工作进行点评。市领导丁兴华、张百璘参加活动。

19日

△ 全市安全生产工作会议召开，通报2018年全市安全生产工作情况，宣布市政府对2018年度安全生产先进集体和先进个人的表彰决定，安排部署2019年安全生产工作任务。会议宣读了市委书记张建华关于安全生产工作的重要批示，与会人员观看了安全生产警示教育片，高新区（城南街道）、市住建局、烟花爆竹协会等单位负责人作了表态发言，各镇（区、街道）、各部门负责人分别递交了《2019年安全生产目标管理责任书》。市领导何益军、缪小华、丁锋、陈晓彬、黄文斌、张亚鸾、高峰、张百璘、程瑞琴出席会议。

20日

△ 市委书记张建华主持召开市委常委会，传达学习中央、全省和南通市政法工作会议精神，全省宣传部长会议和南通市宣传思想工作会议精神，《关于印发〈江苏省政治生态监测评估试点工作具体实施方案〉的通知》，听取《关于市委第九轮巡察工作情况的报告》《关于对村（社区）巡察工作情况的报告》，讨论中共如皋市委关于《省委第五轮巡视期间巡察工作专项检查发现共性问题》整改工作方案、如皋市机构改革动员部署会会议方案、《关于做好机构改革有关事项的通知》、党政机构及所属事业单位转隶组建工作方案等议题。

△ 如皋市举行项目建设月度观摩暨招商引资出征动员大会，与会人员对各镇（区、街道）集中开工项目进行集中观摩，各板块分别汇报项目的开工、建设、竣工和转化情况。会议通报全市项目建设推进情况，点评前期工作，部署下一阶段重点工作，并进行招商引资出征动员。市委书记张建华出席会议并讲话。集中观摩期间，全市重大项目集中开工仪式在长江镇国骄胶粘新材料项目现场举行，18个亿元以上重大产业项目集中开工，总投资36亿元。其中，长江镇国骄胶粘新材料项目一期投资10亿元，目标打造应用行业全、技术水平高、创新能力强的胶粘新材料基地，建成后预计年新增产值18亿元，年新增税收3520万元。

21日

△ 德国利奇格特公司总裁休哈特一行到如皋考察。市领导何益军、程瑞琴陪同考察，并举行座谈会交流，对如皋经济社会发展状况进行介绍。

△ 如皋市召开机构改革动员部署会议，市委书记张建华出席会议并讲话。会议由市委副书记、市长何益军主持，市委副书记丁兴华传达机构改革方案，市委常委、市纪委书记、市监察委员会主任史有根说明有关纪律。市委常委、组织部部长、统战部部长缪爱诚宣读市委常委会关于干部任免的研究决定。会议的召开标志如皋机构改革正式进入实质推进阶段，改革后全市共设置党政机构37个，其中，党委机构10个（纪检监察机关1个、工作机关9个），政府工作部门27个。

△ 高新区（城南街道）与花木大世界控股有限公司就高新区花木大世界花海项目正式签订合作协议，为全市文旅产业发展再添强劲“引擎”。市领导丁兴华、茅红宇、张百璘、杜永红参加签约仪式。

△ 省民政厅发布通知，公布 2017—2018 年度江苏基层社会治理创新成果奖和提名奖名单，如皋市“1654”小组自治新模式获 2017—2018 年度江苏基层社会治理创新成果奖。

22日

△ 如皋市举行农业农村局转隶组建工作动员会。市委副书记丁兴华出席动员会并讲话，要求认真谋划推进全年工作，认真抓好农村人居环境综合整治、脱贫攻坚、高标准农田建设、花木盆景产业转型发展、黑塌菜产业化落地、规模农业项目考核等重点工作，努力开创农业农村工作新局面。

△ 如皋市举行退役军人事务局转隶组建工作动员会。市委副书记丁兴华代表市委、市政府，向市退役军人事务局的正式成立表示祝贺，要求加快建立健全退役军人政策制度、接收安置、待遇保障、荣誉激励、教育管理和组织运行体系，全心全意为退役军人服务，切实维护军人军属合法权益，不断增强退役军人的获得感、幸福感，让军人成为全社会尊崇的职业。

△ 如皋市举行交通运输局转隶组建工作动员会，市委常委、市纪委书记、市监察委员会主任史有根出席会议并讲话，要求深植“经济发展、交通先行”理念，将交通运输与港口管理各项重点工作有机融合，确保交通运输系统与全市发展大局同频共振。

△ 如皋市举行住房和城乡建设局转隶组建工作动员会。市委常委、市纪委书记、市监察委员会主任史有根出席会议并讲话，要求市住建局领导班子迅速研究制定本部门转隶组建实施方案，与各部门(单位)衔接，办理各项划转手续，确保各项工作平稳衔接。

△ 如皋市举行市场监督管理工作会议，总结 2018 年工作，表彰先进集体和个人，研究部署 2019 年工作任务。市委常委、政法委书记缪小华出席会议。

△ 如皋经济技术开发区聘请丰田燃料电池开发部部长、FC Cubic 专务理事大仲英巳，前丰田燃料电池研发部部长，苏州朔景新能源有限公司首席顾问加藤孝为经济社会发展顾问，携手推动经济技术开发区氢能产业做优做强。市委常委、经济技术开发区党工委副书记马金华参加活动。

23日

△ 市委副书记、市长何益军主持召开第十七届市政府第二十八次常务会议，听取市十七届人大三次会议代表议案建议、市政协十四届三次会议委员提案基本情况及相关办理建议的汇报、2019 如皋国际马拉松赛暨全国马拉松锦标赛筹备情况汇报，讨论《2019 年全市安全生产工作要点》《如皋市 2019 年安全生产目标管理考核办法》《关于建立健全全市项目建设推进机制的意见》《2019 年开放型经济工作考核办法（讨论稿》《项目投资第一引荐者奖励方案（讨论稿》《2019 年如皋市重点招商活动计划（讨论稿）》《关于全面加强生态环境保护 坚决打好污染防治攻坚战的实施意见》《2019 年度全市打好污染防治攻坚战暨“263”专项行动任务清单》《如皋市污染防治攻坚考核办法(试行)》《如皋市打好碧水保卫战实施方案》等议题。

△ 如皋市召开发展和改革委员会转隶组建工作动员会。市委常委、常务副市长丁锋出席会议并讲话，强调发展和改革委员会职责重要、责任重大，要确保各项工作平稳衔接，改革前有关部门负责的日常监管、专项整治等工作，要随同职责划转继续抓好，绝不能出现职责划转、机构转隶、人员换岗、任务落空的现象。

△ 如皋市召开行政审批局转隶组建工作动员会。市委常委、常务副市长丁锋出席会议并讲话，要求市行政审批局领导班子迅速研究制定本部门转隶组建实施方案，包括工作组组建、职责划转与承接、人事调整、档案交接、资产移交、集中办公、印章管理、以新部门名义对外工作、向市委报送完成转隶组建工作报告等各个环节的具体安排，在市机构改革领导小组办公室指导下，与市委办公室、市委组织部、市委编办、市委老干部局、市政府办公室、市财政局、市审计局、市档案馆等部门(单位)衔接，办理各项划转手续，协调推进各项工作。

△ 2019 如皋国际马拉松赛暨全国马拉松锦标赛新闻发布会在南京体育学院举办。国家体育总局

田径运动管理中心竞赛部部长陈雷，南京体育学院院长杨国庆，江苏省田径运动管理中心主任孙谦，江苏省体育竞赛管理中心副主任胡卫权，江苏省体育竞赛管理中心竞赛一部部长张拴太，南通市体育局局长杨建，如皋市委常委、宣传部部长茅红宇，副市长张亚鸾出席发布会。

25日

△ 如皋市召开市市场监督管理局转隶组建工作动员会，宣布新的市场监督管理局领导班子组成，新老部门主要负责同志就转隶组建工作进行交接并作表态发言。市领导缪小华、高峰出席活动。

△ 如皋市召开科技人才工作联席会议第二次例会，听取市科技局、人社局、教育局、科协、科技镇长团主要负责人围绕自身职能，就2019年科技人才服务和保障的工作重点、目标成效、推进计划与举措，以及品牌活动策划等方面所作汇报，讨论《如皋市科技人才工作联席会议制度(讨论稿)》等议题。市领导何益军、高峰参加会议。

△ 2019如皋国际马拉松赛暨全国马拉松锦标赛冲刺动员会召开。市领导何益军、陈晓彬、张亚鸾出席活动。会上，江苏铁人体育文化发展有限公司相关部门负责人介绍背景情况，市文体广电和旅游局、市公安局、市卫生健康委员会负责人进行了表态发言。

26日

△ 如皋市召开司法局转隶组建工作动员会，宣布市司法局领导班子组成，新老部门主要负责人现场递交转隶交接书，并就转隶组建工作表态发言。市领导缪小华、陈晓彬出席会议。

△ 新组建的市卫生健康委员会正式挂牌成立。市委常委、组织部部长、统战部部长缪爱诚出席揭牌仪式并讲话，要求卫生健康系统全体人员提高政治站位，以全局的眼光和战略的思维，迅速转变卫生健康工作理念，努力为广大群众提供全方位、全周期的健康服务，打造如皋卫生健康事业的崭新品牌。

△ 副市长黄文斌率队督查如皋港化工新材料园区“废气扰民”专项治理推进情况，先后查看上海电气、天泽化工、国胶化学、派斯第农药等列入废气扰民重点监管企业的整改现场，详细了解企业废气整改进度和整改措施落实情况。

△ 中国文明网发布2019年1月“中国好人榜”，105位(组)身边好人入选，面对尖刀毫不退缩、英勇牺牲的如皋市公安局白蒲中心派出所年轻辅警、白蒲镇专职消防队队长沈银亮当选“中国好人”。

26—27日

△ 市委书记张建华一行赴深圳参加南通市举办的“深圳投资促进周”活动，围绕如皋新能源及新能源汽车、软件及服务外包、高端装备制造、大健康及大旅游等产业延链补链强链，考察拜访推进一批重特大项目，并与各领域重点企业负责人及如皋籍在深能人进行座谈，共同探讨如皋在长三角一体化进程中的机遇及发展方向。

27日

△ 如皋市召开城市管理工作会议，表彰2018年度城市管理工作先进集体、城管系统先进单位与个人、第七届“热心城管好市民”等，总结2018年城市综合管理工作经验，部署2019年城市管理重点工作任务。市领导陈万圣、黄文斌、冒平出席会议。

28日

△ 如皋市举行地方金融监督管理局转隶组建工作动员会，宣布市地方金融监督管理局领导班子组成，新老班子现场交接转隶交接书并作表态发言。市委常委、常务副市长丁锋出席会议。

△ 如皋市举行医疗保障局转隶组建工作动员会，宣布市医疗保障局领导班子组成，新老班子现场交接转隶交接书并作表态发言。市委常委、常务副市长丁锋出席会议并讲话，强调新组建的医疗保障局是深化改革的产物，权利相对集中，既是医保基金唯一管理主体，又是医疗、医药领域有力的资源

配置者,要不断提高医保管理效益,优化办事流程,改善服务质量,为群众提供更加优质满意的服务。

△ 如皋市召开文体广电和旅游局转隶组建工作动员会,宣布市文体广电和旅游局领导班子组成,新老部门主要负责同志现场递交转隶交接书并就转隶组建工作表态发言。市委常委、如皋工业园区党工委书记、市长寿旅游度假区党工委书记刘向阳出席会议。

△ 市人大常委会召开2019年度全市基层人大工作会议,宣布《如皋市人大常委会办公室关于表彰2018年度优秀调研报告和人大代表集中调研月活动组织工作先进单位的决定》,听取高新区(城南街道)、江安镇、石庄镇、磨头镇有关负责人的交流发言。

△ 副市长张亚鸾牵头召开马拉松赛事推进会,听取相关部门负责人就各自工作开展情况进行交流,结合实际提出建议,进一步细化工作方案,为2019年如皋国际马拉松赛事做好全面服务。

2019 年 3 月

1日

△ 南通市政协主席黄巍东率领主席会议成员走访南通市工商联(总商会),并在花木大世界(如皋)国际园艺城召开民营企业家座谈会,围绕"持续优化营商环境,推动民营经济高质量发展"等进行调研。南通市副市长赵闻斌,南通市政协副主席吴旭、马啸平,如皋市领导张建华、张元健、杜永红参加活动。

△ 市第十七届人大常委会第十七次会议召开,审议和表决通过《市政府关于缪永辉等同志职务任免的议案》等人事任免事项,并举行宪法宣誓仪式。会上,市民政局、市农业农村局、市文体广电和旅游局等部门负责人进行了供职发言。

△ 市政协十四届十三次常委会召开,组织学习《如皋市政协委员履职积分考核管理考评办法》,通报市政协机构改革相关情况,协商任命机构改革后新调整的专委会主任、副主任,并调整部分政协委员。

△ 全市政法工作会议召开,总结工作,分析形势,明确目标,部署2019年全市政法工作。市委书记张建华出席会议并讲话,市委常委、政法委书记缪小华作工作报告,副市长、公安局长陈晓彬宣读有关表彰决定,一批政法工作先进集体和先进个人受到表彰。各镇(区、街道)负责人递交了2019年平安法治建设责任书。

2日

△ 市女企业家协会会员代表大会举行,审议并通过第二届理事会工作报告和《如皋市女企业家协会章程(草案)》,选举产生如皋市女企业家协会第三届理事会会长、副会长、秘书长等。市领导缪爱诚、张勇、张亚鸾、严世斌出席会议。

△ 市商务局、市妇联、市侨联、张家港农商行如皋支行联合发起并举办"伴随你 成就你——衣暖情深"爱心捐赠仪式,向各镇(区、街道)捐赠棉衣和春秋季运动服。市委常委、组织部部长、统战部部长缪爱诚出席活动。本次捐赠活动的棉衣由澳洲华人魏基成夫妇捐献,江苏省华侨公益基金提供春秋季运动服700件。活动中,市商务局向江安镇中心村定点捐赠慈善捐款15600元、冬季棉衣26件,张家港农商行如皋支行向贫困家庭赠送了学习用品和生活用品。

3日

△ 南通支云足球队2019赛季出征誓师大会在南通普天同庆会议中心举行。南通市委常委、宣传部部长陆卫东向球队授旗,南通副市长徐新民,如皋市领导茅红宇、张亚鸾出席活动。

4日

△ 如皋市召开宣传思想工作会议,研究部署当前和今后一个时期全市宣传思想工作,推动全市宣传思想工作再上新台阶,为接续开辟如皋高质量发展新境界凝聚强大精神力量。市领导张建华、茅红宇、陈万圣、张亚鸾、严世斌出席会议。会议对如皋市第十一届爱心团队爱心大使进行了表彰,市文体广电和旅游局、市教育局、市文广传媒集团、如皋工业园区(如城街道)4家单位负责人作了交流发言。

△ 第56个"学雷锋日"来临之际,"微笑之城 大爱如皋"志愿接力马拉松文明实践主题活动启动仪式在市新时代文明实践广场举行,拉开全年志愿接力马拉松序幕。市领导张建华、茅红宇、陈万圣、张亚鸾、严世斌,河海大学马克思主义学院副院长戴锐参加活动。启动仪式上,河海大学马克思主义学院

与如皋市新时代文明实践中心、3个省级以上优秀志愿服务团队与3个如皋市志愿服务示范站点分别结为志愿服务伙伴，首批20个志愿服务示范站获得授牌，首张包含150余个新时代文明实践站点的“微笑之城 大爱如皋”志愿接力马拉松地图进行了发布。

△ 如皋工业园区（如城街道）、高新区（城南街道）、经济技术开发区、东陈镇、白蒲镇等镇（区、街道）分别开展学雷锋志愿服务系列活动。

5日

△ 南通市委副书记、市长徐惠民率队到如皋，对生态环境整治工作进行重点调研，实地查看沪江油品整治现场、沿江非法码头拆除复绿工程现场、化工园区废气扰民整治现场。如皋市领导张建华、丁锋、黄文斌陪同调研。

△ 如皋市在南通率先创立的“创业者驿站”正式投入运行。截至当前，如皋市创立了“投资者之家”和“创业者驿站”两个服务基站，秉持“有求必应、无事不扰”的理念，针对企业需求和运营状态，为企业提供从登记准入、经营审批、项目建设到注销退出的“全生命周期服务”，有望吸引更多企业到如皋投资兴业。

△ 市妇联举办“倾情礼赞新中国，巾帼奋进新时代”主题活动，通过诗朗诵、舞蹈、短片等形式，展现全市各级妇联组织先进典型，彰显新时代妇女工作价值，纪念第109个“三八”国际劳动妇女节。活动还发布了2019年全市妇联重点项目。市领导缪爱诚、张勇、张亚骞、严世斌出席活动。

6日

△ 贵州省德江县县委副书记、县长秦智坤率队到如皋，专题调研医疗器械发展情况，实地考察南通恒泰医疗器材有限公司、江苏天佑医用科技有限公司，并就加强两地交流以及合作进行座谈。市领导吴道健、冒平陪同。

△ 共青团如皋市委十七届五次全体（扩大）会议暨党建带团建工作推进会召开，回顾总结2018年全市共青团工作，分析当前面临的新形势，研究部署2019年全市共青团重点工作。市领导缪爱诚、张勇、严世斌出席会议。

△ 如皋市举行畜禽养殖污染专项整治暨非洲猪瘟防控工作交流汇报会，听取各镇（区、街道）相关负责人就禁养区规模养殖场关闭拆除、“四个对象” 清理整治以及规模养殖场整改提升等方面工作进行详细汇报。副市长张百璘参加会议。

7日

△ 省政府办公厅副主任邹宁华率领督查组一行到如皋，督查贯彻落实习近平总书记重要指示批示情况，听取全市有关工作开展情况汇报，并分两组实地检查思源赫兹、斯密特森光电等企业安全生产情况，查看焦港河清淤及驳坡工程施工现场、搬经镇污水处理厂、搬经中学污水处理设施等处，检查河流断面达标整治工作开展情况。市领导张建华、何益军、刘向阳、丁锋、黄文斌参加相关活动。

△ 省政府研究室副主任沈和率队到如皋调研氢能产业发展情况，实地参观考察市汽车文化馆、百应能源、神华加氢站、安思卓等企业和设施，听取全市氢能产业发展情况汇报。市领导何益军、马金华、高峰陪同调研。

△ 台玻集团董事长林伯实一行到如皋考察，先后实地考察汽车文化馆，详细了解全市新能源汽车产业发展现状，并就有关投资意向进行洽谈对接。市领导张建华、何益军、马金华参加活动。

△ 市委书记张建华主持召开市委常委会会议，传达学习全国、全省老干部局长会议和南通市老干部工作会议精神，全国、全省统战部长会议精神，南通市组织部长会议精神，中宣部媒体深度融合工作推进会和全省宣传思想文化战线“四力”教育实践工作电视电话会议精神，省、南通市农村工作会议及全省扶贫开发工作会议精神，听取市纪委、监委查处涉黑涉恶腐败和黑恶势力“保护伞”工作情况的汇报，讨论《关于全面加强生态环境保护坚决打好污染防治攻坚战的实施意见》及2019年工作计划、

考核办法等文件,《2019年加快推进现代农业发展的激励办法》、深化殡葬改革系列工作方案、《关于支持如皋工业园区与东陈镇共建城东工业区(筹)工作的意见(讨论稿)》《关于建立健全全市项目建设推进机制的意见》《关于建立健全全市项目招引推进机制的通知》《2019年全市城建工作计划》《中共如皋市委主体责任清单》《中共如皋市纪律检查委员会监督责任清单》《中共如皋市委关于省委巡视反馈意见整改情况的报告》《中共如皋市委关于市委常委分工的通知》等议题。

△ 如皋国际马拉松赛暨全国马拉松锦标赛赛前推进会召开,副市长张亚鸾通报赛事筹备最新情况。市委副书记、市长何益军,副市长、市公安局局长陈晓彬参加会议。

8日

△ 省委宣传部副部长赵金松一行到如皋调研新时代文明实践中心建设, 先后实地走访调研如皋工业园区(如城街道)孔庙社区新时代文明实践站、武定苑小区新时代文明实践点、长巷社区和秀水社区新时代文明实践站、24小时图书馆等地,并听取全市新时代文明实践工作情况介绍。市委常委、宣传部部长茅红宇陪同调研。

△ 如皋市融媒体中心(如皋市传媒集团)挂牌,成为在全省率先挂牌运行的县级融媒体中心。江苏省委宣传部副部长赵金松、南通市委宣传部常务副部长司祝建,如皋市领导张建华、何益军出席活动,并分别为如皋市融媒体中心、如皋市传媒集团揭牌。与会人员参观了融媒体生产指挥中心,听取了有关情况介绍,观看了融媒体新闻行动演示。

9日

△ 市委常委、纪委书记、市监察委员会主任史有根调研生态环保工作,听取南通市如皋生态环境局负责人汇报该局基本情况、目前垂改进程和最新工作动态,其他班子成员重点围绕“污染防治攻坚”工作,分别汇报了上年度考核情况、存在问题及推进举措。

10日

△ 如皋国际马拉松赛暨全国马拉松锦标赛鸣枪开跑。国家体育总局田径运动管理中心社会活动部主任、中国田径协会副秘书长水涛,江苏省体育局副局长熊伟,南通市副市长徐新民,南通市体育局局长杨建,如皋市领导张建华、何益军、吴道健、张元健、茅红宇、钱志刚、张亚鸾、刘晓洁等出席开赛仪式,并共同为马拉松赛开跑鸣枪。比赛起、终点均在如皋奥林匹克体育中心,线路贯穿如皋主城区和新城区,途经东大街、内外城河、顾庄生态园、红十四军公园、龙游湖等生态人文景区,共设全程、半程、5.5公里欢乐跑3个项目,吸引来自国内外逾万人参赛,埃塞俄比亚选手包揽男女全程、半程马拉松冠军。其中,乐马、迪巴比分别荣获男、女全程马拉松赛冠军,阿斯玛、哈维分别摘得半程马拉松赛冠军。

11日

△ 省体育局局长陈刚率队到如皋调研新时代体育强省建设工作, 实地走访龙游河生态公园、国家青少年田径训练基地等处, 了解公园内体育健身器材配置情况, 并就足球训练基地、国家青少年田径训练基地等项目建设情况进行交流。副市长张亚鸾等陪同调研。

△ 市政协召开“三大攻坚战”重点工作视察调研动员会,部署下阶段工作。市政协副主席冒平、郑振明,秘书长许映亮参加会议。经市政协主席办公会议研究,3—5月,市政协对全市“三大攻坚战”重点工作推进落实情况进行视察调研,围绕防范风险,重点调研加强项目建设、提高土地产出效益、强化运行质量、提高贡献份额;围绕精准扶贫,重点调研全市贫困户、建档立卡户脱贫解困和经济薄弱村增加村营收入相关情况;围绕污染防治,重点调研全市污染防治交办事项和存在问题的整改落实情况。通过调研和协商,掌握全市“三大攻坚战”重点工作推进现状,找出存在差距和难点,做到内容翔实,有数据分析,有实例解剖,有对策建议,为市委、市政府提供决策参考。

12日 △ 省农业农村厅废旧农膜回收利用专家指导委员会专家组成员、扬州大学江解增教授到如皋指导地膜回收利用工作,实地查看磨头镇金旺家庭农场可降解地膜试验情况,详细了解可降解地膜厚度、强度等特性。

△ 在第41个全民义务植树节之际,市四套班子领导张建华、何益军、吴道健、张元健、丁兴华等到长江镇知青社区长江边参加义务植树活动,为长江生态廊道建设工程添绿,共栽植直径8厘米的中山杉计5661株,植树面积51亩,预计如皋长江沿岸造林绿化工作3月下旬前全部完成。

13日 △ 市委书记张建华到市人民来访接待中心接待来访群众,面对面倾听群众心声,为群众排忧解难。市领导缪小华、刘向阳、黄文斌参加活动。

△ 如皋市召开2019年“双创”工作动员会。市委常委、组织部部长、统战部部长缪爱诚出席会议,听取市委宣传部、市发改委、科技局、人社局、农业农村局、商务局、卫健委以及各镇(区、街道)交流2019年拟申报省“双创”项目推进情况和储备情况,并逐一进行了点评。

14日 △ 市委副书记、市长何益军主持召开第十七届市政府第二十九次常务会议,研究讨论《关于做好当前和今后一个时期促进就业工作的实施办法》《如皋市打赢蓝天保卫战行动计划实施方案(2018—2020年)》《如皋市创建国家基层标准化改革创新先行区2019年行动计划》《如皋市标准创新奖管理办法》《2019年现代服务业发展意见》等有关议题进行。

15日 △ 省委组织部在南京召开选人用人专项检查整改工作督查推进会。省委组织部常务副部长王立平出席会议并讲话,如皋市委常委,组织部部长、统战部部长缪爱诚在会上作交流发言。

△ 市老建会和扶贫开发协会举行一年一度的理事大会,总结工作,表彰先进,部署新一年的工作,彰显只争朝夕的工作态度和求真务实的责任担当。市领导缪爱诚、邵晓泉、张百璘、郑振明等出席活动。

16日 △ 省卫生健康委员会副主任李少冬一行到如皋调研基层医疗卫生工作,听取全市有关情况汇报,实地走访如皋博爱康复医院、如皋博爱医院、九华镇中心卫生院,仔细查看医院功能设施,详细了解医院业务开展、队伍建设等情况,并对医院更好地开展医疗业务、服务百姓提出建议。市领导何益军、茅红宇参加活动。

△ 市委书记张建华,市委副书记、市长何益军率队专题调研城市建设工作,实地查看一批2019年城市建设重点工程的推进情况。市领导马金华、刘向阳、茅红宇、黄文斌参加调研。

18日 △ 安徽省天长市党政代表团一行到如皋参观考察经济社会发展亮点,实地参观考察赛麟汽车、汽车文化馆、一下科技、花木大世界(如皋)国际园艺城等处,听取全市经济社会发展情况介绍。市领导吴道健、张元健、丁兴华、张百璘陪同考察。

19日 △ 南通市副市长赵闻斌一行调研白蒲镇人居环境整治工作,实地走访白蒲镇文著社区、月旦社区、蒲西社区等处,查看垃圾分类、污水处理、河道整治等现场。副市长张百璘参加活动。

△ 全市生态文明建设大会暨打好污染防治攻坚战推进会召开,通报2018年四季度和全年考核结果,对2019年全市生态文明建设和打好污染防治攻坚战各项工作进行动员部署,推动全市生态文明建设迈上新台阶。市四套班子领导张建华、何益军、吴道健、张元健、丁兴华等出席会议。

△ 市人大常委会副主任陈万圣率领市水务局、市发改委、市农业农村局等部门相关负责人及部分市人大代表视察环境保护工作，先后到搬经镇搬东社区、搬经污水处理厂、焦港河（搬经段）、南通华多种猪繁育有限公司、九华污水处理厂等处，通过实地查看、听取汇报等方式，详细了解全市2018年社区环境建设、畜禽养殖污染治理、河道治理、污水处理等情况。副市长黄文斌等参加活动。

20日

△ 省人大代表、省人大常委会教科文卫委员会副主任张亮率队到如皋调研教育改革与发展工作，实地考察搬经镇初级中学、搬经小学等处，详细了解学校在推进生活德育、课程改革、阅读和社团建设等方面的举措和经验，听取如皋市在总体设计、立德树人、资源供给、队伍建设、教育投入等方面的工作汇报。市领导吴道健、钱志刚、吕兰陪同调研。

△ 江苏省食品安全委员会全体（扩大）电视电话会议上，第三批“江苏省食品安全示范县（市、区）”名单公布，如皋市榜上有名，荣获“江苏省食品安全示范市”称号。

21—22日

△ 市委副书记、市长何益军率领全市相关部门和镇区以及21家企业负责人一行，赴哈尔滨工业大学、吉林大学开展产学研对接，前往长春光机所进行对接。副市长高峰、孙恒参加活动。

22日

△ 如皋市举行“一项行动 两大工程”农机装备暨“农机3·15”活动，现场开展农机法律法规宣传、农机产品质量投诉、咨询、受理、农机购置补贴政策咨询等“农机3·15”活动。副市长张百璘参加活动。

△ 全市司法行政暨大调解工作会议召开，回顾总结2018年工作，表彰一批先进集体和先进个人。市委常委、政法委书记、调处中心主任缪小华出席会议。

△ 如皋市监察委员会第一届特约监察员聘请会议召开，宣读《如皋市监察委员会关于聘请第一届特约监察员的决定》，向25位市监委第一届特约监察员颁发聘书，部分特约监察员代表作了发言。市委常委、市纪委书记、市监委主任史有根出席会议。

△ 如皋市委新闻网报道，丁堰镇在上海举行投资环境说明会，与上海及周边地区企业、科研院所及企业家共聚一堂，畅叙情谊，共谋发展，活动现场签约2亿元项目。市委常委、组织部部长、统战部部长缪爱诚出席会议。

△ 南通市人民政府网站报道，如皋实现全省营商环境评价县级综合排名“双连冠”，在江苏省委编办通报的2018年营商环境评价结果中，如皋蝉联96个县（市、区）综合排名第一，自2017年全省启动营商环境评价工作以来，连续两年全省夺冠。

23日

△ 市委书记张建华主持召开市委常委会，传达学习全国“两会”和全省信访工作会议、关工委工作会议精神，习近平总书记关于信访工作和江苏响水“3·21”爆炸事故的重要指示，李克强总理、省市等各级领导重要批示，以及《省委办公厅、省政府办公厅关于切实做好危化品等重点行业领域安全生产的紧急通知》，听取全市信访、安全生产工作情况汇报，人大、政协、法院、检察院党组工作情况汇报，专题研究国家全域旅游示范区创建工作，讨论《关于做好2019年市四套班子领导、“法检”两长挂钩联系工作的通知》《2019年如皋市产业项目建设综合考评办法》《2019年如皋市新型工业化考核办法》《关于市委第十轮巡察工作情况的报告》《科级领导干部谈心谈话活动方案》等议题。

△ 全市民政工作会议举行，总结2018年工作，表彰先进集体和先进个人，部署2019年重点工作。市领导邵晓泉、张百璘、刘晓洁出席会议。

24日

24—27日

△ 如皋市委宣传部、网信办,洋县县委宣传部、网信办共同举办“探访朱鹮之乡 相约花海洋县”如皋洋县“交换春天”网络文化活动。20余名如皋网媒、自媒体代表和摄影爱好者深入陕西省洋县,走进当地知名电商企业,调研有机农产品与电子商务相结合的运营模式及“电商+精准扶贫”新模式,探访洋县丰富的旅游资源、绝佳的生态环境、悠久的文化底蕴,用微博、微信公众号等新媒体平台高密度、全方位、立体式传播洋县故事,为洋县“代言”。两地还就各自网上正面宣传、网络内容生产、网络活动策划组织、网络意识形态工作开展进行了座谈交流。

25日

△ 市委书记、市新时代文明实践中心主任张建华做客由省委宣传部、省文明办主办,《新华日报》、中国江苏网、交汇点新闻客户端、江苏文明网承办的“新时代文明实践中心主任系列访谈”,推介雉水大地文明实践的特色做法,展示“微笑之城、大爱如皋”的靓丽身姿。市委常委、宣传部部长茅红宇参加活动。

△ 如皋市召开生态环境建设推进大会,学习贯彻市委、市政府主要领导在全市作风效能建设大会、生态文明建设大会暨打好污染防治攻坚战推进会上的讲话精神,明确2019年重点工作任务。市领导史有根、黄文斌出席会议。

△ 全市财政工作会议召开,传达市委、市政府主要领导对财政工作的要求,全面总结2018年财政工作,对2018年度先进单位和个人进行表彰,安排部署2019年重点工作任务。

△ 姚呈明理论武装工作室洋县工作站首场辅导在陕西省洋县县委党校开讲,全国基层理论宣讲先进个人姚呈明为洋县10名理论宣讲骨干作《基层理论宣讲方法》专题辅导。洋县县委常委、宣传部部长路建侠参加活动。

△ 参加“百名摄影师聚焦江苏”系列采风活动的10余位来自中国新闻社、《中国日报》《中国青年报》等央级媒体的资深摄影记者和国内知名摄影师走进如皋,先后在水绘园、东大街、顾庄生态园、花木大世界(如皋)国际园艺城等处采风,实地探访多名百岁老人。

26日

△ 南通市商会党建工作推进会在如皋举行,与会人员参观南通市商会党建工作展板、如皋市商会党组织党建现场。省工商联党组成员、副主席(副会长)、省总商会党委书记陈京,南通市委组织部副部长、市委“两新”工委书记张辉出席会议。如皋市委常委、组织部部长、统战部部长缪爱诚参加活动。

△ 市扫黑除恶专项斗争领导小组举行第四次会议,通报全市扫黑除恶专项斗争领导小组第三次会议以来工作情况,并对《全省扫黑除恶专项斗争督导重点任务清单》和《全省扫黑除恶专项斗争督导重点任务责任分解表》进行解读。市领导缪小华、陈晓彬出席会议。

△ 江苏有线如皋分公司举办2019年年会暨如皋智慧云平台发布仪式。市领导钱志刚、张亚鸾、刘晓洁出席活动。

△ 市自然资源局召开转隶组建工作动员会,并举行揭牌仪式。会议宣布机构编制调整事项,涉及转隶的新老部门负责人签订《转隶交接书》,进行人员转隶交接,并分别表态发言。南通市自然资源局党组副书记、副局长曹军,如皋市委常委、组织部部长、统战部部长缪爱诚出席会议。

△ 白蒲镇投资环境说明会在昆山举办,吸引60多名企业家代表和各界精英人士参加,现场成功签约两个亿元项目。市政协主席张元健出席相关活动。

27日

△ 省残联党组成员、副理事长杜晓镇率队到如皋调研,听取全市残疾人重点工作汇报及今后打算,实地考察市残疾人就业服务中心、康复中心等处,参观残疾人电商、缝纫技能培训班,详细了解残疾人之家建设运行情况。副市长张百璘陪同调研。

△ 南通市住房和城乡建设局副局长刁艾嵘一行到如皋调研，实地查看市同源、白蒲、城北海鹏等污水处理厂和搬经镇搬东村、城北袁桥等村庄污水处理设施运行管理情况，并邀请部分镇村代表开展座谈交流，了解基层在镇村污水处理、配套设施建设及落实相关政策方面存在的痛点难点。副市长黄文斌陪同调研。

△ 市委书记张建华率领市委办、人社局、自然资源局、财政局、编办、如皋工业园区(如城街道)负责人，调研教育工作开展情况，实地走访如皋实验小学、如皋初级中学、东皋幼儿园、如皋中学，仔细察看学校办学条件，了解学校办学规模、教师队伍建设、办学特色等有关情况，并询问学校碰到的难题，现场与有关部门负责人协商相关解决办法。市领导茅红宇、张亚鸾参加调研。

△ 全市交通运输工作会议举行，回顾总结 2018 年交通运输各项工作，明确 2019 年交通运输工作目标和任务，表彰 2018 年为交通运输事业作出突出贡献的先进集体和先进个人，动员全系统主动适应经济发展新常态，大力推进现代综合交通运输体系建设。会上，市交通运输局向受聘的政风行风监督员颁发了聘书。市领导史有根、陈万圣、黄文斌、冒平出席会议。

28日

△ 如皋市召开项目建设月度观摩会，与会人员观摩 14 个镇(区、街道)重点项目建设现场，联系镇(区、街道)的市领导对相关项目建设进行点评。市四套班子领导张建华、何益军、吴道健、张元健、丁兴华等出席会议。

△ 如皋市农产品沪皋流通销售商会在上海市宝山区举行活动。市政协副主席杜永红出席活动。

△ 如皋市召开会议动员部署全市住房和城乡建设领域安全生产检查工作，确保全市住房和城乡建设领域安全生产形势稳定。副市长黄文斌出席会议。

△ 江苏省全民阅读活动领导小组公布“江苏省第二批书香城市建设示范市”名单，如皋榜上有名，继入选中图学会“书香城市”全国发现名单后，再次斩获全民阅读方面的重要荣誉。

28—29 日

△ 市第十七届人大常委会第十八次会议召开，听取审议《江苏省农业综合开发管理条例》执法检查报告，市残联、人社局、司法局、科技局、住建局关于市人大代表评议意见整改落实情况的报告，市政府关于 2018 年度全市环境保护的专项工作报告，审议市政府关于《中华人民共和国村民委员会组织法》《中华人民共和国公共文化服务保障法》执法检查报告落实情况、市公安局关于《市人大常委会对市公安局参与和指导群防群治工作审议意见》落实情况的报告，审议表决通过相关人事任免事项，并举行宪法宣誓仪式。

29日

△ 如皋市召开组织工作会议，学习贯彻习近平总书记在全国组织工作会议上的重要讲话精神，落实中央、省、南通组织部长会议要求，总结工作、分析形势，谋划部署当前和今后一个时期全市组织工作重点任务。市领导张建华、丁兴华、缪爱诚出席会议。

△ 如皋市举行科技人才工作联席会议第三次例会，听取市委组织部、科技局、人社局、教育局、科协、科技镇长团主要负责人围绕自身职能，就当前科技人才工作的重点项目、目标成效、推进计划与举措等进行详细汇报。市领导何益军、缪爱诚、高峰、孙恒出席会议。

△ 市政协主席张元健率队调研全市税务工作，观看税务改革专题片，听取市税务局相关负责人汇报国税、地税机构改革相关情况，税收优惠相关政策及对企业生产经营的影响等有关情况。市政协副主席冒平、郑振明、严世斌、刘晓洁，秘书长许映亮参加活动。

△ 市政协主席张元健率队视察经济技术开发区“三大攻坚战”重点工作，先后实地调研南通荣威娱乐用品有限公司、双楼庄村公共服务中心、海鹏污水处理厂、花海整改项目现场、碎石场整改项目现场等处。

△ 如皋市举行 2019 如皋国际马拉松赛暨全国马拉松锦标赛(如皋站)总结表彰大会，表彰 2019

如皋国际马拉松赛活动中的先进集体和个人，总结马拉松筹办准备工作的经验和不足。市领导茅红宇、钱志刚、陈晓彬、张亚鸾、刘晓洁出席会议。

△ 南通市如皋生态环境局正式挂牌成立。副市长黄文斌出席挂牌活动并揭牌,相关负责人宣读机构编制事项和任职通知,现场进行了人员划转交接。

30日

△ 市委书记张建华主持召开市委中心组(扩大)学习会议,邀请全国人大代表、南通市人大常委会原副主任、南通大学附属医院骨科主任刘璠教授,传达全国“两会”精神。

△ 市委副书记丁兴华率队深入长江镇化工新材料产业园区,实地查看南通派斯第农药化工有限公司、江苏国胶化学科技有限公司等企业,督查“废气扰民”专项治理工作开展情况。

△ 如皋市举行关心下一代暨“传承爱国精神、争做时代新人”主题教育现场推进会议,总结回顾2018年关心下一代工作开展情况,部署2019年工作任务,推进“传承爱国精神、争做时代新人”主题教育活动深入扎实开展。市委常委、组织部部长、统战部部长缪爱诚出席会议。与会人员观摩如城实验小学主题教育宣讲,并听取该校主题教育系列活动开展情况介绍。

△ 花木大世界控股有限公司举行“绿荫护苗 爱心助学”活动,向孤困儿童代表发放助学款。市委常委、组织部部长、统战部部长缪爱诚出席活动。

31日

△ 第二届上海国际青年盆景论坛如皋专场活动在如皋举行,来自美国、德国、捷克等国盆景界的15位知名专家开展文化交流。市领导丁兴华、刘向阳、邵晓泉、张百璘、杜永红出席活动,观看中外青年盆景艺术家进行“盆景蟠扎表演”,并为获奖者颁奖。

△ “对话青商·走进如皋”政企面对面活动举行,推介如皋投资环境,并为“南通青年创业就业见习基地·如皋氢能小镇”“如皋青年商会·青年学习社”揭牌,部分青年企业家代表交流发言。共青团江苏省委副书记潘文卿、共青团南通市委书记王鸣昊,如皋市领导丁兴华、马金华、程瑞琴参加活动。

2019 年 4 月

1日

△ 全市低效用地工业企业盘活提升工作现场推进会召开，与会人员集中参观磨头镇3家低效用地工业企业盘活升级典型企业。会议通报了全市效用地工业企业盘活升级前期工作情况、2019年《全市低效用地工业企业盘活升级考评办法》。市委副书记丁兴华、副市长高峰参加活动。

△ 南通市第十四次哲学社会科学优秀成果如皋唯一获奖作品——论文集《多维视角下的建言与献策》座谈会召开，作者丁建明分享创作历程。市政协主席张元健、副主席郑振明、秘书长许映亮参加座谈。

△ 即日起，根据《财政部、税务总局、海关总署关于深化增值税改革有关政策的公告》，进口环节增值税税率下调，据如皋口岸2018年全年进口货值静态测算，预计2019年后三个季度口岸进口企业减税达4亿元，化工行业和油脂加工行业影响较大，可分别减税超4000万元和3000万元。

2日

△ 高邮市委常委、常务副市长赵广华率领考察团一行，到如皋考察行政审批制度改革工作，实地查看了解如皋市行政审批大厅各窗口功能布局及人员队伍建设情况，并观看有关市场准入、项目投资建设等领域创新审批机制的宣传片。副市长高峰陪同考察。

△ 全市"国家全域旅游示范区"创建推进会召开，表彰2018年度全市旅游工作先进集体和先进个人，对今后全市"国家全域旅游示范区"创建工作进行部署。市领导何益军、钱志刚、张亚鸾、刘晓洁出席会议。

△ 全市老干部工作会议召开，宣读省委老干部局、离退休干部工委《关于公布第三批江苏省离退休干部增添正能量活动现场教学基地和兼职导师名单的通知》，并通报如皋市机构改革情况。市委常委、组织部部长、统战部部长缪爱诚出席会议。

△ 政银企三方现场对接会在东升石材产业城举行，相关部门及企业负责人参加对接会，现场探讨促进如皋石材产业发展、实现互惠共赢的思路举措。市委常委石慧宏出席活动。

△ 市慈善会、市慈善基金会召开三届二次理事会。市领导缪小华、邵晓泉、张百璘、杜永红出席会议。2018年，市慈善基金会(慈善会)通过多元劝募，积极筹集资金，全年募集资金3420.95万元，其中，慈善基金会收入3324.82万元，比2017年增长7%，慈善会收入96.13万元。

3日

△ 省政协副主席洪慧民率队到如皋，就"大力促进创业就业"开展专题调研，实地考察江苏省如皋留学人员创业园、顾庄生态园，并召开座谈会，听取如皋促进创业就业工作情况汇报及部分企业家、职工代表的建议意见。南通市政协主席黄巍东、副主席马啸平，如皋市领导何益军、张元健、茅红宇、高峰、刘晓洁及政协秘书长许映亮陪同调研。

△ 中国科学院北京乔纳森科技有限公司董事长董沛霖一行考察如皋投资环境，实地参观如皋软件园、汽车文化馆、百应能源、赛麟汽车、华夏胶片电影博物馆等处。市领导何益军、张元健陪同考察。

△ 如皋市召开信访维稳工作会议，通报全国"两会"期间全市信访维稳工作情况，分析研究解决当前信访工作上出现的新情况、新矛盾、新问题，全面部署年度信访工作目标任务，并对2018年度全市信访工作先进村(社区)进行表彰。市委常委、政法委书记缪小华，副市长、市公安局局长陈晓彬参加会议。

△ 2019年市“两会”建议提案交办会召开。市领导张勇、高峰、严世斌出席会议。

△ 2019年度全市医疗保险定点管理工作会议召开。副市长张亚鸾出席会议。

△ 省工商联发文公布2018年度江苏省“四好”商会，如皋市共有如皋福建商会、如皋市在沪企业家商会、如皋市浙江商会、如皋市花木盆景产业联合会4家商会获评江苏省“四好”商会，在南通各区(市、县)中位居前列。

4日

△ 市委副书记、市长何益军率领市应急管理局、南通市如皋生态环境局等相关部门和单位负责人一行，督查全市清明节前安全生产工作，先后实地查看如皋乐恒化工有限公司、南通德益化工有限公司、江苏阳恒(震宇)化工有限公司，仔细排查企业生产中存在的不足和隐患。

△ 全市退役军人信息采集工作推进会召开，传达学习上级关于做好市退役军人信息采集暨退役士兵社保接续工作的相关要求，并对相关业务进行专题辅导。副市长张百璘出席会议。

8日

△ 总投资1亿美元的美国思力奇饮料机项目正式落户如皋经济技术开发区。市委常委、经济技术开发区党工委副书记马金华，美国思力奇饮料有限公司董事长 Michael 等出席项目启动仪式。项目一期总投资3000万美元，达产后年产值可达2亿元以上。

△ 全市统战工作会议召开，深入贯彻落实全国、全省及南通统战部长会议精神，回顾总结2018年工作，研究分析当前形势，安排部署2019年任务。市委常委、组织部部长、统战部部长缪爱诚出席会议并讲话。

9日

△ 南通市委常委、政法委书记姜永华率队到如皋调研政法工作，先后前往长江镇综治中心、磨头鸿昌牧业畜禽养殖污染修复现场、公安局战训基地、九鼎新材，实地查看了解社会治理和综治中心网格化、信息化平台建设等方面情况。市领导张建华、缪小华、刘向阳、陈晓彬陪同调研。

△ 市委副书记、市长何益军主持召开第十七届政府第三十次常务会议，传达学习江苏响水“3·21”爆炸事故发生后习近平总书记重要指示、李克强总理重要批示，省市各类会议以及各级领导讲话、批示精神，听取近期安全生产重点工作开展情况汇报，通报全市建筑领域安全生产情况，安排部署下一阶段工作举措，研究讨论《长江如皋段岸线综合整治实施方案》等议题。

△ 陕西洋县2019年到如皋挂职干部人才对接会议召开，就挂职活动进行具体安排。洋县县委常委、组织部部长蔚文波，如皋市委常委、组织部部长、统战部部长缪爱诚出席会议，分别介绍两地经济社会基本情况，并提出相关要求。如皋市挂职干部接收单位、洋县挂职干部人才代表分别表态发言。

△ 南通市肿瘤医院如皋分院揭牌仪式暨如皋广慈医院晋级为二级甲等综合医院挂牌仪式举行。副市长张亚鸾出席活动，为南通市肿瘤医院如皋分院揭牌并致辞。

△ 蚕丝手织传世五星红旗开织仪式在如皋市丝毯博物馆举行。《中华人民共和国国旗法》倡导者，第七、八、九届全国人大代表，中国工艺美术学会副理事长李玉坤，中国国旗文化事业开创人、中国国旗网创人、天安门广场30米新旗杆启用升旗第一人、中国旗帜学研究中心理事长赵新风，江苏国旗文化研究会会长参加活动。

9—10日

△ 南通市副市长徐新民一行到如皋调研社会事业发展情况，先后参观如师附小校园、经济技术开发区实验小学、北外附属龙游湖外国语学校、花木大世界(如皋)国际园艺城、市人民医院，并前往下原镇农户家中，详细了解农村改厕工作进展情况。市领导张建华、何益军、刘向阳、张亚鸾陪同调研。

10日 △ 省委宣传部副部长葛莱率队到如皋，就新时代文明实践中心建设工作开展调研，先后实地走访丁堰镇刘海村公共文化服务中心、市文化广场、孔庙社区公共文化服务中心、武定苑、安定广场移风易俗主题文艺巡演现场、如皋24小时自助图书馆、长巷秀水公共服务中心等处，深入了解新时代文明实践中心（所、站、点）建设和活动开展情况，并听取全市关于试点工作开展情况的汇报。南通市委常委、宣传部部长陆卫东，如皋市领导丁兴华、茅红宇陪同调研。

△ 如皋市召开全民阅读活动领导小组（扩大）会议，通报2018年书香城市建设情况及2018年书香城市建设先进集体、先进个人和第五批"书香之家"评选结果，讨论通过2019年书香城市建设推进要点和百项行动计划。市委常委、宣传部部长茅红宇出席会议。

10—12日

△ 市委副书记、市长何益军率领有关部门，赴广西壮族自治区玉林市福绵区和博白县，考察乡村振兴战略实施工作，实地了解博白县径口镇周垌村农牧生态循环养殖模式和福绵区十丈村"政府主导+群众主体+社会参与"生态修复、改造、提升模式。市领导张百璘参加活动。

11日 △ 南通市政协副主席陈本高率队到如皋，就经济薄弱村建设情况开展调研，召开座谈会，听取如皋市副市长孙恒就加强经济薄弱村建设、推进乡村振兴战略实施情况进行汇报。市领导张元健、孙恒、郑振明参加活动。

△ 南通人大代表如皋代表团第三小组代表视察高新区（城南街道）经济社会发展情况，实地参观顺丰速运、一下科技、凌志软件、高新区创新体验中心、双创中心建设现场等处，并召开座谈会，听取高新区（城南街道）经济社会发展情况介绍，就如何实现高新区（城南街道）经济社会持续高质量发展提出了意见建议。市领导茅红宇、钱志刚、陈晓彬、刘晓洁参加活动。

△ 市政协召开教育行政部门负责人专题调研会，对全市高中阶段教育工作开展情况进行专题调研。市政协主席张元健、副主席严世斌、秘书长许映亮参加会议。

△ 在连云港灌云县召开的江苏省县市新闻中心工委三届五次理事会通报2018年度全省县市新闻中心好新闻奖评选结果，如皋市融媒体中心(传媒集团)共有15件作品获奖，其中4件作品获一等奖，获奖总数和等次在全省县市媒体中继续名列前茅。

12日 △ 市委书记张建华主持召开城乡规划工作领导小组2019年第一次会议，就2019年主城区、如皋港区拟出让土地计划、地块搬迁计划进行讨论研究。市领导何益军、刘向阳、史有根、黄文斌出席会议。

△ 市政协副主席严世斌率队视察东陈镇"三大攻坚战"重点工作，实地调研江苏新核力机电有限公司、南通赛孚机械设备有限公司、北庄村、东陈（青山）污水处理厂项目现场等处。

△ 市发改委、市场监管局、财政局和南通市如皋生态环境局联合开展全市燃煤锅炉整治"回头看"专项执法检查，各部门共调动60多人，分为4个联合执法小组，抽查全市40台锅炉，不打招呼，直奔现场，同时行动，并邀请如皋市电视台全程参与，对执法行动全程监督，对检查中发现的违法行为予以曝光。

13日 △ 如皋市召开2019年城市建设工作会议暨城建大会战动员会，动员全市上下积极投身新一轮城市建设热潮，牢牢把握城市转型这一重点，快速行动、奋力攻坚，从紧从快抓好重点工程项目，迅速形成强势推进城市建设的工作体系和浓厚氛围，全力打赢城建大会战。市领导张建华、何益军、刘向阳、史有根、陈万圣、黄文斌、冒平出席会议。市委书记张建华在会上讲话。市委副书记、市长何益军在会上作报告。如皋工业园区（如城街道）、自然资源局、住建局、城管局、富皋万泰负责人交流发言。

△ 市委常委、市纪委书记、市监察委员会主任史有根率领市攻坚办相关同志，对热点环境问题进行专题督查，先后实地检查长江镇沪江油品污染修复现场，巡查化工园区边界及主要污染企业厂界废气排放情况，详细了解如泰运河连通工程、拦污闸、水质自动监测进展，检查宏皓污水处理厂废水处理工艺、在线监控数据、危废贮存、废水排口水质，并对该企业存在的安全隐患提出整改要求。

△ 如皋召开全市小麦穗期病虫防控工作会议，通报2019年小麦穗期病虫发生趋势及防控关键技术,全面部署小麦穗期病虫防治工作,保障夏粮优质稳产。副市长张百璘出席会议。

14日

△ 新疆阿克苏市乌什县人大常委会副主任王克功率领考察组一行7人到如皋参观考察,先后参观江苏双龙健服装有限公司、南通六一电子科技有限公司等处,听取有关企业产品、经营规模、用工情况介绍,并召开座谈会与部分企业负责人进行了交流。

△ "中国如皋国际教育文化交流活动"开幕仪式在江海技工学校举行。副市长张亚鸾参加活动。

15日

△ 市委书记张建华深入挂钩帮扶村——经济技术开发区里庄村进行走访调研,听取里庄村发展情况汇报,现场"把脉"里庄村经济社会发展情况,并开展"阳光扶贫"活动,走访结对帮扶户。

△ 应如皋市科协邀请,海外高端人才项目交流团一行10人到如皋考察,先后参观高新区创新体验中心,听取高新区发展情况介绍,并在高新区软件园进行项目路演。活动结束后,高新区、市科协相关负责人与专家进行充分对接,就下一步合作开展创业大赛进行了商讨。

△《电动自行车安全技术规范》强制性国家标准正式落地实施,按照省公安厅的有关要求,如皋市颁出首张新国标电动自行车牌照。

16日

△ 蓝城集团董事长宋卫平一行到如皋参观考察，洽谈推进九华田园综合体建设、城市西南片区振兴等项目，先后实地考察九华田园综合体建设、城市西南片区振兴项目现场,参观花木大世界(如皋)国际园艺城和顾庄生态园等处,了解全市经济社会发展情况,并与有关负责同志进行深入交流。市领导何益军、缪小华以及相关部门负责人参加活动。

17日

△ 南通市委常委、宣传部部长陆卫东率队到如皋调研宣传思想文化工作,先后前往高新区(城南街道)肖陆村新时代文明实践站、市新时代文明实践中心、姚呈明理论武装工作室、爱心城市馆、孔庙社区新时代文明实践站、武定苑小区"你好,邻居"新时代文明实践点、如皋市融媒体中心(传媒集团),深入了解新时代文明实践中心建设和县级融媒体中心建设等情况。市领导张建华、刘向阳、茅红宇陪同调研。

△ 2019南通市网络文化季暨"网评新南通"活动启动仪式在如皋举行。活动由中共南通市委宣传部、中共南通市委网信办主办,中央网信办网络评论工作局副局长姜宝明,江苏省委网信办副主任胡连生,南通市委常委、宣传部部长陆卫东,如皋市领导张建华、丁兴华、茅红宇出席活动。活动对上年度网络文化季活动进行了成果展示,对组织推广奖、优秀项目奖、人气活动奖、优秀作品奖等获奖单位和项目进行了现场颁奖,南通"青春e评工作室"正式揭牌。

△ 通扬运河综合治理推进会在如皋召开,总结前一阶段综合治理成绩,分析存在不足,部署下一阶段工作。南通市委常委、纪委书记、监察委主任韩方,如皋市领导张建华、史有根、张百璘及通扬运河沿线市(县、区)河长等参加会议。韩方一行巡视了白蒲镇污水处理厂提标改造工程、白蒲镇西卫星河清淤、丁堰镇新334桥省考断面水质情况。通扬运河涉及的5位县(市、区)河长汇报了整治工作推进情况、存在问题及下一步思路打算。南通市级有关部门负责人对通扬运河综合治理情况进行了点评,

对下阶段工作提出了建议。

△ 副市长高峰率领市应急管理局相关人员深入企业开展"四不两直"检查,实地检查了位于磨头镇的如皋市福星烟花爆竹销售有限公司仓储库,重点对烟花爆竹的分类摆放、垛高、间距以及烟花爆竹进出库情况进行了详细检查,并临时抽查仓储负责人消防水泵使用情况和模拟救援情况。

△ 副市长程瑞琴率领市打私办、公安局、农业农村局、商务局、市场监管局等部门工作人员一行,开展打击非设关地水上走私首次联合巡查行动,先后实地巡查远邦石油码头、华泰重工码头等处,详细了解船舶靠离泊作业、水上货物运输等情况,并听取相关部门工作汇报。

△ 如皋市召开固废危废环境隐患排查整治动员会议,通报全市近年来在涉及危废管理方面的行政处罚情况,并就《如皋市固废危废环境隐患排查整治专项行动方案》进行解读,对全市范围内开展固废危废环境隐患排查和整治专项行动进行部署。副市长黄文斌出席会议。会议邀请相关专家开展业务培训,并组织参会人员现场考试,长江镇、江苏宝众宝达药业有限公司、南通九洲环保科技有限公司等单位在会上表态发言。

18日

△ 市政协召开"提高联系群众能力"专题研讨会暨"政协委员之家"推进工作会议。市政协主席张元健,副主席郑振明、严世斌、刘晓洁,秘书长许映亮出席会议。

19日

△ 中国基因联盟主席洪专回家乡如皋考察,并就在如皋推行精准医疗产业化相关事宜进行协商。市领导何益军、石慧宏、张亚鸾参加活动。

△ 如皋市召开规模农业项目月度观摩暨人居环境整治现场推进会,与会人员集中观摩了14个镇(区、街道)规模农业项目建设亮点和人居环境整治现场。座谈会上,与会人员对各镇(区、街道)规模农业项目进行了质量测评,相关部门负责人对全市规模农业项目建设工作进行了点评。市领导丁兴华、张百璘参加活动。

△ 首届如皋(国际)长寿美食品鉴会举办。作为如皋市第八届旅游文化节系列活动之一,品鉴会由市文体广电和旅游局主办,市旅游协会承办,邀请11位米其林国际大厨现场制作西式大餐,10多位烹饪大师、国家级美食评委现场品鉴长寿美食,旨在深化交流、增进了解,扩大独具特色的如皋长寿美食影响力。

20日

△ 市委书记张建华主持召开市委常委会会议,听取一季度经济运行情况汇报,并就《如皋市农村人居环境整治三年行动实施方案(2018—2020年)(讨论稿)》《中共如皋市委关于落实南通市党风廉政建设责任制检查考核反馈意见的整改方案》《关于2018年度落实党风廉政建设责任制检查考核情况的通报》《2019年如皋市落实全面从严治党责任督查考核办法》等相关议题进行研究讨论。

△ 市委书记张建华主持召开市委常委会会议,专题研究全市扫黑除恶专项斗争工作。会议传达学习中央和省市对扫黑除恶专项斗争最新部署精神,并研究部署全市扫黑除恶专项斗争相关工作。市委副书记、市长何益军,市委副书记丁兴华,市委常委马金华、缪小华、刘向阳、史有根、茅红宇、祝国庆、石慧宏参加会议。市人大常委会主任吴道健,市政协主席张元健,副市长、市公安局局长陈晓彬列席会议。

△ 市委书记、市委全面深化改革委员会主任张建华主持召开市委全面深化改革委员会第一次会议,审议通过《中共如皋市委全面深化改革委员会工作规则》《中共如皋市委全面深化改革委员会专项小组工作规则》《中共如皋市委全面深化改革委员会办公室工作细则》《中共如皋市委全面深化改革委员会2019年工作要点》。

△ 如皋市举行上汽联创智能网联项目签约仪式。上汽集团总工程师、联创汽车电子有限公司董事长祖似杰,如皋市领导何益军、缪小华、程瑞琴、冒平参加签约活动。

△ 世界玫瑰大师王国良与中国月季协会副秘书长戚维平一行到如皋水绘园指导古典月季园筹建工作。月季花于1992年5月被确定为如皋市花,2018年年底,市住建局顺应全域旅游与园林建设的高质量发展要求,启动古典月季园筹建工作,并在如皋水绘园内确定园址,展开规划设计、硬件布局施工,计划5月中旬开园。

22日

△ 南通市委常委、市纪委书记、市监委主任韩方到如皋调研,先后走访花木大世界(如皋)国际园艺城、"花名堂"、高新区创新体验中心、一下科技等处。市领导张建华、刘向阳、史有根等参加调研。

△ 市政协主席张元健率队实地走访南通泰慕士服装有限公司,了解企业发展情况,助推企业加快发展。市政协秘书长许映亮参加活动。

△ "4·23"全民阅读日暨如皋市第六届李渔读书节活动在市文化馆启动。活动首次采用融媒体连线的方式,向全市市民展现红十四军纪念馆经典诵读,长途汽车客运站读书快闪、书香家庭等多个阅读故事现场,并对2018年涌现出的书香如皋建设先进单位和先进个人进行了表彰。市领导何益军、茅红宇、张亚鸾、严世斌参加活动。

△ 雷达兵题材电影《天眼风云》在市文化馆小剧场首映。市领导张元健、茅红宇、杜永红等参加首映活动。影片取材于如皋籍将军、空军雷达学院原院长郭锡林的长篇小说《天波浩渺》,由八一电影制片厂一级导演杨虎担纲执导,展现了新中国第一代雷达兵科技报国的赤胆忠心,还原了知识青年科技报国的使命追求,寄托了几代雷达兵的革命情怀,是一部真正意义上的雷达兵题材的军事故事片。

△ 南通市总工会代表向如皋市总工会党组书记、主席周太荣转授由全国总工会颁发的"全国优秀工会工作者"奖牌,这是如皋工会工作者首次获得全国工会系统最高个人荣誉。

23日

△ 南通市人民检察院副检察长李宁率扫黑除恶专项斗争督导组到如皋,通过座谈、查阅台账、现场走访等方式开展扫黑除恶专项斗争督导工作。市领导张建华、缪小华、史有根、陈晓彬参加活动。

△ 市委书记张建华到市人民来访接待中心接待来访群众,面对面倾听群众心声,尽心尽力为群众排忧解难。市领导缪小华、陈晓彬参加活动。

△ 全省县级广播电视节目共享平台座谈会在阜宁县召开,如皋市融媒体中心(传媒集团)作为成员单位参会,并围绕共享平台节目制作、上传以及融媒体内容生产等方面的经验做法进行会议交流。

△ 如皋市从省第十五届读书节启动活动现场捧回"江苏省第二批书香城市建设示范市"奖牌,继入选中国图书馆学会"书香城市(区县级)"全国发现活动名单后,再次获得重量级荣誉。

24日

△ 河北省张家口市委常委、常务副市长郭英率队到如皋考察氢能产业发展情况,先后参观汽车文化馆、南通百应能源、神华加氢站等处,深入了解市氢能小镇建设情况,并听取全市氢能产业发展情况介绍。市领导马金华、高峰陪同考察。

△ 市政协组织部分政协委员对全市食品安全工作开展专题民主监督活动,先后视察如皋吉得堡双语幼儿园、实验小学、江苏和府餐饮管理有限公司中央厨房、正翔广场小吃一条街等处,对学校食堂、餐饮企业和食品摊贩的食品安全管理工作深入调研。委员们听取了市场监管局关于全市食品安全工作情况的介绍,并对进一步做好食品安全工作积极建言献策。市政协副主席郑振明、秘书长许映亮参加活动。

△ 2019年全市知识产权联席会议召开,总结2018年全市知识产权工作,落实2019年知识产权

工作任务。副市长高峰出席会议并讲话。

26日 △ 南京海关关长吴海平一行考察如皋经济社会发展情况,实地查看如皋海关、苏中国际集装箱码头、百应能源、汽车文化馆等处。市领导张建华、何益军、马金华、程瑞琴陪同考察。

△ 国网南通供电公司党委书记沈华率队到如皋,就电网建设、服务地方经济发展等方面进行对接交流。市领导刘向阳、高峰参加活动。会议听取了相关部门在重大项目建设、供电服务等方面的诉求和建议。如皋供电公司负责人汇报在电网规划建设与运行、电力设施保护、优化电力营商环境等方面需要地方政府协调解决的困难和问题。南通供电公司有关负责人对收集到的问题进行答复反馈。

△ 南通市信访重点工作现场推进会在如皋召开,与会人员实地观摩如皋工业园区(如城街道)政法中心和经济技术开发区平原池村两处工作示范点,观看如皋市信访工作专题宣传片。市领导缪小华、刘向阳出席会议。

27日 △ "长寿之乡·诗意小城"第八届旅游文化节在龙游湖风景区开幕。当日,全市所有国家A级旅游景区向市民免费开放。本届旅游文化节以"长寿之乡·诗意小城"为主题,开幕式上,2018年新晋星级、A级旅游景区、特色民宿和首批如皋特色早茶名店获授牌,2019年金牌导游受到表彰。活动现场发布2019年全年旅游节庆活动,6个重点旅游项目集中签约,相关旅游商品、文创产品、非遗展示展销活动以及优秀社团展演活动吸引大量市民和游客。市领导张建华、何益军、吴道健、张元健、茅红宇、钱志刚、张亚鸾、刘晓洁以及南通市文化广电和旅游局党组书记、局长葛锦坤,如皋籍作家、《伤痕》文学创始人、世界华人文化艺术交流中心共同主席卢新华,如皋籍知名画家、南通大学艺术学院原院长吴耀华等来宾出席活动。

△ 市委中心组(扩大)学习会议举行。会议邀请南通市委政法委副书记、扫黑办副主任江英作关于扫黑除恶专项斗争的专题讲座。张建华、何益军、吴道健、张元健、丁兴华等市四套班子领导参加学习会。

△ 市第十七届人大代表培训班开班仪式在市委党校举行。市人大常委会主任吴道健、副主任张勇出席开班仪式。

28日 △ 全市一季度重点工作推进点评会召开,通报一季度重点工作考核结果,并为一季度项目建设先进单位授予流动红旗。与会人员观摩了各镇(区、街道)重点项目建设现场,联系镇(区、街道)的相关市领导对项目建设进行了点评。市四套班子领导张建华、何益军、吴道健、张元健、丁兴华等出席会议。

29日 △ 全市深化高质量文明城市建设暨新时代文明实践中心建设工作推进会召开,通报2018年省级年度测评文明城市建设情况,2019年春节、元宵节、清明节文明旅游暗访情况,一季度全市文明城市建设模拟测评情况,新时代文明实践中心建设试点工作开展情况,并进行相应点评。市领导丁兴华、茅红宇、陈万圣、严世斌出席会议。

△ 如皋市举行校企对接洽谈会,上海交通大学、吉林大学、哈尔滨工业大学、上海大学、上海理工大学、上海海洋大学6所知名高校应邀与参会企业开展对接洽谈,积极寻找双方合作的结合点、对接的切入点,提高成果转化和项目实施的针对性、实效性。市委副书记、市长何益军,副市长高峰、孙恒出席会议。

△ 市委常委石慧宏率队前往农机经销企业、农机培训学校、农机维修网点等地,检查农机安全生产工作。副市长张百璘参加活动。

△ 如皋工业园区(如城街道)举行2019年项目集中签约活动,10个项目集中签约,总投资约80亿元,涉及机电科技、食材加工、零部件制造、电力金具等多个产业领域。市领导丁兴华、刘向阳、高峰出席活动。

30日 △ 如皋市庆祝“五一”国际劳动节暨“十大工匠”和五一劳动奖表彰大会在市行政中心礼堂举行。南通市人大常委会副主任、总工会主席葛玉琴,如皋市领导张建华、何益军、吴道健、张元健、张勇、张亚鸾、严世斌出席活动,并为“五一”系列表彰对象、“如皋技能状元”、首届“如皋工匠”颁发证书、奖金。张斌、丁邦建、陈霞等10位劳动楷模获评首届“如皋工匠”。

△ “青春心向党·建功新时代”纪念五四运动100周年主题活动在市行政中心礼堂举行。如皋市委书记张建华,市委副书记、市长何益军,共青团南通市委书记王鸣昊分别致辞、讲话。市领导吴道健、张元健、张亚鸾、严世斌等出席活动。会议举行集中入团仪式,表彰第十一届“如皋市十大杰出青年”、2019年度“如皋市十佳青春榜样”,启动如皋市“青春心向党·建功新时代”青年大学习活动,来自各行各业的青年代表们进行集体宣誓。

△ 由南通市文联、南通市作家协会、如皋市委宣传部主办,如皋市文联、如皋市作家协会承办的如皋藉儿童文学作家郭姜燕作品《阿左》研讨会在如皋举行。市委常委、宣传部部长茅红宇参加活动。

2019 年 5 月

3 日

3—6 日

△ 省委宣传部、省文化和旅游厅、省文联、扬州市人民政府主办的首届大运河文化旅游博览会旅游装备展在扬州举办，荣威娱乐用品有限公司、斯密特森光电科技有限公司、驰童游乐设备有限公司 3 家如皋企业参展，荣威娱乐用品有限公司的“充气户外床垫”、斯密特森光电科技有限公司的“流浪地球同款望远镜(omnixlt102)”、驰童游乐设备有限公司的“水上游艇”获得“最佳旅游装备奖”。

4 日

△ “五一”小长假期间全市文旅市场持续繁荣，主要景区共接待游客 28.83 万人次，旅游综合收入 4.51 亿元。其中，水绘园风景区共接待游客 1.95 万人次；龙游湖风景区共接待 15 万人次；花木大世界共接待游客 6 万人次；红十四军纪念馆接待游客 0.92 万人次；丁堰森果休闲度假农庄接待游客 1 万多人次；长江药用植物园接待游客 1 万多人次；石庄莅江山庄接待游客 2700 多人次。

5 日

△ 市委书记张建华率领挂钩单位和部门负责人一行，深入挂钩联系社区——如皋工业园区(如城街道)孔庙社区调研，了解社区建设及民生实事推进情况。市领导刘向阳、钱志刚参加调研。

△ 市委书记张建华率领市发改委、水务局、农业农村局等部门负责人一行，巡查通扬运河南段水域综合整治情况，先后乘船巡查通扬运河白蒲到丁堰段水环境整治和断面水质达标情况，现场探讨解决办法，并召开座谈会，听取白蒲镇、丁堰镇、经济技术开发区、如皋工业园区(如城街道)、东陈镇就全力推进通扬运河(如皋段)流域综合整治，聚焦污水处理厂提标改造、入河排口整治、畜禽养殖整治、污染企业整治等重点难点工作进行详细汇报。副市长张百璘参加活动。

△ 全市一季度基层党建工作现场推进会召开，总结交流一季度基层党建工作推进情况，并就今后一段时期推进全市基层党建工作重点任务进行部署安排，与会人员参观丁堰镇、东陈镇、如皋工业园区(如城街道)等镇(区)6 个现场点。

△ 市退役军人事务局、市标龙建设集团有限公司联合举办全市首期退役军人建筑安全员培训，32 名退役军人与市标龙建设集团有限公司签订培训协议。市委常委、市人武部部长祝国庆，副市长张百璘参加培训动员仪式。

△ 如皋市长江高级中学举行学校建成与晋星揭牌仪式。在省教育厅公布的 2018 年普通高中星级评估结果中，经省教育评估院组织评估，省普通高中星级评估专家委员会审定，长江高级中学以 25 个全 A 的优异成绩，顺利通过省教育评估院的验收，成功晋升江苏省四星级普通高中。

6 日

△ 南通市人大常委会副主任黄卫成一行到如皋检查《中华人民共和国水污染防治法》执行情况，实地调研东陈镇屠宰场、涤诺集团、长青沙备用水源地等处，并召开座谈会，听取市人大常委会副主任陈万圣就依法监督《中华人民共和国水污染防治法》执行情况进行汇报。市领导陈万圣、黄文斌参加活动。

△ 市委副书记、市长何益军率领相关部门负责人对如皋工业园区(如城街道)重点工作推进情况

进行调研，重点了解园区发展定位、产业转型、园区提升以及特色产业培育和重大项目招引等方面思路和举措。市委常委、如皋工业园区党工委书记、如皋市长寿旅游度假区党工委书记刘向阳参加调研活动。

△ 如皋市举行2019年城建重大项目集中开工、现场观摩活动，宋庆龄国际幼儿园等一批重大项目集中开工，涉及教育、旅游、房产、社会事业、生态修复等多个领域。与会人员观摩了城东小学、宝塔河东延、东皋幼儿园门口停车场、滨溪路景观绿化、东风河（仁寿路—如泰河）环境整治、金鼎·朗诗熙华府等项目建设现场以及部分搬迁地块项目现场。市领导张建华、何益军、刘向阳、史有根、茅红宇、张亚鸾参加活动。

7日

△ 南通市司法所建设暨坚持发展“枫桥经验”实现矛盾不上交现场推进会在如皋召开，与会人员现场参观如皋工业园区（如城街道）司法所、经济技术开发区司法所、袁桥社区司法行政服务站，详细了解如皋司法所规范化建设、公共法律服务体系建设、信息化建设和坚持发展“枫桥经验”等情况。市委常委、政法委书记缪小华，副市长、市公安局局长陈晓彬等出席会议。

△ 市委副书记、市长何益军率领市政府办、自然资源局、住建局、交通局等部门负责人一行调研城市建设情况，实地查看城南科技片区工业综合体规划区、城市垃圾中转站选址、新华集团项目学校选址、如泰运河沿岸、大剧院地块等处，并听取相关情况汇报，详细了解了城市规划、工程进展情况和存在问题。副市长黄文斌参加调研。

△ 南通市教育局公布首批“新优质学校”和第二批建设单位名单，如皋4家学校入选首批南通市义务教育“新优质学校”，分别是港城实验学校（小学部）、高新技术产业开发区实验初中、高新技术产业开发区实验小学、搬经镇初级中学。

8日

△ 南通市委副书记、市长徐惠民率队到如皋调研农业农村工作，实地参观东陈镇杭桥村乡村环境综合治理示范工程、经济技术开发区平园池村、如皋工业园区（如城街道）“花名堂”公司。市领导张建华、何益军、马金华、刘向阳陪同调研。

△ 市委副书记、市长何益军主持召开第十七届市政府第三十一次常务会议，传达学习习近平总书记关于扫黑除恶专项斗争的讲话精神，研究讨论《关于2019年全市造林绿化工作的实施意见》《如皋市长江大保护综合整治行动方案》《如皋市城区大型户外广告设施三年整治实施方案》等议题。

△ 海关总署发布第81号《关于公布进境粮食指定监管场地名单的公告》，公布符合设置要求的进境粮食指定监管场地名单，如皋进境粮食指定监管场地位列其中，这意味着如皋苏中国际集装箱码头有限公司正式通过验收，如皋口岸的功能化建设得到进一步完善和提升。

△ 首批24家“南通老字号”企业（含6家“中华老字号”企业、3家“江苏老字号”企业）确定，如皋共有8家“老字号”上榜，入选数位列南通各县（市、区）第一位，分别是创立于1912年的如皋市广生德大药房连锁有限公司的广生德大药房品牌、创立于清咸丰十年至光绪二十六年（1860—1900）间的如皋市孟家蟹包店的皋城孟家蟹包品牌、创立于1949年的如皋市如城老孟餐饮店的东皋孟家品牌、创立于1930年左右的南通麒麟阁食品厂的麒麟阁品牌。“中华老字号”（如皋市林梓潮糕店、如皋市白蒲三香斋茶干厂、南通白蒲黄酒有限公司）、“江苏老字号”（如皋四海楼美食店）本次也被评为“南通老字号”。

9日

△ 南通人大代表如皋代表团第一、第二组代表视察如皋市人民法院司法改革创新工作，实地参观如皋市人民法院经济技术开发区人民法庭、交通事故巡回审判庭和皋法家园等处，并召开座谈会，听取市人民法院相关负责人关于司法改革创新重点工作的汇报。市

人大常委会主任吴道健、副主任陈万圣参加视察。

△ 如皋市召开金融工作会议，市委书记张建华出席会议并讲话。会议由市委副书记丁兴华主持，市委副书记、市长何益军作工作报告，市委常委石慧宏宣读2018年银行业金融机构考核结果，市地方金融监督管理局、如皋农商行、市公安局、富皋万泰投资发展有限公司负责人作交流发言。

△ 2019年全市自然资源工作会议召开，市委副书记、市长何益军出席会议并讲话。会上，市委常委、市纪委书记、市监察委员会主任史有根就全市国土资源日常执法监管履职尽责提出具体要求，各镇（区、街道）递交耕地和永久基本农田保护及绿化工作任务书，江安镇、长江镇、磨头镇、白蒲镇作交流发言。

△ 从市卫健委获悉，全市45家基层医院和357家村卫生室分批实施检验和影像系统上线，推进信息化应用，基层医疗机构信息化应用稳步推进。

10日

△ 南通市副市长潘建华一行到如皋调研开放型经济发展等有关情况，先后听取市委书记张建华介绍全市相关工作开展情况，市委副书记、市长何益军介绍全市下一步推动相关工作的发展思路。市领导马金华、程瑞琴参加活动。

△ 市委书记张建华主持召开市四套班子领导挂钩联系工作交流会。听取市四套班子领导分别汇报交流各自挂钩联系的镇(区、街道)、村（社区）、企业的相关工作情况。据了解，1—4月份，全市实现一般公共预算收入24.88亿元，完成年度目标的34.3%。其中税收收入22.44亿元，同比增长6.76%，税收总量六县市排名第二，增幅六县市排名第一。

△ 市委书记张建华到市人民来访接待中心接待来访群众，会同有关职能部门认真解答群众心存疑惑的问题和相关实际困难。市领导缪小华、陈晓彬参加接访活动。

△ 如皋市举行消防工作会议，就近期全市消防工作情况进行通报。副市长高峰出席会议。

11日

△ 中国环境科学学会副秘书长刘鸿志率考察团一行到如皋考察生态环境建设工作，详细了解全市生态环境建设亮点和举措，并就农村畜禽粪污整治、引入环保管家公司等方面提出合理化建议。市领导何益军、刘向阳、史有根、黄文斌参加活动。

△ 青海省政协副主席王晓勇一行到如皋考察，实地参观江苏盆景博物馆、李昌钰刑侦科学博物馆、红十四军纪念馆、如皋丝毯艺术博物馆等处。南通市政协副主席陈本高，如皋市政协主席张元健，副市长张亚鸾，市政协副主席冒平，市政协秘书长许映亮参加活动。

△ 上海市普陀区青商会考察团一行到如皋考察。市领导程瑞琴、杜永红陪同考察。考察团一行认真听取全市经济社会发展情况的相关介绍。如皋市工商联与上海市普陀区工商联签订合作交流协议。

△ 市委书记张建华主持召开市委常委会会议，讨论研究《中共如皋市委党的建设工作领导小组2019年工作要点》《关于落实南通市委党建工作领导小组反馈意见的整改方案》《关于明确如皋市2019年基层党建重点“书记项目”的通知》《如皋市长江大保护综合整治行动方案》《关于开展2019年“爱心慈善宣传月暨一日捐”活动的通知》等议题。

12日

△ 韩国盆栽大师、亚太盆栽友好联盟会长金世元到如皋考察洽谈，并与花木大世界（如皋）国际园艺城有限公司成功签订租赁协议，在花木大世界（如皋）国际园艺城打造韩国盆景大师馆。

13日

△ 南通市召开打好污染防治攻坚战一季度工作点评会暨长江大保护（南通段）推进会。市委副书记、市长何益军在南通主会场参加会议，市领导吴道健、史有根、陈万圣、郑振明在如皋分会场参加会议。

14日 △ 全市水稻集中育秧现场会在白蒲镇合兴村(恒孚稻米农地股份合作社)举行,市农业农村局有关负责人对2019年夏收夏种、水稻生产、集中育秧工作提出具体要求。与会人员先后参观水稻机械播种现场、田间摆盘现场、苗期田管现场、暗化育苗现场等处,并参加市农业技术推广中心专家就育秧关键技术、种子处理等进行的专题培训。

15日 △ 2019年如皋市企业董事长资本运作专题培训班开班典礼在上海财经大学举办,市委副书记丁兴华出席开班典礼并讲话,要求深入推进全市企业上市工作,促进更多企业利用资本市场直接融资,不断做大做强做优企业,实现经济高质量发展。

△ 通皋大道举行2019年第一次“百日会战暨劳动技能竞赛”活动动员大会,动员全体员工以更加昂扬的斗志、更加坚定的信心,加快推动通皋大道项目的高质量建设。

△ 2019年度全国“最美家庭”在北京揭晓,如皋市妇联选送的田贞家庭光荣当选。

16日 △ 落户高新区(城南街道)的江苏浦丹光电技术有限公司“智能制造示范项目”开工建设。市领导何益军、茅红宇、高峰出席开工仪式。项目一期规划2019年第四季度实现投产,可具备年产2万套光电器件、年产值1.5亿元的能力;二期项目规划2020年实施,最终可达到年产4万套光电器件、年产值达3亿元的生产能力。

16—17日

△ 2019年度全省后续照管工作会议在如皋召开。省司法厅党委委员、省戒毒管理局党委书记、局长高如军,如皋市委常委、政法委书记缪小华出席会议。

17日 △ 市委副书记、市长何益军以人大代表身份,深入选民地如皋工业园区(如城街道)城南社区走访接待选民。市委常委、如皋工业园区党工委书记、如皋市长寿旅游度假区党工委书记刘向阳,市人大常委会副主任陈万圣参加活动。

△ 全市服务业重点工作推进会举行,总结回顾1—4月份工作开展情况,对下一阶段工作进行部署。副市长程瑞琴出席会议。

△ 如皋市举行全市老干部“七彩乐龄”新时代文明实践点揭牌暨“霞映皋城”志愿服务总队成立授旗仪式,正式启动全市离退休干部志愿服务活动。

△ 在“国际博物馆日”到来之际,市博物馆举办2019年个人文献捐赠仪式暨“5·18”专题座谈会,如皋本土文史研究领域专家学者将《东皋印学》《刘氏族谱》《李渔大传》等一批专著捐献给博物馆。

18日 △ 全市一季度宣传思想文化工作现场推进会召开,与会人员集中参观高新区(城南街道)肖陆村、白蒲镇蒲东社区、丁堰镇刘海村、东陈镇南东陈社区宣传思想文化工作亮点。市委常委、宣传部部长茅红宇参加会议。

△ 阿里巴巴如皋产业带·三农国际城开业。副市长张百璘参加活动。阿里巴巴1688如皋产业带是针对本土具有竞争力的特色农产品打造的电子商务平台,通过阿里巴巴的中小企业批发数据平台将生产地的农产品数据聚集起来,发往全国的销地市场,形成产销对接平台,力争建立全国领先的农副产品批发市场。

19日 △ 如皋市首届月季展暨月季园开园仪式在水绘园举行。中国花卉协会月季分会会长张佐双,市委常委、如皋工业园区党工委书记、如皋市长寿旅游度假区党工委书记刘向阳,副市长黄文斌出席仪式,和与会嘉宾、市民共同欣赏多姿多彩月季,听取月季园设计策划者、布园指导者——南京农业大学教授、世界玫瑰大师、中国花卉协会月季分会副会长王国良介绍,观赏汉服游园、现场写生、月季插花、古筝演奏、月季科普展等活动，并参加为赵颖东等10位“如皋好人”举行的“市花送好人”活动。

20日 △ 如皋市召开5月份规模农业项目月度观摩暨人居环境整治现场推进会，与会人员参观14个镇(区、街道)规模农业项目建设现场，抽查吴窑镇立新社区环境整治情况，对各镇(区、街道)规模农业项目进行质量测评，相关部门负责人对全市规模农业项目建设工作进行了点评。市委副书记丁兴华、副市长张百璘出席会议。

△ 如皋市组织开展“安全生产执法周”专项行动，执法指导组一行检查南通润翔船舶设备有限公司，详细查看机器操作、设备运行等情况，要求公司在一个月内将相关问题整改到位。

△ 如皋市新时代文明实践中心、如皋融媒体中心在市婚姻登记处共同举办“5·20为爱而来”新婚第一课主题实践活动，通过“爱的记忆、我们承诺、给未来的我们”三个活动环节，使参加活动的百余对刚刚登记结婚的新人领悟“理解、信任、包容，同时携手并肩，筑梦新时代，圆梦新未来”的理念。

△ 市委常委、市纪委书记、市监委主任史有根，市纪委常委、市监委委员符行分别率领“双联双助”书记，到下原镇老坝村、陈桥村开展扫黑除恶“大走访、大访谈”活动，共走访访谈群众代表47名，发放调查问卷47份，征集到建议2条。

21日 △ 市委副书记、市长何益军率领水务、农业农村等部门负责人一行，督查部分镇(区、街道)重点断面支流整治情况，实地查看经济技术开发区如泰运河支流殷港河生态湿地项目建设工程、丁堰镇通扬运河支流二号河整治情况、白蒲镇通扬运河支流翻身河整治情况。市领导黄文斌、张百璘参加活动。

△ 如皋市举行城市建设指挥部实体化运作第一次例会，研究35#地块规划问题，讨论集体土地征收责令交地工作初步实施方案。市领导何益军、刘向阳、黄文斌出席会议。

△ 下午16时，经过近6个小时奋战，通皋大道建设工程顺利完成首片预制箱梁浇筑，标志着通皋大道项目预制箱梁建设正式拉开帷幕。通皋大道项目总计需预制梁板2015片，其中箱梁640片。箱梁预制是项目施工的重要控制点，也是工程能否顺利预期完成的关键。此次浇筑的预制箱梁为中跨中梁，梁高1.8米，宽2.4米，长35米，重120吨，累计浇筑C50砼42立方米。

△ 《如皋日报》报道，如皋市发放全省首张“远程视频踏勘”食品经营许可证，如皋市甜典烘培坊的经营者曹晶晶成为市行政审批局远程视频现场踏勘试点改革获利的第一人。曹晶晶将店内摄像头通过市行政审批局“远程踏勘”系统连接到市行政审批局江安网点工作人员手机，工作人员在办公室内通过远程视频完成食品经营许可证的现场核查，网上申请后第二天就收到EMS快递送来的食品经营许可证。从申请者网上申请办理食品经营许可证到市行政审批局出证，仅用不到1个工作日时间。

△ 如皋市首个市级团体标准《如皋菜 黑塌菜烧粉丝烹饪技艺》(T/RGSCYXH 001-2019)正式发布施行，并在国家标准委官方网站上声明公开。该标准对黑塌菜烧粉丝烹饪技艺的原料要求、烹饪器具、原料准备、制作技艺、成品感官要求和最佳食用时间等进行了统一规定。

22日 △ 上海市嘉定区人大常委会主任许谋赛一行到如皋，考察全市新农村建设情况，实地考察白蒲镇文著社区、如皋工业园区（如城街道）顾庄社区、李昌钰刑侦科学博物馆等处。南通市人大常委会副主任黄卫成，如皋市人大常委会主任吴道健、副主任邵晓泉陪同考察。

△ 南通大学附属医院党委书记高建林率队到如皋，商洽“如皋市老年与长寿机制研究”及“如皋市人民医院学科建设”合作事宜。市委副书记、市长何益军，副市长张亚鸾参加活动。

△ 如皋市召开扫黑除恶专项斗争领导小组第五次会议暨配合中央督导工作动员会。市领导何益军、缪小华、陈晓彬出席会议。会议传达了市委书记张建华对扫黑除恶专项斗争作出的指示,宣读了《关于调整如皋市扫黑除恶专项斗争领导小组的通知》,市纪委监委、组织部、公安局、法院、检察院、司法局等相关部门汇报了扫黑除恶专项斗争开展以来工作推进情况。会议还通报了全市扫黑除恶专项斗争前期工作情况,并对迎接配合中央督导组下沉督导工作进行了部署。

△ 如皋市组织开展"通商故里行"活动,参加江苏发展大会和通商大会的如皋籍企业家一行回到家乡,就如皋经济社会发展情况和投资环境进行考察,实地参观高新区创新体验中心、氢能小镇等处,听取了相关人员有关全市经济社会发展情况和投资环境的介绍。副市长程瑞琴参加活动。

△ 市农业农村局、财政局组织召开2019年耕地地力保护补贴工作动员会,对全市2019年耕地地力保护补贴政策从补贴范围、补贴对象、工作流程等方面进行详细解读。

△ 下原镇投资环境说明会在上海举行,市委常委、市纪委书记、市监察委员会主任史有根和上海及周边地区相关产业发展协会负责人、有意到下原投资创业的企业家代表等60余名嘉宾参加活动,4个项目进行了集中签约。

23日

△ 全国政协委员、中国侨联副主席邵旭军率队到如皋,调研全市经济社会发展情况,实地调研花木大世界(如皋)国际园艺城、李昌钰刑侦科学博物馆等处。市领导何益军、吴道健、刘向阳、程瑞琴陪同调研。

△ 由省住建厅牵头的"中国最美乡村"媒体集中采访活动走进如皋,来自《新华日报》、新华网、江苏广电总台融媒体中心的20多名记者,在"中国最美乡村"——如皋工业园区(如城街道)顾庄社区进行了集中采访。

△ 如皋市举办"南通企业家日"主题活动,以"弘扬张謇先生实业报国精神,共迈安全、绿色、和谐发展之路"为主题,组织观看纪录片《张謇》,并邀请全市2018年在安全生产、环境保护、和谐劳动及公益慈善等方面做出突出成效的单位进行经验交流。市领导丁兴华、高峰参加活动。

24日

△ 如皋市召开项目建设月度观摩会,总结前一阶段项目建设情况,部署下一阶段项目建设工作。市委副书记丁兴华主持会议,市委副书记、市长何益军讲话,副市长高峰通报面上项目建设推进情况。与会人员对各镇(区、街道)二季度拟申报新开工项目进行了集中观摩,各镇(区、街道)负责人汇报了项目竣工和转化情况。

△ 如皋市 "科技强国 科普惠民"2019年全国科技活动周暨如皋市第31届科普宣传周活动在奥体中心篮球场正式启动。市领导吕兰、郑振明出席活动。活动现场宣读了2019年如皋市青少年科技创新之星、2019年如皋市优秀科技辅导员表彰名单。

△ 国际神探李昌钰博士回到家乡如皋,了解李昌钰刑侦科学博物馆的运行情况,并商讨博物馆后期建设事项及第三届国际司法鉴识和教育研讨会在如举办相关事宜。市领导何益军、吴道健、丁兴华、刘向阳参加活动。

25日

△ 市委副书记、市长何益军率领相关部门负责人一行,深入城北市场督查"扫黑除恶"专项斗争工作开展情况,实地查看"扫黑除恶"氛围营造等情况,并与经营业主就"扫黑除恶"工作进行交流,广泛听取群众的意见和建议。市领导陈晓彬参加活动。

△ 如皋市举行"爱心慈善宣传月"文艺演出暨捐赠动员会议,市领导何益军、吴道健、丁兴华等参加活动。活动展演了以"爱心善举"为主题的文艺节目,并进行了现场捐赠,相关重点企业和爱心人士举牌捐赠。

26日

△ 环太湖国际公路自行车俱乐部巡回赛·长江站暨2019如皋市第十届环长青沙岛自行车公开赛在长江镇开赛。赛事以“骑游长江明珠,享寿如皋文化”为主题,是一场倡导绿色出行、低碳生活,普及大众骑行活动的传播之旅,也是一场感受如皋长江生态旅游度假区自然景致、风土人情的观光之旅。

△ 2019江苏省“长江经济带”全民健身大联动如皋分会场启动仪式暨2019年如皋市首届微马(五公里)比赛在奥体中心举办,100多名长跑爱好者参加活动。

27日

△ 为期5天的机关驻村第一书记培训班开班,市委常委、组织部部长、统战部部长缪爱诚出席开班仪式并讲话。

△ 全市组织系统扫黑除恶专项斗争工作推进会召开,传达中央扫黑除恶第17督导组督导江苏省工作动员会会议精神,听取各镇(区、街道)组织委员汇报扫黑除恶专项斗争工作开展情况。市委常委、组织部部长、统战部部长缪爱诚出席会议并讲话。

28日

△ 南通市委常委、政法委书记姜永华一行到如皋调研扫黑除恶专项斗争工作,先后实地调研市扫黑办、孔庙社区、如城街道政法中心、市公安局,听取相关汇报,查阅工作资料,指导举报线索核查侦办,了解群众反映的突出问题,现场辅导基层干部工作。如皋市委常委、政法委书记缪小华,副市长、市公安局局长陈晓彬陪同调研。

△ 南通市副市长赵闻斌一行到如皋调研供销合作社工作,实地视察桃园家家乐供销社有限公司、南通品德物流有限公司等处,详细了解农副产品供销订单、市场价格等有关信息。市政协副主席杜永红陪同调研。

△ 东台市政协主席鲍宇率队到如皋考察融媒体建设情况,实地查看如皋市融媒体生产指挥中心,详细了解融媒体中心成立以来运行效果、新闻采编播发流程和今后发展方向。如皋市政协主席张元健、副主席刘晓洁陪同考察。

△ 如皋市召开配合中央督导组下沉督导工作领导小组指挥部全体人员会议。市委常委、政法委书记缪小华,副市长、公安局局长陈晓彬出席会议。

△ “空中看如皋”摄影作品展在市文化馆开展,共展出54幅如皋摄影家作品,通过空中俯瞰,以立体视角展现如皋市经济社会发展和城市乡村日新月异的建设成果。

△ 中央电视台五套“体育晨报”栏目播出时长近4分钟的专题报道《大美白蒲》,聚焦白蒲小学以花样跳绳为主体的“活力教育”品牌特色。

29日

△ 省政府参事室参事、南京财经大学工商管理学院原院长侯立军率队到如皋,就促进金融和实体经济发展良性循环等课题开展调研,实地调研九鼎新材、南通荣威等企业发展状况。副市长孙恒陪同调研。

30日

△ 市政协主席会议专题协商“三大攻坚战”重点工作,听取市发改委、市自然资源局、南通市如皋生态环境局、市农业农村局负责人通报全市防范化解重大风险、精准脱贫、污染防治“三大攻坚战”重点工作进展情况。市政协主席张元健,副主席冒平、郑振明、严世斌、刘晓洁,秘书长许映亮参加活动。

30—31日

△ 全省法律援助高质量发展推进会在如皋召开,总结回顾近两年全省法律援助工作情况,安排部署下阶段全省法律援助工作。与会人员实地参观如皋市法律援助中心、市看守所值班律师工作站、经济技术开发区法律援助工作站等处。省司法厅厅长柳玉祥,省司法厅副厅长石为斌,南通市委常委、政

法委书记姜永华，如皋市领导何益军、陈晓彬参加活动。

31日 △ 一下科技携手如皋市举办的2019“心动一下”互联网星光盛典在市奥林匹克中心体育馆落幕。市四套班子领导何益军、丁兴华等参加活动。活动颁发了最具影响力MCN机构、最具商业价值机构奖、最具影响力媒体机构、最具影响力红人奖、最具人气红人奖、最佳短视频栏目、互联网影响力红人主播七项重磅大奖，对移动视频优质、潜力机构及红人予以表彰，并举行了一下科技“如皋市网络文化传播示范基地”授牌仪式。

△ 本月，全国新一轮外贸出口先导指数样本企业调查正式启动，如皋市龙泉服饰(南通)有限公司、南通荣威娱乐用品有限公司入选。中国外贸出口先导指数被喻为外贸出口的“晴雨表”，由海关总署定期编制发布，指数调查每两年轮换一次样本企业。这是本市企业连续三轮入选中国外贸出口先导指数样本企业。

△ 本月，公安业务自助机成功入驻如皋市民服务中心“24小时自助政务驿站”区域，包含交通违法自助罚缴机、六年免检标志核发机、自助签注机等，主要负责轻微交通违章处理罚款缴纳、往来港澳台通行证签注、机动车6年免检标志核发等公安业务自助办理。

△ 本月，支付宝正式上线如皋市公交系统，市民在支付宝中领取南通电子交通卡，即可实现扫码乘车。本次系统升级涵盖全市城区、镇村公交的绝大部分线路，剩余线路稍后陆续上线。

△ 本月，随着西瓜大量上市，如皋市“西瓜地图”再次上线，主城区内继续设置应季西瓜临时销售点37个，实行挂牌销售，不需缴纳任何费用，让瓜农在合法的区域安心有序地卖瓜，既方便瓜农进城卖瓜、满足市民消费需求，又保护城市卫生环境。自2014年以来，如皋市城管部门已连续6年于西瓜上市前在主城区内设置应季西瓜临时销售点。

2019 年 6 月

1 日

△ 市委副书记、市长何益军率领相关部门负责人一行，督查城市建设重点项目推进情况，实地查看观风路与福寿路交叉的十字型景观桥项目和市一中东侧的龙游河北延项目施工现场，以及内外城河控源截污现场和相关搬迁地块。副市长黄文斌参加活动。

△ 新版《如皋市城市市容和环境卫生责任区管理办法》即日起正式实施，办法在责任人、责任区、责任内容和标准、管理机制、法律责任五个方面作出更细致、更具操作性的规定。

3 日

△ 南通市政协副主席吴旭率调研组一行到如皋调研营商环境打造工作，走访南通超达装备股份有限公司、南通星球石墨设备有限公司、江苏神马电力股份有限公司等处，听取相关工作汇报。市政协主席张元健、副主席郑振明、秘书长许映亮陪同调研。

△ 如皋市正式启动“安全生产月”活动，大力推动先进安全文化传播，营造安全生产良好氛围。

4 日

△ 省委宣传部、省交通运输厅、省水利厅、省文化和旅游厅、省文物局于 2018 年 12 月至 2019 年 4 月组织开展的“寻找大运河江苏记忆”活动成果发布，40 个“江苏最美运河地标”评选结果出炉，始建于明朝末年的如皋水绘园名列其中。

5 日

△ 南通市政协副主席金元率队到如皋，专题调研“沿江地区坚持生态优先、加快绿色发展”协商课题开展情况，实地走访沪江废油净化厂污染场地生态修复工程、化工园区污水处理厂排口迁扩、河道整治及人工湿地建设工程、南通九洲环保科技有限公司危险废物安全填埋处置工程、焦港泵站工程等项目现场，听取“沿江地区坚持生态优先、加快绿色发展”相关工作开展情况汇报。如皋市政协主席张元健、副主席冒平、秘书长许映亮陪同调研。

△ 市委副书记、市长何益军主持召开第十七届市政府第三十二次常务会议，听取长江大保护综合整治工作情况汇报，通报全市扫黑除恶专项斗争工作开展情况，讨论《健康如皋建设行动计划》《2019 年如皋市垃圾分类和综合治理实施方案》《关于调整公办幼儿园收费标准的请示》《如皋市农村住房规划建设管理办法》《重大项目征地报批资金池预借管理办法》等议题。

△ 在第 48 个世界环境日到来之际，苏州大学王健法学院“环境与资源保护法研究生教学实践基地”揭牌仪式在如皋市人民法院长江法庭举行，朱谦教授应邀作题为《环境侵权因果关系举证责任分配规则反思》的专题讲座。市委常委、政法委书记缪小华出席活动。

△ 工业和信息化部发布《关于公布第一批专精特新“小巨人”企业名单的通告》（工信部企业函〔2019〕153 号），确定 248 家企业为第一批专精特新“小巨人”企业，江苏省 18 家企业入选。南通星球石墨设备有限公司、江苏万达特种轴承有限公司、江苏明德玩具股份有限公司 3 家企业榜上有名，入围企业数量列全省第二位，南通地区仅此 3 家。

6 日

△ 市人民代表大会常务委员会任命茅红宇、顾留忠为市人民政府副市长。

△ 市委副书记、市长何益军率队深入如皋中学、市一中等全市高考考点，对高考准备工作进行全面检查，详细了解了考务工作情况。

△ 副市长张亚鸾率队到江安中学、白蒲中学检查指导高考准备工作，详细检查考点及周边环境、考务室、视频监控室等处，查看考点设施设备、考场布置情况，了解考点安全保卫、供电供水、食宿卫生、

考点交通保障等措施落实情况。

7日

△ 市委书记张建华主持召开市委常委会会议，研究讨论相关干部人事工作，讨论通过《关于开展庆祝中华人民共和国成立70周年系列活动的工作方案》。

△ 市第十七届人大常委会第十九次会议召开，听取并审议市政府关于全市体育场馆及设施建设、运营和管理情况的报告，市人民法院关于民事审判工作情况的报告，《国务院住房公积金管理条例》执法检查报告，《国务院取水许可和水资源费征收管理条例》执法检查报告落实情况的报告。会议宣读了《关于茅红宇等同志任职的议案》，表决通过了市政府和法院有关人事任免事项，为新任命人员颁发任命书并举行了宪法宣誓。

△ 如皋市召开专题会议，听取全市扫黑除恶专项斗争阶段性工作开展情况汇报，研究配合中央扫黑除恶督导组下沉督导相关准备工作。市领导张建华、何益军、吴道健、张元健出席会议。截至5月31日，全市依法惩处黑社会性质犯罪组织2个、恶势力犯罪集团1个，社会治安环境持续向好，有力维护了政治安全和社会稳定。

△ 高考第一天，市领导张建华、何益军、吴道健、张元健、高峰、钱志刚、张亚鸾、严世斌分组巡视如皋中学、市一中、白蒲中学、江安中学四处高考考点，实地查看考试组织情况，慰问考务人员。

10日

△ 如皋市召开专题会议，全面部署汛期水上交通安全监管工作，要求认真汲取各地水上交通事故教训，严格落实水上交通安全监管措施，确保汛期水上交通安全形势稳定。

10—11日

△ 南通市委常委、组织部部长封春晴率调研组一行到如皋，就“四个全面”及高质量发展推进落实、党建工作、班子运行等情况进行集中调研，实地查看如皋市花木盆景产业联合会党支部、江苏力星通用钢球股份有限公司、如皋工业园区(如城街道)顾庄社区、梦百合家居、龙游湖商务区、北外附属龙游湖外国语学校、一下科技、思源赫兹等处。市领导张建华、何益军、丁兴华、刘向阳、缪爱诚、茅红宇、顾留忠参加活动。

11日

△ 如皋市联合赛麟汽车建立的SR汽车战略研究中心在北京中国科技会堂成立。市委常委、经济技术开发区党工委副书记马金华，赛麟汽车董事长王晓麟出席相关活动。中心集结了百余名行业内外高级专家、新技术领军人物及各类专业型高端智囊，为如皋汽车产业的进一步发展出谋献策，将为如皋建立起与国家汽车行业主管部门及核心行业组织沟通的桥梁，协助如皋在地方汽车产业竞争中赢得先机。其中，研究中心的专家顾问委员会、专项课题委员会、秘书处和理事会邀请到了包括中国汽车工程学会名誉理事长付于武、中国汽车工程学会常务副理事长兼秘书长张进华，以及清华大学汽车产业与技术战略研究院院长赵福全等各领域的多位泰斗级人物，阵容堪称“顶级”。

△ 全市进一步深化村(社区)红白理事会建设推进会召开。市领导丁兴华、高峰、邵晓泉、张百璘、刘晓洁参加会议。

△ 如皋市召开“扫黄打非”工作暨基层站点规范化标准化建设现场推进会，与会人员参观经济技术开发区新时代文明实践所，以及该区袁桥社区、新生社区新时代文明实践站，并听取相关工作推进情况介绍。市领导高峰、张亚鸾出席会议。

12日

△ 江苏省氢能产教研融合研讨会在如皋召开，来自政府、高校、企业等领域的代表，就当前产业体系与教育体系的匹配、氢能及燃料电池汽车产业技术创新以及产业人才培养等相关问题进行探讨。

△ 全省县级融媒体中心建设培训班学员200多人到如皋市融媒体中心(传媒集团),现场参观融媒体生产指挥中心,听取有关融媒体技术平台搭建情况介绍,观看融媒体新闻采编平台应用演示。市委常委、宣传部部长高峰参加活动。

△ 全市医疗保障工作会议暨医保系统党风廉政建设、作风建设推进会召开,研究部署2019年医疗保障重点工作。副市长张亚鸾出席会议。

12—13日

△ 江苏省普通高中通用技术教学研讨活动在如皋市通用技术教育实验学校举行。江苏省中小学教学研究室主任董洪亮、南通市教育局副局长金海清,来自全省13市的通用技术教研员、教师共150余人出席活动。

13日

△ 省民政厅副厅长王小华一行到如皋调研督导安全生产工作,先后走访市长寿养生园、市救助管理站和高新区(城南街道)安息园。市领导丁兴华、张百璘陪同调研。

△ 南通市委副书记、市长徐惠民率队到如皋,对"双过半"工作进行调研,实地走访梦百合家居、卓远中乌第三代半导体产业园、力星钢球、荣威娱乐等处。市领导张建华、何益军、刘向阳、茅红宇陪同调研。

△ 南通市委副书记、秘书长、统战部部长沈雷到如皋调研基层党建工作,实地查看经济技术开发区平园池村藕池文化园、农耕博物馆、党建领航站,并与村干部面对面交流,询问了解基层党建情况和实际工作中遇到的问题和困难。市领导张建华、丁兴华陪同调研。

△ 南通市委、南通市人民政府、南通军分区联合组成慰问团到如皋走访慰问驻通某部,为官兵奉献精彩文艺演出,并赠送慰问品。南通市委副书记、秘书长、统战部部长沈雷,南通市委常委、南通军分区司令员徐国安,南通市副市长赵闻斌,如皋市领导张建华、何益军、祝国庆、张百璘参加活动。

△ 全球航运标杆企业——马士基航运入驻如皋港开港仪式在如皋港集团金驿大厦举行。市领导何益军、吴道健、程瑞琴、冒平,马士基大中华区产品总部总监崔冠彦、江苏港口集团集装箱生产业务部部长唐文等航运界、物流界代表出席活动。

△ 市政协主席张元健率队对如海运河进行巡查,详细询问河段水质基本情况、污水处理实际情况和沿岸环境整治工作具体情况,并就河道日常管护工作中存在的河坡垃圾倾倒、河道淤泥清理等问题,与相关部门负责人探讨解决办法。市政协秘书长许映亮参加活动。

△ 市委常委、市纪委书记、市监察委员会主任史有根率领市攻坚办等部门相关人员,督查二季度污染防治项目进展情况,对按期完成的沪江废油净化厂地块修复工程项目、加油站双层罐改造项目、化工园区水质、大气自动站等项目给予肯定,并针对部分污染防治项目进展缓慢企业、未完成整改企业进行现场交办,要求尚未完工的4个省级水质自动站站房建设及配套设施建设加快工程建设,同时要求市攻坚办、市城管局和市住建局抓好建筑施工场地扬尘监管,确保措施到位。

△ 如皋市召开金融领域扫黑除恶专项斗争工作协商会议,要求全市金融机构进一步提高政治站位,明确职责任务,与政法机关建立协作联动机制,全力配合做好金融领域的扫黑除恶专项斗争工作。

△ "2019长三角一体化发展文化和旅游产业项目路演及推广活动"在上海金山举行,19个不同类型的文旅产业项目进行了路演,并与金融投资机构进行对接洽谈。投资约15亿元的市花木大世界(如皋)国际园艺城二期项目成为全省入选参加活动的3个项目之一。该项目由盆景大观园、大师工作室盆景展销区、会展中心及与旅游配套的主题酒店等组成,目标创成国家AAAA级景区、全国首家专业园艺会展中心,并成为长三角全域旅游重要核心区之一,预计2021年上半年全面建成。

14日

△ 如皋市档案馆举行"雉水兰台60年"座谈会,庆祝档案馆建馆60周年,与会人员实地参观档案库房和"如皋印记"展厅,观看《雉水兰台60年》宣传片,并围绕如皋档案60

年的发展变化及今后发展方向等交流发言。市委副书记丁兴华出席会议并讲话。

△ 全市安全生产标准化创建现场推进会召开，与会人员参观顺帆家庭用品(南通)有限公司作业现场，各镇(区、街道)和企业相关负责人就参观感受进行了交流。

15日

△ 华夏电影胶片修复技术有限公司作为国内唯一一家民营企业参加上海国际电影节，同时电影《三毛流浪记》4K修复版完成交付并进行展映，获与会国内外电影界专家肯定和广大民众好评。

16日

△ 如皋市举行“安全生产月宣传咨询日”活动启动仪式。市领导茅红宇、顾留忠出席活动。

16—23日

△ 如皋市木偶艺术团应邀赴法国开展交流演出活动，先后举行5场木偶表演，为法国观众带去惟妙惟肖的中国传统民间艺术。

17日

△ “姚呈明理论武装工作室”青海省海南藏族自治州贵德县分站揭牌。贵德县委常委、副县长吴志华主持揭牌仪式，贵德县委常委、宣传部部长李本才让出席揭牌仪式并讲话，如皋市人大常委会副主任陈万圣参加活动。

△ 住建部发送《关于开展规范城市户外广告设施管理工作试点的函》，决定在9座城市开展规范城市户外广告设施管理工作试点。如皋市作为全国唯一的县级市入选，试点工作自2019年6月开始，时间1年。

18日

△ 如皋市召开2019年大气污染防治联席会，传达《关于调整重污染天气预警与应急指挥体系成员的通知》，并就2019年大气污染防治工作年度计划进行解读，相关负责人通报1—5月份全市空气质量分析报告。副市长黄文斌出席会议。

△ 如皋市举行“无党派人士”认定登记工作会议，解读《关于“无党派人士”政治面貌规范使用意见的实施细则》，进一步规范全市无党派人士工作。各镇(区、街道)统战委员、组织人事干部，市级机关各有关部门负责组织人事工作的同志参加会议。

△ 市工艺美术学会换届选举大会在市第一中等专业学校报告厅举办。会议选举产生了新一届协会理事会会长、副会长，审议聘任了秘书长、副秘书长，南通纺织工业协会副会长、如皋衣园文化发展有限公司董事长邢汉芝当选新一届工艺美术学会会长。

△ 副市长张百璘率队前往东陈镇、白蒲镇，看望慰问在部队表现优异、分别获得二等功奖励的梁震宇、李沛霖两位现役军人家属，向他们致以亲切的问候。

△ 历时6天的2019年亚洲击剑锦标赛在日本东京落幕，如皋籍选手石高峰和队友联袂夺得男子重剑团体冠军，夺得中国击剑队在本届亚锦赛的第3枚金牌。

19日

△ 省特色田园乡村建设工作联席会议办公室调研组到如皋调研省特色田园乡村建设第一批试点村庄工作推进情况，实地参观如皋工业园区(如城街道)顾庄社区、大明社区、花木大世界(如皋)国际园艺城、钱长村等省级特色田园乡村建设示范点，并听取相关介绍。副市长黄文斌陪同调研。

△ 上海市档案局巡视员肖林一行到如皋调研江苏华夏胶片电影博物馆电影修复工作。副市长张亚鸾陪同调研。

20日 △ 国家广电总局卫星直播管理中心副主任赵海然率领检查组一行到如皋，开展迎接新中国成立70周年全国广播电视行业安全大检查，实地查看融媒体生产指挥中心，详细了解广电系统安全播出技术、制度保障、消防安全和应急预案等措施落实情况，并对广播电视的传输、发射、监测等关键技术部位进行了全面检查。市委常委、宣传部部长高峰参加活动。

△ 如皋市举行规模农业项目暨人居环境整治现场推进会，组织参观全市14个镇(区、街道)规模农业项目建设和人居环境整治现场。市领导丁兴华、张百璘参加活动。市相关部门负责人对规模农业项目和人居环境整治工作进行了点评。

△ 市人大常委会副主任陈万圣率队实地督查大明河流域危桥、报废沉船、杂树清理等环境问题整治情况，听取相关镇(区、街道)及部门负责人对上一阶段大明河的整治工作进度、存在问题处理情况、监测数据及下一阶段的整治思路进行的相关汇报。

△ 高新区招商引资再结硕果，总投资约98亿元的16个项目集中签约，其中十亿元以上项目5个、亿元以上项目11个。覆盖激光设备、第三代半导体、先进显示等光电科技产业，自动化设备、机械制造、高端汽车零部件等智能制造产业，地理信息系统、数据外包处理等信息技术产业以及文化旅游、健康养生等文旅康养产业。市领导张建华、丁兴华、茅红宇、顾留忠出席签约仪式。

△ 科企合作签约暨“江苏绿色防控基地”授牌仪式在长江镇隆恬农场举行，南通隆恬农业科技发展有限公司和江苏沿江地区农业科学研究所签订战略合作协议，市农业技术推广中心授牌“江苏省蔬菜病虫害绿色防控示范区”。

21日 △ 市委常委、政法委书记缪小华、副市长张百璘赴磨头机场与驻如皋部队官兵座谈，详细了解部队建设及官兵训练、保障和生活情况，并代表市委、市政府向部队全体官兵表达亲切问候。

△ 全市假僧假道专项整治突击月动员会召开，听取相关负责人汇报依法查处假僧假道情况，通报清理乱埋乱葬、推进文明殡葬工作中部分党员的违纪处理情况，市公安局等4家单位分别交流发言。市领导丁兴华、高峰、邵晓泉、张百璘、刘晓洁出席会议。

22日 △ 市委书记张建华主持召开市委常委会会议，传达习近平总书记在中央“不忘初心、牢记使命”主题教育工作会议上的重要讲话精神，研究相关贯彻落实工作，学习省市安全生产工作精神，听取2019年以来全市安全生产亡人事故情况汇报，讨论相关议题。

△ 市委书记张建华主持召开市委外事工作委员会第一次会议，传达落实省委外事工作会议精神，听取2019年全市外事工作要点，审议《中共如皋市委外事工作委员会工作规则》和《中共如皋市委外事工作委员会办公室工作细则》，研究部署新形势下全市外事工作任务。市领导茅红宇、高峰、陈晓彬出席会议。

△ 市委书记张建华主持召开市委网络安全和信息化委员会第一次会议，传达中央、省、南通市相关会议精神，审议市委网络安全和信息化委员会工作规则、办公室工作细则，研究2019年工作要点。市领导何益军、丁兴华、缪小华、缪爱诚、茅红宇、高峰、陈晓彬出席会议。

△ 市委审计委员会召开第一次会议，传达中央、省委、南通市委审计委员会第一次会议精神，审议讨论审计委员会工作规则及办公室工作细则，听取2018年度全市审计工作情况、2019年度审计项目计划和实施情况汇报，研究部署相关工作。市领导张建华、何益军、史有根、缪爱诚、茅红宇出席会议。

△ 2019南通市乡村旅游节暨如皋平园池第三届荷花节在如皋经济技术开发区(城北街道)平园池村正式启动。南通市副市长徐新民，如皋市领导何益军、马金华、张亚骞出席活动开幕式，为2018年以来新评定的各旅游景区授牌，并在开幕式结束后实地考察花庄民宿、华夏胶片电影博物馆、花木大世界(如皋)国际园艺城等地。

23日 △ 根据《2019年江苏省面向社会中小学教师资格认定公告》，如皋市教育局启动2019年第二次面向社会认定幼儿园、小学、初级中学教师资格现场确认工作，共有243人申请认定幼儿园、小学、初级中学教师资格。

24日 △ 全市项目建设月度观摩会召开，与会人员对各镇(区、街道)部分一季度经南通认定的开工项目以及部分二季度拟申报的新开工项目进行集中观摩，各板块负责人分别汇报项目开工、建设、竣工和转化情况。市委书记张建华出席会议并讲话，市委副书记丁兴华通报全市项目建设进展情况并作点评。市委副书记、市长何益军就下半年项目建设工作进行了部署。

△ 如皋市举行"半导体温控联合创新实验室"签约暨揭牌仪式，中国科学技术大学教授周武旸和江苏中科新源半导体科技有限公司CEO熊绎签订合作协议。市领导茅红宇、程瑞琴参加活动，并和相关负责人共同为"半导体温控联合创新实验室"揭牌。实验室由中科大扩频实验室与江苏中科新源共同创建，以半导体温控技术为基础，研究面向5G及未来无线通信系统的温度控制解决方案，以及为其他尖端学科领域提供高效、可靠、稳定的温度控制系统。

25日 △ 省文化和旅游厅副厅长、省文物局局长吴晓林率队到如皋，调研市李昌钰刑侦科学博物馆和市博物馆可移动文物保护修复项目，并对市博物馆馆藏书画保护修复项目进行验收。市领导刘向阳、张亚鸾陪同调研。

△ 为进一步弘扬时代新风，市民族宗教事务局、公安局、文体广电、旅游局等部门组成联合执法组，开展假僧假道专项整治工作巡查执法，加强全市宗教教职人员和宗教活动场所其他常住人员管理工作。

26日 △ 南通市人大常委会副主任孙建华率队到如皋调研长江大保护工作，通过实地察看和听取介绍，详细了解如皋沪江废油净化厂整改情况、如皋港上海电气南通水处理有限公司排污口迁建情况和如皋港化工新材料产业园大气污染问题整改情况。市委常委、常务副市长茅红宇，市人大常委会副主任陈万圣参加活动。

△ 2019年如皋(上海)投资环境说明会在上海环球港凯悦酒店举行，市委副书记、市长何益军主持会议，市委书记张建华作主旨演讲。会上播放了城市形象宣传片，20个重大项目现场集中签约。上海市工商联副主席施登定，月星集团董事局主席丁佐宏，森松集团中国总部副总经理川岛宏贵，华东师范大学教授、上海市政府特聘专家徐建华，苏州迅镭激光科技有限公司董事长颜章健在会上交流发言。本次招商活动共签约58个合作项目，总投资额269亿元，其中产业合作项目41个，高端人才引进及合作项目17个。上海市政协副主席、市工商联主席王志雄，上海市人大常委会原副主任吴汉民，来自上海及其周边地区的世界500强、国内100强企业代表，央企及上市企业代表，创新创业领军人才代表参加活动。

27日 △ 省机关事务管理局副局长黄冲一行到如皋调研机关事务管理工作，实地走访丁堰镇等镇区，了解全市贯彻落实《江苏省党政机关办公用房管理办法》《江苏省党政机关公务用车管理办法》相关情况，并询问了相关镇区党政机关办公用房和公务用车的管理现状、存在的问题及意见建议。

△ 中国石化江苏石油分公司董事长、党委书记张有根率队到如皋考察氢能产业园发展情况，实地参观高新区(城南街道)油氢合建站选址、江苏清能动力科技有限公司、南通安思卓新能源有限公司、神华加氢站项目现场、南通百应能源有限公司等处，近距离了解全市氢能产业和新能源汽车产业发展现状，并商讨投资建设油氢合建站相关事宜，签署相关战略合作框架协议。市领导何益军、马金

华、吕兰参加活动。

△ 如皋海关举行建关10周年新闻发布会,邀请《南通日报》《如皋日报》、如皋电台等媒体记者,集中参观如皋港粮食指定进口口岸、如皋保税物流中心(B型)润滑油供应项目、如皋海关十周年展厅等处,听取有关项目介绍,并解答媒体记者提出的相关问题。

28日

△ 市政协主席张元健主持召开市政协十四届十四次常委会,调整部分政协委员、委员组组长、副组长,协商通过政协各专委会不驻会副主任名单,并围绕常委会协商课题"创新驱动发展战略实施情况"进行专题协商讨论。

△ 市政协召开"政协委员之家"建设现场推进会,与会人员集中参观经济技术开发区、搬经镇、卫健委和高新区(城南街道)四家"政协委员之家",并听取各委员组2019年上半年的工作汇报及下半年的工作打算。市政协主席张元健,副主席冒平、郑振明、严世斌、刘晓洁,秘书长许映亮出席会议。

△ 中国·如皋黑塌菜舟山专场推介会在舟山军民融合装备技术保障中心举行。如皋市向东部战区海军保障部赠送创新技术开发的6吨冷冻黑塌菜,并为海军官兵送去黑塌菜烹饪菜谱。市领导丁兴华、邵晓泉、张百璘、杜永红以及东部战区海军保障部、舟山市的有关领导出席活动。

△ 长三角氢能基础设施产业联盟(YHIIA)在上海正式成立。联盟由上海石化、上海申能、新奥燃气、浦江气体等长三角32家行业企业发起成立,上海石化被选举为产业联盟理事长单位,如皋经济技术开发区、浦江气体等被选举为产业联盟副理事长单位,是国内首个立足长三角、定位于氢能基础设施的产业联盟。

△ 如皋市在安定广场举行"不忘初心 牢记使命"机关党员走进新时代文明实践所站主题党日活动,现场为居民提供政策咨询、金融防诈骗宣传、垃圾分类宣传、义诊等志愿服务。活动对市人民法院、城管局、农业农村局、卫健委、财政局、市场监管局等单位进行表彰,并授予市级机关新时代文明实践红旗单位荣誉称号。市委常委、宣传部部长高峰参加活动。

29日

△ 如皋市召开工业企业低效用地盘活提升工作现场推进会,与会人员参观翔晟重工、宏茂重锻、海通海洋工程装备等企业,听取企业有关工作经验介绍。市委副书记丁兴华出席会议并讲话。

30日

△ 搬经镇第二届乡村旅游文化节暨生态采摘节在搬经镇乡之恋生态农业园开幕。活动以"清源素果·雅韵搬经"为主题,涵盖文艺演出、互动游戏、生态采摘、特色农产品展销等多项内容。副市长张亚鸾出席开幕式。

△ 截至6月底,全市本外币各项存款余额1446.72亿元,增长11.91%,提高9.27个百分点;本外币各项贷款余额977.52亿元,增长10.62%,提高2.74个百分点;全市小微企业贷款余额259.31亿元,增长9.01%。

△ 上半年,全市进出口总体增速高于南通市平均水平,累计实现外贸进出口125.2亿元,较上年同期相比增长2.6%,占南通市进出口总值的10.4%。其中,出口总值突破百亿元大关,达104.5亿元,增长3.3%。

△ 上半年,如皋海关共签发各类原产地证书3431份,签证金额1.68亿美元,较是年同期相比分别增长41.48%和21.74%,为如皋出口企业节约关税成本600.17万美元。

△ 上半年,如皋口岸共计出口竹木草制品1853批次,货值达3.89亿元,与2018年同比分别增长35.45%、3.56%。其中,出口美国竹木草制品1203批,2.93亿美元,同比分别增长37.64%、3.40%,未发生一起国外退货和通报的情况。

2019 年 7 月

1 日 △ 比利时那慕尔省(2000 年与江苏省建立友好省关系)众议院议长 Jean-Marc Marie 一行到如皋考察,现场观摩市外国语学校、市第一中学、博爱医院、博爱康复医院等处,并听取相关介绍。市领导何益军、吴道健、张亚鸾陪同考察。

△ 如皋市举行庆祝中国共产党成立 98 周年大会暨"七一"大党课,重温党的优良传统,学习弘扬先进典型,引导和激励全市各级党组织和广大党员干部奋力构建长江经济带战略支点重要支撑,接续开辟如皋高质量发展新境界。大会由市委副书记、市长何益军主持,市委书记张建华为广大党员干部上了题为《恪守入党初心 勇担时代使命 接续开辟如皋高质量发展新境界》的"七一"专题党课,市委副书记丁兴华宣读了《中共如皋市委关于表彰先进基层党组织、优秀共产党员、优秀党务工作者、十佳党员企业家和"双强"型村(社区)党组织书记标兵的决定》,相关先进集体和先进个人在大会上受到表彰。

△ 位于市行政中心 13 层的市级机关党员政治生活馆举行开馆仪式,市委书记张建华,市委副书记、市长何益军出席活动并为政治生活馆揭牌。

△ 全市总部经济工作推进会召开,进一步统一思想、落实责任、形成合力,推动总部经济发展实现新突破。市领导何益军、茅红宇等出席会议,副市长程瑞琴对全市总部经济发展情况进行通报,相关板块、企业、部门代表作了交流发言。

△ 市民族宗教事务局、公安局、文体广电和旅游局等部门组成的巡查组再次深入丁堰镇,对打击假僧假道整治工作开展情况进行巡查回访,先后走访丁堰镇皋南社区、鞠庄社区、赵明村、朝阳村、刘海村、新堰社区、夏圩村,并抽查 3 户家庭(1 户丧事活动、2 户祭祀活动),均未发现假僧假道进行封建迷信活动。

△ 本月起,如皋市再次提高低保、五保、孤儿等特困群体的社会救助标准:城乡低保标准由 620 元/人·月提高到 650 元/人·月;集中供养和分散供养标准由 700 元/人·月提高到 785 元/人·月;城市"三无"老人供养标准由 1525 元/人·月提高到 1655 元/人·月;孤儿集中供养标准由 2100 元/人·月提高到 2200 元/人·月,分散供养标准由 1300 元/人·月提高到 1500 元/人·月;城乡 60 年代精简退职老职工、江滨医院内麻风病人及精神病人生活补助标准均由 620 元/人·月提高到 650 元/人·月。

△ 即日起,如皋市调整和完善医疗保险有关政策规定。提高职工医保和居民医保门诊统筹标准以及职工医保住院报支比例:职工医疗保险普通门诊统筹待遇年累计费用限额标准由 3500 元提高至 4000 元;城乡居民基本医疗保险普通门诊统筹待遇年累计费用限额标准统一为 800 元,每天费用限额为 50 元;职工医保住院医疗费用各费用段职工医保统筹基金支付比例,对起付标准以上的住院费用,按不同等级的定点医疗机构,报销比例提高 2~3 个百分点。完善职工和居民大病保险制度:大病保险资金支付比例由原来的 50%提高至 60%,最高为 90%;属于本市医疗救助对象或建档立卡低收入人口,符合大病保险待遇享受规定的,其大病保险起付标准降低 50%,各费用段报销比例各提高 5 个百分点。

△ 即日起,如皋市开始实行新的职工基本照护保险政策,受益对象扩至全市所有基本医疗保险参保人员。相比较 2018 年 1 月 1 日开始实行的旧政策,市政府 2019 年印发的《关于建立基本照护保险制度的实施意见》,对基本照护保险参保对象及待遇水平均作了调整:城乡居民基本医疗保险参保人员扩增至照护保险参保范畴;在医疗机构照护床位接受照护服务的,由原来的 40 元标准提高至 70 元;

在养老服务机构照护床位接受照护服务的，由原来的30元标准提高至50元。符合享受待遇条件的居家重度失能人员由每人每天10元标准提高至每人每天15元；居家人员同时申请定点照护机构上门照护服务的，由原来的每月400元标准提高至每月500元。

3日

△ 市委副书记、市长何益军率队专题视察全市沿江防汛工作情况，先后查看洪北沙港池东口岸、四号港闸、远邦石化、华泰重工、如皋防汛物资储备库等处，确保安全度汛。市领导茅红宇、张百璘陪同视察。

△ 市委副书记、市长何益军率领市行政审批局、市自然资源局等相关部门负责人一行，调研石庄镇、江安镇重点工作推进情况。市委常委、政法委书记缪小华参加调研。

△ 如皋市召开意识形态领域情况分析研判会，通报当前全省意识形态领域情况，讨论通过《落实党委（党组）意识形态工作责任制实施细则（修订稿）》，市委统战部、市教育局、高新区（城南街道）、江安镇四家单位交流发言。市委常委、宣传部部长高峰参加会议。

△ 市慈善基金会向各镇（区、街道）慈善分会、各高中学校发出《关于开展2019年“圆梦助学”活动的通知》，明确2019年“资助对象”。

3—4日

△ 市委书记张建华率领如皋市党政代表团一行赴陕西洋县开展对口协作工作，前往洋县八里关镇龙溪村看望慰问相关贫困户，深入洋县华阳薛氏蜂业、洋县职教中心、绅宝利服饰有限公司、汉中朱鹮时装有限公司、汉中睿利来制衣有限公司等苏陕协作项目区，详细了解各项目发展运行情况。在双方召开的对口协作联席会上，如皋市委常委、组织部部长、统战部部长缪爱诚，洋县县委书记胡瑞安等洋县四套班子领导以及双方相关部门、乡镇主要负责人共同出席会议，如皋市向洋县捐赠帮扶资金50万元，如皋工业园区（如城街道）、丁堰镇分别向洋县溢水镇、黄金峡镇捐赠帮扶资金10万元。

4日

△ 江苏省县级建设系统工会工作研究会年会在如皋召开，与会人员参观城市建设亮点项目。省建设工会工作委员会主任韩益华，市人大常委会副主任陈万圣出席会议。

△ 市委副书记、市长何益军率领相关部门负责人一行，调研搬经镇重点工作推进情况，实地走访如泰河闸、创合橡塑、夏堡北大桥、南通华多种猪繁育有限公司原种猪场等处，听取有关工作汇报。

5日

△ 省红十字会党组书记、常务副会长齐敦品率调研组一行到如皋开展“不忘初心、牢记使命”主题教育调研活动，实地查看吾悦广场爱心献血屋、宏坝社区博爱家园、水绘园红十字救护站等处。

8日

△ 2019南通（深圳）新一代信息技术产业投资合作恳谈会在深圳召开，向珠三角企业家代表推介新时代南通发展的新机遇新空间，以实际行动落实长三角一体化国家战略。南通市委副书记、市长徐惠民，如皋市委副书记、市长何益军等出席会议，南通中央创新区、港闸区、如皋高新区等5个板块作主题推介。

△ 如皋市融媒体中心（传媒集团）组织赴陕西洋县开展“皋看朱鹮乡、携手奔小康”大型融媒体新闻行动，展示如洋对口协作开展以来成果，讲述对口帮扶干部的奉献情怀，积极推介洋县旅游资源和产业资源。洋县县委常委、副县长石兵参加首日协调会。

9日

△ 市委书记张建华率领市委办、市水务局、市农业农村局、市交通运输局等部门负责人一行，巡查通扬运河北段水域综合整治工作，先后查看通扬运河经济技术开发区、如皋

工业园区(如城街道)、东陈镇段的水环境整治和断面水质达标情况,并召开座谈会,听取东陈镇、白蒲镇、经济技术开发区、如皋工业园区(如城街道)、丁堰镇河道治理工作汇报。副市长张百璘参加活动。

△ 经济技术开发区投资推介说明会在深圳举行。活动就经济技术开发区产业发展情况进行了专题推介,参会客商分享了对如皋的印象、投资如皋的经历等,表示期待未来与如皋的深度合作。

10日

△ 省统计局巡视员、省经普办副主任彭小年率队到如皋,调研全市第四次全国经济普查工作开展情况。市委常委、常务副市长茅红宇出席调研会议,汇报了全市经济运行情况和"四经普"工作开展情况。市统计局和有关镇(区、街道)代表就经普工作的开展情况在会上作了交流发言。

△ 南通市交通运输局局长周建飞率领考察团到如皋,就全市四好农村路建设工作进行考察,先后参观花市路、天杨路、平园池环村路、戴庄路及"建养一体化"优美示范路,详细了解如皋农村公路"建养一体化"工程项目的完成进度、养护管理配置等情况。

△ 如皋市举办2019年德国华人华侨科技工商协会博士团"如皋行"项目路演活动,来自德国华人华侨科技工商协会的博士、企业家进行项目路演,并与本市各单位、镇(区、街道)、企业进行对接交流。市委常委、组织部部长、统战部部长缪爱诚出席活动并致辞。

△ "代表接待选民日"当日,市委书记张建华以人大代表身份到经济技术开发区天河桥村人大代表工作联系点,与选民代表进行面对面交流,听取来自基层的意见和建议。市人大常委会主任吴道健、副主任张勇参加活动。

11日

△ 日本森松工业株式会社社长松久晃基一行到如皋考察。市领导张建华、何益军、丁兴华、顾留忠参加活动。

△ 市委副书记、市长何益军主持召开第十七届市政府第三十三次常务会议,学习省委办公厅、省政府办公厅印发的《关于进一步加强安全生产工作的意见》,传达南通市安委会全体(扩大)会议精神,听取减税降费相关政策解读和2019年5、6月份环境空气质量分析及对策,讨论《如皋市部分镇区增设水质监测断面考核初步方案》《如皋市政府和社会资本合作实施意见》《关于成立如皋市推进政府职能转变和"放管服"改革协调小组的通知》《如皋市城市交通疏堵工程2019年工作任务》等议题。

△ 经过1个多月的调试,市婚姻登记处在南通地区率先正式上线运行"一站式婚姻登记管理平台"。新系统通过高拍仪对身份证、户口簿及所需存档材料自动排版打印,平台可对当事人身份证进行人脸识别,并直接打印声明书,具有全程录音录像、自动生成图片保存等功能,对强化依法登记、提高办证效率、规范档案管理起到积极推动作用。

12日

△ 市委书记张建华率领相关部门调研污染防治攻坚工作推进情况,实地查看高铁南站项目施工现场、通皋大道项目现场、南通恒信混凝土有限公司生产流程、磨头污水处理厂提升项目现场、如泰运河闸项目现场,听取上半年全市打好污染防治攻坚战工作推进情况汇报。市领导史有根、黄文斌参加调研。

△ 市委副书记丁兴华率领相关部门和单位负责人一行,对丁堰镇和东陈镇的镇级公墓建设及村级公墓改造提升情况进行实地督查,先后查看丁堰镇、东陈镇的镇级公墓、村级公墓现场,详细了解公墓建设改造进度、配套设施、资金投入等具体情况,并对检查项目逐一点评。

13日

△ 市委书记张建华主持召开市委中心组(扩大)学习会议,邀请省交通运输厅厅长陆永泉作题为"不忘初心,牢记使命,高质量推进交通强省建设"的专题讲座。

△ 市委常委、市纪委书记、市监察委员会主任史有根率领有关部门负责人一行，调研磨头镇污染防治攻坚工作，实地走访皋鑫科技、方舟建筑、伟鑫混凝土、利民无公害处理等企业以及磨头镇污水处理厂。

14日

△ 省文联党组成员、副主席、书记处书记王建，南通市委宣传部副部长、文联党组书记、主席王一鸣一行到如皋调研，实地走访华夏电影博物馆、如城文体服务中心、市新时代文明实践中心等处，考察如皋文艺志愿活动开展情况。副市长张亚鸾陪同调研。

15日

△ 市委书记张建华主持召开市委常委会会议，传达学习全省县级融媒体中心建设暨学习强国平台使用推广工作专题会精神、南通市新时代文明实践中心建设工作二季度现场推进会精神，讨论《中共如皋市委关于建立市政府向市人大常委会报告国有资产管理情况制度的意见》等议题。

△ 市委副书记、市长何益军率队到市信访局，阅看重点信访案件相关材料，听取相关单位就重点信访事项所作情况汇报，详细了解各事项解决过程中存在的困难与矛盾，强调要始终坚持以人民为中心的发展思想，以发现问题为出发点，以解决问题为导向，切实为群众办实事、做好事、解难题。市领导缪小华、陈晓彬参加活动。

△ 如皋市农民读书节暨农家书屋主题阅读活动启动仪式在高新区（城南街道）肖陆村举行。市委常委、宣传部部长高峰参加活动，实地参观了解了肖陆村农家书屋运转现状和“百姓点单”活动现场的具体运作流程。活动对“百姓点单”项目进行了发布，8个镇区代表和相关服务单位代表进行了签约文本交换。

15—16日

△ 中国再保险（集团）股份有限公司信息技术中心总经理冯键率领考察团到如皋考察，听取全市现代农业发展及风险保障工作有关情况介绍，并与市领导何益军、张百璘等举行座谈，希望加强交流，充分挖掘如皋长寿品牌在农业发展当中的价值，借助科技力量，在共建农业生态、提高农产品价值等方面寻求合作空间。考察团一行实地参观了品德物流配送中心（供销e家）、鸿丰生猪养殖场种养循环项目等处。

16日

△ 南通市慈善总会会长王德忠率队到如皋调研慈善救助工作推进、基层慈善组织建设情况，现场考察九华镇郭李村、搬经镇龙桥村慈善工作站，详细了解村内慈善基金募集情况和村民对慈善工作的支持情况。市政协主席张元健，市委常委、政法委书记缪小华，市人大常委会副主任邵晓泉，副市长张百璘参加活动。

△ 如皋市举行全市全域旅游创建暨文体旅游工作现场推进会，与会人员集中参观经济技术开发区平园池村、盆景大观（花木大世界二期）、江苏华夏电影胶片修复技术有限公司等处。会议对前一阶段全域旅游创建工作成绩进行回顾与总结，就下一步重点工作进行部署，并对2017年度和2018年度先进文化企业进行了颁奖。市领导高峰、钱志刚、张亚鸾、刘晓洁参加活动。如皋工业园区（如城街道）、高新区（城南街道）、市文体广电和旅游局等五家单位作了交流发言。

△ 如皋市在白蒲镇浦东社区举行青年农民创业之星授牌仪式暨“三扶两创”工作座谈会。副市长张百璘出席会议。会议传达了全省关工委“三扶两创”工作现场推进会主要精神，肯定了相关部门在“三扶两创”工作上取得的新成绩。

17日

△ 省委统战部副部长、省侨办主任王华率队到如皋，商讨举办第三届国际司法警政刑侦科学教育文化会议相关事宜。市委常委、如皋工业园区党工委书记、如皋市长寿旅游

度假区党工委书记刘向阳参加活动。

△ 百县优品双创中心考察团一行到如皋考察。市领导何益军、张百璘陪同考察。座谈会上,市委副书记、市长何益军介绍了全市农业发展概况,双方就具体特色农产品的市场定位、加工包装、投入规模、销售模式等方面的交流合作进行了深入探讨。

△ 农发行江苏省分行行长徐浩一行到如皋考察,实地察看如皋汽车文化馆、南通百应能源有限公司等处,详细了解氢能产业和新能源汽车产业发展现状。南通市委副书记、秘书长、统战部部长沈雷,如皋市领导何益军、马金华、茅红宇、黄文斌、张百璘参加活动。

△ 南通市委书记陆志鹏一行到如皋调研,实地查看森松(江苏)重工有限公司、南通小樱时装有限公司、江苏卓远半导体有限公司和全国文明村——江安镇周庄社区。南通市委副书记、秘书长、统战部部长沈雷,南通市委常委、组织部部长封春晴,如皋市领导张建华、丁兴华、茅红宇参加调研。座谈会上,如皋市委书记张建华汇报了全市项目建设、招商引资、党的建设、"三大攻坚战"等重点工作推进情况。

△ 市委副书记、市长何益军率队就全市公共治理服务工作情况开展调研,听取市公共治理服务中心、市编办、市委政法委等相关部门就公共治理服务相关情况和"12345"市长热线平台整合方案、上级对公共服务治理服务工作的相关要求以及社会治理、信访维稳"网格化"服务管理工作推进情况进行的汇报,并就下一步工作进行部署安排。市领导缪小华、茅红宇、陈晓彬参加活动。

△ 市人大常委会主任吴道健率队督查市城建交通重点工程及为民办实事项目实施情况,实地踏勘福寿路改造工程、福寿路桥梁工程、宝塔河东延工程、宏坝便民疏导点、龙游湖北延工程等为民办实事及重大项目现场,深入了解工程实施情况、亮点、难点及最终效果。市人大常委会副主任陈万圣、钱志刚,副市长黄文斌参加督查。

△ 17 日晚,如皋迎来特大暴雨,短时暴雨一小时降雨量 161.9 毫米,创如皋历史强降雨新高,主城区多处路面积水严重。各部门抢险人员第一时间到岗,在宁海路、大司马路、大润发转盘、海阳路与宁海路交界、中山路与东皋路交界等 6 处启动强排,全力降低水位,保障市民出行。

18日

△ 市委副书记、市长何益军召集市水务、住建、公安、城管、应急管理等部门负责人,召开全市紧急防汛工作会议,听取雨情、水情汇报,部署防汛抢险工作。市领导茅红宇、陈晓彬、黄文斌、张百璘参加会议。

△ 全市金融工作座谈会召开,交流前一阶段金融工作推进情况,部署下一阶段金融工作重点。市委副书记、市长何益军主持会议,市委书记张建华出席会议并讲话。会上,市委常委、常务副市长茅红宇通报上半年全市金融运行情况及金融工作考核结果,各金融单位、担保公司负责人交流了全市金融工作会议召开以来相关工作推进情况和下一步的工作打算,人民银行如皋支行负责人对金融工作进行了点评。

19日

△ 全市深化高质量文明城市建设暨文明交通提升行动推进会召开,市委副书记丁兴华出席会议并讲话,市委常委、宣传部部长高峰通报全市二季度文明城市模拟测评情况,并就下一阶段文明城市建设重点工作进行部署安排,与会人员实地参观如皋工业园区(如城街道)长巷、秀水社区公共服务中心,孔庙社区武定苑,市中医院等处,就新时代文明实践点建设、社区创建等情况进行了详细了解。

△ 2019 年度如皋市团干部培训班开班,市委常委、组织部部长、统战部部长缪爱诚参加活动并作开班动员讲话。培训班为期 3 天,各镇(区、街道)团(工)委书记,各学校团组织负责人,各局(公司)团(工)委书记,市直团组织负责人等 400 余人参加培训。

△ 截至 7 月 19 日,如皋港集装箱吞吐量突破 20 万标箱,完成吞吐量 200232 标箱,同比上升

76.71%，标志着如皋港在“百万标箱、亿吨大港”的征程上又迈出坚实可喜的一步。

20日 △ 如皋市召开“江河碧空”暨污染防治攻坚(扩大)会议。市委常委、市纪委书记、市监察委员会主任史有根，副市长黄文斌出席会议，听取各牵头部门就污染防治攻坚工作推进情况所作交流。会议通报了二季度考核结果，对省市“江河碧空”蓝天保卫四号行动进行了部署，明确了“江河碧空”行动内容、范围、时间节点。

△ 如皋市召开乡村振兴工作月度例会，组织参观全市14个镇(区、街道)规模农业项目建设现场和经济技术开发区戴庄村人居环境整治现场。市领导丁兴华、张百璘参加活动。

22日 △ 南通市微型餐饮备案管理工作推进会在如皋召开，与会人员听取如皋市“证照分离审管”平台微型餐饮备案工作流程演示介绍，实地观摩两家微型餐饮单位。

△ 全市企业退休人员“调待”补发的养老金全部发放到位。此次调整涉及全市企业退休人员63874人，人均增加养老金154.1元/月，调整后人均养老金为2540.29元/月，总体上涨水平为2018年全市企业退休人员月人均基本养老金的6.46%左右。

24日 △ 省住房和城乡建设厅住宅与房地产促进中心副主任肖屹率检查组一行到如皋，对省级宜居示范居住区建设项目进行现场核查，先后实地检查文定苑、武定苑以及智慧生态公厕，核查项目投入情况、过程管理、产出情况以及最终效果。副市长陈晓彬陪同检查。

△ 如皋市举行城市搬迁工作现场推进会，通报上半年搬迁工作督查情况和考核结果，总结上半年工作成绩，部署下半年工作。与会人员参观部分城市搬迁地块，如皋工业园区(如城街道)、高新区(城南街道)、经济技术开发区有关负责人汇报了搬迁工作推进情况。市领导刘向阳、黄文斌出席会议。

△ 如皋市召开2019年人才工作半年总结暨高端人才招引“百日竞赛”动员会议。市委常委、组织部部长、统战部部长缪爱诚出席会议，听取各镇(区、街道)以及市发改委、科技局、人社局、农业农村局、商务局、文体广电和旅游局、卫健委相关负责人交流发言，并逐一进行点评。

25日 △ 市政府召开2019年为民办实事项目推进会。市委副书记、市长何益军率队先后查看龙游河与外城河接通工程、城东小学、火车站站前广场公交站台、城区生活垃圾分拣中心、内外城河截污与水循环净化工程、如泰运河接通工程等项目现场，详细了解项目推进情况，就发现的问题现场提出整改意见，并召开座谈会，听取市教育局、医疗保障局、卫健委、人社局等各牵头部门分别汇报为民办实事项目进展情况。

△ 市委副书记、市长何益军率领相关部门负责人，调研全市污染防治攻坚工作开展情况，实地查看盐通铁路高铁南站工地、东陈镇部分生活污水处理科研试点户、深海蓝鲸油烟净化装置、经济技术开发区美能德空气质量监测点、如泰运河新204国道桥断面、恒创码头砂石堆场等处，就发现的问题现场提出整改意见。副市长黄文斌参加活动。

26日 △ 如皋市举行爱心城市馆开馆暨第九届“小亭志愿服务月”启动仪式，首期“新时代文明实践——我说”栏目亮相活动现场，市文明委对一年来涌现出的优秀志愿服务集体和个人给予表彰，鼓励更多市民参与志愿服务。市领导张建华、丁兴华、高峰、陈万圣、严世斌参加活动。

△ 长三角城市文化馆联盟成立大会暨第一次代表大会在上海浦东召开。如皋市文化馆当选长三角城市文化馆联盟理事单位。

26—27 日

△ 省高院巡视员、审判委员会专职委员刘亚平率队到如皋，调研长江流域环境资源第二法庭工作情况，参观市生态环境保护执法司法联动中心，并召开座谈会，详细了解联动中心的部门组成、工作机制、运行情况。市委常委、政法委书记缪小华出席座谈会。

27 日

△ 市委常委会（扩大）会议召开，与会人员实地参观部分镇（区、街道）重点项目建设现场，张建华、何益军、吴道健、张元健、丁兴华等市四套班子领导参加活动。会议总结上半年，谋划下半年。市委书记张建华在会上讲话，市委副书记丁兴华，市委常委、市纪委书记、市监察委员会主任史有根，市委常委、组织部部长、统战部部长缪爱诚，市委常委、常务副市长茅红宇，分别就上半年项目建设、污染防治攻坚、党的建设、经济运行情况进行点评。长江镇、高新区（城南街道）、磨头镇、丁堰镇、九华镇、白蒲镇负责人交流发言。

△ 丁堰镇举行第二届森果农庄葡萄采摘节暨长寿之乡彩虹泡泡跑活动。市人大常委会副主任钱志刚出席开幕式。

27—30 日

△ 第 29 届全国图书交易博览会在陕西西安举行，如皋市新华书店中心门店——如皋书城被评为 2019 年度中国“最美新华书店”，继 2017 年摘得“江苏最美书店”殊荣后，再次获得图书发行行业国家级最高荣誉。

29 日

△ 如皋市召开武装工作暨征兵动员部署会，市委书记、市国动委第一主任、市人武部党委第一书记张建华，市委副书记、市长、市国动委主任、市征兵领导小组组长何益军出席会议并讲话。会上，市委副书记丁兴华宣读了表彰先进单位和先进个人的通报。市委常委、市人武部部长祝国庆总结了 2018 年武装工作，明确了 2019 年武装工作任务，并对征兵工作进行了部署，市人武部政委夏森宣读了部分镇（区、街道）人武部政治教导员任职决定和市级机关部门人武部长任职命令。

△ 市委副书记、市长何益军，市委常委、市人武部部长祝国庆，副市长张百璘到市人民医院征兵体检现场，视察征兵体检工作，详细了解全市征兵体检工作进展和应征青年的整体素质等情况。

30 日

△ 市委副书记、市长何益军率队深入如皋消防大队、人武部和军休所等处，开展“八一”建军节慰问活动，共同谱写双拥共建新篇章。市领导祝国庆、张百璘、刘晓洁参加活动。

△ 如皋市举行 2019 年新录用公务员暨高学历人才初任培训班开班典礼。市委常委、组织部部长、统战部部长缪爱诚参加活动并上专题党课。培训班为期 12 天，共有 103 名学员参加培训。

△ 如皋市召开二季度安委会全体（扩大）会议，通报上半年全市安全生产工作情况，明确下半年安全生产工作重点。市委常委、常务副市长茅红宇主持会议，市委副书记、市长何益军讲话，副市长顾留忠对各镇（区、街道）、相关部门安全生产相关问题进行点评，并提出整改要求，部分镇（区、街道）、部门负责人进行了表态发言。

31 日

△ 中央文明办在内蒙古呼和浩特举办全国道德模范与身边好人现场交流活动，并发布 7 月“中国好人榜”，共有 109 位身边好人光荣上榜，如皋市女企业家薛娟入选“助人为乐”好人。

31 日—8 月 1 日

△ 市委书记张建华率队走访慰问南通军分区、空 7 旅、空军雷达营官兵，代表市委、市政府向官兵们致以节日的问候。市领导丁兴华、缪小华、祝国庆、邵晓泉参加活动。

2019 年 8 月

1 日

△ 市委书记张建华，市委副书记、市长何益军率队开展新时代文明实践人文关怀行动，先后前往海阳路大润发路口，慰问执勤交巡警、城管执法队员和环卫工人，并深入城东小学等工程建设项目现场和如城供电所、十里墩水厂等保供单位，开展安全生产和社会运行保障工作检查，看望坚守在一线岗位的劳动者，强调教育、卫生、供水、供电等民生领域供给水平要尽快实现城乡一体化。副市长顾留忠参加活动。

△ 市委副书记、市长何益军主持召开第十七届市政府第三十四次常务会议，传达学习《习近平总书记武汉座谈会发表重要讲话一周年回访报告》、南通市食安委全体（扩大）会议精神，听取全市长江经济带发展情况汇报、2019 年上半年食品安全工作情况汇报，研究讨论《关于〈镇（区、街道）卫生院（社区卫生服务中心）建设指导意见〉的补充意见（讨论稿）》《如皋市村镇建设工程质量安全管理暂行办法》《关于加快推进一体化在线政务服务平台建设的工作方案》《如皋市城市户外广告设施整治提升工作方案》等议题。

△ 市委副书记、市长何益军专题调研全市重点项目规划工作，学习了解江苏省城市规划院承担的南通市两河两岸规划提升中间成果，并听取相关单位关于如皋市如泰运河生态廊道及周边地块布局规划，龙游河景观带一、二、三期规划整合工作，长江镇总体规划、滨江外滩公园规划、周圩港生态廊道，城市西南片区康养文旅项目规划，工业综合体规划等规划的介绍。市领导马金华、黄文斌参加调研。

△ 市政协主席会议专题协商信访维稳工作，听取相关部门负责关于全市信访维稳基本情况汇报、市政协社法委负责人关于赴海安学习考察信访维稳工作情况汇报。

△ “成云雷理论名师工作室”揭牌仪式在市文化馆举行。市委常委、宣传部部长高峰参加活动，并与南通大学马克思主义学院副院长成云雷共同为工作室揭牌。

△ 全市宣传思想文化工作现场推进会召开，回顾分析 2019 年以来全市宣传思想文化工作推进情况，研究部署下一阶段重点工作，为圆满完成全年目标任务夯实基础。与会人员参观了基层文化阵地设施完善的江安镇陈庄村、将新时代文明实践示范点与“基层党建”“文明创建”深度融合的石庄镇邹蔡村、志愿者覆盖镇党员干部、医护人员、学生等多个群体的吴窑镇、对外宣传推广成绩突出的长江镇等一批优秀思想文化宣传典型。市委常委、宣传部部长高峰参加会议。

△ 如皋市举行第二届“百姓名嘴”理论宣讲决赛暨“十百千”理论宣讲观摩会，22 名选手参赛，深入宣传习近平新时代中国特色社会主义思想，展现基层宣讲骨干的自信和风采。市委常委、宣传部部长高峰出席活动。

△ 如皋市召开重点外贸企业工作会议，邀请专家围绕 2019 年以来外贸进出口发展现状及面临的形势进行分析，并为企业贸易工作做指导。市商务局负责人在会上通报全市今年以来对外贸易发展情况，并对下一步具体工作进行部署。副市长顾留忠参加会议。

△ 由中国花卉协会盆景分会举办的“盆景国际竞赛”颁奖仪式在北京世园会举办。国家林业和草原局副局长、北京世园会组委会委员刘东生、国家林业和草原局生态修复司司长、北京世园会政府副总代表赵良平，中花卉协会秘书长、北京世园会政府副总代表、北京世园会国际竞赛组委会主任刘红等参加活动，并听取中国花卉协会盆景分会执行会长施勇如、盆景艺术大师王如生介绍如派盆景历史和特点。市领导丁兴华、刘向阳、邵晓泉、杜永红共同参观当日开放的国际馆盆景国际竞赛展区，丁兴华代表如皋市委、市政府受领盆景国际竞赛特别贡献奖，并为金奖作品颁奖。本次大赛中，如皋盆景共获得

特别奖1项、金奖4项、银奖7项、铜奖3项，如皋花木盆景产业联合会、如皋绿园有限公司获颁特别支持奖、特别贡献奖。

△ 阿里研究院发布《2019年淘宝村、淘宝镇名单》，如皋市长江镇入选2019中国淘宝镇名单，被认证为“中国淘宝镇”。截至2019年6月底，全国共有4310个淘宝村、1118个淘宝镇。

2日

△ 市委书记张建华主持召开市委常委会会议，传达全国安全生产电视电话会议和省安委会全体成员会议精神，研究讨论《如皋市关于中央扫黑除恶第17督导组边督边改对接会反馈问题的整改落实方案》《关于深入实施“头雁工程”加强村(社区)党组织书记队伍建设的意见(讨论稿)》等议题。

3日

△ 市委十二届九次全体(扩大)会议在市行政中心礼堂召开，总结上半年经济社会发展和党的建设工作，研究部署下半年任务，加快建设“强富美高”新如皋。大会听取审议市委书记张建华代表市委常委会所作工作报告，通报各镇(区、街道)项目建设、财政收入、新型工业化等相关重点工作考核结果，授予二季度项目建设先进单位流动红旗，通过《中国共产党如皋市第十二届委员会第九次全体(扩大)会议决议》。市发改委、市生态环境局、如皋工业园区(如城街道)、吴窑镇负责人在会上交流发言。

5日

△ 江苏神马电力股份有限公司在上交所上市，证券简称为“神马电力”，证券代码为“603530”。副市长顾留忠出席上市仪式。

△ 2019年如皋市台企“减税降费”新政宣讲暨“如皋市台商服务工作站”揭牌仪式在南通神马线业有限公司举行，与会人员实地参观南通神马线业有限公司，并听取企业“减税降费”新政，国家税务总局如皋市税务局党委委员、副局长周宏兵、原市台办主任许映兰共同为“如皋市台商服务工作站”揭牌。

6日

△ 南通市政协系统“提高联系群众能力”学习研讨暨“有事好商量”协商议事室建设现场观摩推进会在如皋召开，与会人员实地观摩城北街道委员组“有事好商量”协商议事室、高新区创新体验中心等处，并观看如皋市政协“提高联系群众能力”专题片《不负人民向美而行》。南通市领导黄巍东、陈宋义、尹建炉、顾诺之、吴旭、陈本高、金元、马啸平、施学雷、朱进，如皋市领导张建华、张元健、冒平、杜永红、郑振明、严世斌、刘晓洁，市政协秘书长许映亮出席会议。

△ 市委书记张建华率队前往如皋奥体中心，看望慰问在高温天气下积极备战训练的南通支云足球俱乐部队员，并参观俱乐部新改造配置的奥体餐厅、球迷商店、医疗室等处。市领导何益军、高峰、张亚鸾以及相关部门和企业负责人参加活动。

7日

△ 省农业农村厅种植业管理处副处长杜永林率领省“两区”划定成果验收调研组(二组)，对如皋市“两区”划定工作开展专题调研，听取全市“两区”划定工作情况汇报，现场查勘“两区”划定成果，详细了解地块分布和工作进展情况，对市镇两级推进“两区”划定组织领导、协调配合、技术配套等方面工作给予肯定，并针对当前“两区”划定工作遇到的问题，提出加快验收工作进度和提高划定成果验收质量的解决思路和关键措施。

△ 市委副书记、市长何益军率领市政府办、教育局等部门负责人，调研石庄高级中学、江安高级中学教育工作，实地查看学校校园环境和基础设施建设情况，了解相关教育教学机制和管理策略。副市长张亚鸾参加调研活动。

△ 市委副书记、市长何益军到市人民来访接待中心公开接访，面对面倾听群众诉求，针对老小区

改造中出现的矛盾协调解决具体问题。副市长黄文斌参加活动。

△ 如皋市召开脱贫攻坚暨"双联双助"工作交流推进会议，回顾总结2019年以来全市"双联双助"和脱贫攻坚工作取得的成绩和不足，部署9月底前脱贫攻坚最后冲刺阶段的目标任务和工作举措。会议下发了《关于制订2019年市级机关"双联双助"工作考核积分申报办法的通知》《关于对全市建档立卡户脱贫情况和危房情况进行全面排查的通知》《关于对全市建档立卡低收入人口脱贫情况的通报》《脱贫攻坚和"双联双助"当前工作要点》等文件。

8日

△ 如皋市召开村(社区)党组织书记队伍建设综合研判工作动员会。市委常委、组织部部长、统战部部长缪爱诚出席会议并作动员讲话。

△ 省商务厅公布2019年度省级公共海外仓名单，共10家企业获评省级公共海外仓，梦百合家居科技有限公司(美国)名列其中。

9日

△ 如皋市举行2019如皋城市推介会。市委副书记、市长何益军为活动致辞，上海社会科学院原副院长、研究员何建华应邀围绕"长三角一体化与如皋机遇"主题作专题讲座，市委常委、如皋工业园区党工委书记、市长寿旅游度假区党工委书记刘向阳，副市长黄文斌分别进行了城市推介和拟出让地块推介。

△ 市委宣传部、国网如皋市供电公司联合举行"2019如皋电力迎峰度夏新闻发布会"，通报2019年以来全市用电情况、迎峰度夏工作开展情况以及全市电网规划建设及供电服务工作情况，就迎峰度夏、电力设施保护等方面工作回答媒体记者提问。

10日

△ 为预防第9号台风"利奇马"，做好防台防汛工作，南通市副市长赵闻斌一行到如皋进行防台工作督查，实地查看如皋港闸管理所、新跃涵洞、如皋港务集团、长青沙西南角等处，并听取如皋市防台工作开展情况汇报。副市长张百璘陪同督查。

△ 市人大常委会主任吴道健以人大代表的身份，深入长江镇中心沙社区，走访接待选区选民，进一步密切与人民群众的联系，更好地履行人大代表职责。

△ 全市教育系统市管学校领导干部任职集体谈话会召开。市委常委、组织部部长、统战部部长缪爱诚出席会议，并和与会干部进行集体谈话。

12日

△ 全市经济社会发展情况报告会召开，市委副书记、市长何益军向市人大、市政协通报全市上半年经济社会发展情况，推动落实下半年重点工作。市领导吴道健、张元健、茅红宇参加会议。

12—13日

△ 市第十七届人大常委会第二十次会议召开，听取审议市政府关于2019年上半年国民经济和社会发展计划执行情况的报告，市政府关于2018年财政决算、2019年上半年财政预算执行情况的报告，市政府关于2018年度财政预算执行和其他财政收支的审计工作报告，市政府关于《市人大常委会关于市政府特色田园乡村建设情况报告的审议意见》落实情况的报告，市政府关于《市人大常委会关于全市中医药发展情况报告的审议意见》落实情况的报告，通过相关人事任免事项，并为新任命人员颁发任命书和进行宪法宣誓。

13日

△ 市人大常委会召开2019年评议工作动员会，进一步统一思想、明确责任、凝聚共识、增强合力，确保8月至10月对市人民检察院、自然资源局、水务局、商务局和传媒集团工作开展评议活动顺利进行、取得实效。

△ 副市长张百璘、市慈善基金会理事长石耀一行前往如皋工业园区(如城街道)、丁堰镇多位贫困学子家中,开展圆梦助学活动,为他们送上助学金。

△ 2019 如皋市首届啦啦操精英挑战赛在市奥体中心篮球馆举行。比赛共吸引 19 支来自不同学校、培训机构的队伍参赛,300 多人同台竞技。

14日

△ 市地方金融监督管理局举行工作情况汇报暨人大代表建议面复会。市人大常委会副主任张勇参加会议,听取市地方金融监督管理局负责人汇报上半年相关工作情况。

15日

△ 南通市政协副主席尹建炉一行到如皋,专题调研“有事好商量”协商议事室建设情况,实地走访作为村试点的平园池村和作为企事业单位试点的南通荣威娱乐用品有限公司,听取相关工作汇报,详细了解基层协商议事室准备情况和未来发展规划。市政协主席张元健、副主席严世斌、秘书长许映亮陪同调研。

△ 市城管局邀请相关人大代表和政协委员,举行 2019 年建议提案办理见面汇报会,市人大常委会副主任陈万圣,市政协副主席严世斌出席会议。2019 年,市城管局共收到建议、提案 65 件,其中人大主办件 13 件、协办件 10 件;政协主办件 20 件、协办件 20 件;2018 年接转 B 类建议 2 件。从代表委员们反映的建议提案内容来看,主要涉及物业管理、垃圾分类与治理、公共服务设施建设等方面。截至目前,建议提案已经全部办结,按时回复率、按时办结率、无违规率、代表满意率均为 100%。

△ 江苏首套智能北斗船舶生活污水接收装置在如皋水上绿色综合服务区投入使用,上午 9 时许,“通港拖 11”轮生活污水被成功接收到岸上。该装置由北斗智能污水存储柜(船上)、岸上生活污水接收装置和在线软件监测平台组成,实现港内作业船舶生活污水集污、接收全过程在线监测;结合北斗物联传感技术,实现全过程闭环监测和环保大数据监控,有效避免港内作业船舶污水偷排漏排。

16日

△ 第十七届市政府第三十五次常务会议召开,专题研究全市安全生产工作。会议传达了南通市安委办、南通市应急管理局《关于进一步明确乡镇安监机构职责的通知》精神,汇报了全市安全生产工作情况及提请协调解决的相关问题,讨论通过了开展 2019 年安全生产巡查试点工作方案。

△ 市委副书记、市长何益军主持召开第十七届市政府第三十六次常务会议,听取全市 2019 年以来污染防治攻坚工作情况汇报,通报全市 2019 年以来政府性债务防范化解情况,研究部署下一阶段工作。会议还讨论通过《加快推进如皋教育现代化实施方案(2019—2022)》等教育工作有关文件。

17日

△ 市委书记张建华主持召开市委常委会会议,传达省纪委关于“两个责任”履责纪实平台信息录入工作的相关要求,听取全市脱贫攻坚工作情况汇报,研究讨论《如皋市关于中央、省委宗教工作督查反馈问题整改工作方案》《加快推进如皋教育现代化实施方案(2019—2022)》《如皋教育现代化 2035》《关于加强新时代教师队伍建设的意见》《关于优秀教育人才引进的激励意见》等议题。

△ 市委书记、市委全面深化改革委员会主任张建华主持召开市委全面深化改革委员会第二次会议,深入学习贯彻习近平总书记全面深化改革重要思想,认真落实中央、省委和南通市委改革部署,进一步统一思想,精准发力,以高质量改革推动如皋高质量发展走在前列。

△ 如皋市召开镇(区、街道)卫生院(社区卫生服务中心)建设动员会。市委书记张建华出席会议并讲话,对民营医院在医疗卫生体制改革中作出的重要贡献表示肯定,市委副书记、市长何益军对下一阶段镇(区、街道)卫生院(社区卫生服务中心)建设作出具体部署。九华镇、城北街道、磨头镇、卫健委四家单位在会上作了交流发言。市领导茅红宇、高峰、钱志刚、张亚鸾、严世斌出席会议。

△ 如皋市第三届青年人才大会暨“青春建设新皋地·创新赋能新时代”如皋籍在外青年学子家乡行活动在市文化馆举行。共青团南通市委书记王鸣昊、副书记吴冰冰，如皋市领导刘向阳、缪爱诚、严世斌参加活动。活动集中发放了2019年度希望工程圆梦行动助学款、优质创业项目贷款，并为8家青年人才就业创业见习基地进行了授牌。

△ 如皋市召开预拌混凝土绿色生产改造整治现场推进会，听取各镇(区、街道)分管领导汇报前一阶段混凝土环境整治工作推进情况并进行点评，就高标准推进“江河碧空”行动提出要求。与会人员实地观摩磨头镇南通恒信混凝土有限公司绿色生产改造现场。市委常委、市纪委书记、市监察委员会主任史有根出席会议并讲话。

19日

△ 市委副书记丁兴华率队实地督查三季度重点项目推进工作开展情况，实地走访江苏迅镭激光、万达轴承迁建、茂友木材铸锻件等多个项目现场，听取工程建设情况汇报，现场协调解决遇到的工作难题。

△ 在第二届“中国医师节”到来之际，市委副书记、市长何益军带队前往市人民医院、市中医院，看望慰问奋战在一线的部分医师代表，代表市委、市政府向全市广大医务工作者致以节日的问候和崇高的敬意，并就提升全市医疗建设水平、医疗人才的培养与引进等方面与医师代表们进行交流。市领导高峰、张亚鸾参加活动。

20日

△ 中国健康管理协会发起人、名誉会长、少将程功明率考察组到如皋，实地考察市中医院、市人民医院、市博爱康复医院等处，详细了解全市大健康产业发展情况。市委副书记、市长何益军，副市长张亚鸾参加活动。

△ 市委常委、宣传部部长高峰调研全市医疗保障工作开展情况，并举行座谈，详细了解医疗保障工作当前所亟需解决的问题。活动中，市医保局负责人从基金安全、扩面提质、能力提升、社会参与4个方面汇报了自3月份组建以来的相关工作进展情况，并对全市医保“痛点”“堵点”问题进行了剖析。

21日

△ 市扶贫开发协会举办2019年度扶贫助学金集中发放仪式，现场为39名贫困家庭学生发放扶贫助学金共计86000元。副市长张百璘出席活动。2019年以来，市扶贫开发协会共对96名贫困家庭学生进行了资助，资助总额190900元。

21—23日

△ 陕西省洋县县委书记胡瑞安率队到如皋考察，开展对口协作交流活动，先后举行如皋—洋县对口协作联席会议，实地参观新时代文明实践中心、明德塑胶、梦百合家居、电影博物馆、水明楼酒厂、伟越电器等处，全方位了解如皋城市发展情况，并与市水明楼酒厂就相关合作项目进行了洽谈。市领导张建华、何益军、吴道健、茅红宇、程瑞琴、顾留忠、冒平参加活动。

22日

△ 内蒙古自治区乌海市委副书记、市长高世宏率队到如皋考察氢能产业发展情况，实地参观市氢能小镇（检测中心）、百应能源、安思卓新能源、势加透博、赛麟汽车等重点项目和重点企业，详细了解项目推进、企业发展情况，近距离感受氢能产业和新能源汽车产业发展现状。市领导何益军、顾留忠陪同考察。

△ 省地方金融监督管理局监管二处处长周建林、南通市地方金融监督管理局局长张乃华等一行到如皋经济技术开发区墨砚农民资金互助合作社，就信用合作和风险防控工作进行调研。

△ 2019年农村订单定向医学生免费培养集中签约仪式在市公卫中心举行，农村订单定向医学生与市卫健委现场签订《定向就业协议书》，其在校学习期间，免除学费、免缴住宿费，并补助生活费，毕业后服务本市各卫生院（社区卫生服务中心），承担农村公共卫生和基本医疗服务。自

2018 年起，如皋市启动农村订单定向医学生免费培养工作，当年共录取农村订单定向免费培养医学生 26 名（本科生 24 名、大专生 2 名），均为临床医学专业。2019 年向省争取到 70 个名额，专业涉及临床医学、麻醉学、中医学，最终录取 67 名（本科生 63 名、大专生 4 名），剩余 3 个名额未有填报。

22—24 日

△ 2019 中国民营企业 500 强峰会在青海省西宁市召开，会上，全国工商联发布 2019 中国民营企业 500 强榜单，如皋市 2 家企业上榜，分别为南通六建、中如建工，位列第 170 位和第 379 位。

23 日

△ 上汽集团原总裁陈志鑫一行到如皋，实地考察南通百应能源有限公司、安思卓新能源企业、势加透博科技有限公司等氢能源企业发展情况。市领导何益军、高峰参加活动。

△ 第三届中国汽车企业高管人才工作座谈会在如皋召开，30 余位汽车行业领导、企业人事人才主管领导、汽车院校精英和海归专家与会，就汽车产业人才现状、人才的培养经验以及汽车产业发展的热点话题进行交流探讨。市委副书记、市长何益军出席会议并致辞。

26 日

△ 国家市场监管总局、国家标准委在北京召开国家标准化综合改革试点中期评估现场答辩评审会，如皋市与江苏省、浙江省、山东省、沈阳市等 10 个试点单位参加评审会，并顺利通过国家标准化综合改革试点中期评估现场答辩。

△ 市委副书记、市长何益军率领相关部门负责人一行前往如皋中学调研，详细询问学校开学准备工作，听取宏坝河改扩建方案，并就改扩建过程中涉及如皋中学改造部分，与相关部门负责人现场进行了探讨和论证。

27 日

△ 在通省人大代表第三小组到如皋专题调研经济社会发展情况，通过实地考察、听取汇报等形式，先后实地查看新时代文明实践中心、百应能源、思源电气、平园池村、花木大世界（如皋）国际园艺城、卓远科技、北外龙游湖外国语学校、高新区创新体验中心、华夏胶片电影博物馆等重点园区、企业和项目现场，详细了解全市乡村振兴建设和经济社会发展等方面的有关情况。市领导何益军、茅红宇、张勇陪同调研。

△ 如皋市在南通文峰饭店举行正威国际集团（如皋）5G 新材料产业园项目签约仪式，市委副书记、市长何益军与正威国际集团董事局主席王文银共同签订项目投资协议，双方就项目实施规划及合作细节进行了深入探讨与交流。南通市委书记陆志鹏，南通市委副书记、市长徐惠民等出席活动。产业园落户如皋，总投资约 300 亿元，共涉及 6 个项目，包括年产 552 万平方米纳米铜触控显示一体化项目，年产 25 万吨低氧光亮铜杆项目，集创意、生产、展示、交易、文化交流、健康、观光于一体的盆景艺术文化创意产业园，碳纤维材料及应用产业园，以高端装备智能控制系统为研发核心的智能装备研究院，整合区域铜产业资源的供应链平台项目。

△ 如皋市召开机关驻村第一书记工作现场推进会。全市 22 名机关驻村第一书记参加会议，实地观摩石庄镇草张庄社区、何正村以及磨头镇塘湾村等驻村第一书记工作成果展示现场。市委常委、组织部部长、统战部部长缪爱诚出席会议，听取 5 名驻村第一书记工作汇报，并对全体驻村第一书记的工作情况进行了点评。

△ 如皋市正式出台《关于如皋市推行“一件事”改革工作实施方案》，梳理发布首批 109 项行政审批“一件事”清单目录，事项涵盖企业经营、投资建设项目、不动产登记、教育、社保、公安、税务、民政、水电气服务、住房公积金等多个涉企涉民领域，让群众和企业享受更多改革红利，实现新一轮政府效能的大提速与大提升。

28日 △ 国务院发展研究中心农村经济研究部第一研究室主任、研究员程郁率领调研组一行到如皋，调研土地经营权入股项目情况，听取相关部门关于土地经营权入股项目情况的汇报，详细了解土地入股成立合作社、联合体发展农业产业化的具体经营方式、资金管理、风险防范、分红、产业发展方向、主要困难、需要哪方面的政策和项目扶持等方面的内容，并参观经济技术开发区平园池村荷花池、农耕博物馆等处。副市长张百璘陪同调研。

△ 如皋市举行省第十二批科技镇长团派驻工作会议，部署新一批科技镇长团工作。市领导何益军、缪爱诚、程瑞琴、孙恒参加会议。自 2010 年起，先后 9 批科技镇长团到如皋挂职，累计为本市新建院士工作站、研究生工作站等各级各类研发平台 70 多个，引导和帮助企业与省内外 60 多所高校建立全面合作关系，达成意向合作 400 多项，邀请专家来访 1200 多人次，并成功引荐包括长江学者、国家杰青等在内的数十位高端人才落户如皋。

△ 全国如皋商会第十次合作交流会议在新疆乌鲁木齐市举行，来自全国各地如皋商会的企业家代表围绕“弘扬如皋精神，推动商会高质量发展”主题和创建“四好”商会等议题，开展深入的交流和探讨，并就今后如皋商会合作交流机制、合作发展等进行了讨论。市政协副主席、工商联主席、总商会会长杜永红出席会议。

△ 如皋市在乌鲁木齐昆仑宾馆举行如皋支边(援疆)六十周年纪念会议，市委书记张建华出席并讲话。市领导丁兴华、陈万圣、杜永红，30 名当年支边(援疆)代表以及北京、上海、南京、天津、青岛等异地如皋商会及新疆本地的相关兄弟商会负责人参加会议。会上，南通市援疆工作组副组长、伊宁县副县长周勇，兵团商务局投资促进处处长胡康进行了交流发言，与会人员观看了如皋支边(援疆)六十周年宣传片。会议为支边(援疆)代表颁发了纪念章。会议前夕还举行了纪念如皋支边(援疆)六十周年老同志座谈会，市领导与部分支边(援疆)老同志进行了座谈。

△ “壮丽七十年 阔步新时代——新中国成立七十周年主题邮展”在市博物馆开展。邮票展共展出邮票 60 框，全部来自市各单位退休老干部个人收藏，包括“我爱北京天安门”“民族复兴”“中国共产党历届党代会”等主题邮集，以及如皋市参与全国邮展、世界邮展获奖的邮集。

△ 通皋大道百日会战暨劳动技能竞赛颁奖盛典在通皋大道项目建设现场举行。活动由市总工会、市交通运输局、中建通皋大道建设有限公司联合举办，现场表彰了通皋大道 2019 年度第一次“百日会战暨劳动技能竞赛”中涌现出的爱岗敬业、无私奉献的岗位标兵和先进集体。市人大常委会副主任钱志刚出席活动。

△ 如皋籍科学家、哈尔滨工业大学生命学院教授黄志伟带领的团队在《自然》杂志上发表《人 T 细胞受体-共受体复合物组装的结构基础》研究文章。这是世界上首次揭示人 T 细胞受体复合物的结构，是中国科学家在免疫基础科学领域取得的重大原创性发现。

31日 △ 全市项目建设月度观摩会议召开，通报全市三季度项目建设进展情况。与会人员对各镇(区、街道)三季度拟申报的新开工项目进行了集中观摩，各镇(区、街道)负责人汇报了项目的开工、建设、竣工和转化情况。市委书记张建华出席会议并讲话，市委副书记、市长何益军作了项目点评。

2019 年 9 月

3 日

△ 如皋市 2019 年中青年干部培训班开班，进一步提升全市中青年干部的理论水平、党性修养和执政能力。市领导丁兴华、缪爱诚出席开班典礼。

△ 如皋市召开打好污染防治攻坚战指挥部(扩大)会议，市攻坚办对全市预拌混凝土企业绿色改造规范进行辅导，各镇(区、街道)就“江河碧空”四号行动任务完成、预拌混凝土企业绿色改造等推进情况交流发言，市级机关牵头部门就三季度污染防治攻坚考核项目进展情况进行汇报。市委常委、市纪委书记、市监察委员会主任史有根，副市长黄文斌参加会议。

△ 如皋市举行农村特困农户危房改造暨腾讯公益“9·9 公益日”慈善活动推进会，响应国家农村危房改造工作和省委、省政府脱贫攻坚部署，募集资金资助农村特困农户改造危房，解决住房安居问题。副市长黄文斌参加会议。

△ 市退役军人事务局举行退役军人服务站站长会议，推进全市烈士纪念设施保护工作。会议听取全市散葬烈士墓有关情况通报，市人民检察院负责人集中发布了检察建议。副市长张百璘等参加会议。

4 日

△ 如皋市举办 2019 年在建产业项目融资需求银企对接座谈会，32 家重大产业项目企业主要负责人介绍项目建设、生产经营情况和融资需求，20 家银行机构和 3 家担保公司相关负责人针对企业情况提问发言，并对企业融资需求给出答复和切实可行的融资建议，通过发挥各自优势，实现银行与企业的共赢发展。市委常委、常务副市长茅红宇出席会议。

△ 上午 7 时 17 分，市海阳路 303 号中山大厦华地服饰大卖场发生火灾，着火部位位于卖场一至四楼，烟雾蔓延至毗邻的中山名邸小区内，经如皋中队、中山路专职队、高新区专职队、海安中队、天生港中队、保障大队等消防力量全力扑救，8 时 35 分火势被控制，9 时 10 分火灾被扑灭，11 时搜救工作全部完成，事故未造成人员伤亡。

5 日

△ 市委书记张建华到市人民来访接待中心接待来访群众，了解群众诉求，倾听群众呼声，为他们排忧解难，化解矛盾纠纷。市领导缪小华、陈晓彬参加接访。

△ 市委副书记、市长何益军主持召开第十七届市政府第三十七次常务会议，传达南通安委会(消委会)全体(扩大)会议精神，通报华地服饰火灾事故情况，研究讨论《如皋市污水处理厂集中运营指导和考评办法》《2019 年科技人才洽谈会方案》等议题。

△ 市长办公(扩大)会议召开，专题研究涉及政府的 33 项重点工作、34 项重大工程推进情况，深刻分析存在短板，切实抓好问题整改，确保圆满完成全年各项工作任务。

△ 如皋市开展华地服饰大楼火灾事故现场警示教育活动，与会人员观看华地服饰大楼火灾事故现场，听取有关情况介绍。市领导何益军、茅红宇、陈晓彬、黄文斌、张亚鸾、张百璘、程瑞琴、顾留忠、孙恒参加活动。

△ 如皋市举行深化村(社区)红白理事会建设现场会，组织与会人员实地参观石庄镇何正村、永兴社区、邹蔡村等红白理事会建设现场，并发布文明帮办红白事建议流程。市领导丁兴华、高峰、邵晓泉、刘晓洁出席会议。

△ 如皋市召开推进政府职能转变和“放管服”改革工作会，进一步明确改革工作任务和责任体

系。市委常委、常务副市长茅红宇出席会议，听取相关部门负责人就全市“放管服”改革工作推进情况和今后一段时间工作打算的汇报。

△ 第二届“南通慈善奖”颁奖典礼在中华慈善博物馆举行，如皋企业神马电力股份有限公司、东升南通国际石材产业城荣获“最具爱心捐赠单位”奖，南通市福友置业有限公司总经理张吴麟荣获“最具爱心捐赠个人”奖，如皋市慈善基金会“农村危房改造三年行”扶贫项目荣获“最具影响力慈善项目”奖。

6日

△ 如皋市举行2019年欢送新兵暨国防教育专场文艺演出。市委常委、市人武部部长祝国庆，副市长张百璘，市政协副主席刘晓洁参加活动。

△ 如皋市食品安全委员会全体(扩大)会议召开。副市长张百璘宣读《市政府办公室关于调整市食品安全委员会及食品安全城市创建工作领导小组组成人员的通知》，副市长程瑞琴传达南通市食安委全体(扩大)会议精神。市市场监管局、城管局、行政审批局等部门负责人汇报2019年以来全市食品安全工作情况并作交流发言。市领导茅红宇、张百璘、程瑞琴出席会议。

△ 如皋市召开打赢打好脱贫攻坚战推进会议，对建档立卡低收入农户脱贫、经济薄弱村集体经营增收、“双联双助”等工作进行部署。经济技术开发区、江安镇、吴窑镇大石社区就脱贫攻坚战的工作成果和经验教训交流发言。市领导丁兴华、邵晓泉、张百璘、杜永红参加会议。

△ 国内最长海上叶片——7MW-B910A海上叶片在江苏九鼎新材料股份有限公司顺利下线。市领导丁兴华、顾留忠出席下线仪式。该叶片全长91米，重31吨，由玻璃纤维和碳纤维合制而成，是国内长度最长的风电叶片，由东方电气风电有限公司研发制造，九鼎新材配合生产，主要配套7兆瓦等级海上风力发电机组，适用于多地区风区环境。

△ 市政协举行“我与政协情缘”恳谈会，回顾光辉历程、畅谈履职感悟、展望美好前景，庆祝人民政协成立70周年。市政协主席张元健，副主席冒平、郑振明、严世斌，秘书长许映亮参加活动。

7日

△ 市委书记张建华主持召开市委常委会会议，传达学习习近平总书记关于地方人大设立常委会40周年的重要指示精神、栗战书委员长在纪念地方人大设立常委会40周年座谈会上的讲话精神、南通市城市基层党建工作现场推进会精神和《中国共产党农村工作条例》《中国共产党宣传工作条例》，听取近期全市污染防治攻坚工作情况汇报，并就全市高水平全面建成小康社会指标完成情况、《关于“有事好商量”协商议事室建设情况的报告》《如皋市政协党组关于建议召开全市纪念人民政协成立七十周年大会暨全市政协工作会议的请示》《2019年科技人才洽谈会方案》等有关议题进行讨论研究。

△ 如皋市召开三季度安委会(消委会)全体(扩大)会议，传达全省安全生产电视电话会议、南通市安委会(消委会)全体(扩大)电视电话会议精神，通报全市安全及消防相关情况，并对下一步工作进行部署。市委常委、常务副市长茅红宇，副市长顾留忠出席会议。部分镇(区、街道)相关负责人和相关部门负责人在会上交流发言。

9日

△ 全市科协系统“四长”〔学校校长、医院院长、农技站长(农服中心主任)、高新企业董事长〕培训班举行。省科协组织人事部部长陈蕾、副市长程瑞琴参加相关活动。

10日

△ 如皋市召开教育大会，研究部署当前和今后一个时期全市教育改革发展工作，提出全力打造新时代“南通第一、江苏一流、全国知名”的“教育如皋”品牌，加快建设现代化教育强市。市领导张建华、何益军、吴道健、张元健、丁兴华等出席会议，并在会议结束后举行的“耕耘在如皋教育的春天里”——第35个教师节庆祝表彰大会上，为市德业双馨十佳教师、优秀

教师群体、教育均衡优秀教师、优秀乡村教师(20年)、优秀乡村教师(30年)、雉水教坛常青树等先进集体和个人颁奖。

△ 市委副书记丁兴华率队实地督查重特大项目推进工作,实地走访万达轴承、一下科技未来城、江苏迅镭激光等多个项目现场,详细了解项目推进进度,对下一步重特大项目建设提出具体要求。副市长顾留忠参加活动。

△ 经济技术开发区举行重大项目集中签约仪式,成功签约项目17个,总投资达156亿元。市领导马金华、高峰、顾留忠出席活动。

11日

△ 南通市委常委、常务副市长单晓鸣率队到如皋,调研上市企业运行及安全生产情况,实地走访梦百合、力星钢球、九鼎新材、南通荣威、南通锻压等多个上市企业,听取企业运行情况汇报,查看企业主营业务、主要产品,了解企业当前存在的困难和问题,探讨当前形势下企业发展对策。如皋市领导张建华、何益军、刘向阳、茅红宇陪同调研。

△ 南通市人大代表如皋代表团视察如皋检察工作,观摩市人民检察院工作亮点和典型案例展示,实地视察市人民检察院政治生活区、检察文化区、院史陈列室等。市领导陈万圣、张勇、陈晓彬参加活动。

△ 如皋市召开第三季度城市建设工作现场会,对2019年以来城市建设工作进行总结点评,并研究部署下一阶段城市建设和搬迁工作,与会人员参观部分城市在建项目现场。市领导刘向阳、黄文斌出席会议。

△ 市新时代文明实践中心、搬经镇新时代文明实践所在搬经小学红蜻蜓剧场联合举办"我们的节日"中秋主题示范活动。市委常委、宣传部部长高峰,市人大常委会副主任邵晓泉,市政协副主席刘晓洁参加活动。

12日

△ 市委书记张建华主持召开市委常委会会议,传达学习中央、省委和南通市委关于第二批"不忘初心、牢记使命"主题教育有关会议精神,全省长江大保护(南通)现场推进会与省委书记娄勤俭在通调研讲话精神,全省新中国成立70周年大庆安保维稳决战动员部署会精神和南通贯彻落实工作精神,研究全市开展主题教育相关方案,贯彻落实"长江大保护"工作,部署全市中秋、国庆期间安全生产现场督查相关工作。

△ 如皋市召开"不忘初心、牢记使命"主题教育动员会议,对全市开展主题教育作出具体安排。南通市委主题教育第三指导组组长、南通市政协副秘书长陈亮,南通市委主题教育第三指导组副组长、南通市纪委监委派驻第一纪检监察组组长冯斌出席会议。根据中央统一部署,第二批"不忘初心、牢记使命"主题教育即日开始,到11月底基本结束。

△ 为确保全市主题教育工作顺利开展,市委"不忘初心、牢记使命"主题教育指导组培训会暨领导小组办公室全体人员会议举行。市委常委、组织部部长、统战部部长缪爱诚出席会议。

△ 市委书记张建华率队实地督查全市节前安全生产和环境保护工作实施情况,先后实地查看南通荣威娱乐用品有限公司、南通美能得新能源科技股份有限公司、梦百合家居科技股份有限公司,仔细排查企业生产中存在的不足和隐患。

△ 市领导何益军、茅红宇、顾留忠率队深入市人民医院、华府名庭二期施工现场、高新区(城南街道)卓远半导体有限公司、吾悦广场等处进行安全生产检查,督促相关单位做好安全隐患排查,确保做好节日期间安全生产工作。

△ 为不断完善城乡旅游公共服务体系建设,加快全域旅游创建工作进程,市领导高峰、张亚鸾率领市交通运输局、文体广电和旅游局等相关部门和单位负责人一行,督查全市全域旅游创建工作,先后实地查看定慧寺、水绘园、平园池村、长途汽车站等处,检查各处整体环境卫生情况和具体基础设施

管护状况。

14日

14—15日

△ 市委常委、市纪委书记、市监察委员会主任史有根率队，采取现场检查不听汇报的方式，全面对照《如皋市“江河碧空”污染防治技术要求》，对全市“江河碧空”蓝天保卫四号行动完成情况进行抽查验收，先后对如海运河、焦港河、通扬运河等处的水域情况和港口码头整改情况，依照问题清单逐项核实排查。副市长黄文斌参加活动。

16日

△ 市四套班子党员领导张建华、何益军、吴道健、张元健、丁兴华等参观中国工农红军第十四军纪念馆，重温入党誓词，接受革命传统教育。

△ 市委中心组举行主题教育第一次学习研讨会，围绕“坚定理想信念，加强党性修养，学习党史新中国史，理论学习有收获”主题进行集中学习研讨。市委书记、市委主题教育领导小组组长张建华和市委理论学习中心组全体成员参加研讨会。

△ 如皋市举行“解放思想再出发”专题报告会，邀请全国基层理论宣讲先进个人、市人大常委会党组成员、专职委员姚呈明作题为《解放思想再出发》的专题讲座。市四套班子领导张建华、何益军、吴道健、张元健、丁兴华等出席会议。

16—22日

△ 如皋市举办以“网络安全为人民，网络安全靠人民”为主题的2019年网络安全宣传周活动。宣传周期间，全市发放各类宣传资料3800余份，并在户外大屏、金融机构户外电子屏、商户电子屏、校园电子屏等电子载体滚动发布主题宣传海报、宣传标语，从城区到乡村营造浓烈氛围，让网络安全走进千家万户，提升群众网络安全意识。

17日

△ 如皋市举行市委中心组(扩大)学习会，邀请南通市委宣传部副部长黄正平授课，专题学习《习近平新时代中国特色社会主义思想学习纲要》。市四套班子领导张建华、何益军、吴道健、张元健、丁兴华等参加学习。

△ 市委理论学习中心组举行第二次集中学习研讨会，围绕“心中有党，政治建设为统领，发扬斗争精神、增强斗争本领，严守政治纪律和政治规矩，思想政治受洗礼”主题进行集中学习研讨。市委理论学习中心组全体成员参加学习研讨会。

18日

△ 市委理论学习中心组举行第三次集中学习研讨会，围绕“心中有责，勇于直面矛盾，干事创业敢担当”主题进行集中学习研讨。市委理论学习中心组全体成员参加学习研讨。

△ 市委副书记、市长何益军率队调研全市自然资源工作，听取市自然资源局2019年3月下旬转隶挂牌以来工作情况汇报。市领导茅红宇、黄文斌参加调研。

△ 2019年如皋(大连)现代服务业专题招商推介会在辽宁大连举行，6个服务业项目集中签约。副市长程瑞琴参加活动并致辞。

△ 经济技术开发区氢能小镇与上海汽检签订“国家氢能源汽车研究检测公共服务平台(筹建)”委托运营协议。上海市市场监管局副局长陶永华，江苏省市场监管局副局长王俊胜，市领导何益军、马金华、顾留忠出席签约活动。上海汽检与经济技术开发区合作筹建的“国家氢能源汽车研究检测公共服务平台”项目2019年3月动工建设，项目一期规划建设包括燃料电池发动机实验室等在内的10个实验室，预计2020年7月建成。截至目前，整车环境实验室、燃料电池环境实验室、振动实验室、燃料电池发动机实验室等5个实验室设备进入安装调试，经正式委托运营签约和交付后，预计11月投入

试运行。

△ 如皋市贸促会举办“应对中美贸易摩擦 开拓一带一路新兴市场”专题培训会，通过专家授课、市商务局外贸科室负责人政策解读、本市知名外贸企业现场分享，帮助本市企业积极应对中美贸易摩擦影响，进一步了解“一带一路”沿线国家及地区的市场情况、贸易政策、外贸环境等情况，及时开拓新兴市场及“一带一路”国家沿线市场。

19日

△ 南通市“坚守初心使命江海先锋”典型事迹报告会如皋专场举行，与会人员观看先进典型事迹视频，听取90岁老党员、“张富清式”战斗英雄江承年，为民服务、恪守承诺的“红马甲”——国网江苏电力（如东公司）共产党员服务队党支部，实业报国、反哺社会的民营企业家薛济萍，感动中国人物、“磨刀老人”吴锦泉等先进典型事迹的讲述。张建华、何益军、吴道健、张元健等市四套班子领导聆听报告会。

△ 市委召开中心组（扩大）学习会，邀请南通市纪委副书记、监委副主任、南通市委巡察办主任陈锋以“初心和使命，不可丢掉的党魂”为主题作党风廉政建设和反腐败工作专题辅导，扎实推进“不忘初心，牢记使命”主题教育，进一步推动全面从严治党向纵深发展。市委书记张建华出席会议并作总结讲话。

△ 市委理论学习中心组举行第四次集中学习研讨会，围绕“心中有民，牢记党的性质和宗旨，坚持群众路线，为民服务解难题”主题进行集中学习研讨。市委理论学习中心组全体成员参加学习研讨会。

20日

△ 江苏省委原副书记、南京市委原书记顾浩率队到如皋，就全市经济社会发展情况进行考察交流，实地参观东大街历史文化保护街区和江苏华夏电影胶片博物馆。市委常委、组织部部长、统战部部长缪爱诚陪同考察。

△ 市委副书记丁兴华率领相关部门负责人一行，现场督查重特大项目推进情况，实地查看万达轴承、一下未来科技城、迅镭高端激光装备、宏茂铸钢超大型铸锻件智能化、茂友木材等项目。

△ 如皋市召开非法金融活动专项治理工作动员部署会议，听取市公安局、市行政审批局、市市场监管局、市地方金融监督管理局等部门相关负责人分别交流发言。市领导缪小华、史有根出席会议。

△ 共青团如皋市委、如皋农商行联合举办“农商行杯”第七届如皋市“创·青春”青年创新创业大赛，10名创业青年参赛，现场进行项目展示和公开答辩，“N型半导体——电子级红磷”项目获得一等奖。市政协副主席严世斌出席活动。

21日

△ 市委召开庆祝人民政协成立70周年大会暨全市政协工作会议，认真总结近年来全市政协工作经验，研究部署新形势下政协工作。市委书记张建华出席会议并讲话。会议对“我的政协工作实践”“我的政协履职纪实”征文活动获奖者进行了颁奖。

△ 如皋市举行“中国共产党的奋斗历程与基本经验”专题学习报告会，邀请江苏省委党校党史党建教研部主任、教授张加华作专题讲座，深入了解党史、国史，推进“不忘初心、牢记使命”主题教育。市四套班子领导张建华、吴道健、丁兴华、缪小华、刘向阳、史有根、缪爱诚、茅红宇、祝国庆、高峰、石慧宏等出席会议。

△ 如皋市召开扫黑除恶专项斗争领导小组第七次会议，传达贯彻中央扫黑除恶第17督导组督导江苏省情况反馈会精神，全力抓好督导整改工作，深入推进扫黑除恶专项斗争向纵深发展。市领导张建华、缪小华、史有根、缪爱诚、陈晓彬出席会议。市公安局、市人民检察院、市人民法院、市纪委监委分别汇报了专项斗争近期工作情况。

23日 △ 如皋市举办庆祝中华人民共和国成立70周年纪念章颁发仪式。市委常委、组织部部长、统战部部长缪爱诚出席活动，并为70周岁以上的劳模代表和离休老干部代表颁发由中共中央、国务院、中央军委共同制作的“庆祝中华人民共和国成立70周年”纪念章。此次本市由市人社局颁发纪念章的对象共有450人，主要是中华人民共和国成立前参加革命工作、健在的老战士老同志，中华人民共和国成立后获得国家级表彰奖励及以上荣誉并健在的人员，9月26日之前纪念章发放到每一位纪念章获得者手中。

△ 如皋市召开乡村振兴工作月度例会，组织与会人员实地参观磨头镇蝴蝶兰种植项目、如皋工业园区（如城街道）紫韵观光生态农业项目、经济技术开发区平园池村鑫蕊菊花种植基地项目等部分镇（区、街道）规模农业项目及人居环境整治现场，并为参观的农业项目质量进行打分测评，相关部门负责人对规模农业项目工作进行点评。市委副书记丁兴华参加活动。

△ 市住建系统庆祝新中国成立70周年文艺演出暨首届住建文化艺术节开幕式在行政中心礼堂举行。市领导刘向阳、冒平出席活动。首届住建文化艺术节从9月份至10月底，安排了“1+5”系列活动，即一场主题文艺演出和技能比武大赛，以及城建摄影征集、爱心公益行、“我与市民谈城建”研讨会、老干部建言献策五个专题活动。

△ 市企业家协会围绕“创新发展、追求卓越”主题举行秋季活动，中如建工集团、海迪科（南通）光电科技有限公司等企业负责人围绕企业创新、市场开拓等主题作交流发言，市发改委相关负责人就当前总的经济形势和发展趋势进行交流。副市长顾留忠参加活动。

24日 △ 市委书记张建华一行到白蒲镇开展“不忘初心、牢记使命”主题教育调研，实地查看江苏力源金河铸造有限公司、南通白蒲黄酒有限公司、三香斋茶干厂，走访该镇黄行村等处，并到白蒲镇钱园社区与社区一班人进行交流，听取意见和建议。市委常委、组织部部长、统战部部长缪爱诚参加调研活动。

25日 △ 南通市委副书记、市长徐惠民会见参加第四届国际氢能和燃料电池汽车大会的现代汽车商用中国室长安广铉、康明斯（中国）投资有限公司副总裁彭立新等部分客商。南通市政府秘书长陈俊，如皋市领导张建华、何益军、马金华、顾留忠参加会见。

△ 2019长三角氢能燃料电池汽车科普巡游在如皋收官。中国汽车工程学会常务副理事长兼秘书长张进华，市领导何益军、马金华出席收官仪式。科普巡游车队23日从上海出发的，由15辆以氢能源做燃料的乘用车、物流车、公交车、客车组成，经停常熟，跨越苏通大桥，经过南通，到达如皋，全程216公里。

△ 如皋市举办2019年秋季退役士兵返乡欢迎仪式暨适应性培训招聘大会，市退役军人教育培训基地和就业创业基地正式揭牌。市委常委、人武部部长祝国庆，副市长张百璘等参加活动。

△ “乡村小微金融服务如皋示范区”创建成果展演在慧家汇文化俱乐部举行，市委常委石慧宏参加活动，并为“如皋市金融服务乡村振兴示范单位”颁奖。

26日 △ 南通市委常委、常务副市长单晓鸣会见参加第四届国际氢能与燃料电池汽车大会的中石化销售股份有限公司副总经理张毅，长城汽车股份有限公司副总裁唐海锋，巴斯夫集团总经理 Kumar Pole，中能源工程集团氢能科技有限公司 CEO 兼 CTO 范钦柏，荷兰 Brummen 副市长、清洁技术区理事会成员 Eef van Ooijen，浙江氢谷新能源汽车有限公司董事长陈强等中外客商和嘉宾。市领导张建华、何益军、马金华、程瑞琴、顾留忠参加会见。

△ 第四届国际氢能与燃料电池汽车大会在如皋召开。中国工程院院士、中国汽车工程学会理事长李骏、南通市委副书记、市长徐惠民分别致辞，省政府副秘书长张乐夫在会上讲话。开幕式上，国家

氢能源汽车研究检测公共服务平台揭牌,《长三角燃料电池汽车一体化示范实施方案》《如皋经济技术开发区与现代自动车株式会社燃料电池商用车研究开发和示范应用》等合作方案和项目集中签约,日本众议院议员、日本前环境大臣原田義昭,欧盟燃料电池及氢能合作组织执行董事 Bart Biebuyck,上海汽车集团股份有限公司副总裁、总工程师祖似杰等有关专家作了主题演讲,市委副书记、市长何益军作了题为《氢能新梦想,小城大战略》的演讲。南通市委常委、常务副市长单晓鸣,如皋市领导张建华、吴道健、丁兴华、马金华、高峰、陈晓彬、程瑞琴、顾留忠等出席开幕式。

△ 如皋市举行庆祝老科技工作者协会成立 20 周年大会。市委书记张建华出席大会并讲话。会议宣读了中国老科协会长陈至立所题“步入新时代 作出新贡献”题词,并对模范老科技工作者、先进老科技工作者进行了表彰。江苏省老科协秘书长刘献理,南通市老科协常务副会长姜晓军,如皋市领导缪爱诚、程瑞琴、冒平出席会议。

△ 如皋市举行第四届如皋市道德模范颁奖典礼暨首场报告会,倡导好风尚,弘扬正能量,促进全社会向上向善。市领导丁兴华、刘向阳、高峰、陈万圣、张亚鸾、严世斌出席会议,并分别为助人为乐、见义勇为、诚实守信、敬业奉献、孝老爱亲模范颁奖。

△ 南通首家由企业出资设立的具有独立法人资格的非公募基金会——南通泰慕士爱心基金会成立十周年,100 对爱心妈妈和孩子共同为基金会庆生。市领导张建华、张元健、缪爱诚、高峰、张勇、张亚鸾、严世斌参加相关活动。

27 日

△ 文化和旅游部公共服务司司长李宏率队到如皋, 调研群众自办文化工作开展情况,先后实地走访南通市新空间幕墙材料制造有限公司新空间民族管弦乐团、华夏胶片电影博物馆。副市长张亚鸾陪同调研。

△ 市第十七届人大常委会第二十一次会议召开,听取部分南通市人大代表履职情况报告,听取并审议全市扫黑除恶专项斗争工作报告、市政府关于“国家全域旅游示范区”创建工作报告、市政府关于全市现代农业发展情况的报告。会议任命蒋丽为副市长,为其颁发任命书,并举行宪法宣誓仪式。

△ 市委副书记、市长何益军主持召开十七届市政府第三十八次常务会议,传达学习全省乡村产业振兴暨深化农村改革现场推进会议精神,听取中央、省环保督察及中央“回头看”交办问题整改情况汇报,研究部署下一阶段工作,并就《关于建立常态长效监管机制防止“大棚房”问题反弹的通知(讨论稿)》等有关议题进行研究讨论。

△ 由上市企业中富通集团股份有限公司全资兴建的宇石能源集团在经济技术开发区正式揭牌,为全市氢能产业发展再添“助推器”。市领导马金华、顾留忠出席活动,并深入公司生产车间,实地查看项目建设情况。

△ 如皋市举办全市党支部书记“不忘初心、牢记使命”主题教育专题培训班。市委常委、组织部部长、统战部部长缪爱诚出席开班仪式并作动员讲话。

28 日

△ 南通市委常委、政法委书记姜永华,南通市政协副主席吴旭到如皋,开展国庆走访慰问活动,先后走访慰问科技人才张新峰、革命老兵孙书成、党员遗属刘小琴和老党员刘松乔。如皋市委常委、政法委书记缪小华,市委常委、常务副市长茅红宇陪同走访。

△ 市委书记张建华主持召开市委常委会会议,学习新修订的《中国共产党问责条例》,传达全省乡村产业振兴暨深化农村改革现场推进会议精神,研究讨论《如皋市委常委会“不忘初心、牢记使命”主题教育调查研究工作建议方案》《市委常委会“不忘初心、牢记使命”主题教育征求意见建议方案》《市委办公室关于全面加强党的领导、建立健全“两代表一委员”密切联系群众工作机制的试行意见(讨论稿)》等议题,并就做好国庆期间安全维稳工作提出明确要求。

△ 2019 中国森林旅游节·全国精品盆景展开幕式在花木大世界(如皋)国际园艺城会展中心举行。

盆景展由中共南通市委员会、南通市人民政府、2019中国森林旅游节执委会主办,中国花卉协会盆景分会、中共如皋市委员会、如皋市人民政府承办,来自全国17个省市区的412盆(组)精品盆景参展。开幕式由市委副书记、市长何益军主持,市委书记张建华致辞,国家林业局原副局长李育才宣布盆景展开幕,国家林业和草原局生态保护修复司司长赵良平,森林旅游工作领导小组副组长、国有林场和种苗管理司司长程红,中国花卉协会副秘书长杨淑艳,江苏省粮食和物资储备局局长夏春胜,南通市委副书记、统战部部长沈雷等领导和嘉宾出席开幕式,并为全国盆景展特等奖和金奖获得者颁奖。开幕式结束后,60余名国内盆景爱好者现场进行盆景制作技艺大比拼,经国家级评委、中国盆景艺术大师组成的评委专家组进行了严格评判,并为获奖者颁发了奖牌和证书。

△ 首届中国·如皋国际盆景进出口产业发展论坛在江苏盆景博物馆举行,中国花卉协会盆景分会相关负责人介绍中国盆景产业发展情况,来自欧洲、东南亚、美洲等地区的盆景进出口贸易代表和中国盆景经营者代表围绕"盆景进出口产业发展"主题进行了探讨。市政协副主席杜永红参加活动。

29日

△ 如皋市召开项目建设月度观摩会议,通报全市三季度项目建设及利用外资情况,与会人员观摩各镇(区、街道)上季度开工项目推进情况。市领导何益军、吴道健、张元健、丁兴华、马金华等出席会议。

△ 市委常委、宣传部部长高峰率领市交通运输局、市城管局等相关部门和单位负责人一行,督查城区公益宣传氛围提升情况,实地查看火车站、文峰城市广场、城北市场等处,检查各处国旗摆放、宣传标志布置、LED显示屏播放等具体情况。

△ 如皋市庆祝新中国成立70周年专场文艺演出在如皋大剧院举行。市四套班子领导张建华、何益军、吴道健、张元健、丁兴华等与各界干部群众共同观看演出。演出分"血沃春泥""激情岁月""东方风来"三个篇章,由来自全市各条战线的600多位演职人员编排展演。

30日

△ 中国第六个烈士纪念日,如皋市在烈士陵园举行缅怀先烈公祭活动。活动由市委副书记、市长何益军主持,市委书记张建华宣读祭文,市四套班子全体领导,各镇(区、街道)党(工)委书记,市级机关各部门(含垂直管理部门)主要负责人,驻如部队机关主要领导及代表,烈属代表,社会各界代表,学生代表等参加活动。

△ 如皋城乡建设成果暨优秀住宅小区展开幕。城乡建设成果展通过古邑城池、匠心筑城、宜居城市、建筑之乡、乡村振兴等主题,系统全面地展示和宣传全市70年来在住房和城乡建设方面取得的巨大成就和变化。优秀住宅小区展吸引全市18家房产企业参展,国内8家知名房企参加形象展。市领导张建华、何益军、吴道健、张元健、刘向阳、茅红宇、陈万圣、黄文斌、冒平参加开幕活动。

△ 全市工业企业低效用地盘活提升工作现场会召开,与会人员实地参观华培动力、超威机械、亿能防腐三家企业的用地盘活提升现场,听取相关工作经验介绍。市委副书记丁兴华、副市长顾留忠参加会议。

△ 石庄镇历史文化展馆正式开馆,副市长张亚鸾出席开馆仪式。石庄是江海平原县制最早的三大古镇之一,自东晋义熙七年(411年)置临江县至今有1600余年历史,展馆位于石庄镇北大街历史文化街区,以文化为主轴,分序厅、江海古镇潮涌千年、竹岭毓秀人才辈出、濡染皋风文墨馨香、聆听古韵品味石庄五个部分。

2019年10月

1日 △ 市四套班子领导张建华、何益军、吴道健、张元健、丁兴华等集中观看首都各界庆祝中华人民共和国成立70周年大会现场直播。

4日 △ 副市长张亚鸾率队督查全市节日期间安全生产工作，先后前往隆昌化工、思源电气、中医院扩建项目工地等处，对安全生产责任制落实、安全设施使用等情况进行详细检查。

5日 △ 副市长顾留忠率队开展“防风险、保安全、迎大庆”安全生产检查，实地检查超达模具厂、定慧寺、江中三期建筑工地、天泽化工等处安全生产责任制落实、安全设施使用等情况。

6日 △ 副市长程瑞琴率队督查全市节日期间安全生产工作，实地查看江苏宝众宝达药业有限公司、正翔广场小吃一条街、滨河路绿化广场等处，详细了解安全生产工作部署落实情况，并对检查中发现的隐患提出整改意见。

7日 △ 副市长张百璘率领市交通局、文体广电和旅游局、市场监管局等有关部门负责人一行，先后前往江苏阳恒(震宇)化工有限公司、南通荣威娱乐用品有限公司、全季酒店、宝塔河建设现场等处，检查安全生产工作，强调时刻绷紧安全生产这根弦，为全市人民营造安全、放心的节日环境。

△ 市第十三届“重阳寄深情，相聚水明楼”敬老联谊会在南通水明楼酒业有限公司举行。市领导邵晓泉、张亚鸾、郑振明出席活动。

8日 △ 由中小城市发展战略研究院、国信中小城市指数研究院等机构推出的《2019年中国中小城市高质量发展报告·绿皮书》发布，如皋市位居2019年度全国综合实力百强县市第24位，并在2019年度全国绿色发展百强县市、2019年度全国科技创新百强县市排名中分别位于第21位和第19位。

9日 △ 南通市殡葬专项整治工作现场推进会在如皋召开，来自南通市民政系统各县(市、区)分管领导、殡管所所长参加会议，实地参观丁堰镇在建中的生态故园和皋南社区公益性公墓、城南街道生态公益性公墓以及如皋市殡葬专项整治工作办公室档案资料。如皋市副市长张百璘参加会议。

△ 如皋市召开中青年干部座谈会，市委书记张建华出席会议，并为与会的2019年如皋市中青年干部培训班全体学员上“不忘初心、牢记使命”主题教育专题党课，19名中青年干部代表围绕“成长·担当·作为”主题，结合个人成长经历、自身工作实际，交流了感悟体会。市委副书记丁兴华，市委常委、组织部部长、统战部部长缪爱诚参加会议。

△ 如皋市举行自然资源重点工作推进会，围绕土地“双整治”、增减挂钩核查、征地报批推进、永

久基本农田储备区划定、违法用地管控五项工作进行探讨，分析当前全市自然资源重点工作存在的突出问题，安排部署当前及下一阶段的重点任务。市委常委、常务副市长茅红宇出席会议。

10日

△ 市政协副主席冒平率领市应急管理局、市政协环资城建委相关人员一行，对大寨河搬经段进行巡查，针对巡查中发现的农村三四级河道、居住河管护责任问题，建议建立“自己的河道自己管”长效管护机制，由村委会与沿河农户签订协议，或者通过村规民约的形式约定，解决居民随意向河岸河道倾倒垃圾问题。

11日

△ 南通市人民检察院检察长俞昕水率领南通市扫黑除恶专项斗争督导组一行到如皋，采取听取汇报、个案督查、查阅资料等方式，对全市扫黑除恶专项斗争开展情况进行督导。市领导何益军、缪小华、陈晓彬参加活动。

12日

△ 南通市村镇生活污水处理能力提升现场推进会在如皋召开，与会人员参观白蒲镇、东陈镇的村镇生活污水处理现场。南通市委副书记、市长徐惠民，南通市副市长陈晓东，如皋市领导张建华、何益军、黄文斌出席会议。

△ 市委书记张建华主持召开市四套班子领导挂钩联系工作交流会，总结前一阶段挂钩联系工作开展情况、遇到的问题和困难，交流做好下一步工作的思路举措。

△ 如皋市2019年中青年干部培训班结业典礼在市委党校举办。市委常委、组织部部长、统战部部长缪爱诚参加活动。

13日

△ 新疆伊宁县副县长孟涛率队到如皋服装商会考察，并举办交流会，介绍当地投资环境、招商政策和为如皋在伊宁县落户服装企业服务的具体举措，就未来开展合作可能性进行探讨。会上，市工商联相关负责人介绍了如皋服装行业发展现状和工商联积极引导各商会投身中西部协作相关情况，泰慕士公司代表介绍了企业发展和近几年在外投资情况，赛晖服装公司代表介绍了公司在伊宁投资相关情况。

△ 如皋市召开《如皋话地图》发布会。市委常委、宣传部部长高峰在会上致辞，上海教育出版社副总编辑袁彬和《如皋话地图》主编、南通大学文学院教授、档案馆馆长、校史馆馆长万久富共同向如皋市人大教科文卫委、政协文史委、如皋市委宣传部(社科联)、文联、文化局、教育局、作家协会、图书馆、博物馆等单位赠书。市领导丁兴华、马金华、钱志刚等出席活动，并与专家学者围绕《如皋话地图》开展了座谈交流。

14日

△ 市委书记张建华率领相关部门负责人一行，实地查看城东工业区、35号地块、紫光路北延(城北段)、253号地块、252号地块、160号地块、132号地块的搬迁现场，慰问城市搬迁一线工作人员，了解重点地块搬迁工作推进情况，对进一步抓实抓细城市搬迁工作提出要求。市委常委、如皋工业园区党工委书记、如皋市长寿旅游度假区党工委书记刘向阳参加活动。

△ 市委副书记、市长何益军率队调研全市绿色农业发展工作，先后实地参观考察九华镇的张大生猪养殖场，磨头镇的嘉威生猪养殖场、金旺家庭农场，搬经镇的华多种猪繁育有限公司，经济技术开发区等镇(区、街道)的绿色农业重点项目。副市长张百璘参加调研。

△ 如皋市举行“如e融媒”手机客户端推广培训会，市融媒体中心(传媒集团)相关负责人就“如e融媒”手机客户端安装方法、相关业务知识、各功能模块应用进行培训，并组织各镇(区、街道)宣传委员、各部门负责宣传工作负责人参观融媒体生产指挥中心。市委常委、宣传部部长高峰出席会议。“如e融媒”手机客户端由如皋市融媒体中心(传媒集团)重点打造，作为全市进一步加快推动媒体融合工

作的移动平台，是市委、市政府重点建设的意识形态新阵地、舆论宣传新平台、网络生活新门户、服务群众新窗口。

15日 △ 市委书记张建华在市行政中心会见克罗地亚索林市市长达利博·宁赛维克率领的索林市代表团一行及李昌钰博士夫妇。市领导何益军、吴道健、张元健、刘向阳参加活动。

△ 市委书记张建华主持召开座谈会，邀请部分镇（区、街道）、部门、村（社区）、企业、“两代表一委员”等代表，征求对市委常委会班子和市委主要领导开展“不忘初心、牢记使命”主题教育的意见和建议，并就相关问题解决办法进行探讨。

△ 如皋市举行网格化服务管理工作现场推进会，与会人员实地参观江安镇联络新社区、长江镇永平社区和长江镇网格联动指挥中心，并进行座谈交流。市委常委、政法委书记缪小华出席会议。会上，市委组织部和市公安局分别对“红格”“警格”融入基础网格建设进行了具体部署，联络新社区和长江镇相关负责人作了交流发言。

16日 △ 由市长达利博·宁赛维克率领的克罗地亚索林市代表团一行在如皋考察，并召开座谈会，了解如皋基本情况，介绍索林市历史发展、地理区位、人口面积、基础设施、教育经济、文化习俗和特色旅游项目等情况。市领导吴道健、刘向阳陪同考察。

△ 南通市召开项目建设季度观摩点评会，并组织与会人员到如皋现场观摩经济技术开发区氢能产业项目、长江镇国骄胶粘新材料项目、华永商用车电控空气悬架与自动变速箱项目。南通市领导陆志鹏、徐惠民，如皋市领导张建华、何益军、马金华、顾留忠参加活动。

△ 如皋市农业农村局召开农业种养循环工作推进会，组织与会人员现场参观九华镇张大生猪养殖场牧草养猪示范点和磨头镇嘉威生猪养殖场种养循环及粪污社会化服务组织运行情况，听取关于社会化服务组织的经验介绍，并对《关于以畜禽粪污资源化利用促进种养循环发展的指导意见》《以畜禽粪污资源化利用促进种养循环发展奖补实施细则》等文件政策进行全面解读。副市长张百璘等出席会议。

△ 全市区域供水三期工程启动动员会召开。副市长黄文斌参加会议，听取如皋水务集团负责人介绍项目相关基本情况。

△ 副市长张百璘率市政府办、扶贫办、供销社等相关部门负责人一行前往江安镇陈严村，走访慰问部分低收入户，将党和政府的关爱送到困难群众家中。

17日 △ 南通市政协主席黄巍东率队到如皋，就“有事好商量”协商议事室建设情况开展调研，先后实地调研如皋工业园区（如城街道）孔庙社区和经济技术开发区平园池村“有事好商量”协商议事室。南通市政协副主席尹建炉、秘书长朱进，如皋市委书记张建华、市政协主席张元健参加调研活动。

△ 第三届国际司法警政刑侦科学教育文化会议在如皋举行。来自美国、印度、丹麦、韩国、新加坡、波兰等世界各地的法政学者、公安警政首长、刑侦科学专家400多人与会，就司法、警政、刑侦、科学、教育、文化等领域相关议题展开研讨。会议由市委副书记、市长何益军主持，市委书记张建华致辞，美国纽黑文大学终身教授兼副校长、前美国康涅狄格州警政厅长兼鉴识科学中心主任、李昌钰鉴识科学研究中心创始人李昌钰，中国工程院院士顾晓松，南通市委常委、政法委书记姜永华，省人大常委会副主任、党组成员曲福田先后讲话。最高人民法院刑一庭庭长、二级高级法官杨立新，最高人民检察院检察技术信息研究中心司法鉴定中心副主任刘勇，文化和旅游部资源开发司副司长吴科锋，省委统战部副部长、省侨务办公室主任王华，省侨联主席周建农，南通市人大常委会副主任黄卫成，南通市副市长、市公安局局长陈旭，波兰华沙大学法律与行政学院教授塔德乌什·托马舍夫斯基，克罗地亚索林市

市长达利博·宁赛维克等出席会议。会上，克罗地亚索林市市长达利博·宁赛维克与何益军分别代表克罗地亚索林市和如皋市签署《友好城市合作备忘录》。

△ 美国江苏总商会与如皋市在沪企业家商会举行缔结友好商会签字仪式，美国江苏总商会会长蔡成华、如皋市在沪企业家商会会长崔建华分别介绍各自商会相关情况，展望战略合作前景，并现场签订合作协议。如皋籍"华人神探"李昌钰对两地商会合作表达了美好祝愿。南通市委常委、政法委书记姜永华，如皋市领导何益军、缪小华、刘向阳、杜永红出席活动。

△ 东台市市委副书记、市长王旭东率队到如皋考察水资源情况，并探讨交流与如皋形成战略合作关系，从如皋引取长江水，实现区域用水共建共享，逐步提升水质，改善内河环境。如皋市领导何益军、茅红宇、黄文斌陪同考察。

△ 如皋市与兴业银行就兴投新信息技术产业股权投资基金合作达成协议。兴投(北京)资本管理有限公司董事长、兴业银行总行投资银行部副总经理陈宇函，市领导何益军、茅红宇出席签约仪式。

△ 市委副书记丁兴华率队开展脱贫攻坚工作专题调研，并对省定经济薄弱村长江镇富圩村及该村两户建档立卡贫困户进行走访慰问，强调脱贫工作要严格对照"两不愁三保障"标准，精准施策，合力攻坚。

△ 如皋市举行审计发现问题整改推进会，通报审计工作情况和发现的主要问题，要求各板块和市有关部门切实巩固审计整改长效机制，确保审计整改取得预期效果。市委常委、常务副市长茅红宇，市人大常委会副主任张勇，市政协副主席冒平出席会议。

△ 如皋海关在苏中国际集装箱码头完成对一批乌克兰非转基因大豆的现场查验。该批在如皋口岸到港的1031.74吨乌克兰大豆，由口岸放行后通过水路运往省内淮安市一家油脂厂进行加工，在整个江苏口岸属于首批，拓展了长江流域对接"一带一路"进口粮食海路物流通道。

18日

△ 金融机构支持如皋重点产业发展恳谈会召开，市委书记张建华出席会议并讲话。省级金融机构、南通金融监管部门的有关领导，南通各家金融机构的行长，如皋市部分重点企业负责人、部门负责人参加会议，就发挥金融杠杆作用、推动"做实产业""做优城市"等方面互动交流、寻求合作。与会人员听取了全市工业经济及重大项目建设、城市建设及建筑业发展等情况汇报，正威文化发展有限公司、南通荣威娱乐用品有限公司等企业负责人及部分金融机构负责人进行了交流发言。市领导何益军、丁兴华、马金华、刘向阳、史有根、茅红宇、石慧宏、黄文斌等出席会议。

△ 市退役军人健康服务基地揭牌仪式在如皋博爱康复医院举行。市委常委、人武部部长祝国庆，副市长张百璘参加活动为基地揭牌。

△ 2019年"南通六建杯"江苏省首届建筑施工BIM技术应用职业技能竞赛在如皋举办，来自南京、苏州、南通等多市队伍共30个小组、90名选手参赛。副市长黄文斌出席相关活动。

19日

△ 如皋—洋县对口协作联席会议(第三次)在如皋召开，双方就进一步深化两地全面合作、合力打赢扶贫攻坚战进行深入交流，并现场签约如皋市水明楼酒业有限公司洋县5000亩有机黑米生产基地项目。洋县县委副书记、县长杜家才，如皋市领导何益军、张百璘、蒋丽出席会议。

△ 中国少年先锋队如皋市第三次代表大会在如师附小儿童剧院开幕，如皋市十佳少先队员、如皋市十佳少先队辅导员受到表彰。南通团市委书记王鸣昊，如皋市领导张建华、缪爱诚、张勇、张亚鸾、严世斌出席大会开幕式。

△ 如皋市举办第二届花卉园艺师(盆景)技能大赛，厚植工匠文化，助推花木盆景产业转型发展，来自全市的80多位园艺师参赛。

△ 如皋市举办第三届长寿美食烹饪大赛暨如皋黑塌菜烹饪标准发布会。长寿美食烹饪大赛由市餐饮协会、烹饪协会、旅游协会共同主办,共有来自如皋餐饮界的 25 支队伍参赛,如皋黑塌菜烹饪标准在大赛现场发布。副市长张亚鸾参加活动。

△ 如皋市召开餐饮场所燃气安全专项整治会议,听取相关市级部门开展餐饮场所燃气安全专项整治工作情况汇报,针对全市餐饮场所燃气安全管理方面存在的薄弱环节和监管漏洞进行全面彻底的排查治理。副市长顾留忠参加会议。

20日

△ 华夏电影文化中心举行开馆仪式。江苏省人大常委会外事委员会主任司锦泉,市领导何益军、丁兴华、茅红宇、钱志刚、张亚鸾、刘晓洁出席活动。活动现场举行“江苏省档案馆如皋电影史料馆”“中国服务贸易协会数字经济分会副会长单位”“江苏电影档案展示馆”“上海电影学院产学研实践基地”揭牌仪式,华夏电影文化中心与四家单位签订了纪录片数字化修复项目、影片《红樱桃》数字化修复项目、中国地质大学声像档案数字化修复项目合作协议,西安灞河影业有限公司总经理、制片人王乐向华夏电影文化中心捐赠了影片《团圆》和《图雅的婚事》的胶片拷贝和版权。

21日

△ 如皋市召开乡村振兴月度例会,与会人员实地参观磨头镇的“三化”树种组培项目、经济技术开发区野林村的轩瑞芦笋基地等乡镇规模农业项目建设现场和江安镇人居环境整治现场。市领导丁兴华、张百璘参加活动。

22日

△ 市委书记张建华主持召开市委常委会会议,学习传达国家、省、南通市有关安全生产的文件和会议精神,全省重大项目建设观摩推进会和南通市项目建设季度观摩点评会主要精神,全国深化拓展建设新时代文明实践中心试点工作电视电话会议及江苏省续会精神,听取本市省重大项目、南通“双百工程”项目进展和三季度项目建设情况汇报,三季度全市经济运行情况汇报,并就安全生产、扫黑除恶、“不忘初心、牢记使命”主题教育等有关议题进行研究讨论。

23日

△ 如皋市举行“不忘初心、牢记使命”主题教育专项整治工作暨重点措施推进会,南通市委第三指导组派员到会指导。会议专题学习主题教育专项整治系列文件,总结交流前一阶段工作开展情况,全面部署主题教育专项整治任务,研究安排下一阶段重点工作。市委常委、组织部部长、统战部部长缪爱诚出席会议。高新区(城南街道)、九华镇、市城管局、市卫健委、市融媒体中心(传媒集团)5 家单位在会上交流发言。

△ 如皋市召开深化高质量文明城市建设暨十大专项整治行动推进会,与会人员集中参观高新区(城南街道)中南世纪城小区、高新区(城南街道)政务中心、经济技术开发区庆余社区新时代文明实践广场、庆余市场等处,并对照参观点位创建标准,现场指出存在问题。市领导丁兴华、张亚鸾、严世斌参加活动,市委常委、宣传部部长高峰通报三季度文明城市模拟测评情况并部署十大专项整治行动,市公安局、市场监管局、磨头镇、高新区(城南街道)建设社区相关负责人围绕下一步文明城市创建工作交流发言。

△ 市政协主席会议专题协商融媒体建设工作,实地参观市融媒体中心(传媒集团)时政部、民生部、播出部、融媒体生产指挥中心等处,观看融媒体平台运行流程,听取关于媒体融合发展、频道高清化改造等工作的有关介绍。市政协主席张元健,市委常委、宣传部部长高峰,市政协副主席冒平、杜永红、郑振明、严世斌、刘晓洁,秘书长许映亮参加活动。

△ 全国“青少年维权岗”授牌仪式在如皋市公安局举行,共青团江苏省委维护青少年权益部部长徐行等参加活动,并为共青团中央、公安部联合表彰的 2016—2018 年度全国“青少年维权岗”集体——

如皋市公安局交巡警大队城东中队授牌。

24日

△ 江苏省扶贫领导小组原副组长、南京市原市长王宏民率领考察团一行到如皋考察，实地参观东大街历史文化保护街区、江苏华夏电影胶片博物馆。市委常委、组织部部长、统战部部长缪爱诚陪同考察。

△ 南通市人大农业和农村委员会主任戴辉一行到搬经镇龙桥村调研扶贫工作，听取村委会扶贫工作情况汇报，详细询问、核对村营业收入等相关情况，实地参观苗圃、黑塌菜种植基地、农地股份合作社的种植基地和标准厂房出租等扶贫项目现场。

△ 市委书记张建华主持召开城乡规划工作领导小组2019年第三次会议，研究讨论宏坝河特色空间、惠政路跨龙游河景观桥梁、安置房布点等规划设计方案。市领导何益军、刘向阳、茅红宇、黄文斌出席会议。

△ 市政协主席会议调研检察建议落实情况，先后观摩市检察院检察建议典型案例汇报现场展示，听取检察建议基本情况介绍，投票选出10个优秀检察建议，并提出意见和建议。市政协主席张元健，副主席冒平、杜永红、郑振明、严世斌、刘晓洁，秘书长许映亮参加活动。

25日

△ 市委常委会召开对照党章党规找差距专题会议，市委书记张建华，市委副书记、市长何益军，市委副书记丁兴华，市委常委马金华、缪小华、刘向阳、史有根、缪爱诚、茅红宇、高峰、石慧宏参加会议。南通市委"不忘初心、牢记使命"主题教育第三指导组组长、南通市政协副秘书长陈亮到会指导。

△ 市委副书记、市长何益军主持召开十七届市政府第三十九次常务会议，集中学习新修订的《中国共产党问责条例》和法治政府建设应知应会，传达上级安全生产相关文件和会议精神，部署全市安全生产重点工作，讨论通过《如皋市停车场建设和管理办法(试行)》等相关议题。

△ 长三角一体化创新创业大赛总决赛暨首届长三角创新创业大会在如皋举行。市委常委、如皋工业园区党工委书记、如皋市长寿旅游度假区党工委书记刘向阳出席活动。大赛于8月29日开赛，吸引来自长三角及全国各地的创业团队和初创公司近300人报名参赛，重点围绕人工智能、智慧医疗、消费电子产品、新材料、新能源、互联网+、节能环保等项目展开激烈角逐，共有20个项目入选决赛。

26日

△ 省委"不忘初心、牢记使命"主题教育第四巡回指导组组长、省人大常委会原秘书长吕振霖一行到如皋，就主题教育开展情况进行调研指导，听取市委书记张建华汇报全市"不忘初心、牢记使命"主题教育开展情况，并走访红十四军纪念馆(南通市初心使命党性教育基地)，经济技术开发区的城北社区、平园池村，如皋工业园区(如城街道)的花木大世界(如皋)国际园艺城、江苏华夏电影胶片修复技术有限公司。南通市委组织部常务副部长杨曹明，南通市委"不忘初心、牢记使命"主题教育第三指导组组长、南通市政协副秘书长陈亮参加调研。

△ 首届长三角创新创业大会在如皋举行，市委副书记、市长何益军致辞，副市长程瑞琴作推介演讲。大会为首届长三角一体化创新创业大赛获奖选手颁奖，并举行了双创智库成立仪式和高校实践基地挂牌仪式。市领导刘向阳、钱志刚、郑振明参加活动。

△ 国家级如皋经济技术开发区(磨头)精密模具智造产业园成立两周年庆暨招商推介会在磨头镇政府举行，共签约项目17个。市人大常委会主任吴道健、副主任钱志刚出席活动。

27日

△ 第二届中国·如皋第三代半导体及智能制造国际研讨会举行。市委书记张建华、中国工程院院士王子才出席活动并致辞，复旦大学信息学院常务副院长、长江学者刘冉，哈尔滨工业大学航天学院教授 Dzmitry Dzmitrovich 等作主旨演讲。研讨会以"广纳高端人

才智力 助推实体经济发展”为主题，围绕第三代半导体及智能制造方面开展学术研讨和技术交流。会上，由乌克兰国家科学院（单晶研究院）、江苏省如皋高新区、江苏卓远半导体发起成立的中乌第三代半导体产业技术研究院正式成立，主要开展第三代半导体晶体制造智能装备、大功率用晶圆、功率芯片及器件、光电材料、激光晶体材料及其他功能性晶体材料和设备等关键技术研究。

△ 全市第三期村（社区）党组织书记轮训班暨“两新”组织党务工作者能力提升班正式开班，市委常委、组织部部长、统战部部长缪爱诚出席开班典礼并上专题党课。培训为期 10 天，旨在进一步提升村（社区）和“两新”党组织书记的政治理论素质，全面提高执行政策、推动发展、服务群众的能力。

28日

△ 省政府办公厅秘书五处处长郁平率队到如皋，开展“办好人民满意的教育”专题调研，实地走访北外附属龙游湖外国语学校、李昌钰刑侦科学博物馆、经济技术开发区第三实验小学、江苏省如皋中学、华夏胶片电影博物馆等处，详细了解各校教学模式、师资力量、招生状况、创新课程改革情况，并认真听取如皋市在总体设计、立德树人、资源供给、队伍建设、教育投入、热点问题整治等方面的探索和建议。市领导张亚鸾陪同调研。

△ 2019 年如皋科技人才洽谈会在市行政中心礼堂开幕。洽谈会以“智汇雉水 科创皋地”为主题，来自北京大学、清华大学、南京大学、武汉大学、哈尔滨工程大学、中国科学技术大学、东南大学等全国近 100 所知名高校、院所的 300 多位专家学者应邀与会。开幕式由市委副书记、市长何益军主持，外经贸部原副部长、第十届全国政协外事委员会副主任周可仁宣布洽谈会开幕，南通市委副书记、统战部部长沈雷致辞，如皋市委书记张建华作了题为“拥抱长三角 逐梦新时代”的主旨演讲，中乌第三代半导体产业技术研究院、DHRG 尖端纤维材料实验室、如皋长寿特色农产品研究院等三个科技创新平台项目揭牌，一批“如皋市 2019 年科技强企人物”受到表彰。省人社厅二级巡视员张永、省科技厅高新处处长倪菡忆、国家统计局大数据研究实验室主任江青、省知识产权局副局长施蔚，市四套班子领导张建华、何益军、吴道健、张元健、丁兴华等出席开幕式，并和与会嘉宾共同参观了新中国成立 70 周年如皋市科技创新图片展。

△ 如皋市在开元名都大酒店举行“百所高校如皋行”校企对接会，市委副书记、市长何益军致辞，副市长程瑞琴围绕如皋特色产业和重点企业技术、人才需求进行集中发布，吉林大学、西北工业大学、江苏省高档数控机床及成套装备创新中心等 5 所高校、院所专家教授作了契合如皋经济社会发展实际的科技成果发布。会上，120 多家如皋企业与来自全国近百所知名高校、科研院所的 300 多名专家教授进行对接，提出 130 多项技术需求，形成正式合作协议 40 余项，37 个科技人才项目现场集中签约，涉及新材料、生物医药、高端装备制造、人工智能等多个领域。市领导丁兴华、钱志刚、张亚鸾、孙恒、蒋丽出席会议。

△ 南通市如皋生态环境局举办 2019 年生态环境公众开放活动，组织人大代表、政协委员、媒体代表、市民群众共同参观经济技术开发区袁桥污水处理厂生态湿地现场、磨头镇光大生物发电现场，实地了解如皋生态文明建设情况，并举行“政府公众开放周”座谈交流会，介绍全市污染防治攻坚情况，听取公众建议，推动全市生态文明建设，为守护美丽如皋共同努力。

28—29 日

△ 全省县级直报点政务信息工作培训会议在如皋召开，如皋、靖江、邳州、泗阳、武进、江宁等县市区相关工作人员就政务信息直报工作进行经验分享交流。省政府副总督学、省政府办公厅副主任邹宁，市委副书记、市长何益军出席会议。

28—30 日

△ 省政府副总督学、省政府办公厅副主任邹宁华率队调研如皋惠农政策落实、重点产业发展、青少年思想政治课程建设等情况，先后走访经济技术开发区柴湾社区，详细了解基层干部待遇、群众在生产生活中遇到的困难；参观氢能小镇、南通百应能源有限公司、江苏赛麟汽车科技有限公

司、如皋中学、市人民医院等处，详细了解氢能产业发展、学校办学、医院诊疗情况；实地调研如皋特色田园乡村建设、北外附属龙游湖外国语学校办学以及博物馆群建设情况。市领导马金华、张亚鸾、顾留忠陪同调研。

29日

△ 如皋市第五届“梦想之星”创业大赛决赛在市文化馆举行。大赛由市委、市政府主办，市科技局承办，以“科技引领 共创大业”为主题，决赛采用项目路演加评委提问的方式进行，11个参赛项目涉及先进制造、新能源、新材料、生物科技、节能环保和光电科技等多个高科技产业，势加透博洁净动力如皋有限公司的氢燃料电池洁净供气系统创新研发和产业化项目获得一等奖。市领导高峰、钱志刚、程瑞琴、孙恒参加活动，并为获奖项目现场颁奖。

△ 根据全市党组织软弱涣散村整顿工作安排，市政协主席张元健率队到挂钩联系的白蒲镇松杨社区开展“不忘初心、牢记使命”主题教育活动，为社区全体党员代表上党课并列席社区党支部民主生活会。

30日

△ 2019如皋港工业园区新材料产业高质量发展峰会暨第二届中国(如皋)国际环保胶粘新材料技术创新与产业发展高峰论坛召开，近百名国内外专家、学者和企业家应邀与会，就新形势下如何抢抓新材料产业创新发展机遇、促进产业转型升级进行研讨和互动交流。市委副书记、市长何益军在会上致辞，副市长程瑞琴推介了如皋及如皋港区投资环境，国骄胶粘新材料产业园区管理有限公司、江苏金茂投资管理股份有限公司、江苏省新材料产业协会三方共同签约“国骄金茂新材料产业基金”项目，为落户如皋港工业园区的新材料项目提供资金扶持。

31日

△ 南通市委、市政府召开长江大保护推进会暨打好污染防治攻坚战三季度工作点评会，系统研究部署打好污染防治攻坚战和推进长江大保护工作，推动生态文明建设迈上新台阶。市领导马金华、史有根、陈万圣、黄文斌、冒平在如皋分会场参加收听收看。

2019 年 11 月

1 日

△ 江苏省农科院研究员张岳芳、南通市作栽站副站长李世峰等组成的专家组到如皋，对石庄镇洪港村水稻绿色高质高效创建示范片高产攻关田进行实产验收，验得最终亩产量 892 千克，与大面积水稻亩产 645 千克相比增加 247 千克，增产 38.29%，破如皋水稻单产历史最高纪录。

△ 如皋市召开三季度项目建设观摩暨重点工作推进点评会，总结前三季度工作，部署下一阶段工作。会议由市委副书记、市长何益军主持，市委书记张建华出席会议并讲话，市委副书记丁兴华通报三季度重点工作考核结果，相关项目建设考评先进单位领取了流动红旗。与会人员实地观摩各镇(区、街道)部分重点项目现场，听取了长江镇、白蒲镇、经济技术开发区、搬经镇等单位交流发言。

△ 全市化工产业安全环保整治提升工作推进会召开，市委副书记、市长何益军出席会议并讲话，副市长顾留忠通报 2019 年以来全市化工产业安全环保整治提升工作开展情况并作点评。市领导史有根、茅红宇、黄文斌出席会议。

△ 如皋市举行《习近平新时代中国特色社会主义思想学习纲要》现场宣讲会，邀请 6 位理论“名嘴”从国际关系、解放思想、精准扶贫等多个角度，结合身边人、身边事进行宣讲。各镇(区、街道)宣传委员、宣传干事，市级机关各部门党建工作分管负责人参加会议。

2 日

△ 如皋市举行“不忘初心、牢记使命”主题教育专题党课，市委书记张建华为广大党员干部上主题为“坚守初心使命 树牢宗旨意识 切实肩负起新时代为民服务的责任担当”的专题党课。南通市委“不忘初心、牢记使命”主题教育第三指导组组长、南通市政协副秘书长陈亮，如皋市四套班子领导吴道健、张元健、丁兴华等参加活动。

△ 市委常委会召开“不忘初心、牢记使命”主题教育调研成果交流会，南通市委“不忘初心、牢记使命”主题教育第三指导组组长、南通市政协副秘书长陈亮到会指导。市委书记张建华，市委副书记、市长何益军，市委副书记丁兴华，市委常委马金华、缪小华、刘向阳、史有根、缪爱诚、茅红宇、高峰、石慧宏参加会议。市人大常委会主任吴道健列席会议。

△ 2019 中甲联赛最后一轮比赛，南通支云客场对阵青岛黄海，以 2 比 1 战胜对手，离开升降级附加赛区，成功保级留在中甲赛场。

3 日

△ “龙游湖壹号”2019 第二届如皋国际铁人三项赛在龙游湖风景区举办。市领导何益军、丁兴华、茅红宇、钱志刚、陈晓彬、张亚鸾、刘晓洁等出席活动。比赛包括 1.5 公里的游泳、40 公里的自行车和 10 公里的跑步，吸引 600 多名来自中国、美国、德国、意大利、南非等十五个国家和地区的铁三选手参与角逐，是中铁协 C 级官方认证赛事，纳入中国铁人三项运动协会积分系统，由市人民政府主办，高新区管委会、市文体广电和旅游局承办，北京三夫体育发展有限公司执行，来自中国的苗浩以 01:52:34 的成绩揽获男子全程 30~34 岁年龄段冠军，来自中国台湾的张嘉家以 02:09:13 的成绩赢得女子冠军。

4 日

△ 如皋市召开深化高质量全国文明城市建设重点责任单位工作“回头看”部署会。市委副书记丁兴华，市委常委、宣传部部长高峰出席会议，听取市住建局、城管局、公安局等

重点责任单位相关负责人推进对标达标、解决缺项短板相关情况汇报。

△ 如皋市召开扫黑除恶专项斗争推进会，传达贯彻中央、省和南通市有关扫黑除恶会议精神，做好中央督导“回头看”迎查准备，部署全市扫黑除恶专项斗争下一阶段工作。市委常委、政法委书记缪小华，副市长、市公安局局长陈晓彬出席会议，听取相关部门负责人汇报当前工作进展、问题整改落实情况，介绍下一步有关工作举措。

5日

△ 按照中央和省、南通市委“不忘初心、牢记使命”主题教育部署要求，根据市委主题教育工作安排，市委副书记、市长何益军围绕“不忘初心担使命，踏平坎坷勇担当，走好接续开辟如皋高质量发展新境界的长征路”主题，为广大党员干部上专题党课。南通市委“不忘初心、牢记使命”主题教育第三指导组组长、南通市政协副秘书长陈亮，如皋市领导茅红宇、陈晓彬、张亚鸾、张百璘、程瑞琴参加活动。

△ 如皋市融媒体中心首次尝试全媒体全程同步直播《政风行风热线》节目，副市长、市公安局局长陈晓彬，市城管局相关负责人走进直播间，与广大市民在线互动。市委常委、市纪委书记、市监察委员会主任史有根到现场指导工作。

6日

△ 如皋市召开2020年度居民医保筹资工作会议，副市长张亚鸾出席会议。2020年度本市城乡居民基本医疗保险个人缴费标准为360元/人（含20元城乡居民大病保险费和20元照护保险费），2019年11月1日—12月20日为登记、缴费期。

7日

△ 省政府副秘书长诸记录率队到如皋，就“坚持四化同步，深入推进城乡协调发展”开展专题调研，实地走访经济技术开发区平园池村、南通嘉禾润宝现代农业园区、花木大世界(如皋)国际园艺城、顾庄生态园等处，详细了解乡村生态环境建设和高效设施农业发展情况。市委副书记丁兴华、副市长张百璘陪同调研。

△ 国网南通供电公司党委书记沈华率队到如皋对接电网建设、服务地方经济发展等方面工作，答复反馈相关问题。市委副书记、市长何益军，副市长顾留忠参加活动，双方就进一步加强政企互动合作、推进重大项目建设等达成共识。

△ 市政协主席会议专题协商全市新材料产业园区发展工作，与会人员先后参观新材料产业园区的上海电气环保热电(南通)有限公司、新纳希新材料、百川化工等处，实地了解园区企业运行情况。市政协副主席冒平、郑振明、严世斌出席会议。副市长孙恒参加会议。

△ 全市三季度金融工作座谈会召开。会议由市委副书记、市长何益军主持，市委书记张建华出席会议并讲话，市委常委、常务副市长茅红宇通报前三季度全市金融工作运行情况以及第三季度金融工作考核情况，部分金融机构、担保公司负责人交流了相关工作推进情况和下一步工作打算。

△ 市委常委、宣传部部长高峰率领市文明办、城管局、住建局、市场监管局、公安局等文明城市建设重点责任单位负责人一行，实地督查推进全市高质量文明城市建设工作，先后对文化广场、龙游河公园、南门桥市场、安定广场、安定北街、江中花园等处及其周边环境进行实地督查。

8日

△ 联合国前副秘书长沙祖康一行到如皋考察，实地参观华夏胶片电影博物馆、百应能源有限公司、李昌钰刑侦科学博物馆、顾庄生态园等处。市领导张建华、高峰、冒平参加活动。

△ 市委书记张建华主持召开市委常委会会议，传达学习党的十九届四中全会精神，中央、省和南通市扫黑除恶专项斗争推进会议精神，听取第四届国际氢能与燃料电池汽车大会和2019年科技人才洽谈会成果的汇报及下一步成果转化工作方案介绍，就年底调研工作、“两代表一委员”接待日活动等

相关议题进行讨论研究。

△ 南通市西北片引江区域供水三期(输水)工程开工仪式举行,市领导何益军、黄文斌参加活动。区域供水三期(输水)工程包括长青沙鹏鹞水厂扩建及区域供水三期管网建设,计划2019年完成总工程量的10%以上,2020年完成70%,2021年夏季高峰供水前实现竣工通水,届时如皋、海安两地日供水能力将再增加20万吨。

△ 第20个中国记者节之际,市委书记张建华一行前往市融媒体中心(传媒集团),参观市融媒体中心(传媒集团)职工书画摄影展,走访市融媒体中心(传媒集团)时政部、民生部、融创部,看望慰问一线新闻工作者。市领导高峰、钱志刚、张亚鸾、刘晓洁出席活动。

△ 市融媒体中心(传媒集团)新闻综合高清频道开播仪式在市融媒体中心播出部举行。省新闻战线"三项学习教育活动"领导小组办公室常务副主任周强、副主任刘哲,市领导张建华、高峰、钱志刚、张亚鸾、刘晓洁出席活动。

△ 市人大常委会举行评议大会,通报8月份以来评议市人民检察院、自然资源局、水务局、商务局、融媒体中心(传媒集团)工作情况,并进行满意度测评。市人大常委会主任吴道健,副主任陈万圣、邵晓泉、张勇、钱志刚,副市长张亚鸾参加活动。

△ 市委、市人大、市政府、市政协联合召开建议提案办理督查推进会,听取市自然资源局、住建局、农业农村局、卫健委四家承办单位总结汇报2019年以来建议提案办理情况。市领导茅红宇、张勇、严世斌出席会议。

△ 如皋师范学校第二附属小学项目举行开工仪式。市委书记张建华,市委副书记、市长何益军等市领导参加开工仪式,为项目开工培土奠基。如师二附位于如皋市高新技术产业开发区,为非寄宿制学校,设计12轨,总用地面积7.66万平方米(115亩),总建筑面积6.6万平方米。

△ 如皋市召开机关驻村第一书记现场推进会,市委常委、组织部部长、统战部部长缪爱诚出席会议。全市机关驻村第一书记以及机关部门新选派的村(社区)党组织书记参加会议,集中观摩丁堰镇赵明村、堰南社区、朝阳村,白蒲镇沈腰村,东陈镇蒋宗村、北庄村等6个驻村第一书记工作成果现场,5名第一书记代表在会上交流发言。自2010年以来,如皋已选派140名机关优秀年轻干部到农村"三弱两重"村干事创业、锤炼成长,为全市经济社会高质量发展培养输送一大批忠诚干净担当的高素质干部。

9日

△ 市委中心组举行(扩大)学习会议暨"党校选学",邀请中央文献研究室周恩来研究会常务理事、南开大学周恩来研究中心特聘研究员周秉宜作"周恩来的家风与公仆精神"专题讲座。市四套班子领导张建华、何益军、吴道健、丁兴华等参加活动。

△ 天津市如皋商会一届一次会员大会暨成立大会在天津举行,通过商会章程,并选举产生商会会长及理事成员。市领导张勇、顾留忠、杜永红出席活动。

10日

△ 上海石油天然气交易中心总裁叶国标一行到如皋考察交流,实地参观神华新能源加氢站、百应能源、安思卓新能源、长江镇新材料产业园区等处,详细了解如皋氢能产业建设以及长江镇经济社会发展情况。市委副书记、市长何益军,副市长程瑞琴参加活动。

△ 市领导张建华、何益军、吴道健、丁兴华等分别率领同组的党代表、人大代表、政协委员,走进挂钩联系村(社区)的"两代表一委员"工作室,倾听基层党员群众心声,了解社情民意,解决实际困难。作为如皋创新基层治理的一种新方式,继10月10日市四套班子主要领导、市委常委带头开展"两代表一委员"接待日活动之后,该活动进入常态化,每月正常开展。当日,全市共有1005名党代表、人大代表、政协委员深入全市347个村(社区)开展"两代表一委员"接待日活动,倾听群众意见,回应群众关切。

11日 △ 市委书记张建华率领市文明办、住建局、城管局、公安局等相关单位和部门负责人一行，督查推进全市高质量文明城市建设工作，先后实地查看市人民医院、安定广场、天平市场、西皋市场、江中花园、惠政小区等处。市领导丁兴华、刘向阳、高峰、陈晓彬参加督查。

△ 市委书记张建华到市人民来访接待中心接访，面对面了解群众诉求，倾听群众呼声，化解矛盾纠纷，并于接访后听取其他信访事项情况汇报。市领导缪小华、陈晓彬、张百璘参加活动。

△ 全市清理规范村(社区)办公场所“牌子乱象”工作推进会召开，贯彻落实省委、南通市委、如皋市委常委会会议关于清理村(社区)办公场所“牌子乱象”的决策部署，与会人员集中观看村(社区)办公场所“牌子乱象”清理规范专题片，并接受市委组织部有关负责人就清理规范村(社区)办公场所“牌子乱象”工作进行的专题业务辅导。市委常委、组织部部长、统战部部长缪爱诚出席会议并讲话。

12日 △ 南通市人大常委会副主任黄卫成一行到如皋调研《江苏省全民健身条例》贯彻实施情况，实地走访调研如皋市国家青少年田径训练基地和南通支云足球俱乐部。如皋市人大常委会副主任钱志刚陪同调研。

△ 市委副书记、市长何益军率领市文明办、城管局、住建局、市场监管局、公安局等文明城市建设重点责任单位负责人一行，督查推进全市高质量文明城市建设工作，实地查看南门桥市场、育贤花园小区、庆余市场、桃源路餐饮集中区、冒庄河等处。市领导高峰、陈晓彬、黄文斌参加督查。

△ 如皋市政府、南通市交通运输局在南通焯晟石油化工有限公司码头联合举行南通市2019年港口突发事件应急演习，由焯晟石化、东方石化等五家企业合作，模拟开展港口设施反恐、防泄漏防污染、受伤人员救护、现场灭火救援四个演习科目。副市长黄文斌、顾留忠参加相关活动。

△ 如皋黑塌菜暨特色长寿农产品推介会在上海国信紫金山大酒店举行。来自上海众多餐饮行业和农业产业客商，如皋市领导丁兴华、邵晓泉、张百璘、杜永红参加活动。

13日 △ 根据中央统一部署，中央宣讲团在江苏宣讲党的十九届四中全会精神。市四套班子领导张建华、何益军、吴道健、丁兴华等在如皋市分会场收听收看相关视频会议，聆听中央宣讲团成员、中共中央政策研究室副主任江金权所作宣讲报告。

△ 南通市政府召开全市部门联合“双随机、一公开”监管工作推进会，如皋市副市长程瑞琴就“双随机、一公开”监管工作在会上作经验交流，获得一致好评。

△ 国乐古筝进校园活动启动仪式在市外国语学校举行，扬州市扬声民族乐器厂向外国语学校捐赠15架古筝，用于学校民族乐团训练和演出。副市长张亚鸾参加活动。

14日 △ 南通市脱贫攻坚现场推进会暨南通市老区开发促进会成立30周年总结会在如皋召开，与会人员集中参观如皋港人民医院健康扶贫项目、如皋市港城实验学校教育扶贫项目、如皋市黄桥革命老区富民强村行动项目——如皋港集团鑫鼎鑫现代物流园仓储项目、如皋市长江镇危房改造图片展。南通市委副书记沈雷、副市长赵闻斌，如皋市领导何益军、张百璘出席会议。

△ 市委副书记、市长何益军到市人民来访接待中心公开接访，与来访群众面对面交流，倾听来访群众的呼声诉求，现场提出问题解决意见。市领导缪小华、陈晓彬、张亚鸾参加接访。

△ 由国家档案局主办、中国档案报社承办的“新中国的记忆”主题征文活动评选揭晓，如皋市档案馆连续第三年蝉联优秀组织奖，上报征文共获一等奖1项、三等奖1项、优秀奖3项，在全国县级市中名列前茅。

14—15日

△ 南通市督察组一行专项督察如皋“营造法治化营商环境，保护民营企业发展”相关工作，采取

召开见面沟通会和个别谈话、查阅台账资料和评查案卷、电话暗访和召开企业代表座谈会等多种形式展开调查，并实地走访南通市华冠电器有限公司、超达装备股份有限公司等企业。市委常委、政法委书记缪小华陪同督察。

15日

△ 如皋市召开G40沪陕高速公路如皋段征地搬迁动员会，介绍G40沪陕高速公路如皋段基本情况，并对春节前沿线的房屋搬迁工作进行部署和安排。副市长黄文斌出席活动。G40沪陕高速公路扩建工程全长48.966千米，东起如皋市九华镇和通州五接镇，西至泰州市广陵枢纽，途经如皋市九华、长江、石庄、江安四个镇24个行政村和薛窑农场、省农科院2个单位，共计29.3千米。

△ 全市第一张非道路移动机械环保登记号码牌正式发放。号牌实行一机一码，分为电动、国一、国二、国三和无法测量排放等级共五种牌照。如皋市根据生态环境部对非道路移动机械编码登记的统一部署要求，11月11日起正式进入集中申报登记阶段，预计12月底前完成非道路移动机械摸底调查和编码登记。

△ 市文体广电和旅游局举办2019年度全市原创舞台优秀文艺作品展演。经过多轮筛选，此次共有17件作品入围展演参加评奖，结合剧本质量、编排技巧、舞台效果，评委对入选作品进行了全方位综合评选。

16日

△ 市委书记张建华专题调研全市卫生健康工作，先后实地走访市疾病预防控制中心、市妇幼保健计划生育服务中心、市红十字血站血液储存室、市卫健系统党建文化阵地陈列馆、市120急救指挥中心，并召开座谈会，全面听取市卫健委2019年以来各项工作特别是镇卫生院整合情况汇报，市人民医院、中医院、精神病防治医院就开展诊疗服务、专科建设、人才工作等所作汇报，市财政局、医保局、人社局主要负责人所作交流发言。市委常委、宣传部部长高峰，副市长张亚鸾陪同调研。

△ 2019年长三角石材产业发展交流会暨南通石材协会一届四次理事会在东升南通国际石材产业城举行，来自上海交大建筑设计研究院环境空间院、中国装饰协会等石材及建筑装饰行业的专家，就石材在建筑装饰上的应用及其行业发展等议题，分别作主题演讲。南通市领导黄卫成、马啸平，如皋市领导石慧宏、程瑞琴、顾留忠出席活动。

18日

△ 市委副书记、市长何益军主持召开第十七届市政府第四十次常务会议，集中学习党的十九届四中全会精神，通报响水天嘉宜化工有限公司“3·21”特别重大爆炸事故调查及人员处理情况，听取如皋市乡村振兴相关政策和资金审计发现问题整改情况的汇报、2019年政府为民办实事项目推进情况和建议提案办理情况的汇报，并就《关于全市供水安全保障提升行动试点方案》《关于调整全市机关事业单位新老职工住房补贴比例的方案》《关于如皋市推进运输结构调整实施方案的通知》等议题进行研究讨论。

△ 2019年农业农村部继续开展中国美丽休闲乡村推介工作，经地方推荐和专家审核评出的260个村落公示期结束，江苏省共9个村居入选2019年中国美丽休闲乡村，位于经济技术开发区的平园池村成为南通市唯一入选村。

19日

△ “乡村振兴在行动——走进江苏”主题线下活动在如皋正式启动，与会人员参观考察如皋工业园区(如城街道)顾庄社区、花木大世界(如皋)国际园艺城等处。活动由中央网信办网络评论工作局主办、光明网和江苏省委网信办承办。中央网信办网络评论工作局副局长姜宝明，南通市委网信办主任张军，如皋市领导何益军、高峰出席启动仪式。

△ 全市乡村振兴月度例会召开，与会人员集中参观如皋工业园区（如城街道）旭园大树古树基地、经济技术开发区平园池农副产品直销中心等镇（区、街道）规模农业项目现场，并对本月全市规模农业项目进行测评打分。市农业农村局、水务局、供销社等相关单位相关负责人分别对本月规模农业观摩情况及人居环境整治工作等进行点评。市领导丁兴华、张百璘出席会议，并围绕规模农业、人居环境、脱贫攻坚三个方面就冲刺全年目标提出具体要求。

△ 市政协、市工商联召开民营经济发展企业家座谈会，听取部分民营企业家代表和商会会长对如皋民营经济发展和营商环境优化的意见和建议。市政协主席张元健，副主席杜永红、郑振明，秘书长许映亮出席会议。

△ 市政协举行全面推进“有事好商量”协商议事室建设工作会议，听取城北街道委员组、平园池村、如皋工业园区（如城街道）孔庙社区相关负责人分享开展协商议事活动的做法、想法及成效，观看平园池村、孔庙社区开展协商议事活动现场视频。市政协主席张元健，副主席杜永红、郑振明、严世斌、刘晓洁，秘书长许映亮出席会议。

20日

△ 省委、省政府召开响水“3·21”特别重大爆炸事故警示教育大会。省委书记娄勤俭，省委副书记、省长吴政隆讲话。市领导张建华、马金华、缪小华、史有根、祝国庆、高峰、石慧宏等在如皋分会场集中收听收看视频会议。

△ 经济技术开发区在韩国培耘电子 PCB 项目现场举行四季度重大项目集中开工仪式，6 个项目（外资项目 2 个、内资项目 4 个）集中开工，总投资达 72.7 亿元，涵盖节能、新能源汽车及零部件产业、氢能产业、智能装备产业等多个领域，其中韩国培耘电子 PCB 项目总投资 9.48 亿美元。市领导马金华、高峰、顾留忠出席活动。

21日

△ 如皋市召开工业企业低效用地盘活提升工作现场推进会，着力推动低效企业转型，与会人员集中参观江苏中电振华晶体技术有限公司、南通市博创新材料有限公司、德禄家具（南通）有限公司等 3 家工业企业低效用地盘活提升现场，听取部分镇（区、街道）相关负责人及企业代表交流发言。市领导丁兴华、顾留忠出席会议。

△ 市政协主席张元健主持召开市政协第十四届常务委员会第十五次会议，与会人员实地参观如皋工业园区（如城街道）新民社区、白蒲镇文著社区、长江镇田王村、高新区（城南街道）夏庄社区等 4 个乡村振兴典型现场，表决协商通过部分调整委员名单，并围绕“乡村振兴发展战略实施情况”主题进行了分组讨论和交流发言，原则通过《市政协常委会关于推进乡村振兴发展战略实施的建议案（草案）》。

△ 如皋水上绿色综合服务区建设项目举行如皋富港服务区经营管理有限公司揭牌暨招商引资启动仪式。如皋市副市长蒋丽，南通海事局副局长薛建军、党委委员顾立刚出席活动。如皋水上绿色综合服务区项目由富港公司作为投资主体建设运营，已完成 60 米和 70 米趸船改造项目。

△ 2019 年全国 BIM 高峰论坛暨第九届“龙图杯”启动会及第八届“龙图杯”颁奖会在北京国家会议中心召开，南通六建作为施工组一等奖获奖单位代表受邀出席，是全国仅有的两家获施工组一等奖的民企，也是江苏省唯一独立申报获此殊荣的企业。

22日

△ 市委副书记、市长何益军主持召开市政府工作部门民生短板问题调研成果交流会，听取市自然资源局、行政审批局、应急管理局等部门主要负责人聚焦推进农房登记、加强“12345”在线平台建设、加强突发事件应对培训等重点，交流调研成果，查摆问题短板，提出硬招实招。副市长陈晓彬、张亚骞、张百璘、程瑞琴、蒋丽等出席会议，并对分管部门调研成果进行了点评。

△ 市政协主席会议调研市法院环境资源审判和“无讼社区”创建工作。市政协主席张元健，副主席冒平、杜永红、郑振明、严世斌、刘晓洁，秘书长许映亮参加活动。

△ 2019年中科院新增当选院士名单公布，如皋籍科学家，东华大学材料科学与工程学院院长、教授朱美芳成功入围，当选为中国科学院技术科学部院士。

23日

△ 市委书记张建华主持召开市委常委会会议，学习习近平总书记关于安全生产的重要指示、李克强总理批示和11月22日全国安全生产电视电话会议、11月20日全省响水“3·21”特别重大爆炸事故警示教育大会精神，传达南通市安全生产巡查要点，通报全市安全生产工作情况，研究讨论《市委常委会“不忘初心、牢记使命”专题民主生活会方案》《关于进一步做好服务企业工作的通知》等议题。

△ 如皋市召开重点企业座谈会，与企业家面对面交流，了解企业发展中存在的困难和问题，听取企业对市委、市政府的意见和建议。市委书记张建华，市委副书记、市长何益军出席会议并讲话。会上，市委副书记丁兴华通报了全市经济运行情况，市发改委相关负责人传达了《南通市政府办公室关于持续优化营商环境的实施意见》。部分骨干重点企业家代表先后发言，交流了各自企业的发展现状以及在发展中遇到的困难和问题。

△ 搬经镇与常州曼淇威轨道交通设备有限公司高铁内饰件设计与制造项目签约仪式举行。市领导何益军、邵晓泉、顾留忠、刘晓洁出席仪式。该项目总投资5亿元，占地面积100亩，是搬经镇落户的首个5亿元项目。

24日

△ 中国福利彩票双色球第2019135期开奖，如皋市一彩民花费6元购买的一张“6+3”自选复式票中得大奖(中一等奖1注1000万元，兼中二等奖2注、3等奖1注，外加一等奖普惠奖1注)，共获得奖金1295.4444万元。该奖由位于城北街道庆余路112号、编号为32065445的福利彩票投注站开出，为如皋2019年以来开出的第3个福彩一等奖。此前本市两位彩民于2月1日、2月17日各中福彩双色球一等奖，奖金分别为768万元、762万元。

25日

△ 北方汤臣传动科技有限公司项目启动会暨签约仪式在如皋举行。国务院国资委规划发展局一级巡视员陈鸿，中国工程院院士王哲荣，中国工程院院士、北京理工大学常务副书记项昌乐，中国兵器第一研究院院长曹晖，如皋市领导张建华、何益军、高峰、程瑞琴、顾留忠、蒋丽出席活动。该项目为2019年江苏省重大项目，由中国兵器第一研究院和江苏汤臣汽车零部件有限公司共同合作，总投资20亿元，总用地面积584亩，分两期建设，主要从事AT变速箱产品的研发、制造与销售，后期向电动轮、车桥等传动产品延伸发展，一期竣工投产后变速箱年产可达15000台，预计年销售14亿元，年税收6000万元。

△ 如皋市召开创建“国家全域旅游示范区”省级验收冲刺会，解析当前存在主要问题，并对相关工作进行部署安排。市领导何益军、高峰、张亚鸾、刘晓洁出席会议。如皋工业园区(如城街道)、白蒲镇、住建局、公安局相关负责人在会上交流发言。

26日

△ 南通市阳鸿石化、中化南通长江干线水上洗舱站建设现场动员会在如皋召开。省交通运输厅副厅长丁军华、南通市政府副秘书长袁鸿飞、如皋市副市长黄文斌出席活动。长江干线水上洗舱站建设是省政府对南通市交通运输重点工作任务考核项目，也是南通市保护修复长江生态环境的重要基础设施和南通市污染防治重点建设项目，如皋港区阳鸿码头作为建设点位之一，利用2号码头，新增油气回收装置2套、配套管线5根、洗舱设备多套，并在码头后方腹地新建1套污水处理设施，日污水处理能力达到200吨/天，2020年3月全面竣工建成后洗舱能力

可达600艘次/年,有助于提升长江下游船舶污染物接收、转运和处置能力,推进船舶水污染治理。

△ 2019年如皋·广东花木盆景产业协作恳谈会在广东省中山市召开，两地双方代表围绕推动花木盆景产业发展进行了集中交流。市领导丁兴华、邵晓泉、张百璘、杜永红出席会议,并于会前实地考察芳村吉宏园艺、番禺区陈昌盆景园、陈村正威园艺基地以及小榄镇菊花会等多个广东花木盆景产业亮点,深入了解广东地区盆景专业水平、发展特色和文化底蕴。

27日

△ 市政协主席张元健,副主席冒平、郑振明、严世斌、刘晓洁,秘书长许映亮一行到市公安局,视察调研全市公安机关扫黑除恶专项斗争工作开展情况,听取市公安局相关负责人关于全市扫黑除恶工作开展情况的汇报。副市长、市公安局局长陈晓彬参加调研活动。

28日

△ 省发改委服务业处处长陆建康率队到如皋考察,先后实地参观花木大世界(如皋)国际园艺城、如皋软件服务外包产业园(创新体验中心)、华夏电影文化中心等处,并听取市委副书记、市长何益军详细介绍如皋服务业发展情况。市领导程瑞琴等参加活动。

△ 如皋市举行学习贯彻党的十九届四中全会精神省委宣讲团报告会,省委宣讲团成员、省委委员、省委宣传部常务副部长焦建俊以“开启国家治理新征程”为题作专题辅导报告。市委书记张建华主持报告会,何益军、丁兴华等市四套班子领导参加会议。

△ 市政协主席会议专题协商全市高质量发展监测指标完成情况,先后听取市统计局负责人汇报全市2018年高质量发展监测指标完成情况并对2019年考核办法提出相关建议,市委宣传部、政法委、发改委等部门负责人汇报全市相关指标达成度等有关情况。市政协主席张元健,副主席冒平、郑振明、严世斌、刘晓洁,秘书长许映亮出席会议。

△ 上海中医药大学附属曙光医院与如皋市中医院就建立紧密型合作关系举行签约仪式。经友好协商,市中医院增挂“上海中医药大学附属曙光医院如皋分院”牌子,通过上海中医药大学附属曙光医院下派的医疗业务和管理团队,提升医疗、教学、科研、管理、文化等方面综合竞争力,方便如皋地区患者就近享受到上海三甲医院的医疗服务。双方约定合作期限3年,从2019年12月起到2022年12月止。上海中医药大学附属曙光医院党委副书记、院长周华,市委副书记、市长何益军,副市长张亚鸾等领导共同见证签约。

28—29日

△ 市第十七届人大常委会第二十二次会议召开，听取和审议市政府关于2019年为民办实事项目实施情况的报告、市政府关于市十七届人大三次会议代表建议办理情况的报告、市政府关于“深化殡葬改革推进移风易俗工作”议案办理情况的报告、市政府关于2019年市级财政预算调整方案(草案)的报告、《如皋市人大常委会关于召开如皋市第十七届人民代表大会第四次会议的决定(草案)》、市政府关于执法检查报告落实情况的报告、市政府关于2018年度国有资产管理情况的综合报告,通过相关人事任免事项。

29日

△ 省妇联副主席张勤率队到如皋调研,实地走访南通泰慕士服装有限公司,现场参观样品间和生产车间,听取产品研发工艺、产业发展轨迹等方面的相关介绍。副市长张亚鸾陪同调研。

△ 如皋市召开项目建设月度观摩会,通过观摩、汇报、点评等形式,对全市项目建设推进情况进行阶段性督促和检验。与会人员对全市14个亿元以上开工项目进行了现场观摩,各镇(区、街道)负责人汇报了项目的开工、建设、竣工和转化情况。市委书记张建华出席会议并讲话,市委副书记、市长何益军作了相关点评。会上,市委副书记丁兴华通报了全市项目建设情况,市委常委、常务副市长茅红宇通报了2019年度省高质量发展考核和营商环境评价两项工作有关情况。

△ 2019全市综合考核暨科级领导班子全面考察动员会召开。会议就全市综合考核暨科级领导班子年度全面考察活动进行部署落实。市委常委、组织部部长、统战部部长缪爱诚出席会议并作动员讲话。

△ 如皋市举行2019年首届"如皋好大米"品鉴活动,9家不同品牌的10种大米参与评比,来自南通粒粒寿米业有限公司的"粒粒寿"牌大米和如皋市恒孚稻米农地股份合作社的"梓韵"牌绿色大米获得金奖。市领导邵晓泉、杜永红参加活动。

30日 △ 如皋市妇女第十六次代表大会在市民服务中心三楼报告厅召开，全市各界妇女代表300余人参加大会。会议对如皋市"三八"红旗手标兵和如皋市"三八"红旗集体代表进行了表彰。南通市妇联主席、党组书记秦艳秋,如皋市委书记张建华出席会议并讲话。

△ 如皋市举办第九届"美德少年(新时代好少年)"颁奖典礼。市领导高峰、陈万圣、张亚鸾、严世斌出席活动,分别为获得"美德少年(新时代好少年)"(10名)、"美德少年"(20名)和"美德少年"提名奖(30名)称号的学生颁奖并合影留念。

2019年12月

2日

△ 根据南通市委、市政府关于开展安全生产巡查工作的决策部署，南通市第一安全生产巡查组在组长张徐标，副组长葛卫民、曹军、袁九胜率领下到如皋巡查，召开安全生产巡查工作动员暨如皋情况汇报会，听取如皋市委书记张建华代表市委、市政府汇报如皋市安全生产工作情况，并对巡查工作作出情况说明，提出具体要求。如皋市领导何益军、吴道健、张元健、丁兴华等出席会议。自即日起至12月20日，巡查组采取听取汇报、列席会议、调阅资料、个别谈话、调研座谈、受理举报和明察暗访等方式，巡查检查如皋学习贯彻落实上级决策部署、落实安全生产责任、健全完善安全生产体制机制、推进依法治安、开展安全生产大排查大整治、夯实安全生产基层基础、安全生产举报信息核查处理等情况。

△ 市委退役军人领导小组办公室召开全市部分退役士兵社会保险接续工作推进会，传达中央、省、南通市要求，动员和部署退役士兵社会保险接续后续工作。市领导缪小华、张百璘出席会议。

3日

△ 南通市政协副主席尹建炉率队到如皋，就"有事好商量"协商议事室建设情况进行调研，实地调研东陈镇、如皋工业园区（如城街道）新民社区、农业委员组"有事好商量"协商议事室建设工作，详细了解协商议题确定、协商组织架构、协商活动流程等情况。市政协主席张元健、副主席严世斌、秘书长许映亮陪同调研。

△ 南通市人大代表如皋代表团第三小组视察如皋养老服务工作，实地走访白蒲镇阳光敬老院、丁堰镇朝阳村照护之家和博爱康复医院，并举行工作汇报会，调研全市养老服务情况。市领导马金华、邵晓泉、张勇、陈晓彬、张百璘参加活动。

4日

△ 市委书记张建华率领相关部门负责人一行，前往经济技术开发区、如皋工业园区（如城街道）、高新区（城南街道），督查部分重特大产业项目建设情况，先后实地查看经济技术开发区氢能小镇空气压缩机及氢燃料电池核心零部件生产项目、如皋工业园区（如城街道）盈达空调设备及金属洁净板生产项目、高新区（城南街道）初曦"小分子水精调VC水光原液"项目，现场督查赛麟乘用车车身总成制造、思源高压组合电器、祥谷装配式建材、沪如智能科技等项目，结合项目实施情况，就进一步抓好项目建设提出明确要求。市领导丁兴华、马金华、刘向阳、茅红宇、顾留忠参加督查。

△ 全国第六个国家宪法日，如皋市在中国工农红军第十四军纪念广场举行"12·4国家宪法日"机关行政执法人员集中宣誓活动，100多名机关行政执法人员参加活动，向宪法庄严宣誓，并进行现场签名。副市长陈晓彬参加活动。

△ 市委常委、宣传部部长高峰率领市文体广电和旅游局、市交通运输局及相关部门负责人一行，前往如皋汽车客运站、华夏花卉、花木大世界（如皋）国际园艺城、龙游湖全域旅游集散中心、火车站等处，实地调研如皋市"国家全域旅游示范区"创建工作。

5日

△ 根据中央和省、南通市委关于第二批"不忘初心、牢记使命"主题教育的部署安排，市委常委会召开"不忘初心、牢记使命"专题民主生活会，市委书记张建华主持会议，代表市委常委班子进行检视剖析，并带头作个人检视剖析，主动接受批评，其他常委逐一进行

个人检视剖析，互相开展批评。省委主题教育第四巡回指导组成员、省纪委监委派驻省民政厅纪检监察组一处处长荆荟豫，南通市委主题教育第三指导组组长、南通市政协副秘书长陈亮到会指导点评。市委副书记、市长何益军，市委副书记丁兴华，市委常委马金华、缪小华、刘向阳、史有根、缪爱诚、茅红宇、祝国庆、高峰、石慧宏参加会议。市人大常委会主任吴道健、市政协主席张元健列席会议。

△ 根据上级部署要求和市委"不忘初心、牢记使命"主题教育工作安排，市委书记张建华主持召开市委常委会，集中学习研讨党的十九届四中全会精神，结合工作实际交流学习体会。南通市委主题教育第三指导组组长、南通市政协副秘书长陈亮到会指导。

△ 第34个国际志愿者日到来之际，如皋市在全市域347个新时代文明实践站全覆盖开展"志愿服务347"主题文明实践活动，展现"微笑之城 大爱如皋"志愿服务风采。市领导张建华、何益军、丁兴华、高峰参加活动。

6日

△ 市委副书记、市长何益军主持召开第十七届市政府第四十一次常务会议，传达学习习近平总书记关于应急管理体系和能力建设的重要指示（在中央政治局第十九次集体学习时的重要讲话）和消防相关法律法规，听取如皋市消防安全风险评估情况及工作建议汇报，研究讨论《关于进一步加强安全生产工作的实施意见》《关于进一步加强安全生产工作的实施意见任务分工方案》《如皋市安全生产巡查制度（试行）》《如皋市深入开展安全生产专项整治行动工作方案》《关于建立健全全市安全生产专项整治行动推进机制的通知》《关于进一步加强人员受伤生产安全事故调查处理的通知》《如皋市决胜高水平全面建成小康社会补短板攻坚行动方案（征求意见稿）》等相关议题。

△ 如皋市举办2019年果树种植管理培训班开班仪式暨《农业科普知识丛书》（之九）发行仪式，市人大常委会副主任邵晓泉参加活动。

△ 市慈善基金会向各镇（区、街道）慈善分会发出通知，决定安排100万元，在全市开展"慈善冬送温暖"济困活动，资助1000户特困家庭，每户资助1000元。

7日

△ 市委书记张建华主持召开市委常委会会议，专题研究党建工作。会议学习了《中国共产党党校（行政学院）工作条例》，听取了全市软弱涣散村（社区）党组织整顿工作情况汇报、全市意识形态工作专项巡察情况汇报，讨论了《三季度全市"两个责任"落实情况督查的通报》。

△ 市委书记张建华主持召开市委常委会会议，传达学习习近平总书记关于应急管理体系和能力建设的重要指示，研究讨论《关于进一步加强安全生产工作的实施意见》及《任务分工方案》《如皋市安全生产巡查制度（试行）》《如皋市深入开展安全生产专项整治行动工作方案》《关于建立健全全市安全生产专项整治行动推进机制的通知》《如皋市决胜高水平全面建成小康社会补短板攻坚行动方案》等相关议题。

△ 市委书记张建华在长江镇主持召开市委常委会（扩大）会议，就如何牢牢把握长三角一体化发展国家战略机遇、推动长江镇高质量发展进行专题研究，市委副书记、市长何益军从解放思想、壮大产业体系、体现港城特色等方面对长江镇如何实现高质量发展提出要求，市委副书记丁兴华分析长江镇发展中存在的问题，并提出推动高质量发展的建议。与会人员先后参观和睿电子、"长江之芯"半导体产业园、华永汽配、新材料产业园、华东整车分拨中心、长江科创中心等处，并听取长江镇负责人汇报了长江镇对接融入长三角一体化战略的发展思路。市发改委、科技局、财政局、交通运输局、自然资源局、商务局、地方金融监管局等部门负责人结合各自职能，围绕"推动长江镇高质量对接融入长三角一体化发展"主题进行了发言。

△ 如皋市红十字会第五次会员代表大会召开。市领导张建华、何益军、茅红宇、钱志刚、严世斌参

加会议,并为“最美红十字人”代表颁奖。南通市红十字会党组书记、常务副会长潘国华等为红十字募捐一体机揭幕。

9日

△ 2019年如皋(深圳)投资环境说明会在深圳五洲宾馆举行,20个重点项目在会上集中签约,总投资逾98亿元,其中外资项目3个,总投资3.5亿美元。市领导何益军、丁兴华、高峰、张勇、顾留忠、杜永红,来自深圳及其周边地区的世界500强、国内100强企业代表,央企及上市企业代表,创新创业领军人才代表参加活动。会上,市委副书记、市长何益军发表主旨演讲,重点推介了如皋投资环境、发展前景、项目信息及如皋人才发展环境,金威集团董事局主席吴良好、深圳南通总商会会长袁亚康、香港铜锣湾集团董事局主席陈智、大族激光副总裁黄祥虎、深圳市新能源汽车产业协会会长刘华等客商代表发言,畅谈了对如皋发展的感受和期望。

10日

△ 中国建筑业协会在北京会议中心召开建筑业科技创新暨2018—2019年度中国建设工程鲁班奖(国家优质工程)表彰大会,为2018—2019年度中国建设工程鲁班奖(国家优质工程)获奖单位颁奖。如皋市3家建筑企业的2个项目获奖,分别是江苏南通六建建设集团有限公司总承包承建、江苏元辰安装集团有限公司参建的迪拜万丽中心酒店(获境外鲁班奖)和江苏沪港装饰有限公司参建的新疆益民大厦(获参建鲁班奖)。至此,如皋建筑铁军共获得26座鲁班奖奖杯。

10—14日

△ 华夏电影文化中心作为国内唯一一家民营文化机构参加印度喀拉拉邦国际电影节,由其修复的影片《团圆》《图雅的婚事》展映获好评。

11日

△ 南通市副市长陈晓东前往党建联系点如皋工业园区(如城街道)长巷社区、花木大世界控股有限公司、如皋工业园区(如城街道)顾庄社区调研指导党建工作,并实地走访了解顾庄社区“一家一庭院、一户一园林”特色庭院建设情况。如皋市委书记张建华,市委常委、如皋工业园区党工委书记、如皋市长寿旅游度假区党工委书记刘向阳,市委常委、组织部部长、统战部部长缪爱诚陪同调研。

△ 如皋市连申线搬经服务区应急物资储备库开工建设。储备库占地200平方米,配备70万元应急物资,由市政府投资180万元建设,重点配备防污染类、应急救生类、消防类等应急物资,应对船舶污染事故和各类水上突发险情。

△ 国家知识产权局公布“2019年度国家知识产权优势示范企业”名单,江苏省如高高压电器有限公司、南通斯密特森光电科技有限公司、南通思瑞机器制造有限公司被认定为“国家知识产权示范企业”。

11—14日

△ 如皋市档案馆、华夏电影文化中心参加在长沙举行的全国高等教育档案学会年会,在大会做声像档案修复经验介绍和技术推广。

12日

△ 柏承科技(昆山)股份有限公司与经济技术开发区签订合作协议,在经济技术开发区投资16亿元实施高密度连接线路板(HDI)项目。项目共用地200亩,分一期、二期实施,总建筑面积约15万平方米。柏承科技(昆山)股份有限公司董事长李齐良,市领导张建华、马金华、顾留忠参加签约仪式。

△ 全市安委会全体(扩大)暨安全生产专项整治动员部署会议召开。市委书记张建华出席会议并讲话,市委副书记、市长何益军总结分析全市安全生产工作情况,部署专项整治行动,并作安全生产巡

查工作动员。市四套班子领导吴道健、张元健、丁兴华等出席会议。

13日

△ 如皋市召开扫黑除恶专项斗争领导小组办公室(扩大)会议,传达中央督导组“回头看”相关精神,听取各镇(区、街道)汇报扫黑除恶专项斗争工作推进情况。市委常委、政法委书记缪小华参加会议。

17日

△ 江苏海事局党组书记、局长朱汝明一行到如皋调研,实地走访如皋海事处和如皋水上绿色综合服务区。市委书记张建华、副市长顾留忠参加调研。

△ 南通市委常委、政法委书记姜永华率队到如皋调研政法工作情况,先后前往搬经镇芹界村如泰运河文化德法主题公园、市人民检察院、市非诉矛盾纠纷化解中心,实地了解如皋市政法工作情况。市领导张建华、缪小华、陈晓彬陪同调研。

18日

△ 江苏力星通用钢球股份有限公司滚子项目投运暨30年钢球发展论坛举行。中国机械工业联合会执行副会长兼秘书长赵驰,中国机械工业联合会特别顾问、原执行副会长蔡惟慈,中国轴承工业协会常务副理事长兼秘书长周宇,如皋市领导张建华、何益军、吴道健、张元健、刘向阳、石慧宏、顾留忠参加论坛活动。

△ 如皋市举行2019年为民办实事新闻发布会, 通报2019年如皋市四大类16项为民办实事项目进展情况,市教育局、卫健委、医保局、公安局、城管局主要负责人现场回答记者相关问题。市领导何益军、钱志刚、黄文斌出席会议。

△ 如皋市召开安全生产专项整治行动领导小组办公室全体成员工作动员部署会议。从2019年12月起,专项整治行动为期一年,至2020年11月底结束,分学习动员、排查整治、督查落实“回头看”三个阶段开展,全市相应成立综合协调、专项督导、明察暗访、政策研究、纪检监督5个组,明确相关工作职责,推动各项工作有序推进。副市长顾留忠出席会议。

19日

△ 2019中国江苏乡土人才技艺技能大赛花卉盆景制作项目决赛在如皋市江海技工学校开幕。大赛由省人力资源社会保障厅、省总工会、团省委、省妇联等部门共同主办,南通市人力资源和社会保障局承办,如皋市具体承办,53名选手参赛角逐。省人力资源和社会保障厅党组成员、副厅长、大赛组委会主任朱从明出席开幕式,参观如皋市精品展示和技艺技能展演、如皋江海技工学校实训中心,并为“江苏如皋红十四军革命老区国家级专家服务基地”“德国工业智能工厂教育及培训中心”“德中培训中心”揭牌。市委书记张建华,市委副书记、市长何益军参加活动。

19—20日

△ 市第十七届人大常委会第二十三次会议召开,听取和审议“一府一委两院”相关人员履职情况的报告、关于如皋市2018年度市级预算执行和其他财政收支审计整改情况的报告,并接受个别市人大代表的辞职。

20日

△ 如皋市纪念地方人大常委会设立40周年工作交流会举行。会议学习习近平总书记关于坚持和完善人民代表大会制度的重要指示精神和全国人大纪念地方人大设立常委会40周年座谈会精神,下发《如皋市人大常委会办公室关于开展“纪念地方人大常委会设立40周年”活动的实施方案》《如皋市人大常委会办公室关于进一步规范实施镇(街道)生态环境状况报告制度的通知》,听取各镇、街道人大负责人汇报了2019年工作开展情况以及2020年工作思路。市人大常委会主任吴道健,副主任陈万圣、邵晓泉、张勇、钱志刚出席会议。

△ 为贯彻落实习近平总书记重要指示精神和党中央国务院关于安全生产决策部署，落实国家、省、南通市有关安全生产专项整治行动会议精神，深刻汲取如皋市建设领域“12·14”事故教训，全面分析当前安全生产形势，部署安全生产专项整治工作，市安委会住建局专委(扩大)会暨安全生产专项整治动员部署会召开。市委常委、如皋工业园区党工委书记、如皋市长寿旅游度假区党工委书记刘向阳，副市长黄文斌参加活动，对如皋市住房和城乡建设领域安全生产专项整治工作提出具体要求，并进行相关部署。

21日

△ 市委常委会以务虚会的形式召开(扩大)会议，与会市委常委、副市长围绕各自分工，结合调研成果，总结2019年以来的工作成绩，谋划2020年发展思路，市人大常委会主任吴道健、市政协主席张元健就做好相关工作提出建议。市领导张建华、何益军、吴道健、张元健、丁兴华等出席会议。

△ 2019年如皋市农产品沪皋流通销售商会年会在锦都金鼎酒店举行，总结2019年商会工作，部署2020年工作。会上，中皋农产品科技有限公司与农产品沪皋流通销售商会举行签约仪式，助推黑塌菜等如皋特色农产品生产销售做大做强。市领导丁兴华、杜永红以及如皋在沪企业家商会会长崔建华等出席活动。

22日

△ 2019江苏省新能源汽车大赛在如皋市龙游湖文化创意园开幕。江苏省原副省长、江苏省发展体育基金会理事长张九汉宣布大赛开幕，市委副书记、市长何益军为开幕式致辞，国际汽联副主席万和平、江苏省体育局副局长熊伟分别在开幕式上讲话。江苏省工信厅副巡视员周毅彪，江苏省政协副秘书长、省汽车摩托车运动联合会会长郝星辰，南通市政协副主席马啸平，南通市体育局局长杨建，如皋市领导马金华、张亚莺、郑振明出席开幕式。大赛旨在通过竞赛，对量产新能源汽车在使用中的安全性、稳定性、驾驶性能进行检验，国际、国内新能源汽车的十大品牌、十一款主流车型参加本次比赛，涵盖轿车、SUV、MPV三种车型，纯电动和混合动力两种新能源模式。

△ 南通海泰科特精密材料有限公司与搬经镇就航空零部件制造项目签订合作协议，项目总投资5亿元，总用地100亩，分一期、二期实施，总建筑面积达8万平方米，投产后可年产300万件航空精密铸件，实现年应税销售15亿元。南通海泰科特精密材料有限公司总经理杨如生，如皋市领导张建华、丁兴华、缪小华、顾留忠参加签约仪式。

23日

△ 如皋市召开乡村振兴月度例会，与会人员实地参观位于长江镇的隆恬冷链物流项目、位于经济技术开发区花园桥社区的客来花卉项目等规模农业项目建设现场和江安镇人居环境整治现场。市委副书记丁兴华参加活动并讲话。

24日

△ 省特色田园乡村建设试点村庄验收组一行到如皋，对如皋工业园区(如城街道)顾庄社区顾家庄、大明社区大缪马和钱长村夏家庄三处试点工作进行检查验收，先后现场踏勘钱长村公共服务中心、梅源民宿、花木大世界(如皋)国际园艺城、顾家庄特色庭院、花名堂等处，并听取相关情况介绍。市委常委、如皋工业园区党工委书记、如皋市长寿旅游度假区党工委书记刘向阳参加活动。

△ 如皋市举行科技型企业座谈会，了解企业生产运行情况，听取企业家关于科技创新、经济发展的意见和建议。市委副书记丁兴华参加会议。

△ 市委常委、常务副市长茅红宇前往市安全生产专项整治领导小组办公室，对专治办工作开展情况进行调研，听取市专治办各工作组前一阶段工作情况汇报，并率领专治办明察暗访组，对高新区紫

云集房地产项目建设工地、如皋师范学校第二附属小学在建工程和平明小区安置房工程施工现场开展“四不两直”安全督查，对发现的配电箱未上锁、电缆线被建材倾轧、安全操作规程缺失等问题进行现场交办，要求相关施工单位立即整改，相关职能部门加强督促检查。

26日

△ 市委政法委员会全体会议举行，市领导缪小华、陈晓彬出席会议，听取市公安局、市人民检察院、市人民法院、市司法局、市信访局等部门分别汇报2019年各项工作开展情况和下一步工作思路，并对全体政法干部提出政治站位要高、为民情怀要真、服务本领要硬、创新理念要深、争先意识要强五点要求。

27日

△ 上海华锦实业有限公司与经济技术开发区就华锦高新技术产业基地项目签约。上海华锦实业有限公司总裁汤果，市领导张建华、马金华、顾留忠参加签约仪式。

△ 如皋市召开项目建设月度观摩会，现场观摩各镇(区、街道)四季度新开工项目，通报全市项目建设情况，总结2019年以来工作成效，动员部署2020年项目建设工作。市领导张建华、何益军、吴道健、张元健、丁兴华等出席会议。

△ 市政协召开农业龙头企业培育专题协商会议，听取市农业农村局相关负责人关于如皋市农业龙头企业培育现状、现阶段存在的问题以及下一步工作思路的汇报。市政协主席张元健，副主席杜永红、郑振明、严世斌、刘晓洁，秘书长许映亮参加会议。

△ 市政协在经济技术开发区实验小学举行“文史进校园”活动启动仪式，向全市所有中小学赠送总字数700多万字的《如皋文史》(1~31辑)，供师生学习阅读。市领导张元健、刘晓洁出席活动。

29日

△ 市委副书记、市长何益军率领市应急管理局、生态环境局、卫健委、消防大队等相关部门负责人及专家组一行，前往双钱集团(如皋)轮胎有限公司，开展节前“四不两直”安全生产专项督查。副市长顾留忠参加活动。

△ 经济技术开发区举行重大项目集中签约仪式，共签约项目18个，总投资超120亿元，涉及新能源、新材料、新能源汽车等领域。市委常委、经济技术开发区党工委副书记马金华，市委常委、宣传部部长高峰，副市长顾留忠参加活动。

30日

△ 如皋市召开座谈会，就市委十二届十次全体(扩大)会议报告(征求意见稿)征求老领导意见。市委书记张建华，市委副书记丁兴华，市委常委、组织部部长、统战部部长缪爱诚出席会议。

△ 如皋市召开市委统一战线工作领导小组第三次全体会议，通报2019年全市统战工作情况及2020年工作打算，审议通过《中共如皋市委统一战线工作领导小组工作规则》《中共如皋市委统一战线工作领导小组成员单位职责分工》等文件。市委常委、组织部部长、统战部部长缪爱诚出席会议。

△ 如皋市召开青年工作联席会议第一次全体会议，传达省、南通市青年工作联席会议第一次全体会议精神，对《如皋市中长期青年发展规划实施办法》编制情况作出说明，审议通过《如皋市青年工作联席会议工作规则(讨论稿)》。市委常委、组织部部长、统战部部长缪爱诚出席会议。

31日

△ 市第十七届人大常委会第二十四次会议召开，听取关于补选南通市第十五届人大代表有关事项的说明，通过《关于补选南通市第十五届人民代表大会代表办法(草案)》，并补选南通市第十五届人大代表。

△ 市委副书记、市长何益军主持召开第十七届市政府第四十二次常务会议，传达《省安全生产专项整治行动领导小组办公室关于国务院督导组约谈镇江市政府情况通报》《中共江苏省纪委关于四起

安全生产领域形式主义、官僚主义典型问题的通报》,听取2018—2019年全市安全生产事故相关统计、处罚简要情况汇报,讨论《如皋市33个重点行业领域安全生产专项整治实施方案》、2020年重大城建项目安排方案、2020年政府为民办实事安排方案、2020年全市主要经济指标安排说明等议题。

△ 市委副书记丁兴华主持召开座谈会,就市委十二届十次全体(扩大)会议报告(征求意见稿)听取部分企业、部门、镇(区、街道)和村(社区)负责人意见。

△ 根据国家综合性消防救援队伍机构编制方案,按照上级统一工作安排,如皋市消防救援大队举行挂牌仪式。市委常委、常务副市长茅红宇参加活动。

△ 九华镇举行总部经济大楼启用暨项目集中签约仪式,市委常委、宣传部部长高峰,市政协副主席冒平、杜永红参加活动。九华镇总部经济大楼、商会和教育发展基金、招商中心、税费协同共治中心同时揭牌,万洋集团、南通三由电子、福泰保险代理等12个项目集中签约。

“壮丽如皋 70 年”最具影响力的 10 件大事

9 月 25 日，为庆祝新中国成立 70 周年，如皋市委宣传部、党史办和市融媒体中心联合开展的“壮丽如皋 70 年”最具影响力的十件大事推选活动结果，经各镇(区、街道)、部门及广大市民海推和网上投票等环节正式公布。它们分别是：治沙改土、撤县设市、“爱心邮路”获评全国精神文明建设重大典型、火车站建成使用、如皋港国家一类口岸开放、获评“世界长寿乡”和“中国花木之乡”、江苏省如皋经济开发区晋升为国家级经济技术开发区、如皋教育实现优质均衡发展、创成“全国文明城市”、获批中国人居环境奖”等 10 件大事。活动的开展，在全市上下营造了共庆祖国华诞、共享伟大荣光、共铸复兴伟业的浓厚氛围，进一步激励全市上下解放思想、锐意进取，埋头苦干、奋发作为，接续开辟如皋高质量发展新境界。

一、治沙改土——敢叫高沙变良田

20 世纪 50 年代后期，如皋县委带领广大人民群众，相继开挖疏浚了焦港、如海运河、通扬运河、如泰运河等四条一级河道，以及如皋港河等一二三级骨干河道，建成焦港闸、碾舵港闸、如皋港闸等重要河闸，形成了旱能引、涝能排的完善的河网涵闸体系，在此基础上为了改变耕作条件，调整农业结构，提高粮食产量，如皋人民开始向高沙土“宣战”。20 世纪 70 年代初，如皋县委带领广大人民群众，在全县范围内组织开展为期 4 年的“治沙改土”大会战，实现“旱改水”，其间涌现出无数可歌可泣、感人至深的先进事迹，如皋高沙土、龟驼背面貌大为改观，彻底打破了千百年来制约如皋中西部地区农业生产发展的瓶颈，为实现如皋农业的可持续发展奠定了坚实基础。此后，全县持续开展农田水利、治沙改土建设热潮，结合农业综合开发战略等，至 2000 年底，实现治沙改土的全面收官。当前，治沙改土中彰显出的“勠力同心、同甘共苦,坚韧不拔、善作善成”的精神，正是如皋全市上下凝聚共识、推动发展不可或缺的动力源泉。

二、撤县设市

经国务院批准，1991 年 2 月 10 日，民政部给江苏省政府发出关于设立如皋市的批复，同意撤销如皋县，设立如皋市(县级)，以如皋县的行政区域为如皋市的行政区域，不增加机构和编制。同年 6 月 1 日，如皋市成立大会在如城西门影剧院隆重举行。自此，如皋的开发开放进入一个崭新时代，掀开如皋发展的新篇章。乘着撤县设市的东风，如皋前进的步伐一刻不停，如皋人民真抓实干，奋勇争先，不断在这片土地上书写一个又一个奇迹。2019 年 10 月 8 日，《人民日报》发布 2019 年度全国综合实力百强县市排名，如皋市排名第 24 位。

三、"爱心邮路"获评全国精神文明建设重大典型

1998 年，如皋市邮政党委组织 17 个支部和 137 名乡村邮递员，以"人民邮政为人民"为宗旨，深情铺就"爱心邮路"，在投递路上照顾孤寡老人。21 年来，在 7300 多公里的乡间邮路上，邮递员一茬接着一茬，结对帮扶了 300 多位孤寡老人，在完成投递任务的同时，为他们做实事、办好事，用深情铺就一条条"爱心邮路"，相继获得全国首批"工人先锋号"、全国五一劳动奖章、全国最具爱心行为楷模等殊荣，被中宣部确定为全国精神文明建设重大典型。历经 20 年的积淀，"爱心邮路"已经成为"爱心如皋"的重要品牌，迈入新时代，邮政人将继续传承和发扬好"爱心邮路"的精神，让邮路上老人们的生活越来越美好。

四、火车站建成使用

2000 年 12 月 21 日，如皋历史上第一列火车正点驶入如皋境内白蒲车站。2001 年 5 月 24 日，新长铁路首发列车驶达如皋站。自 2014 年 7 月 1 日起，由南通往返北京站、重庆北站、兰溪站的三趟列车停靠如皋火车站，如皋人首次在家门口坐上直达省外的列车。2016 年 5 月 15 日上午 8 时 26 分，由南通开往南京的 D5508 次动车准点停靠如皋火车站。沪通城际铁路即将建设，如皋市正式跨入"动车时代"，飞速发展的如皋交通也由此揭开华彩的一章。"动车时代"的来临，给市民出行带来极大便利，也对城市经济社会的发展产生深远的影响。

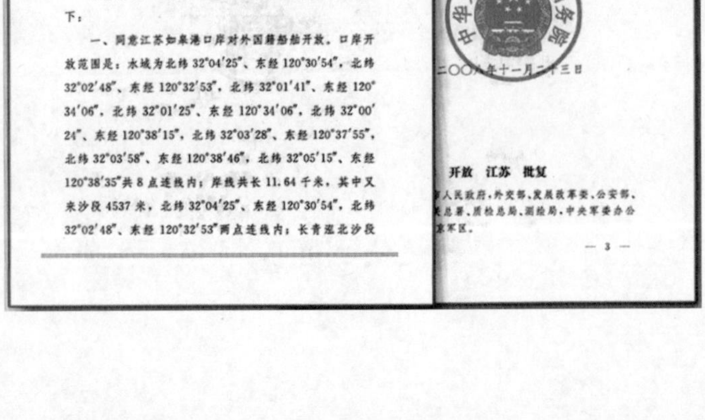

中华人民共和国国务院

国函〔2008〕106 号

国务院关于同意江苏如皋港口岸对外开放的批复

江苏省人民政府：

你省关于如皋港口岸对外开放的请示收悉。现批复如下：

一、同意江苏如皋港口岸对外国籍船舶开放。口岸开放范围是：水域为北纬 32°04′25″、东经 120°30′54″，北纬 32°02′48″、东经 120°32′53″，北纬 32°01′41″、东经 120°34′06″，北纬 32°01′25″、东经 120°34′06″，北纬 32°00′24″、东经 120°38′15″，北纬 32°03′28″、东经 120°37′55″，北纬 32°03′58″、东经 120°38′46″，北纬 32°05′15″、东经 120°38′35″共 8 点连线内；岸线共长 11.64 千米，其中又来沙段 4537 米，北纬 32°04′25″、东经 120°30′54″，北纬 32°02′48″、东经 120°32′53″两点连线内；长青沙北沙段

公业务用房以及边检营房所需建设资
助 927 万元，不足部分和开办费由地
位业务用仪器设备和交通工具，由各

正式对外开放前，由海关总署组织有
再对外公布。

中华人民共和国国务院

二〇〇八年十一月二十三日

开放　江苏　批复

人民政府，外交部，发展改革委，公安部，
关总署，质检总局，测绘局，中央军委办公
京军区。

— 3 —

五、如皋港国家一类口岸开放

2008 年 11 月 23 日，国务院正式批准在如皋港设立国家一类口岸，成为新世纪以来我国县级区域内首家独立的国家一类口岸。2009 年 3 月 2 日，如皋港国家一类口岸正式对外开放，为如皋架设了通往世界的桥梁。随着如皋港国家一类口岸的开放，如皋经济社会发展全面进入"大港时代"。通江达海的优良深水港口，加上科学超前的发展规划、日益完善的基础设施、四通八达的交通

网络，令如皋“北上海桥头堡”的区位优势更加凸显，助推如皋在更大范围、更宽领域、更高层次上走向蓝色文明，登上世界舞台。如皋经济社会由此真正进入持续腾飞的崭新阶段，进入“大港时代”的如皋，必将在神奇的长江之畔再创令世人震惊的新奇迹。

六、获评“世界长寿乡”和“中国花木之乡”

2008 年 10 月 6 日，如皋市获评“中国长寿之乡”。2011 年 10 月 25 日，国际自然医学会授予如皋“世界长寿·乡”匾牌，为推动如皋全域旅游发展增添新的动力，为如皋经济社会发展再增添一张靓丽“名片”。2019 年 1–9 月份，长寿如皋累计接待游客 1399.44 万人次，实现旅游业综合收入 163.54 万元，同比分别增长 22.18%、26.37%。2011 年 11 月 1 日，如皋市荣获“中国花木之乡”称号，有利于如皋大力实施乡村振兴战略、带动群众发家致富、推动花木盆景产业转型升级和现代农业向高质量发展。如皋现有花木盆景面积超 20 万亩，花木盆景年销售收入突破 100 亿元，被称为如皋人的“绿色银行”。

七、江苏省如皋经济开发区晋升为国家级经济技术开发区

如皋经济技术开发区建立于 1992 年，1993 年获批省级开发区，2013 年 1 月晋升为国家级经济技术开发区。近年来，开发区坚持“创新驱动、特色发展”战略，坚持因您而变的理念，敢作为、善作为、快作为、大作为，不断强化干事创业的思想作风，营造风清气正的政治生态，打造规范包容的创新环境，经济社会持续保持快速发展态势。初步形成了以高新技术产业为主导、现代服务业为主体、先进制造业为支撑的自主可控现代产业体系。十年磨车，久久为功，聚力产业涵养、项目招引、平台打造，走出了一条新兴产业培育新路径，氢能及新能源汽车产业“双千亿级”产业新地标正加速崛起。国家商务部认定，在 219 个国家级开发区中如皋排名处第二方阵前列，“在产业基础、科技创新、生态环境、行政效能等方面处于全国领先水平”。

八、如皋教育实现优质均衡发展

教育优质均衡，发展普惠于民。如皋教育把优质均衡作为促进教育公平、实现教育惠民的战略举措，统筹推进城

如皋成为“全国义务教育发展基本均衡县（市、区）”。

乡教育均衡发展、各类教育协调发展，形成了从“全域均衡”到“全阶优质”的如皋样本。城乡学校办学条件一样好，教师队伍一样强，管理水平一样高，教育质量全省领先，普通高考核心指标连续多年列南通第一，中考校际分差南通最小，优质均衡赢得了人民群众的认可和支持，成为老百姓引以自豪的教育品牌。如皋市建成“全国义务教育发展基本均衡县(市、区)”“江苏省义务教育优质均衡发展县(市、区)”。中央人民政府门户网、新华网、人民网、教育部门户网，以及《新华日报》《中国教育报》头版头条等，均专题报道如皋教育。

九、创成“全国文明城市”

全国文明城市是目前国内城市综合类评比中的最高荣誉，也是最具价值的城市品牌。十五年磨一剑！如皋市委、市政府将“创建为民”的理念贯彻工作始终，有效推动了城市环境面貌改观、百姓生产生活条件改善和市民文明行为习惯养成，有效促进了经济社会发展和社会文明和谐。自2005年以来，如皋市连续四届获评 “江苏省文明城市”，2015年晋级全国文明城市提名城市， 年度测评成绩始终保持全省领先。2017年11月14日， 中央文明委公布了第五届全国文明城市入选名单，如皋市在苏中苏北县级市中率先跻身全国文明城市。

十、获批中国人居环境奖

如皋市委、市政府高度重视人居环境建设，完善功能配套，强化增绿活水，坚持民生优先，突出精细管理，坚守“长寿是宜居的最高境界，宜居是长寿的应有之义”的人本理念，全面深化人居环境建设工作，城市面貌，人居环境都得到显著改善，群众满意度及城市美誉度稳步提升。2017年10月16日，如皋市获中国人居环境奖，系苏中苏北唯一县级市。此为城市人居环境建设领域的最高荣誉奖项，是“绿水青山就是金山银山”在如皋的生动实践。

如皋正处于主动融入长三角一体化进程、全力冲刺高水平全面建成小康社会的关键时期，如皋市将以习近平新时代中国特色社会主义思想为指引，解放思想、担当作为，为奋力构建长江经济带战略支点重要支撑，接续开辟如皋高质量发展新境界、开创“强富美高”新如皋建设新局面作出新的更大贡献。

成就展台

Chengjiu Zhantai

新中国成立 70 周年如皋市国民经济综合实力实现跨越式提升

70 年来，勤劳勇敢的如皋人民团结一致谋发展，齐心协力搞建设，开拓创新，拼搏奋进，走过风风雨雨，迈过无数坎坷，用智慧和汗水换来如今的沧桑巨变：1949 年的如皋县工业生产单位只有 80 家，工业总产值仅 852.1 万元，粮食播种面积 205745.87 公顷，是一个工业比重较小的落后地区，经济基础极其薄弱；2018 年，如皋市地区生产总值、工业应税销售均超千亿元；2019 年，如皋市地区生产总值达到 1221 亿元，增长 7%，工业应税销售同比增长 15%。昔日并不知名、并不富裕的小城，综合实力荣登全国百强县排行榜第 24 位。

内外城河风光

产业在结构持续优化中不断做大做强

解放初期，放眼如皋县大地，平坦而空荡，见到最多的是原始农田，工厂寥寥可数。

“农业的稳定发展，是全县国民经济长期稳定发展的基础，是关系到稳定政治、稳定社会的一件带全局性的大事”。翻开《关于 1989 年国民经济、社会发展计划执行情况和 1990 年国民经济、社会发展计划(草案)的报告》可见，农业发展被摆到首要位置。“‘七五’以前，如皋县每年要花一半时间去抓农村生活安排。”市发改委有关负责人介绍。当时提出以农业为基础，任何时候都不能动摇，并将继续加强农业发展与改组改造加工业、积极发展建筑业和第三产业列入“八五”经济发展重点。

从那以后，如皋在全力保障粮食产量的同时，大力拓展新发展领域，产业业态不断丰富，且持续发展壮大。至 2019 年，如皋市已经形成包括新能源及新能源汽车、船舶海工、新材料，高端纺织、智能装备、电子信息，大物流、大旅游、大数据、大健康在内的“3+3+4”产业体系。产业的多元化发展带来的是经济结构的优化和质量的提升，从 1995 年全市经济总量突破百亿大关，到 2018 年地区生产总值超千亿元，产业发展壮大带来接连不断的惊喜。

科技与经济结合迸发持久发展活力

科技是第一生产力，是如皋持续腾飞的翅膀。

1956年，中央向全党全国发出“向科学进军”的号召以后，向科技要生产力便成为如皋经济工作重点内容之一。“实施‘科技兴县’战略，突出科技成果的推广，把各项适用的科学技术真正落实到各行各业、千家万户”“把发展国民经济作为科技工作的主战场，加快科技成果向现实生产力的转化，提高科技水平在生产力中的含量”……

从星星之火到燎原之势，科技引擎牵引着如皋经济向发展的高端迈进。经过70年厚植科技创新土壤，如皋创新创业平台不断扩大，创新创业要素保障体系不断完善，企业自主创新意识不断增强，整个如皋大地呈现出大众创业、万众创新的喜人局面。

“加快创新驱动战略实施，积极发挥科技引领和支撑作用，打造创新型企业、创新型乡镇、科技产业园、创新型园区，着力推进创新型城市建设”“加强原始创新、集成创新和引进消化吸收再创新，促进高新产业高端化、传统产业品牌化、新兴产业规模化”……科技创新正在如皋高质量发展进程中发挥着不可替代的作用。

开发开放聚力抢占发展战略高地

1978年，党的十一届三中全会一声春雷，神州大地上掀起了改革开放的滚滚浪潮。作为国务院批准的沿海经济开发区之一，如皋抢抓历史机遇，主动作为，全面掀起大开发、大开放、大建设、大发展的热潮。

“从方位上来讲，在国内要向外县争，在国际上要向国外争”“进一步扩大外向开拓，调整出口商品结构，使更多产品直接进入国际市场。”“抓紧基础设施建设，实施‘一港二区’工程”“在沿江县市中第一个制定了沿江开发总体规划，实现‘一年大变、三年突变、五年巨变’”“利用国家一类口岸正式对外开放的机遇，拓宽港口、产业、城市发展的思路，迅速做大做强沿江经济增长极”……如皋开发开放的步子越走越快，发展的质态越来越高。

奋进新时代，开放不止步。面对高质量发展要求，如皋上下重整行装再出发、凝心聚力再攻坚，大力实施经济国际化战略，对接“一带一路”、长江经济带建设，在更高层次、更宽领域提高开放水平，更大力度“引进来”，更大步伐“走出去”，以开放促发展、促转型，使外向型经济成为支撑如皋市跨越发展的主动力，成为支撑如皋市经济转型升级的主渠道，成为如皋市科学发展的主抓手，努力创造新的更大的发展奇迹。

改革红利释放发展活力迸发

改革是引领发展的第一动力。如皋的改革过程是不断解放思想、与时俱进的过程，是消除约束、解决和发展生产力的过程。

“继续推进各项配套改革，逐步加大改革的分量，其中要特别注重国营集体大中型企业的改革，通过改革，增强它们的活力”“要以改革统揽全局，最大限度地调动广大干部、职工的生产积极性和创造性。”“深化改革，发展规模经济，加速两个转变”……制约经济社会发展的“绊脚石”在哪里，如皋的改革就延伸到哪里。

成为相对集中行政许可权改革试点县(市)后，如皋的改革工作进入了新阶段。紧贴实际，坚持问题导向、需求导向，着力在“放管转服”上下功夫，更加有力、更为精准地清除阻碍创新发展的“堵点”、影响干事创业的“痛点”和市场监管的“盲点”，以体制、机制优势赢得发展优势、竞争优势，为经济发展拓宽道路，保障事业顺利前进。

改革收益最多的是广大老百姓。“上午递交材料，下午不动产权证就拿到了手，这个速度比其他地方最多快出了数十天。”近日，在如皋办理房屋过户手续的苏州市民赵某体验了一把“如皋改革时速”，他对充分享受改革红利的如皋人民羡慕不已。

生活水平提高百姓收入增长

发展依靠人民,发展为了人民。新中国成立70年以来,如皋历届建设者都有一个共同的心愿和奋斗的目标:让人民的日子过得更殷实。

"在温饱的基础上,生活质量进一步提高,达到丰衣足食。城乡居民在衣、食、住、用、行等方面的消费将更加充实""推动农村富余劳动力向非农产业转移,千方百计增加农民收入""落实就业、创业、产业、物业等富民举措,努力促进城乡居民收入普遍较快增长""突出富民导向,全面贯彻落实富民25条意见"……如皋始终把提高城乡居民收入列入重要工作议程,出台一系列富民政策和措施,城镇居民和农村常住居民收入稳步增长,生活水平不断提高,富民工程取得了实质性进展。1989年,全民城镇集体单位职工年人均工资仅1573元,农民人均纯收入仅572.1元;1999年,城镇居民人均可支配收入达到5079元,农民人均纯收入达到2853元;2009年,城镇居民人均可支配收入18600元,农民人均纯收入8060元;2018年,城镇居民人均可支配收入43390元,农村居民人均可支配收入20161元。2019年,迈入新时代,如皋把"人民对美好生活的向往"作为奋斗目标,把"让老百姓过上好日子"作为发展的出发点和落脚点,深入实施"居民收入倍增计划",努力构建城乡居民收入持续增长机制,让人民群众获得感和幸福感不断得到提升。

建设生态文明筑牢绿色屏障

新中国成立70年是如皋经济社会建设与生态环境保护并行的70年。

"加强对重点行业、企业和重点项目的污染治理,合理开发利用资源,做好对自然生态环境的保护,使社会的生产和生活有良好的生态环境""全面实施节能减排工程,集中整治威胁饮用水安全的污染和隐患,集中整治区域、流域、环境污染问题"。

"抓好冶金、建材、化工、电力、纺织五大行业的重点企业、重点工程的节能减排,加强相关节能减排技术的研发、开发与推广,建立健全节能减排技术服务体系""坚持引进技术与消化、吸收、创新相结合,依靠科技进步和创新,大力发展新能源、新材料、节能环保等低碳产业,着力构建绿色产业体系"……从末端治理走向源头和全过程防控,生态环境保护融入经济社会发展各个环节,实现环境效益、社会效益、经济效益的和谐统一。

2019年如皋市建设“强富美高”新如皋七个“更加”成绩单

龙游河冬景 邱 宇摄

成绩一:突出转型强产业,经济运行更加稳健

工业经济稳中提质。完成全部工业应税销售1640亿元、增长15%。新增10亿元企业2家、亿元企业55家、新开业规模企业34家,星球石墨、万达轴承、明德玩具入选国家专精特新“小巨人”企业、总数位居全省县(市、区)第一。

现代服务业稳中有进。完成服务业应税销售1280亿元、增长21%。集装箱吞吐量突破40万标箱,完成港口吞吐量6780万吨、增长16.9%。实现旅游综合收入190亿元、增长21.4%,通过国家全域旅游示范区省级初验。

建筑业稳中向好。完成建筑业施工总产值1320亿元、增长10.5%。获鲁班奖2项、国优奖5项。

现代农业稳产增效。创成国家农业绿色发展先行区,新增规模农业投资50.4亿元,高标准农田占比83.3%。培育种养循环示范点11个、畜禽粪污社会化服务组织14个,畜禽粪污综合利用率达95.1%。

成绩二:猛攻项目蓄势能,发展后劲更加有力

招大引强成效显著。注册落户亿元和3000万美元以上项目129个,正威5G新材料、培耘电子PCB等50亿元以上重大项目成功落户。

项目攻坚持续突破。新开工亿元以上产业项目118个、其中10亿元以上重特大项目19个。

园区建设高效推进。高标准打造城东工业园区,实现当年规划建设、当年项目落户。开发区大力推进省级氢能小镇建设,建成长三角氢燃料电池汽车检测中心、神华加氢站。高新区高起点建设光电及第三代半导体产业园,长江镇扎实推进化工新材料产业园转型。

成绩三:改革创新增活力,内生动力更加强劲

创新能力显著增强。高新技术产业产值占比38%,新增高新技术企业87家、PCT国际专利35个,建成产业研究院3家、省级企业技术创新平台5家,获省科学技术奖项目3个,实施重点产学研合作项目129个，新增省“双创计划”人才6人，评选首届“如皋市科技强企人物”5人。力威机械实现南通民营企业主导制定国际标准零的突破。

对外开放不断深化。新批外资项目42个，实际利用外资3.51亿美元。支持企业开拓多元市场，服务外包执行额12.8亿美元、增长35.8%，境外投资3.5亿美元，外经营业额2.5亿美元。

发展环境更趋优化。率先在全省推行“一件事”改革，“不见面审批”“双随机、一公开”标准化项目获批省级试点。创新“银政企”对接新模式，各项贷款余额突破千亿元。政府投资项目审减率达15.8%。

成绩四：完善功能提品质，城乡发展更加融合

城市建设有序推进。基础设施直接投入超8亿元。新增绿化面积80公顷。建成龙游河大桥、万寿路桥，城区垃圾分类投放设施覆盖率88.4%，新增停车泊位434个，新改建公厕16座，改造老小区4.1万平方米，成功入选全国规范城市户外广告设施管理试点城市。

交通建设快速推进。高铁南站综合客运枢纽开工建设，通皋大道建设加快推进。新改建农路300公里、农桥20座，创成“四好农村路”省级示范市和农村物流省级示范市。

镇村建设协调推进。出台农村住房规划建设管理办法，城镇化率60.4%。改造农村危房334户，疏浚河道393条，新增省级生态文明建设示范镇2个、示范村3个，获批省特色田园乡村试点2个。

成绩五：全力攻坚补短板，环境质量更加优良

环境整治成效显著。市考以上断面优Ⅲ类比例较上年提高45.5个百分点，地表水环境质量全省前十。完成大气污染防治工程81项，空气质量优良天数比率达78%。清理提升“散乱污”企业478家，关闭退出化工生产企业24家、整改提升18家。

配套建设加快推进。提标改造镇级污水处理厂8座，建成村庄污水处理设施72个，铺设污水管网84公里。建成焦港引水泵站、如泰运河接通工程。

机制保障坚实有力。环境信访总量下降26.9%。建成7个省考断面自动监测站，增设9个二级河道生态考核断面。长江流域环资第二法庭挂牌运行。

成绩六：改善民生办实事，群众生活更加美好

富民增收步伐加快。新增城镇创业就业超1.2万人，农村劳动力转移就业1600人。建档立卡低收入人口实现脱贫，32个省、市定经济薄弱村集体收入均达50万元以上。

社会保障扩面提质。城乡居民医保、职工“五险”和照护险实现动态全覆盖，新征地农民即征即保。城乡居民基础养老金、城乡低保等标准继续提高。

社会事业全面进步。教育现代化建设综合监测水平南通第一。实现镇级公立卫生院全覆盖，人民医院创成三级乙等综合医院。

成绩七：创新治理聚民心，社会大局更加和谐

精神文明建设富有成效。顺利通过文明城市省级年度测评，新时代文明实践中心建设跻身全国试点。

民主法治建设不断深化。政府法律顾问实现全覆盖，行政诉讼败诉率南通最低，法律援助工作经验全省推广。

社会治理能力持续提升。深入推进危化品等重点行业领域隐患大排查大整治，挂牌督办重大隐患48个。消防救援工作不断强化。扎实推进扫黑除恶专项斗争，保持省平安县（市）称号。

惠民实事

Huimin Shishi

2019年如皋市为民办实事项目实施情况

12月18日上午8时30分，如皋市举行政府为民办实事完成情况新闻发布会。市委副书记、市长何益军发布2019年政府为民办实事完成情况。

为民办实事项目牵涉面广、群众关注度高。一直来，如皋市始终坚持“尊重民意、突出民生、公益均等、普惠共享”的指导思想，在向社会各界广泛征集意见的基础上，突出为民务实、实事求是，科学合理遴选确定实事项目。

12月18日，如皋市政府为民办实事完成情况新闻发布会　　如皋发布供图

2019年，如皋市本着上级政策要求落实到位、省市民生承诺兑现到位、群众基本需要保障到位的三大原则，坚持兜底线、保基本，共确定四大类16项为民办实事项目，包括交通疏堵畅通、城区功能提升、住房保障改善、生态环境治理、医疗体系建设、教育均衡提升、扶贫救助保障、富民增收保障、公共安全提升、社会公共服务等工程。至年底，16件为民办实事项目落实到位，各项任务取得实效：

民生供给与保障体系更加健全

教育优质均衡发展持续深化

几年来，如皋市通过开展为民办实事项目，在教育资源的均衡供给、优秀教师队伍建设和教学改革成果等方面都取得明显进步。

2019年，新建城东小学，启动如师二附学校建设；明年将会启动新城区高中和幼儿园、红星小

优质教育资源均衡发展

学建设，届时城区学校布局更加合理充分，能够较好满足适龄儿童的对优质教育资源的需求。

2019 年，如皋市普通高考本一上线率 68.3%、语数外总均分 352.9 分，均列南通第一；中考均分高出南通均分 18.66 分，多年来一以贯之推行的教育优质均衡改革成效逐步显现。

医疗卫生服务体系更加完善

每镇建有一所公立卫生院，是全省基层公共医疗卫生体系建设的核心要求。2019 年，如皋市将其列为为民办实事项目予以推进实施，已经回收整合民营医院 27 家，实现每镇建有 1 所公立卫生院，附设若干门诊部和分院的基层公共医疗服务体系。

以市人民医院、市中医院为龙头组建两个紧密型县域医疗共同体，加强市级医院重点专科和基层卫生院特色科室建设，确保患者在镇级接得住、市级留得下，转诊有保障、治疗有成效，全市覆盖城乡、全面承担基本医疗服务和公共卫生服务的“15 分钟健康服务圈”基本成型。

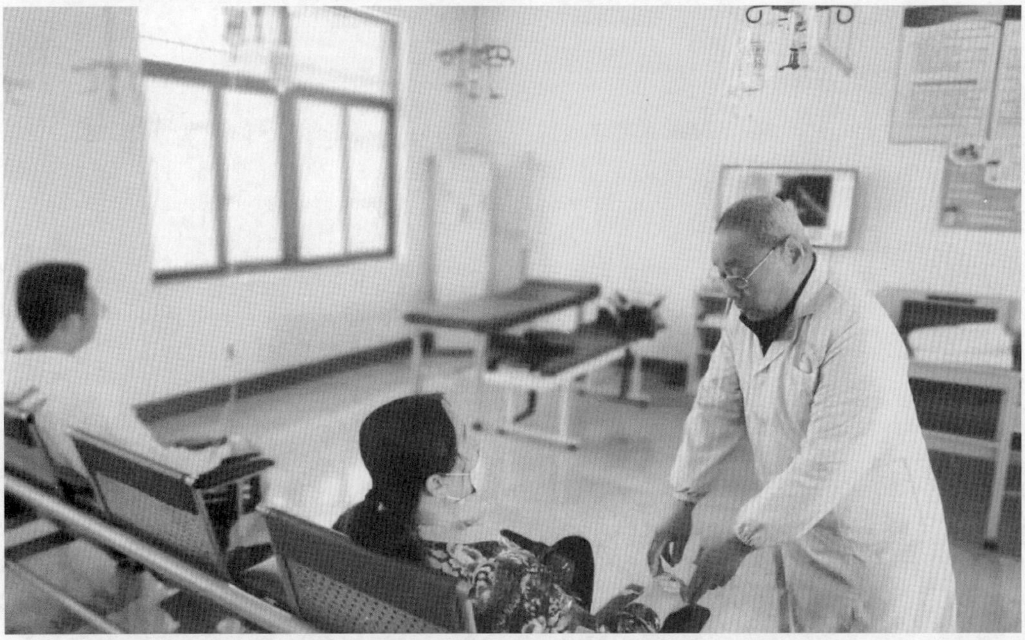

公共卫生服务体系基本形成

社会保障水平持续提升

如皋市城镇职工社保、居民医保实现动态全覆盖。2019 年，在城乡居保和重大疾病救治医保补偿方面实施精准扶贫，全市建档立卡未标注脱贫的低收入人口、城市和农村低保对象以及特困人员保险实现全覆盖，100%代缴、100%待遇享受；全市大额医疗费用二次补助受益群众 8567 人、补助资金 6486 万元，医疗救助 9325 人、救助资金 1642.33 万元；城乡居民基本照护保险实现全覆盖，失能评定 2144 人，支付 500 余万元。

在就业方面注重加强对各类困难群体就业的精准援助，2019 年新增城镇就业 9001 人，帮扶建档立卡人员转移就业 5048 人，转移就业率 88%，“晚霞行动”超龄人员再就业 11.28 万人。

城市品质与公共功能显著提升

城市居住环境明显改善

几年来，通过实施老小区改造、棚户区改造和城市综合体建设三措并举，城区群众居住条件明显改善。

“十三五”以来，累计实施老小区改造超 50 万平方米，棚户区改造超 300 万平方米，新开工房地产面积 720 多万平方米。

2019 年，继续实施棚户区改造，重点推进蒲行苑（252#）、东皋市场周边（35#）等地块搬迁改造，完成省级棚户区改造 1000 户。

出让土地 446 亩，新开工商品房 193 万平方米。壹言广场、希尔顿酒店等项目即将建成。

城市居住环境绿色生态

城市公共功能更加完善

“十三五”以来，中心城区基础设施投入累计达43亿元，道路、水系、绿化、广场、公厕等公共设施功能健全、品质持续提升。今年完成城市基础设施建设投入超8亿元。

建成区内新改建城市公厕16座。

观风路、益寿路及福寿路综合改造已竣工，龙游河大桥、万寿路桥建成通车，极大缓解了城市交通出行压力。

完成益寿路、观风路、福寿路林荫绿化工程，建成滨溪路生态廊道，新增绿化面积62万平方米，实现了居民500米见绿见园的目标。

中心城市交通品位提升

城市公共治理更加精细

坚持问题导向，精细化开展城市交通出行、河道水系和垃圾分类等公共治理。

2019年，在城市交通治堵方面出台三年行动方案，海阳路、中山路、解放路绿波带全部建成投入使用，益寿路实现车流量智控管控，大司马路限时单向通行。

新增公共停车场6个、停车泊位超400个。

在水系整治方面完成龙游河与外城河接通工程、宝塔河东延工程，解放港整治进入河道施工阶段，内城河水循环净化系统正式运行，城河水质明显提升。

在垃圾分类方面，新投放垃圾分类设施1400个，城区垃圾分类设施投放覆盖率86.86%。

河道水系整治取得成效

公共生态和人居环境持续改善

公共生态治理成效明显

几年来，生态环境建设成为社会公共治理的重头戏，既是中央和省的要求，也是群众美好生活的需求。如皋市以中央、省环保督察和“回头看”交办问题整改为契机，坚持问题导向、综合施策，统筹推进污染防治攻坚战和长江共抓大保护，全市水环境和大气质量得到明显改善。

2019年，焦港引水泵站和如泰运河接通工程已经竣工并投入运行。

全市11个水质监测断面平均水质全部达到Ⅳ类以上，优Ⅲ类比例达到72.7%，提前一年完成市交任务。

地表水环境质量排名位列全省县(市、区)前10名。

完成大气污染防治工程85项，空气质量优良天数比率达74%。

人居环境建设持续深化

以农村人居环境综合整治为抓手，统筹推进农村河道水系、房前屋后、垃圾收运、日常保洁等环境综合整治工作，成效明显。

获批省、南通特色田园乡村试点各2个，成功入选第二批国家农业绿色发展先行区，培育种养循环示范点11个、畜禽粪污社会化服务组织14个，畜禽粪污综合利用率达95.1%。

全市建制镇污水处理设施实现全覆盖。

东陈镇杭桥村与中科院生态研究中心合作，实现易腐垃圾和生活污水的收集处理。

厕所粪污治理已形成栅格式化粪池和通扬运河支流沿线污水科研试点等两种形式。

南通市村镇生活污水处理能力提升现场推进会在市召开。

人民群众出行更加便捷

实施“四好农村路”提升工程，继续推进农村公路“建养一体化”试点，完成农村公路提档升级195公里，建成通居路150公里、生命安全防护工程168公里、农桥20座，1050公里路田、路宅分家和路域环境整治年内实施结束，行政村双车道四级公路实现全覆盖率。

调整优化公交线路7条，新辟公交线路4条，投放新能源公交车85辆，农村居民出行更加便捷。

随后，市医保局、教育局、卫健委、城管局、公安局等部门相关同志，分别就市对困难群众医疗保障和大病救助方面的具体措施，城市学校布局方面的规划，支撑诊疗水平的医疗专业学科建设和医生专业队伍建设方面的规划、计划和措施，如何引导群众自觉开展垃圾分类，在鼓励、倡导绿色出行方面的具体措施以及如何开展停车收费等问题回答媒体代表提问。

市民出行道路四通八达

专文选编

Zhuanwen Xuanbian

专 题 报 告

恪守入党初心　勇担时代使命
接续开辟如皋高质量发展新境界

——在庆祝建党98周年大会上的讲话

（2019年7月1日）

张 建 华

今天，我们在这里隆重集会，庆祝中国共产党成立98周年，动员和激励全市各级党组织和广大党员干部，以“不忘初心、牢记使命”主题教育为契机，恪守入党初心、勇担时代使命，接续开辟如皋高质量发展新境界。刚才，市委集中表彰了一批先进基层党组织和优秀共产党员、优秀党务工作者，借此机会，我谨代表市委，向受到表彰的单位和个人表示热烈的祝贺！向全市各级党组织和全体共产党员，致以亲切的问候和崇高的敬意！

今年是中华人民共和国成立70周年，也是我们党在全国执政第70个年头。5月20日，习近平总书记到中央红军二万五千里长征的集结出发地——江西省于都县考察，号召全党不忘初心、重整行装再出发。5月31日，中央召开“不忘初心、牢记使命”主题教育工作会议，习近平总书记出席会议并发表重要讲话。

总书记强调，为中国人民谋幸福，为中华民族谋复兴，是中国共产党人的初心和使命，是激励一代代中国共产党人前赴后继、英勇奋斗的根本动力。6月4日，我省召开“不忘初心、牢记使命”主题教育动员会，省委书记娄勤俭强调，要深刻认识主题教育的重大意义，将其作为学习贯彻新思想的领航工程，作为提高党的建设质量的基础工程，作为密切联系群众的民心工程，作为推动江苏高质量发展走在前列的动力工程，让主题教育转化为推动高质量发展走在前列、加快建设“强富美高”新江苏的实际成果。

根据中央工作安排，这次主题教育自上而下分两批进行，我市主题教育将从9月正式开始，11月底基本结束。全市各级党组织要深入学习领会习近平总书记重要讲话精神，按照中央和省委、南通市委部署要求，提高政治站位，超前谋划部署，为开展好主题教育营造氛围、创造条件、打好基础。今天，围绕“不忘初心，牢记使命”主题，主要谈一些认识和体会，与同志们交流。

一、在回顾党的光辉历程中牢记初心使命

2012年11月29日，党的十八大胜利闭幕不久，习近平总书记带领中央政治局常委参观《复兴之路》展览，发出实现中华民族伟大复兴中国梦的伟大号召。2017年10月31日，党的十九大胜利闭幕不久，习近平总书记带领新一届中央政治局常委瞻仰上海中共一大旧址、浙江嘉兴南湖红船，探寻我们党制胜的精神密码。两次党代会后的开局之行，一个是使命目标，一个是初心原点，向世界庄严宣示以习近平总书记为代表的新时代中国共产党人，不忘初心、牢记使命，为实现中华民族伟大复兴中国梦不懈奋斗的决心意志。新时代要跑出好成绩，我们就有必要再次在回顾党的光辉奋斗历程中，进一步坚定初心，牢记使命。

(一)从初心到使命,彰显了中国共产党人坚定的理想信念追求。邓小平同志曾讲:“过去我们党无论怎样弱小,无论遇到什么困难,一直有强大的战斗力,因为我们有马克思主义和共产主义的信念。”据统计,从中国共产党成立到中华人民共和国成立,全国可以查到牺牲者姓名的中共党员有370多万名,在这一万多个日子里,平均每天就有370名中国共产党人献出了宝贵生命,而在新中国成立之初,全国的党员总数也不过才440多万人;在红一方面军二万五千里长征征途中,平均每300米就有一名红军牺牲,是无数红军战士用鲜血染成了长征这条红飘带;在我们如皋,从1929年年初到1933年春,短短的四年多时间里,就有7位县委书记英勇就义。各位手上都有一份今天的《如皋日报》,上面刊有“七一”大党课专版,讲述了中国共产党江苏如皋县委印、中国工农红军第十四军、如皋县城光复公告、老红军战士等四个发生在我们如皋的感人故事,希望大家能够从中汲取精神力量,始终坚定信仰信念信心。这里我向大家介绍一下“一方大印”的故事:1965年原中山钟楼西侧县民政科招待所旧房翻建时,发现地下水道埋藏着一只平边铁锅,锅盖上整齐地放着一双绣花布鞋,揭去锅盖,锅内竟然放着100多发子弹、一把刺刀、一副脚镣,均已严重锈蚀。在挪开刺刀和子弹的时候,意外地发现还有一枚保存完好的石质“中国共产党江苏如皋县委印”章。后经许多老同志回忆并查阅有关史料分析,印章应该是我党地下工作者李蕴玉同志冒着坐牢和杀头的危险保存下来的。革命理想高于天,正是因为有着坚定的理想信念,我党的地下工作者才会把县委印章看得比生命都珍贵。我们党之所以能以星星之火形成燎原之势,从南湖红船的十几人发展成为世界上最大的执政党,始终引领民族复兴的历史进程,一代代共产党人之所以能够在风雨如磐的漫长革命道路中矢志不渝、勇往直前,根本就在于我们党始终把实现共产主义作为最高理想和最终目标,始终把党的前途命运和国家富强、民族振兴、人民幸福紧紧联系在一起。理想和信念,是贯通我们党近百年奋斗历程的根和魂;初心和使命,是激励共产党人不断前行的根本动力。

(二)从初心到使命,彰显了中国共产党人强烈的责任担当意识。中国共产党98年的发展史,就是一部中国共产党人的担当史。在新民主主义革命时期,中国共产党人敢于斗争、敢于胜利,带领中华儿女实现了民族独立、人民解放,建立了新中国;新中国成立以来,中国共产党人敢于拼搏、敢于奋斗,紧紧依靠人民完成了社会主义革命,确立了社会主义基本制度,翻开了社会主义革命和建设的崭新篇章;党的十一届三中全会以来,中国共产党人敢闯敢试、敢破敢立,全面推进改革开放,创造了举世瞩目的伟大成就。党的十八大以来,以习近平同志为核心的党中央接过历史的接力棒,勠力复兴、砥砺奋进,继续团结带领我们的党和国家不断前行,五年之功奠定强盛基业。党的十九大开宗明义提出“不忘初心、牢记使命”,号召为实现中华民族伟大复兴的中国梦不懈奋斗,表达了中华儿女复兴图强的抱负追求,顺应了人民群众对美好生活的期待向往。对远大目标的坚定执着,宣示了我们党对人民、对历史的责任担当。我们必须勇于担起新时代中国共产党人的历史使命,自觉传承一代代共产党人用鲜血和生命铸就的初心,以更新气象、更大作为,朝着实现中华民族伟大复兴中国梦的目标奋勇迈进。

(三)从初心到使命,彰显了中国共产党人巨大的自我革命勇气。勇于自我革命贯穿于党的发展过程始终,是我们党最鲜明的品格,也是我们党最大的优势。6月24日,在党的98岁华诞前夕,中共中央政治局就“牢记初心使命,推进自我革命”举行第十五次集体学习。习近平总书记在主持学习时发表重要讲话时强调:“做到不忘初心、牢记使命,并不是一件容易的事情,必须有强烈的自我革命精神。”为了推进党的建设伟大工程,建党初期极力革除党内思想组织作风不纯的问题,土地革命时期极力祛除党内“左”右两方面错误思想的干扰,延安时期极力消除主观主义、宗派主义与党八股的消极影响,新中国成立后毛泽东要求全党继续保持“过去革命战争时期的那么一股劲,那么一股革命热情,那么一种拼命精神,把革命工作做到底”。这些都是我们党践行自我革命初心的真实写照。党的十八大以来,以习近平同志为核心的党中央坚持祛病疗伤、激浊扬清的自我革命精神,实现了管党治党从“宽松软”到“严紧硬”的深刻转变。我们党在全国执政已有70年,在长期执政条件下,“四大考验”“四种危险”依然复杂严峻,如不严加防范、及时整治,就会把小问题变成大问题、让小管涌沦为大塌方。党的自我革命任重而道远,决不能有停一停、歇一歇的想法。新时代,实现中华民族伟大复兴的神圣使命,迫切要求各级党组织和广大党员干部拿出自我革命勇气、激发自我创新精神,以自我革命精神打造和锤炼自己,把每一个基层党组织都建设成为坚强的战斗堡垒,把每一名党员都锻造成为担当的先锋模范,砥砺奋进走好新时代的长征路。

二、在汲取榜样精神力量中坚守初心使命

榜样的力量是无穷的。习近平总书记在"不忘初心、牢记使命"主题教育工作会议上指出:找差距,就是要对照新时代中国特色社会主义思想和党中央决策部署,对照党章党规,对照人民群众新期待,对照先进典型、身边榜样,坚持高标准、严要求,有的放矢进行整改。不忘初心、牢记使命,要以革命先辈、时代楷模、身边榜样为标杆,学习先进典型,汲取精神力量,争当时代先锋。

(一)不忘初心、牢记使命,要弘扬恪守初心、矢志不渝的忠诚精神。党的历史上,历次党章的修改中都始终明确"对党忠诚老实"是党员的基本义务。入党誓词中也明确要求党员"对党忠诚""永不叛党"。毛泽东同志曾说:"一个共产党员,应该是襟怀坦白,忠实,积极,以革命利益为第一生命,以个人利益服从革命利益。关心党和群众比关心个人为重,关心他人比关心自己为重,这样才算得一个共产党员。"我再向大家介绍"一生追寻"的故事:红十四军战士吴九成16岁参军,1930年"八三"黄桥暴动失败后,由于红军身份暴露,为躲避国民党的追捕,他辗转逃亡多地,可不管条件怎么艰苦,吴九成心中只有一个信念,那就是重回红十四军这个大家庭。新中国成立后,因档案缺失等原因,吴九成红军战士身份一直未得到确认,但他无怨无悔,多年来一直教育后代不能忘本,要永远跟着党走,做好人,做善事。直到2016年,在市红十四军研究会的帮助下,经过多方走访查证,102岁的吴九成老人长达86年的夙愿终成现实,重新回到组织的怀抱。一名红十四军的普通战士吴九成,以实际行动生动诠释了什么是恪守初心、矢志不渝的忠诚精神。每一名共产党员都要传承好对党绝对忠诚的红色基因,时刻牢记自己的第一身份是共产党员,第一职责是为党工作,做到忠诚于组织,任何时候都与党同心同德。

(二)不忘初心、牢记使命,要弘扬解放思想、开拓进取的创新精神。2005年6月21日,时任浙江省委书记的习近平同志在《光明日报》发表署名文章《弘扬"红船精神",走在时代前列》,首次提出"红船精神"的概念,认为"开天辟地、敢为人先的首创精神,坚定理想、百折不挠的奋斗精神,立党为公、忠诚为民的奉献精神,是中国革命精神之源,也是'红船精神'的深刻内涵"。"红船精神"三个基本内涵中,"开天辟地、敢为人先"的首创精神是核心内涵,其实质是创新精神,这是使中国共产党能始终站在历史和时代发展的前列、保持其先进性的关键因素。党的全部历史,在一定意义上可以说是在创新中发展、在发展中创新的光辉历史。处于新的历史方位,要推进伟大斗争、伟大工程、伟大事业、伟大梦想,就必须大力弘扬创新精神,进一步解放思想、开拓进取。解放思想是弘扬创新精神的先决条件,只有思想解放了,突破了传统固化的藩篱,工作的视野和格局才会打开,才会找到一条适合自身发展需要的新道路、新模式。 高新区(城南街道)一班人面对项目建设竞争日益激烈的严峻形势,主动拓宽眼界、创新理念,按照特色鲜明、优势互补、错位发展的思路,进一步明晰产业园区功能定位和产业布局,以"店小二"精神服务项目建设,6月20日有16个项目集中签约,总投资达98亿元。开拓进取是弘扬创新精神的精髓要义,只有以开拓进取、一往无前的锐气,才能有效破解"逆水行舟"前进路途上的难题,始终走在时代、行业前列。市人民检察院先后主动承担全省检察机关检务公开、检察权运行机制改革等多项试点工作,形成"党建领航、检务领先"服务品牌,被表彰为"全国模范检察院"。花木大世界充分发挥党建引领作用,通过成立担保基金、组建开票中心、统一发布购销信息、加强校企合作等方式,有效破解花木产业发展中"融资难、捕捉信息难、人才引进难、开票难"的"四难"问题,真正让红色党旗高高飘扬在绿色产业,让绿色产业给群众带来金色未来。希望全市党员干部在对标找差中自觉提高创新意识,积极推动解放思想大讨论活动成果转化,全面破除思维禁锢,敢于突破传统、敢于大胆尝试,争做排头兵、勇当领头雁,努力探索新规律、拿出新举措、解决新问题。

(三)不忘初心、牢记使命,要弘扬勇于担当、攻坚克难的奋斗精神。习近平总书记在庆祝改革开放

40周年大会上的讲话中指出："伟大梦想不是等得来、喊得来的，而是拼出来、干出来的。"当前，外部环境复杂敏感，改革发展稳定任务艰巨繁重，不忘初心、牢记使命，要始终保持"永远在路上"的奋斗姿态，始终保持"重整行装再出发"的精神状态，不断把党和人民事业推向前进。对于奋斗精神，如皋的党员干部还是有优良传统的，回想20世纪50年代开始，如皋人民不等不靠，敢想敢为，向高沙土"宣战"，广大党员干部发扬艰苦奋斗精神，带头冲在治沙改土第一线，与人民群众同吃同住同劳动，掀起了一个又一个大会战热潮，从高沙土的削平到治理，历经半个世纪，推动农民生活水平得到大幅度提升。在我们身边，很多同志较好地继承了老一辈的优良传统。市重大项目办 冒新宇同志在服务项目建设中，勇于攻坚、敢于担责，工作不留死角、不掉链子，推动了一批批重大项目取得较快进展。市信访局来访接待科科长 张志年同志十多年如一日，始终战斗在越访、集访等突发事件最前沿，推动建立了"首接负责、首访下访、失职问责"等制度，市人民来访接待中心获评全省信访系统首批"群众满意窗口"。如皋生态环境监测站站长、市攻坚办综合组组长 浦小军同志敢啃"263""硬骨头"，去年牵头完成监测任务700余个，编发监测报告、综合分析报告800余份，为全市污染防治攻坚争先进位贡献了一份力量。市安全生产执法监察大队大队长 田岱华同志在各类安全生产检查和专项检查中坚持"全覆盖、零容忍"，今年事前执法立案183起、事故立案22起，有效打击了安全生产领域内的违法行为，为全市经济社会发展提供了安全稳定的环境。

（四）不忘初心、牢记使命，要弘扬不计得失、竭诚为民的奉献精神。我们党从成立之初，就明确规定党的任务是为中国广大人民的利益而奋斗。2019年3月习近平总书记访问意大利，在会见意大利众议长菲科时，菲科问道："您当选中国国家主席的时候，是一种什么样的心情？"习近平主席沉着坚毅地回答道："这么大一个国家，责任非常重、工作非常艰巨。我将无我，不负人民。我愿意做到一个'无我'的状态，为中国的发展奉献自己。"习近平总书记"我将无我，不负人民"的回答，彰显了一种博大胸怀。无私奉献是党员干部的基本素养，奉献没有休止符，党和人民的事业任何时候都需要奉献精神。"时代楷模"赵亚夫长期扎根农村，做给农民看、带着农民干，把论文写在大地上、把成果留在农民家，一生的精力都奉献给了茅山老区人民；"守岛英雄"王继才坚决听从党的召唤、服从组织安排，32年如一日固守海防，兑现了"一生守岛，直到守不动的那一天"的铮铮誓言，在平凡的岗位上作出了不平凡的贡献。我们如皋也不乏这样的例子，市人民法院副院长黄卫东同志，在"基本解决执行难"攻坚战中连续加班轮轴转，因过度疲劳导致突发脑溢血，住院期间仍然心系工作，向组织表示争取早日康复、回归岗位。经济技术开发区（城北街道）平园池村党总支书记刘炜建同志把强村富民作为第一追求，带领全村党员干部流转土地、招引项目、整治环境，积极发展乡村旅游产业，村营集体收入由原来的不到30万元增长到180多万元，村民人均纯收入达3万元。市档案馆周春燕同志面对帮扶对象心理受创、逃避学业的难题，5个月内登门回访14次，深入开展心理辅导，用真心和恒心换得孩子安心上学。典型就是激励，先进就是标杆。不忘初心、牢记使命，从根本上说，就是不能忘记人民是我们的衣食父母，始终把以人民为中心作为一切工作的出发点和落脚点，把坚持党的根本宗旨作为一切行动的基本准则。我们要实现新时代的奋斗目标，就必须继续发扬不计得失、竭诚为民的奉献精神，实现好、维护好、发展好最广大人民的根本利益，把广大人民群众的积极性、主动性、创造性充分调动起来，形成推动各项事业发展的强大力量。

三、在高质量发展新征程中践行初心使命不忘初心、牢记使命，具体到如皋的党员干部来说，就是将为145万如皋人民谋幸福的初心牢牢记在心中，发扬新时期"勠力同心、同甘共苦、坚韧不拔、善作善成"治沙精神，将推动如皋高质量发展的使命放在心头、扛在肩上

（一）旗帜鲜明讲政治，做到心中有党不褪色。对党员干部来说，政治素质是第一素质，政治能力是第一能力。只有政治立场坚定了，才能自觉做到心中有党，才能忠诚于党、相信党、服从党、依靠党。要突出政治建设，增强政治定力。广大党员干部要自觉加强思想政治建设，牢固树立"四个意识"，当好政治上的"明白人"、立场坚定的"正派人"、政策执行的"领路人"，在思想上、行动上始终与以习近平同志为核心的党中央保持高度一致，认真执行党的各项的路线方针政策，做到思想上充分信赖、政治上坚决维护、组织上自觉服从、感情上深刻认同、行动上始终跟随，自觉在党为党、在党言党、在党忧党、在党护党，决不做随风摇摆的“墙头草”，决不做表里不一的“两面派”。要突出理论学习，坚定理想信念。没有足够的理论清醒，思想就会“生锈”，理想信念就会动摇，在大是大非面前政治眼力就会不清明、不透亮，就会产生犹豫、动摇而丧失定力。习总书记曾指出，一些党员干部学理论存在不熟悉、顾不上、不感兴趣的“三不”状态，这在我市部分党员干部身上也不同程度存在。理论学习只有进行时、没有完成时，广大党员要带着信仰学、带着使命学、带着问题学，不断提升学习贯彻习近平新时代中国特色社会主义思想的深度。要围绕省委娄书记在全省县(市、区)委书记政治能力建设专题培训班上提出的“九个有没有”(有没有因为过去发展中形成一定的先发优势，就认为可以轻轻松松走在前列的盲目乐观？有没有认为经济好就一好百好，看不到其他方面发展短板的认识盲区？有没有满足于过去赖以成功的经验做法，不研究规律甚至不按规律办事的路径依赖？有没有对历史遗留问题能拖则拖，不愿正视问题、不敢解决问题的侥幸心理？有没有图眼前、图省事、图来得快，不注重打基础、利长远的行为短视？有没有一味地等规划、靠“大树”、要政策，以我为主、自主规划、主动争取意识不足的依赖心理？有没有各自为营、“各显神通”，不注重集中力量、统筹资源办大事的视野局限？有没有过于迷信自身能力，不注重学习进步，一遇到新情况新问题就束手无策、疲于应付的本领恐慌？有没有怕担责任，落实工作中简单套用上级或外地做法，不去结合实际进行深入研究的形式主义？)，深入查摆剖析，找准问题病根，切实加以整改，着力破解“理解不深入、行动跟不上、落实缺乏创造性”的问题。要突出党员标准，强化带头意识。一名党员就是一面旗帜，党员将党员标准树起来、做下去，就是最好地讲政治、就是心中有党。全市各行业各领域各条线的党员要对照党章党规，对标新时代要求，结合各自工作性质和岗位特点，明确个性化的党员标准，并主动把身份亮起来、标准立起来、形象树起来，只有用党员标准严格要求自己，才能真正成为一名合格党员，也才能影响和带领广大群众相信党、拥护党，听党话、跟党走。要突出领导带头，做到以上率下。党的十八大以来，之所以会形成党心民意同频共振的良好局面，一个重要原因就在于以习近平为核心的党中央同志亲力亲为、以上率下，给下面立了标杆，做了表率。党员领导干部要全面向习近平总书记看齐，系统地学习总书记的思想方法、人格魅力、意志品格，提升适应时代发展的能力水平，更好的担当重任。希望大家凡事都要做在人前、走在人先，既要带头遵守中央“八项规定”和省市“十项规定”，改进工作作风，又要坚持以普通党员身份到所在支部参加组织生活，带头学、带头讲、带头干，通过层层示范、层层带动，上级带下级、班长带队伍，努力形成上行下效、整体联动的良好局面。

(二)心无旁骛抓发展，做到心中有责不懈怠。对照“高质量发展走在前列”的要求，全市上下真抓实干、奋起追赶，经济社会保持平稳健康发展，高质量发展实现良好开局。但围绕“奋力构建长江经济带战略支点重要支撑，接续开辟如皋高质量发展新境界”的目标定位，我们还存在不少亟待补齐的短板。希望大家始终将发展作为第一要务，进一步弘扬讲担当、重实干的工作导向，狠抓项目建设、经济运行和城市建设，在千载难逢的战略机遇面前，甩开膀子大干一场。一要全力聚焦项目建设。项目是推动发展最关键的要素，抓项目就是在抓经济，就是在推动高质量发展，就是在造福一方百姓。希望各单位、各板块的党员干部以发展实体经济为己任，围绕支柱产业紧盯项目源头，用好用足招商渠道，着力提升招引实效。要发扬“店小二”精神，全程在项目落户、建设、投产全过程做好保姆式服务。二要全力保障经济运行。面对经济下行压力，大家要以新发展理念为指引，专心致志发展好实体经济，加快产业转型升级，推动经济高质量发展。要把握工业化中后期的阶段特征，做大做强高端装备、新材料、新能源和新能源汽车等优势产业，加快布局新兴产业，推动产业结构由中低端向中高端迈进。要加快传统服务业提质增效，大力发展总部经济、枢纽经济等生产型服务业，构建现代服务业体系。要不断优化审批服务，强化要素保障，踏踏实实做好企业服务。三要全力提升城建品质。要进一步拓宽发展思路，在做优城市规划、提升城市配套、优化城市管理上下功夫，不断提升城市品位，切实增强人民群众的幸福感和满意度。要统筹新城建设和老城更新，抓好规划设计、城市设计和项目设计的有效衔接，突出经济属性、功能属性和生态属性的相互协调。要不断完善城市功能配套，突出抓好教育、医疗等公共服务功能的优化提升，主动融入区域综合交通网络，强化公共交通规划与建设，切实增强辐射带动能力。要擦亮“全国文明城市”这块金招牌，坚持“建设”与“管理”并重，从小处着眼、从细节入手，持续提升城市管理智能化、精细化水平，打造更加宜居的生活环境。

（三）千方百计惠民生，做到心中有民不忘本。共产党人的初心，就是为人民谋幸福。为人民谋幸福，就必须聚焦解决人民群众关心的热点、难点问题，精心做好各项民生工作。要体民情，听取群众意愿。社会治理的基础在基层，薄弱环节在乡村。广大党员干部要认真落实“一线工作法”，坚持到基层一线了解民情、发现问题，摸清群众的真实诉求。基层工作不能机关作风，重在抓细抓实抓常，目前仍有不少党员干部满足于坐在办公室打电话、发邮件与基层沟通、和老百姓交流，这样了解情况，只能“管中窥豹”，看不到全貌，并且与基层群众产生距离，带来隔阂。我们的干部特别是机关干部不能被事务性的工作套住，平时有时间要多到基层去走走、去看看，听听老百姓对我们工作有什么看法、有什么意见，再根据这些情况来调整我们的工作思路和措施，实实在在让老百姓感觉到我们是在为他们着想、为他们服务。比如精准脱贫工作，我们开展的“八大专项”扶贫行动的真实效果怎么样？有没有因为长效机制不到位出现返贫的？年内到底能不能完成脱贫攻坚任务等等。再如，污染防治攻坚开展了这么久，一些群众反响强烈的环境突出问题有没有得到彻底解决？还有没有污水偷排直排乱排现象？环境监管网格化管理有没有落实到位等等。类似这些问题都需要我们沉下身子到群众中，去发现、去推进、去解决。要解民忧，回应群众诉求。在走访调研、接待群众中我发现，一些群众问题本应该能够避免发生，即使发生了，也可以通过基层治理去解决，但因为缺少相应的响应机制和处理机制，硬是把小事情拖成了大问题，小矛盾搞成了大事件。从一定程度上讲，一些群众之所以上访不断，少数党员干部的不作为、慢作为、乱作为是重要“推手”。广大党员干部要大力弘扬治沙精神，充分发挥先锋模范作用，做到哪里有矛盾就要去哪里，哪里有问题，工作就要推进到哪里，切实解决好群众关心的突出问题。各级党组织要发挥好领导核心作用，做到自治、法治、德治“三治融合”，千方百计为老百姓办实事、解难题。要贴民心，赢得群众口碑。最近2019年高考、中考成绩先后出来了，今年我市高考再创佳绩，朋友圈都在转发，应该说把子女教育成材是人民群众最热切的愿望之一。除了教育，医疗卫生、文化体育都是人民群众关注的焦点，我们要努力办实办好这些民生实事，赢得群众认可。要推进教育高质量发展，优化学校基础设施建设，培育高素质教师队伍，办好人民满意教育。要提升医疗保障水平，深化医药卫生体制改革，坚持基本医疗卫生事业的公益性，加快实现公立医院全覆盖。要大力建设文体强市，积极开展群众性文化活动，培育新型文化业态。要强服务，引领群众跟随。加强新时代精神文明建设，把新时代文明实践中心建设作为一项重大政治任务，与文明城市建设、乡村振兴、基层党建、社会治理、脱贫攻坚等有机结合起来，打造具有如皋特色的百姓家门口的服务中心、慈善中心、信仰中心，打通教育群众、关心群众、服务群众的“最后一公里”，让广大人民群众真正感党恩、听党话、跟党走。

（四）时时处处树形象，做到心中有戒不妄为。党员形象体现的是党风，带动的是民风。每一名共产党员都要主动涵养工作作风，自觉遵守廉政纪律，深入解放思想，勇于担当作为，努力树好在人民群众心目中的形象。要力戒形式主义，改进工作作风。要把讲求实效贯穿各项工作全过程，坚决反对形式主义，凡事少玩“花架子”、少出虚功夫、少讲大愿景，多讲实话，多出实招，多使实劲，工作要追求实实在在的结果，而非轰轰烈烈的过程。坚决防止将“压力层层传导”异化为“压力层层加码”，避免在推进时间上做“减法”，在工作要求上做“加法”，在压力传导上做“乘法”。有党员干部反映平时开会太多了，一周都有半周在开会，这明显不正常，各条线各部门要认真落实“基层减负年”的各项要求，坚决防止文山会海，减少各种督查检查，决不能简单地以有没有领导批示、记了几本笔记、建了多少台账评价工作开展情况、检验工作成效，更不能把推进工作变味为会议上说来说去、材料上写来写去，要让工作成效真正反映在解决问题、推动发展上。要加强廉洁自律，优化政治生态。净化政治生态不会一蹴而就，化风成俗需要久久为功。全市各级党组织要以“不忘初心，牢记使命”主题教育为契机，推动广大党员干部严守纪律规矩，坚守纯洁灵魂。我们每个月都要开展廉政教育，身边的反面教材大家也学了不少，一失足成千古恨，大家务必把廉政账算算清楚，把底线守得更牢，从严管好自身和家人亲属，真正做到公正用权、依法用权、为民用权、廉洁用权，进一步构建风清气正的政治生态。要大胆容错免责，激发担当作为。近年来，全市广大党员干部围绕发展大局，在各自工作岗位上，兢兢业业，埋头苦干，为推动经济社会高质量发展作出了积极贡献。但仍有少数党员干部没有真正做到讲担当、重实干，碰到问题就躲、见到困难就推、遇到矛盾就拖，很多问题拖成历史遗留问题，“新官又不理旧账”，问题永远还在那里。甚至个别党员干部敷衍了事，却以“淡泊”者自居；毫无建树，却以“超脱”者自居；圆滑推诿，却以“旷达”者自居。市纪委监委、市组织部等相关单位要进一步完善容错纠错实施的具体途径和配套措施，及时发布容错纠错典型案例，坚持为负责者负责、担当者担当；要用好鼓励激励、能上能下机制，进一步激发担当作为的积极性，凝聚追赶超越的精气神。

同志们，今天我围绕“不忘初心、牢记使命”这个主题，结合个人的一些学习和思考，谈了一些认识和体会。希望全市广大党员干部紧密团结在以习近平同志为核心的党中央周围，高举习近平新时代中国特色社会主义思想伟大旗帜，矢志不渝守初心，奋发有为担使命，以优异的成绩向建党98周年、新中国成立70周年献礼！

抢抓一体化机遇 坚持高质量发展 奋力开创“强富美高”新如皋建设新局面

——在市委十二届十次全体(扩大)会议上的讲话

(2020年1月4日)

张建华

这次全会的主要任务是,以习近平新时代中国特色社会主义思想为指导,贯彻落实党的十九大和十九届二中、三中、四中全会精神,按照中央经济工作会议和省委十三届七次全会、南通市委十二届十次全会部署,回顾总结2019年经济社会发展和党的建设工作,研究部署2020年工作,对推进我市治理现代化作出安排,动员全市上下进一步解放思想、改革创新,锐意进取、埋头苦干,决胜高水平全面建成小康社会,抢抓长三角一体化机遇,推动高质量发展走在前列,奋力开创“强富美高”新如皋建设新局面。

下面,根据市委常委会讨论的精神,我讲四个方面的意见。

一、坚定不移走高质量发展道路,“强富美高”新如皋建设取得新成效

2019年,市委认真学习贯彻习近平新时代中国特色社会主义思想,深入贯彻落实中央和省委、南通市委决策部署,在统筹兼顾中谋全局攻关键,在克难奋进中优作风强落实,党员干部加快发展的使命感进一步增强,担当作为的责任感进一步激发,干事创业的精气神进一步提振,全市上下形成比学赶超、奋勇争先的浓厚氛围,改革发展稳定和党的建设各项工作取得新进展,高质量发展迈上新台阶,“强富美高”新如皋建设彰显新成效。

(一)高质量发展路径不断优化。始终把学习贯彻习近平新时代中国特色社会主义思想作为统领一切工作的总纲,坚持用新思想统一思想、解放思想,引导全市上下坚决破除发展中的思维定势。坚定不移把新发展理念作为推动如皋高质量发展的行动指南,对所处的发展阶段和一些深层次问题,有了更为清醒的认知和把握。调整经济统筹组织、项目招引建设、城市建设管理等工作体制机制,协同推进更加顺畅,工作效率有效提升。突出“三做一建”四大重点,优化“5+2”重点产业体系,明确“一城两区三基地”基本抓手,“强富美高”新如皋建设的方向更加明确、路径更趋优化。

(二)经济发展后劲不断增强。持续深化“放管服”改革,营商环境保持全省领先;创新“银政企”对接新模式,各项贷款余额首次突破千亿大关。星球石墨、万达轴承、明德玩具入选全国首批专精特新“小巨人”企业,数量居全省县(市、区)第一,力威机械实现南通民营企业主导制定国际标准零的突破,梦百合家居、标龙建设等7家企业纳税超亿元。园区建设稳步推进,城东工业区实现当年规划建设、当年项目落地,丁堰、白蒲、磨头、九华等镇工业集中区初具规模;项目建设如火如荼,部分乡镇实现“半年完成全年,当年储备来年”。全年认定新开工亿元以上项目118个,其中10亿元以上19个;正威5G新材料、培耘电子PCB等50亿元以上项目正式落户。新增规模农业项目151个,总投资50.4亿元。预计全年完成地区生产总值1221亿元、增长7%;在减税降费16.01亿元的情况下,实现一般公共预算收入70亿元;全部工业应税销售1640亿元、增长15%,服务业应税销售1280亿元、增长21%;固定资产投资增长8%,社会消费品零售总额增长6.5%;进出口总值243.8亿元,到账外资3.51亿美元,集装箱吞吐量突破40万标箱;高新技术产业产值占比38%,新增高新技术企业87家。

(三)城乡发展水平稳步提升。实现基础设施直接投入超8亿元,重点实施了一批打基础、谋长远的重大城建项目,城区功能布局更趋优化,通过国家全域旅游示范区省级初验。城市建设步伐加快,龙游河和内外城河全面贯通,城市水脉实现南引北排、水系畅通,龙游河大桥、滨溪路生态廊道、益寿路改造提升等工程高标准完成,成为城市新亮点;城东小学、通皋大道、老204国道改造等项目快速推进,如师二附、高铁南站等项目开工建设。搬迁面积超90万平方米,房地产销售超200万平方米。张皋过江通道、如常高速等项目进展顺利,创成"四好农路"省级示范市和农村物流省级示范市。城市管理不断优化,成为全国规范城市户外广告设施管理试点县。乡村振兴三年行动计划深入实施,创成国家农业绿色发展先行区。化工园区加快转型,超额完成关闭退出任务,腾出绿色发展新空间。"263"专项行动扎实推进,中央、省环保督察交办事项整改率达100%。"河长制"工作创新开展,环保基础设施不断完善,市考以上断面水质优Ⅲ类比例大幅提升,空气质量持续好转,城乡环境综合整治取得明显成效。

(四)群众幸福指数持续提高。创新开展"两代表一委员"密切联系群众工作,农村居民出行不便、校车接送难等一批问题得到解决。财政用于民生支出比重达82.5%,为民办实事项目基本完成;社会保障体系持续完善,创业富民扎实推进,新增创业就业超1.2万人,城乡居民人均可支配收入分别增长8.4%、8.6%。精准脱贫深入推进,全市建档立卡16321户、33228人全部脱贫,32个省、市定经济薄弱村集体收入均达50万元以上。务实开展对口协作,助力陕西洋县脱贫攻坚。公共服务不断优化,教育优质均衡发展,中考高考再创佳绩;全面完成目标医院整合任务,实现镇级公立卫生院全覆盖,医疗事业公益性进一步凸显;文体旅游事业加快发展,成功举办如皋马拉松赛、中甲联赛等重大赛事。殡葬改革务实稳妥,移风易俗全面推进,全国文明城市长效管理机制不断完善,高质量建设取得新成效。扫黑除恶专项斗争纵深推进,平安如皋、法治如皋建设扎实开展,各类风险矛盾有效化解,公众安全感不断提升,保持省平安县(市)、省法治建设示范县(市)称号,为新中国成立70周年营造了安全稳定的社会环境。

(五)党的建设得到全面加强。精心组织开展"不忘初心、牢记使命"主题教育,广大党员干部"四个意识"更加牢固,"四个自信"更加坚定,"两个维护"更加坚决;牢牢把握意识形态工作主动权,融媒体中心全省率先挂牌,新时代文明实践中心守正创新,"两个中心"均成为全国试点。基层基础不断夯实,领办书记项目、"头雁工程"深入实施,18个软弱涣散村(社区)党组织实现转化,调整村(社区)党组织书记75人;精准落实"三项机制",重实干、重业绩的用人导向更加鲜明。从严治党深入推进,认真做好巡视巡察反馈问题整改工作;驰而不息正风肃纪,党风政风持续净化。人大、政协围绕中心、服务大局,积极履职尽责,统战、人武、群团、老干部、双拥、关心下一代等工作取得新进展,作出了积极贡献。

成绩凝聚着汗水,收获伴随着艰辛。如皋发展取得的成绩,是上级党委正确领导的结果,是全市广大干部群众团结拼搏的结果,是离退休老同志、无党派人士等社会各界大力支持的结果。在此,我代表市委,向所有为如皋发展付出辛勤劳动的广大干部群众和社会各界人士,表示衷心的感谢和崇高的敬意!

在肯定成绩的同时,我们也必须清醒地看到,对照高质量发展的要求,面临的困难和挑战仍然不少,主要表现在:经济总量不大,均量偏低的短板突出;园区承载能力不强,重特大项目偏少,产业集聚度不高,主阵地作用发挥滞后;民生领域仍有欠账,教育、医疗、供水等还有短板,群众获得感有待提升;基层累积性矛盾仍然突出,政府性债务压降需要加大力度;怕担当、不作为的现象依然存在,作风建设还有很大提升空间。对这些问题,我们要高度重视,努力加以解决。

二、深入学习贯彻十九届四中全会精神,推进县域治理现代化走在前列

党的十九届四中全会系统回答了在我国国家制度和国家治理体系上应该坚持和巩固什么、完善和发展什么这个重大政治问题。省委十三届七次全会对贯彻十九届四中全会作出部署,制定落实中央《决定》的《意见》。南通市委十二届十次全会提出市域治理现代化走在前列的奋斗目标。我们要切实增强贯彻落实的政治自觉、思想自觉、行动自觉，立足如皋所处的发展阶段，积极探索县域现代化治理新实践，奋力开创“强富美高”新如皋建设新局面。

（一）坚持高质量发展导向，在做实产业中提升经济发展质效。贯彻落实新发展理念，抢抓新一轮产业梯度转移和生产力布局调整“黄金窗口期”，全力推进重特大项目建设，培育壮大智能装备制造、新能源汽车及汽车零部件、高端新材料、新一代信息技术、光电及第三代半导体和现代物流、生态旅游等“5+2”重点产业体系，优化开发园区管理体制机制，推动去行政化改革，充分发挥园区平台载体作用，实施更高水平对外开放，打造长三角最具资源和成本优势的中高端产业集聚区；持续优化营商环境，健全创新创业生态体系，完善人才引进和培育机制，构建长三角最具活力的创业强磁场；完善生态环境损害赔偿、环保信用评价、“绿色金融”等创新举措，加快形成环保倒逼发展转向激励发展的体制机制，不断提高发展的“含金量”“含新量”和“含绿量”。

（二）坚持走城乡融合发展之路，在做优城市中推动协同共进。立足长三角一体化发展大局，顺应产业和人口向优势区域集中的客观规律，推动要素合理流动和高效集聚，构建中心城区、副中心城市组团式发展新格局。强化规划引领机制，统筹中心城区产业、配套、文旅、创新、生态“五大片区”建设，完善城市基础设施建设薄弱环节，提升城市精细化管理水平，增强城市品位和吸引力。做好古城保护、新城开发，促进历史文化传承、生态环境打造和城市现代化建设有机融合，建设宜居宜业历史文化名城。深入推进乡村振兴战略，以国家农业绿色发展先行区建设为抓手，健全完善农村人居环境整治、移风易俗、公共服务提升等长效机制，让乡村有“颜值”、有“气质”、有“品质”。

（三）坚持以人民为中心的发展理念，在做好民生中增进百姓福祉。把握社会主要矛盾变化，扩大教育、医疗、养老、文化等优质资源供给，补齐城乡供水、农村生活污水处理等突出短板，健全完善实现高品质生活的制度体系，让发展成果更多更好地惠及广大人民群众。深化“两代表一委员”密切联系群众工作机制，提高网格化服务管理精细化水平，打造政务服务、综合执法、社会救助、便民服务、公共安全为一体的基层治理新格局。坚持领导干部接访下访和包案化解制度，完善信访维稳、应急突发事件处置等工作机制，切实维护社会大局和谐稳定。健全风险防范化解机制，坚持从源头上防范化解重大安全风险，全面提高本质安全水平，不断增强人民群众的获得感、幸福感、安全感。

（四）坚持党对一切工作的领导，在建强队伍中激发治理效能。发挥党总揽全局、协调各方的领导核心作用，健全党领导各项事业的具体制度，切实把党对一切工作的领导落实到县域治理的各领域各方面各环节。健全提高党的执政能力和领导水平制度，发挥党委议事协调机构职能作用，加强重大决策的调查研究、科学论证、风险评估，提高把方向、谋大局、定政策、促改革的能力。把提升治理能力作为新时代干部队伍建设的重大任务，坚持正确的选人用人导向，培养造就一支懂治理、能治理、善治理的干部队伍，更好地把制度优势转化为发展优势，把发展优势转化为治理效能。

三、积极抢抓长三角一体化发展机遇，奋力开创“强富美高”新如皋建设新局面

2020年是高水平全面建成小康社会和“十三五”规划收官之年，也是长三角一体化发展国家战略落地转化的关键之年。新的一年，我们面临的经济形势错综复杂，一方面，不确定因素依然较多，经济持续健康发展有压力、有挑战。从国际形势看，世界经济增长持续放缓，仍处在国际金融危机后的深度调整期，中美经贸摩擦虽有松动迹象，但实质性改变还未显现，外贸进出口增长乏力。从国内大局看，我国正处在转变发展方式、优化经济结构、转换增长动力的攻关期，结构性、体制性、周期性问题相互交织，“三期叠加”影响持续深化。从自身发展看，新旧动能转换还未完成，实体经济发展面临不少困难，经济下行压力依然较大；受减税降费等因素影响，财政收支平衡压力加大，经济发展困难和风险增多。另一方面，经济稳中向好的基本面没有改变，我们要坚定加快发展的信心和决心。“一带一路”、长江经济带等多重国家战略交汇叠加，特别是长三角一体化发展，给如皋带来了百年未有之大机遇。应该看到，区域交通格局正发生深刻变化，沪通铁路、盐通高铁有望今年正式通车，张皋过江通道年内开工建设，我们与苏南、上海的时空距离将进一步缩短，全方位融入苏南、全方位对接上海正当其时。应该看到，如皋在城市、生态、文化等方面拥有独特的资源禀赋，在产业体系、土地空间、营商环境等方面具有明显的比较优势，有基础、有条件、有能力在长三角一体化新征程中争取主动、赢得先机、拔得头筹。应该看到，发展中的问题必须通过发展来解决，面对前所未有的发展机遇，我们要善于看到机遇、转化机遇、创造新的更大机遇，用实干收获精彩，用奋斗赢得未来，持续推动高质量发展走在前列。一代人有一代人的使命，一代人有一代人的责任，我们要做把握机遇的一代，只争朝夕、不负韶华，努力把“强富美高”新如皋建设的美好蓝图变为生动实践。

今年全市工作的总要求是：以习近平新时代中国特色社会主义思想为指导，全面贯彻党的十九大和十九届二中、三中、四中全会以及中央经济工作会议精神，增强“四个意识”、坚定“四个自信”、做到“两个维护”，创造性贯彻落实中央和省委、南通市委决策部署，突出高质量发展总导向，坚持稳中求进工作总基调，全面做好“六稳”工作，自觉践行新发展理念，突出供给侧结构性改革主线，坚持以改革开放为动力，坚决打好三大攻坚战，持续抓好“做实产业、做优城市、做好民生、建强队伍”四大重点，推动县域治理现代化走在前列，积极抢抓长三角一体化发展新机遇，全力推进大项目实现大突破，努力构建长江经济带战略支点重要支撑，确保高水平全面建成小康社会和“十三五”规划圆满收官，奋力开创“强富美高”新如皋建设新局面。

经济社会发展的主要预期目标是：地区生产总值增长7%以上，一般公共预算收入增长2.8%以上，全部工业应税销售增长15%以上，服务业应税销售增长18%以上，实际利用外资3亿美元，外贸进出口增长5%左右，固定资产投资增长7%以上；居民消费价格涨幅控制在3%左右，城镇登记失业率控制在3%以内，居民人均可支配收入增长快于经济增长，单位GDP能耗下降、主要污染物排放完成上级下达任务。

围绕全年目标，重点抓好七个方面工作：

（一）聚焦前沿区建设，一体化发展要有大作为。以长江镇一体化发展前沿区建设为突破口，进一步扩大对内对外开放，带动全市在长三角一体化进程中实现新一轮发展。全方位对接融入长三角。制定实施我市《融入长三角区域一体化发展行动方案》，抓实抓好“一城两区三基地”建设，全方位融入苏南，全方位对接上海，全方位推动高质量发展。加快高铁南站枢纽、通皋大道建设，推动张皋过江通道早开工，争取如常高速快实施，积极融入长三角综合交通运输体系。主动承接苏南产业转移、成果转化，努力实现产业链条分工协作、融合发展。持续深化对接上海工作，推动嘉定如皋汽车产业协同发展示范区落地落实，建成国家氢能源汽车研究检测公共服务平台；加大与上海教育、医疗等领域的合作力度，加快引进优质医疗资源，让群众享受更高质量的公共服务；加强旅游和农业对接，吸引更多上海人来如旅游，建成长三角农产品直供基地4家，打造上海“后花园、后菜园、后粮仓”。全力支持长江镇跨过长江去。把长江镇作为如皋新一轮经济社会发展的增长极，高水平规划、高标准建设、高效能保障，重点发展智能装备制造、高端新材料、现代物流等“2+1”产业，积极申报省级开发园区；加快推进华永汽配、国骄胶黏产业园、沪港半导体产业园等重大项目建设，打造产业转型新高地；以产城融合、港城融合为路径，重点推进如师附小新港分校、双语幼儿园、科技研发中心等一批城市功能项目的规划建设，支持如皋港打造江海河联运枢纽节点，力争集装箱吞吐量突破50万标箱，加快建设如皋副中心城市，实现由一个镇向一座城转变。全力拓展开放新空间。充分放大国家一类开放口岸和保税物流中心（B型）功能优势，用足用好自贸协定优惠政策，组织企业参加进博会、广交会及各类境内外重点展会，加大新兴市场开拓力度；抢抓南通获批设立跨境电子商务综合试验区有利契机，积极发展跨境电商、外贸综合服务等新业态，推动出口市场多元化。引导梦百合家居、南通六建、明德玩具等企业广泛参与“一带一路”建设，加快走出去步伐，不断提升开放型经济发展水平。

（二）聚焦园区打造，项目建设要有新突破。持续增强重大项目的带动力和开发园区的承载力，推动全市项目布局更优、质量更好、层次更高。突出开发园区“主战场”。深入推进园区体制机制改革，以四个主功能区为主体，整合东陈、丁堰、下原、磨头等周边工业集中区，统一规划、统一政策、统一管理，试行社会管理事务交由镇(街道)承担，园区集中精力发展产业，把园区打造成为项目建设主战场、主阵地、主力军。坚持“一次规划、滚动开发”，推动开发园区集中成片建设，重点打造城东工业区、光电及第三代半导体产业园、新能源汽车及零部件产业园、氢能产业园等一批园区平台，集中力量做大主导产业，持续提高项目集聚度。打造招商引资“强磁场”。扎实开展“大项目突破年”活动，围绕我市“5+2”重点产业，发挥园区主力军作用，整合全市招商资源，优化重组招商队伍，建立健全专业化、产业链、市场化招商工作机制，精心办好“一会两节”“第五届国际氢能与燃料电池汽车大会”等品牌活动和各类招商活动，大力营造“大抓项目、抓大项目”的浓厚氛围，着力引进一批辐射带动能力强、投入产出水平高的高质量产业项目，促进招引项目的数量和质量“双提高”，力争全年招引10亿元以上重特大项目不少于30个，入选南通前20强项目不少于5个。跑好项目建设“接力赛”。优化项目观摩点评、市领导挂钩联系重大项目、专家预评审和部门联合预审等机制，巩固“2340”改革成果，常态化开展“银政企”对接活动，不断强化项目服务保障。加快推进正威5G新材料、培耘电子PCB、建升科技、万达轴承等重特大项目，力争全年项目竣工率80%以上、转化率60%以上。重点围绕工业大企业、“专精特新”小巨人和高新技术企业等培育计划，实施一批投入总量大、技术水平高、产业带动力强的技改项目，力争全年新增省级示范智能车间2家以上，新认定高新技术企业30家以上，力争新增亿元企业30家以上、10亿元企业5家以上、50亿元企业1家。坚持以亩产论英雄，深入实施工业企业资源利用绩效综合评价，加大闲置低效用地盘活提升，促进用地节约集约，提高单位土地投入产出水平。

(三)聚焦能级提升，城市发展要有高品位。以创建国家生态园林城市为抓手，持续优布局、优功能、优管理，努力建设长三角更富魅力的宜居宜业历史文化名城，有效带动产业发展、人口导入。注重规划引领。以“多规融合”为方向，开展国土空间总体规划编制，努力实现国土空间开发保护“一张图”。坚持“经营城市”理念，持续放大历史底蕴深厚、城市框架合理的优势，凸显生态水系、花木盆景和健康长寿等元素，完成龙游河三期开工前期工作，深化如泰运河生态通廊研究。加大总部办公、商务金融、休闲娱乐、高档住宅等功能招商力度，有序推进土地出让，不断提升城市经营水平。做优城市功能。加快附小新城幼儿园、新城高中、如皋中学品质提升等工程开工建设，启动新城医院、城东初中规划研究，不断提升城市教育、医疗功能。开工建设内外城河综合提升、龙游河生态廊道等工程，着力构筑城市绿色生态系统。推进紫光路北延、老204国道改造二期等工程建设，提升城市道路通行能力。全面优化城乡公交线路，持续提高城乡公交服务水平。加快花木大世界、龙游湖国家AAAA级旅游景区创建进程，推进古城片区提档升级、正威盆景文旅产业园建设，加快长江“五州”国际生态康旅岛项目落地，确保创成省级全域旅游示范区，通过国家验收。强化精细管理。用“绣花功夫”做好城市管理，统筹推进棚户区改造、老旧小区更新，扎实推进垃圾分类治理，深入开展城区户外广告整治，不断提升城市整体形象。聚焦城市主干道、沿街商铺、农贸市场等重点区域，强化综合治理、联动执法，着力打造“精致细腻、整洁有序”的城市环境，让市民更舒心、城市更美好。

(四)聚焦产业兴旺，乡村振兴要有加速度。坚持农业农村优先发展，深化农业农村综合改革，推进国家农业绿色发展先行区建设，全面打造宜居宜业美丽乡村。加快农业产业发展。大力发展花海经济，调优花木盆景产业结构，确保新增苗木面积1万亩以上、花卉种植基地面积3000亩以上、小微盆景基地400亩以上。深入推进黑塌菜标准化生产基地建设，完善“公司+基地”订单式生产经营模式，确保黑塌菜标准化规模种植面积2万亩以上。积极推动国家地理标志认证农产品产业化发展，健全标准化质量管理体系，拓宽流通销售渠道，进一步提升“苏·皋长寿”集体商标品牌价值，形成现代农业多元发展新格局。扎实抓好农业机械化和高标准农田建设，加强新型职业农民培训，鼓励发展新型合作农场，有序推进适度规模经营，提高农业产业发展水平。建设生态宜居乡村。扎实开展农村人居环境整治三年行动，以“家沟家塘、垃圾处理、村容村貌提升”等工作为重点，加快推动农村基础设施提档升级，健全完善长效管护机制，全面打造清洁优美人居环境。充分挖掘乡村文化内涵和风土人情，统筹发展生态种养、休闲农业、互联网+农业等新业态，积极培育一批省、南通市级特色田园乡村建设试点村。树立乡村文明新风。深入推进村(社区)新时代文明实践站建设，不断健全乡村公共文化服务体系。大力推动移风易俗，做实村(社区)红白理事会，减轻群众人情往来负担；持续深化殡葬改革，深入推进假僧假道专项整治，务实开展乱建“土庙”整治工作，倡树乡村文明新风尚。

(五)聚焦难点突破，三大攻坚战要啃硬骨头。坚持科学施策、精准发力，集中力量解决突出问题，为决胜高水平全面建成小康社会打下坚实基础。精准脱贫再深化。开展脱贫攻坚“回头看”，建立健全稳脱贫防返贫长效机制，高质量完成脱贫任务。鼓励经济薄弱村开展集体规模经营，发展壮大村集体经济。与陕西洋县开展全方位、多层次的对口协作，共谋发展新思路。污染防治再攻坚。突出抓好长江大保护，推进沿江生态修复，全面完成化工产业安全环保整治提升任务。加快实施污水管网“十个必接”和污水处理厂提标改造工程，推进村庄生活污水处理设施建设，确保市考以上断面水质优良比例达72.7%。抓好大气污染源治理，强化大气管控和执法检查，空气质量优良天数比率达76%以上。加强土壤污染风险管控，强化固废危废处置监管，切实保障人居环境安全。扎实推进中央、省环保督察及“回头看”交办问题整改销号，严厉打击各类环境违法行为，大幅压降环境信访总量。风险防范再提升。建立健全国有资产监管运行体系，推动国有企业实质性市场化运作，加快资信评级步伐，增强资本盈利和债务化解能力。巩固省金融生态优秀县(市)创建成果，构建良好社会信用体系，坚决守住不发生区域性金融风险的底线。

(六)聚焦短板补齐，民生福祉要有获得感。积极回应群众关切，既尽力而为，又量力而行，让发展成果更多惠及广大百姓。拓宽富民增收渠道。把稳就业摆在突出位置，聚焦高校毕业生、退役军人、就业困难人员等重点群体，充分发挥花木、建筑等富民产业支柱作用，实施培训促就业“增量提质”行动，搭建“三位一体”人力资源服务平台，全年新增就业人数不少于8500人。深入实施全民参保计划，推进工伤保险“同舟计划”、养老保险“助保贷款”，确保实现应保尽保。优化公共服务供给。贯彻落实支持教育事业发展的各项政策措施，补足学前教育短板，解决中心城区义务教育资源紧缺矛盾，扩大普通高中办学规模，持续办好职业教育，争创省级教育现代化示范区。全面推进“健康如皋”建设，完善镇公立卫生院管理机制，探索紧密型医共体建设，着力提升医疗服务能力；建立健全社会养老服务体系，扩大政府购买居家养老服务范围，深入推进公建民营、医养融合，全面提升健康服务水平。加强镇级水厂监督管理，逐步实现整体回收、集团管理，确保供水安全。彰显城市文明魅力。大力培育和践行社会主义核心价值观，深化拓展新时代文明实践中心建设，持续擦亮“微笑之城·大爱如皋”品牌，确保实现全国文明城市“两连冠”。深度推进全媒体融合发展，进一步繁荣文艺精品创作，广泛开展文化下乡、全民健身运动，办好如皋马拉松赛、中甲联赛等体育赛事，不断满足群众的精神文化需求。

(七)聚焦综合整治，社会治理要有实举措。坚持专项治理与综合治理相结合，有效解决突出问题，确保社会大局和谐稳定。筑牢安全生产底线。全面落实“党政同责、一岗双责”要求，围绕“五个提高”目标，深入开展安全生产专项整治，着力构建从源头到末端的安全生产责任体系，压紧压实各行业领域安全生产责任，消除各类风险隐患和安全监管盲区漏点，有效压降事故总量，防范遏制较大事故，坚决杜绝重特大事故。完善应急防控体系，建成市应急服务指挥中心。巩固省级食品安全示范城市成果，全力保障“舌尖上的安全”。积极回应群众诉求。持续深化领导接访下访、包案化解、矛盾纠纷预防排查化解等工作机制，突出信访矛盾积案攻坚化解，进一步畅通群众诉求表达渠道，努力实现矛盾化解在基层、问题解决在一线，推动全市信访形势持续好转。深化平安法治建设。全面压实法治建设领导责任，提升领导干部运用法治思维和法治方式解决问题的能力，不断完善平安法治工作推进机制。依法严惩各类违法犯罪，坚决打赢扫黑除恶专项斗争决胜战。加强社会治理现代化建设，深入推进“雪亮工程”，提升网格化服务管理工作水平，不断增强维护社会稳定和社会治理能力，持续保持省平安县(市)、省法治建设示范县(市)称号。

四、纵深推进全面从严治党，更好担负起开创“强富美高”新如皋建设新局面的时代重任

深入贯彻落实新时代党的建设总要求,充分发挥党在各项事业中的领导核心作用,把全面从严治党贯穿于党的建设各个方面,以高质量党建为“强富美高”新如皋建设提供坚强的政治保障。

(一)让干事创业成为干部鲜明特征。提振干事创业的精气神,旗帜鲜明学习新时代张家港精神,传承好如皋的治沙精神、支边精神和沿江开发精神,引导广大党员干部“外学标杆、内学先进”,大力弘扬“今天再晚也是早,明天再早也是晚”的工作作风,坚决摒弃“前紧后松、有头无尾”的拖沓现象,一心一意谋发展、心无旁骛抓推进,一步一步把既定目标变成美好现实。发挥“关键少数”的示范引领作用,全市各级领导干部要带好头、作表率,“不做理论家,要做实干家”,把该挑的担子挑起来,把该扛的责任扛起来,敢抓敢管敢担当,一级做给一级看、一级带着一级干,形成“千斤重担众人挑”的生动局面。建强干事创业的干部队伍,对照“20 字”好干部标准,加大一线干部、担当干部、实绩干部的培养选拔力度,统筹做好年轻干部、女干部、党外干部培养选拔工作,建设一支想干事、能干事、干成事的高素质干部队伍。营造干事创业的良好氛围,以落实“三项机制”为抓手,用好考核“指挥棒”,形成能上能下能调良性循环。深入开展基层减负活动,把党员干部从无谓的事务中解脱出来,把更多的时间和精力用到推动发展上来。

(二)让基层组织成为坚强战斗堡垒。深入推进“五聚焦五落实”基层党建三年行动计划,建强农村、城市、机关、“两新”等领域党组织,探索打造民企党建联盟平台,推动党的组织和工作向新经济新业态延伸,持续提升基层党组织的政治功能和组织力。常态化整顿软弱后进党组织,深化“头雁工程”,稳步加强村级党组织运转经费保障,逐年提升村干部基本报酬,全力打造一支坚强有力的基层干部队伍。推进党建标准化全覆盖,深化“融合党建”,持续在各领域推进“书记项目”,把基层党建工作与推动项目建设、乡村振兴、三大攻坚战等重点任务相结合,努力实现党建与中心工作同促进、共发展。深化“两代表一委员”密切联系群众工作机制,充分发挥党代表的模范带头作用,深入一线破解瓶颈、深入基层解决矛盾,落实工作责任、强化跟踪问效,打通联系服务群众“最后一公里”。

(三)让风清气正成为政治生态底色。把不忘初心、牢记使命作为加强党的建设的永恒课题和党员干部的终身课题,加强习近平新时代中国特色社会主义思想和十九届四中全会精神的学习宣传贯彻,用党的最新理论武装头脑、指导实践,推动中央和省委、南通市委决策部署在我市落地生根。坚持党管宣传、党管意识形态,探索推进意识形态工作标准化建设,牢牢把握意识形态主动权。严格落实全面从严治党“两个责任”,紧盯“关键少数”,推动领导干部特别是“一把手”管好班子、带好队伍、当好表率,确保管党治党责任落到实处。严格落实中央“八项规定”及其实施细则精神,加大形式主义、官僚主义整治力度,对不担当、不作为现象严肃查处、形成震慑。坚持挺纪于前,用好监督执纪“四种形态”,常态化开展纪律教育特别是警示教育,真正用纪律管住大多数。保持反腐败高压态势,充分发挥巡察“利器”作用和派驻机构“探头”作用,严肃查处侵害群众利益的不正之风和腐败问题。持续做好巡视巡察反馈问题整改,进一步营造风清气正的政治生态。

融入长三角的蓝图催人奋进,高质量发展的使命任重道远。让我们以习近平新时代中国特色社会主义思想为指引,在上级党委的坚强领导下,团结带领广大干部群众,抢抓长三角一体化发展机遇,振奋精神,锐意进取,确保高水平全面建成小康社会和“十三五”规划圆满收官,为推动高质量发展走在前列,奋力开创“强富美高”新如皋建设新局面作出新的更大贡献!

名词解释

1.三做一建:做实产业、做优城市、做好民生、建强队伍。

2.“5+2”重点产业体系:智能装备制造、新能源汽车及汽车零部件、高端新材料、新一代信息技术、光电及第三代半导体等五大先进制造业,现代物流、生态旅游两大服务业。

3.一城两区三基地:一城,即长三角更富魅力的宜居宜业历史文化名城;两区,即以省级如皋高新区为主体，打造引领创新型发展的核心区，突出长江镇（如皋港区）的区位优势，打造我市融入一体化发展的前沿区；三基地，即长三角最具资源和成本优势的中高端产业基地、长三角生态休闲旅游基地、长三角优质农产品供应基地。

4.四好农路：把农村公路建设好、管好、护好、运营好。

5.头雁工程：选优配强村（社区）党组织书记，打造一支适应新时代要求的政治素质强、组织能力强、发展本领强、作风纪律强的“四强”型村（社区）党组织书记队伍。

6.三项机制：鼓励激励、容错纠错、能上能下。

7.两代表一委员：党代表、人大代表、政协委员。

8.六稳：稳就业、稳金融、稳外贸、稳外资、稳投资、稳预期。

9.绿色金融：对环保、节能、清洁能源、绿色交通、绿色建筑等领域的项目投融资、项目运营、风险管理等所提供的金融服务。

10.三期叠加：经济增长速度换挡期、结构调整阵痛期、前期刺激政策消化期。

11.“2340”：开办企业2个工作日内完成，不动产登记3个工作日内完成，工业建设项目施工许可办理40个工作日内完成。

12.多规融合：主体功能区规划、土地利用规划、城乡规划等空间规划融合为统一的国土空间规划。

13.十个必接：将机关、学校、医院、集中居住小区、工业集中区、农贸市场、垃圾中转站、宾馆、饭店、浴室等十个重点区域（单位）排放的污水接入污水处理管网。

14.同舟计划：允许建设项目使用的流动性比较大的农民工按照建设项目参加工伤保险。

15.助保贷款：通过个人贷款、银行放贷、政府贴息、养老金还款的方式，解决困难职工无力接续缴纳职工养老保险导致退休待遇不能正常享受的问题。

16.五个提高：提高安全红线意识、提高风险防控效能、提高安全管理能力、提高事故防范效果、提高安全治理水平。

17.五聚焦五落实：聚焦基本组织、基本队伍、基本活动、基本制度、基本保障，把党的全面领导、党的坚强力量、党的号召要求、党的纪律规矩、党的关心服务落实到基层。

18.书记项目：以项目化管理为抓手，强化各级党组织书记抓基层党建第一责任人责任，破解基层党建工作突出问题，打造立得住、叫得响，具有推广价值和生命力的党建工作品牌。

政府工作报告(节选)

——2020年1月11日在如皋市第十七届
人民代表大会第四次会议上

市长 何益军

2019年工作回顾

过去的一年,市政府在市委的坚强领导下,在市人大、市政协的监督支持下,深入学习贯彻习近平新时代中国特色社会主义思想,抢抓长三角一体化发展机遇,突出“三做一建”四大重点,全力打好“三大攻坚战”,统筹推进“六个高质量”发展,较好地完成全年目标任务,高水平全面建成小康社会取得新的进展,“强富美高”新如皋建设迈出新的步伐。预计地区生产总值1221亿元、增长7%;在减税降费16.01亿元的情况下,实现一般公共预算收入70亿元;全社会研发投入占地区生产总值比重2.2%;固定资产投资432亿元、增长8%,社会消费品零售总额427.7亿元、增长6.5%,进出口总额243.8亿元、增长2.6%;城镇、农村居民人均可支配收入分别为46888元、21900元,增长8.4%、8.6%;完成上级下达节能减排任务(见附件一)。

一、突出转型强产业,经济运行更加稳健。全面落实新发展理念,聚焦高水平构建现代产业体系,优结构、稳运行,夯实了经济高质量发展基础。工业经济稳中提质。着力培育智能装备制造、高端新材料等五大制造业产业,完成全部工业应税销售1640亿元、增长15%。深入推动大企业培育,新增10亿元企业2家、亿元企业55家、新开业规模企业34家,梦百合家居、标龙建设等7家企业纳税超亿元,星球石墨、万达轴承、明德玩具入选国家专精特新“小巨人”企业、总数位居全省县(市、区)第一。积极支持企业技术改造,技改投入150亿元、占规模工业投入59%,新增省五星级上云企业1家、省级示范智能车间2家。现代服务业稳中有进。完成服务业应税销售1280亿元、增长21%。集装箱吞吐量突破40万标箱,完成港口吞吐量6780万吨、增长16.9%。如皋港现代综合物流园获批全国优秀物流园区,花木大世界创成省级生产性服务业集聚示范区。实现旅游综合收入190亿元、增长21.4%,通过国家全域旅游示范区省级初验。建筑业稳中向好。完成建筑业施工总产值1320亿元、增长10.5%,实现入库税收11亿元、增长10%。获鲁班奖2项、国优奖5项。南通六建荣获中建协BIM大赛一类成果奖。现代农业稳产增效。创成国家农业绿色发展先行区,新增规模农业投资50.4亿元,高标准农田占比83.3%。农业产业结构不断优化,花木盆景、黑塌菜等特色农产品产业化进程加快,新建特色农产品加工仓储配送中心,下原蘘荷获批国家地理标志证明商标。扎实推进生态循环农业,培育种养循环示范点11个、畜禽粪污社会化服务组织14个,畜禽粪污综合利用率达95.1%。创成国家级主要农作物生产全程机械化示范市。粮食安全责任制落实工作获省政府督查激励。

二、猛攻项目蓄势能,发展后劲更加有力。牢固树立“大抓项目”的鲜明导向,坚持把高质量项目作为引领高质量发展的龙头和支点,扎实开展了“重特大项目落地落实年”活动。招大引强成效显著。强化主力招商、专业招商、链条招商,成功举办科技人才洽谈会、第四届国际氢能与燃料电池汽车大会等重大活动，在北京、上海、深圳和日韩等地开展专题招商，注册落户亿元和3000万美元以上项目129个，正威5G新材料、培耘电子PCB等50亿元以上重大项目成功落户。项目攻坚持续突破。建立健全月度观摩机制，设立征地报批“资金池”。省重大项目、南通“双百工程”项目完成当年投资计划，新开工亿元以上产业项目118个、其中10亿元以上重特大项目19个，项目竣工转化进程明显提速，抓项目、促投资、拼发展的氛围日益浓厚。园区建设高效推进。高标准打造城东工业园区，实现当年规划建设、当年项目落户。开发区大力推进省级氢能小镇建设，建成长三角氢燃料电池汽车检测中心、神华加氢站。高新区高起点建设光电及第三代半导体产业园，长江镇扎实推进化工新材料产业园转型，丁堰、白蒲、磨头、九华等镇工业集中区初具规模。盘活闲置低效用地3082亩，获评省高标准厂房建设与使用先进地区。

三、改革创新增活力，内生动力更加强劲。坚持“改革赋能、创新驱动”不停步，推动改革创新和发展环境同频共振，形成了优势凸显的要素供给新体系。创新能力显著增强。建立“六位一体”科技人才服务体系，从供需两端发力突破产业发展瓶颈，高新技术产业产值占比38%，新增高新技术企业87家、PCT国际专利35个，建成产业研究院3家、省级企业技术创新平台5家，获省科学技术奖项目3个，实施重点产学研合作项目129个，卓远科技张新峰入选国家特聘专家，新增省“双创计划”人才6人，评选首届“如皋市科技强企人物”5人。高新区“双创”工作获省政府督查激励。顺利通过国家基层标准化改革创新先行区建设中期评估，力威机械实现南通民营企业主导制定国际标准零的突破。对外开放不断深化。新批外资项目42个，实际利用外资3.51亿美元。积极应对中美贸易摩擦，支持企业开拓多元市场，服务外包执行额12.8亿美元、增长35.8%，境外投资3.5亿美元，外经营业额2.5亿美元。获批进境粮食指定监管场地。发展环境更趋优化。率先在全省推行“一件事”改革，“不见面审批”“双随机、一公开”标准化项目获批省级试点。创新“银政企”对接新模式，各项贷款余额突破千亿元。深化国资国企改革，重构“2+1+1”运营体系并组建三大集团。严格落实政府性债务管控“三项机制”，实现债务规模和债务率“双控双减”。强化审计监督，政府投资项目审减率达15.8%。圆满完成第四次全国经济普查。

四、完善功能提品质，城乡发展更加融合。突出抓好34项重点城建项目，在优化布局、强化功能、提升品质、融合发展上取得了新进展。城市建设有序推进。基础设施直接投入超8亿元。做足“水”“绿”文章，完成内城河水环境整治、龙游河与外城河接通、宝塔河东延、滨溪路生态廊道等工程建设，编制如泰运河、龙游河三期生态廊道规划和内外城河综合提升规划，新增绿化面积80公顷。优化功能配套，完成益寿路、福寿路改造提升工程，建成龙游河大桥、万寿路桥，城区垃圾分类投放设施覆盖率88.4%，新增停车泊位434个，新改建公厕16座，改造老小区4.1万平方米，成功入选全国规范城市户外广告设施管理试点城市。搬迁面积超90万平方米，房地产销售面积超200万平方米。交通建设快速推进。高铁南站综合客运枢纽开工建设，完成紫光路北延前期工作，实施如港公路准快速化、老204国道改造工程，通皋大道建设加快推进。新改建农路300公里、农桥20座，创成“四好农村路”省级示范市和农村物流省级示范市。镇村建设协调推进。深入实施乡村振兴三年行动计划，出台农村住房规划建设管理办法，城镇化率60.4%。扎实开展农村人居环境整治，改造农村危房334户，疏浚河道393条，新增省级生态文明建设示范镇2个、示范村3个，获批省特色田园乡村试点2个。

五、全力攻坚补短板，环境质量更加优良。坚持问题导向、综合施策，推动源头控制、污染防治、生态修复齐头并进，生态环境质量实现了明显提升。环境整治成效显著。中央、省环保督察和“回头看”反馈交办事项整改率100%，长江干流岸线利用项目整治扎实推进。全面落实“河长制”“断面长制”，重点断面周边39条支流实行“支流长制”，市考以上断面优Ⅲ类比例较上年提高45.5个百分点，达到市考核目标，地表水环境质量全省前十。完成大气污染防治工程81项，空气质量优良天数比率达78%。清理提升“散乱污”企业478家，关闭退出化工生产企业24家、整改提升18家。配套建设加快推进。提标改造镇级污水处理厂8座，建成村庄污水处理设施72个，铺设污水管网84公里，南通农村生活污水处理能力提升现场会在如召开。上海电气改扩建、飞灰填埋场二期、建筑垃圾资源化处置项目有序推进。建成焦港引水泵站、如泰运河接通工程。机制保障坚实有力。监管网格体系不断健全，环境信访总量下降

26.9%。建成7个省考断面自动监测站,增设9个二级河道生态考核断面,实施更加严格的镇域双向生态考核补偿机制。长江流域环资第二法庭挂牌运行。国家级县域节水型社会达标县(市)建设通过验收。

六、改善民生办实事,群众生活更加美好。自觉践行以人民为中心的发展思想,大力增进民生福祉,16件为民办实事项目较好完成(见附件二),财政支出中民生投入占比达82.5%。富民增收步伐加快。把稳就业摆在突出位置,新增城镇创业就业超1.2万人,农村劳动力转移就业1600人。脱贫攻坚扎实推进,建档立卡低收入人口实现脱贫,32个省、市定经济薄弱村集体收入均达50万元以上。与陕西洋县对口协作任务全面落实。社会保障扩面提质。城乡居民医保、职工"五险"和照护险实现动态全覆盖,新征地农民即征即保。城乡居民基础养老金、城乡低保等标准继续提高。社会事业全面进步。教育优质均衡发展,中高考再创佳绩,教育现代化建设综合监测水平南通第一。李渔小学快速推进,如师二附开工建设。整合民营医院35家,实现镇级公立卫生院全覆盖,人民医院创成三级乙等综合医院。成功举办如皋国际马拉松赛,支云足球俱乐部成功保级,华夏胶片电影文化中心正式开放,融媒体中心全省率先挂牌。

七、创新治理聚民心,社会大局更加和谐。坚持把提升治理能力作为高质量发展的重要保障,积极探索公共治理服务新模式,共建共享共治格局得到了进一步深化。精神文明建设富有成效。持续深化高质量文明城市建设,顺利通过文明城市省级年度测评,新时代文明实践中心建设跻身全国试点。文明殡葬深入推进,移风易俗成效明显。民主法治建设不断深化。"七五"普法深入实施,政府法律顾问实现全覆盖,行政诉讼败诉率南通最低,法律援助工作经验全省推广。社会治理能力持续提升。深入推进危化品等重点行业领域隐患大排查大整治,开展安全生产巡查,启动安全生产专项整治,挂牌督办重大隐患48个。消防救援工作不断强化。扎实推进扫黑除恶专项斗争,统筹抓好网格化服务管理、社会治安防控、信访积案化解、食品药品监管等工作,保持省平安县(市)称号。

这一年,围绕建设人民满意政府,我们始终坚持和加强党的全面领导,扎实开展"不忘初心、牢记使命"主题教育,严格履行全面从严治党责任,全面落实意识形态责任制,认真开展"两代表一委员"密切联系群众工作,持续推进政府自身建设,着力转变政府职能,加强效能监察,自觉接受人大法律监督、工作监督和政协民主监督,主动接受社会公众舆论监督,办理人大代表建议351件、政协委员提案360件,代表、委员满意和基本满意率分别为99.7%、100%。此外,人武、统计、供销、气象、退役军人事务等工作不断加强。海事、海关、边检等口岸单位高效运转。积极支持工青妇、残联、科协、工商联等群团组织发挥作用。外事、红十字会、慈善、老科协、老区建设、老年体协、长寿研究、关心下一代、历史文化研究等工作取得新进步。

过去的一年,经济社会发展取得的每一项成就、城乡面貌发生的每一处变化、人民群众得到的每一点实惠,都是市委统揽全局、科学决策的结果,都是市人大、市政协监督支持、合力推进的结果,更是全市上下众志成城、艰苦拼搏的结果。在此,我谨代表市人民政府,向全市人民,向人大代表、政协委员和离退休老同志,向驻如部队、武警官兵、公安干警和消防救援指战员,向关心和支持如皋发展的社会各界人士,致以衷心的感谢和崇高的敬意!

对照高质量发展要求,我们也清醒地看到:经济下行压力加大,实体经济发展困难仍然较多,做大总量、提升质量任重道远;园区承载能力不强,重特大项目偏少,产业集聚度不高,开发园区经济主战场作用不明显;民生服务供给仍有欠账,教育、医疗、供水等还有短板;生态环境治理有待巩固提升,城乡融合体制机制有待完善;安全生产基层基础仍需强化,政府性债务压降还要加大力度;怕担当、不作为的现象依然存在,作风建设还有较大提升空间。对此,我们将采取有力措施,切实加以改进和解决!

2020 年目标任务

今年是高水平全面建成小康社会和“十三五”规划收官之年，也是长三角一体化发展国家战略落地转化的关键之年。站在两个百年奋斗目标的历史交汇点上，我们必须顺应大势、保持定力，以永不懈怠、勇争一流的斗志，以真抓实干、善作善成的作风，沿着市委既定方向砥砺前行，用奋斗书写好新时代“如皋发展答卷”。新的一年，聚焦融入长三角，我们将正确处理“谋”与“干”的关系，牢固树立“一体化”意识和“一盘棋”思想，全方位融入苏南，全方位对接上海，全方位推动高质量发展，用新思想解放思想，用新理念引领实践，以打造“一城两区三基地”为基本抓手，对标张家港，跨过长江去，继续发扬沿江开发精神，猛攻工业投入，提升经济总量，增强主导产业核心竞争力，努力实现“三年挺进全国综合实力百强县(市)排名前二十”的奋斗目标。新的一年，聚焦做实产业，我们将正确处理“量”与“质”的关系，扎实推进“大项目突破年”活动，深入实施大企业培育工程，推动创新链、人才链、产业链深度融合，形成一批走向价值链中高端的特色优势产业集群，着力打造“5+2”重点现代产业体系。新的一年，聚焦做优城市，我们将正确处理“点”与“面”的关系，统筹中心城区产业、配套、文旅、创新、生态“五大片区”建设，既尽善尽美打磨每一个项目，将更多城市 IP“串珠成链”，又拉上板块间“隐形拉链”，绘就城市发展“一张蓝图”，着力打造长三角更富魅力的宜居宜业历史文化名城。新的一年，聚焦做好民生，我们将正确处理“供”与“求”的关系，坚持民之所呼、我之所应，民之所望、我之所向，更加关心“一老一小”问题，量力而行、尽力而为，推动幼有善育、学有优教、劳有厚得、病有良医、老有颐养、住有宜居、弱有众扶，着力打造长三角最具爱心的民生幸福地。

今年政府工作的指导思想是：以习近平新时代中国特色社会主义思想为指导，全面贯彻党的十九大和十九届二中、三中、四中全会以及中央经济工作会议精神，增强“四个意识”、坚定“四个自信”、做到“两个维护”，创造性贯彻落实中央、省、南通和市委决策部署，突出高质量发展总导向，坚持稳中求进工作总基调，自觉践行新发展理念，突出供给侧结构性改革主线，坚持以改革开放为动力，全面做好“六稳”工作，坚决打好三大攻坚战，扎实开展安全生产专项整治，持续抓好“做实产业、做优城市、做好民生、建强队伍”四大重点，推动县域治理现代化走在前列，积极抢抓长三角一体化发展新机遇，全力推进大项目实现大突破，努力构建长江经济带战略支点重要支撑，确保高水平全面建成小康社会和“十三五”规划圆满收官，奋力开创“强富美高”新如皋建设新局面。

今年全市经济社会发展主要预期目标是：地区生产总值增长 7.2%，一般公共预算收入增长 2.8%以上，全部工业应税销售增长 15%以上、服务业应税销售增长 18%以上，实际利用外资 3 亿美元，外贸进出口增长 5%左右，固定资产投资增长 8%以上，规上工业产值增长 10%以上；居民消费价格涨幅控制在 3%左右，城镇登记失业率控制在 3%以内，居民人均可支配收入增长快于经济增长，万元 GDP 能耗下降和主要污染物削减量完成上级下达目标，生产安全事故起数和死亡人数明显下降。

实现上述目标，市政府将重点抓好七个方面的工作：

一、坚持项目为王，全力以赴上项目扩投入，着力筑牢经济发展压舱石。始终把重大项目作为高质量发展的“第一引擎”，注重在产业布局、产业链衔接中找准“如皋坐标”，不断增强高质量发展后劲。

聚合资源精准招商。明确招商重点。围绕“5+2”重点产业体系，深化产业链招商，聚焦日韩欧美、港台，深耕苏锡常等地区，瞄准世界 500 强、中国 500 强、重点央企军企、大型民企，主攻产业链、价值链中高端项目和龙头型项目。创新招商方式。充分发挥活动平台的“强磁场”效应，精心办好“一会两节”、第五届国际氢能与燃料电池汽车大会等品牌节会和各类专题招商活动，综合用好领导招商、以商引商、小分队招商等方式，切实提高招商成效。优化招商机制。落实“六个一”推进机制，推动招商局和主功能区开展公司化招商，组建专业化、市场化招商队伍，实行政府主导、企业主体、专业化运营的招商模式，建立以实绩为导向的差异化激励机制。

聚焦突破重大项目。锁定目标任务。精心组织“大项目突破年”活动，一切盯着项目干，一切围着项目转，高度聚焦10亿元以上高端制造项目，集中力量突破50亿元、100亿元以上重特大项目，新招引落地10亿元以上项目30个，入选南通“前20强项目”5个以上，提升先进制造业集聚度和竞争力，为做大总量、提高质量培植后劲。狠抓关键环节。咬定实质开工、主体封顶、设备调试、投入运营关键节点，紧盯实物工作量，重点推动正威5G新材料、培耘电子PCB、力星高精度轴承滚子等3个省级重大项目快突破，力促思源电气、万达轴承、迅发激光等127个项目快建设，确保华永悬架、盈达空调等148个项目快达产，力争项目竣工率80%以上、转化率60%以上。完善推进机制。严格落实项目观摩点评、领导挂钩联系等机制，全面实施项目化、清单式、责任制管理，持续加大协调服务、跟踪推进力度。

聚力园区优化整合。优化空间布局。围绕长江镇打造长三角一体化前沿区、沿江临港高端绿色产业基地，进一步提升港产城融合规划层次。建立重点园区与重点镇工业集中区协作托管机制，以四个主功能区为主体，整合东陈、丁堰、下原、磨头等工业集中区，实行统一规划、统一建设、统一招商、统一管理，把开发园区打造成为全市高质量发展的最重要支撑。推动集聚发展。坚持“一次规划、滚动开发”，加快编制开发园区产业发展规划，推动区中园、园中园集中成片建设，重点打造城东工业区和光电及第三代半导体、新能源汽车及零部件、氢能、高端新材料等一批产业园区，探索发展都市工业综合体。创新管理机制。优化开发园区管理体制机制，推行区镇分设。推进人事和分配制度改革，实施“双考核”“双挂钩”制度。建立招商考核、项目税收分成机制，实现共建共享、有考有奖。

二、加快转型升级，持之以恒调结构增效益，着力增强实体经济硬实力。切实把准产业发展“风口”，聚焦最好的产业生态、产业创新体系、产业公共平台和产业关联度，抢占产业制高点，实现产业链迈上中高端的“关键一跃”。

打造特色产业集群。坚持抓龙头、强链条、促集聚，鼓励智能装备制造产业拓展智能成套装备、关键配套等领域，支持新能源汽车及汽车零部件形成汽车全产业链，深耕高端新材料产业细分行业，推动光电及第三代半导体产业上下游集聚配套，加快布局5G商用、人工智能、区块链等新一代信息技术前沿产业，力争实现制造业五大特色产业应税销售超千亿元。打造如皋港江海河联运枢纽节点，力争集装箱吞吐量突破50万标箱。加快文旅融合发展，推进正威盆景文旅产业园、长江“五洲”国际生态康旅岛等项目落地建设，加快花木大世界、龙游湖国家AAAA级旅游景区创建进程，确保创成省级全域旅游示范区，通过国家验收。推动现代建筑向建筑装备、节能环保、轨道交通等领域拓展，加快省级建筑产业现代化示范园区建设，建筑业产值突破1500亿元。

激发企业内生动能。深入实施大企业、“专精特新”企业培育工程，全面落实支持民营经济发展的各项政策措施，支持企业通过兼并、收购、参股等方式提升规模层次，实施超亿元技改项目40个，力争规模以上企业技改面超60%，推动已上市企业利用资本市场做大做强，加快星球石墨、超达装备等已入轨企业上市进程，培育壮大海迪科、卓远科技、秦烯新材料等科技成长型企业，新增新开业规模企业30家。新增省级示范智能车间2家以上。鼓励企业向研发设计、电子商务、文化创意等产业链两端延伸，在中高端消费、绿色低碳、共享经济等领域培育一批新增长点。

精准服务实体经济。落实企业服务“五个一”机制，构建“亲”“清”新型政商关系。大力弘扬优秀企业家精神，营造崇尚创业、尊重企业的社会氛围，继续实施企业家能力提升工程。完善经济运行监测指标体系，强化数据收集、处理、发布和共享，加强实时监控和超前研判。推广“信易+”应用场景，加快社会信用体系建设。强化资金、土地、用工、用能等要素保障，深入开展“银政企”对接活动，新增贷款150亿元以上，其中制造业贷款30亿元以上；盘活闲置低效用地3000亩，完成占补平衡3000亩、增减挂钩4500亩；引进高校毕业生3500人，引进培养蓝领技能人才1万人以上，职技校学生本地就业率提升3个百分点。

三、深化改革创新，凝心聚力集要素增活力，着力打造动能转换强引擎。坚持以开放促改革、以改革促创新、以创新促发展，致力打造一流的创新创业生态，让改革开放的优势转化为高质量发展的胜势。

释放改革红利。纵深推进供给侧结构性改革，坚持“巩固、增强、提升、畅通”方针，巩固“三去一降一补”成果。持续推进“放管服”改革，深化“互联网+政务服务”，加强“双随机、一公开”监管，抓好“不见面审批（服务）”“证照分离”“一件事”“一网一门一次”改革，保持营商环境全省领先。创新推进公共服务改革，以大数据分析研判为支撑，整合网格化、“12345”、数字城管等应用平台，推进公共治理服务与网格化管理一体化、闭环式运行，提升公共治理服务效能。统筹推进5项国家级和11项省级改革试点，创成国家基层标准化改革创新先行区。

致力协同创新。集聚创新资源。主动融入苏南国家自主创新示范区建设，加快双创中心、开发区科创中心等公共平台建设，推动中乌第三代半导体产业研究院、DHRG尖端纤维材料实验室等研发平台有效运营，打造区域科技创新引领区。培育创新主体。加快引进亿元以上科创型、领军型项目，支持企业开展合同研发，实施产学研项目150个以上，净增高新技术企业30家、省级企业研发机构5家、PCT国际专利50件。优化人才生态。健全“六位一体”科技人才服务体系。完善“1+6”人才政策，培育高层次创新创业人才20名。聚焦打造青年和人才友好型城市，完善人才发展和服务体系，加快人才住房、职工公寓规划建设，强化子女入学、医疗健康配套，吸引更多大学毕业生来如就业创业。

拓展双向开放。全面贯彻《中华人民共和国外商投资法》，鼓励采用增资扩股、境外发债、利润再投入等方式，扩大制造业利用外资规模，重点推进乾鼎电子、茂友木材等11个超3000万美元项目。支持企业参加进博会、广交会和国际重点展会，积极拓展欧盟、日韩、东盟等多元市场，推动机电、服装、家居用品等领域形成外贸新增量。积极发展跨境电商、外贸综合服务等贸易业态。启动进口肉类指定监管场地申建工作。引导梦百合、明德玩具、超达科技、南通六建等企业参与“一带一路”国际合作，加快“走出去”步伐。

四、注重城乡融合，坚定不移强产业抓整治，着力做好乡村振兴大文章。大力推进国家农业绿色发展先行区建设，深入实施乡村振兴十项重点工程，实现农业农村优先、城乡统筹协调发展。

加快推动乡村产业振兴。优化产业结构。按照“大宗产品创品牌，特色品种上规模，优势产业增效益”的思路，稳定粮食生产，培育优质稻米品牌；放大花木之乡优势，以花卉和小微盆景为重点补短板延链条，力促产业提质增效；提升国家地理标志品牌效应，推动黑塌菜等地方特色农产品产业化。推进生态种养循环，促进生猪生产转型升级。壮大经营主体。开展新型职业农民培训，稳步发展多种形式适度规模经营，培育南通市级以上农业龙头企业6家、新型合作家庭农场40家以上。探索万顷良田规模经营机制，提高耕地利用率和产出率。整合优势资源。组建农业投资公司，统筹推进土地整治、高标准农田建设，做优做精“苏·皋长寿”集体商标品牌，推进标准化生产、全程化监管，实现质量安全追溯体系全覆盖。

扎实推进美丽乡村建设。优化镇村规划布局，编制完成“多规合一”乡村建设规划及村庄规划，规范管理农民建房。完善城乡基础设施，完成民营水厂整合提升，推进区域供水三期工程建设。完成农村桥梁改造15座、通居工程50公里。持续改善农村供电、信息等基础设施。继续实施农村人居环境整治三年行动，提升农村生活污水处理能力，完成3个镇级污水处理厂提标改造、如泰运河和通扬运河重要支流周边农户生活污水处理设施建设，推行“环保管家”治污新模式，系统推进村容村貌、农村垃圾、农业废弃物等综合整治，拓宽农作物秸秆综合利用途径，畜禽粪污资源化利用率100%，持续开展省市特色田园乡村试点建设。

全面深化农业农村改革。鼓励发展股份合作、资源开发、物业管理、为农服务等多种形式的集体经济，力争村级集体经营性收入增长10%以上。稳妥推进农村承包地、宅基地“三权分置”等改革，深化农村土地承包经营权抵押贷款试点，完成农村不动产权籍调查，开展集体经营性建设用地入市研究。深化供销合作社综合改革。建成农民合作社综合社创建试点15个。

五、打造最优品质，统筹兼顾促更新提内涵，着力提升城市综合承载力。以国家生态园林城市创建为抓手，突出规划引领，完善城市功能，提升建管水平，努力建设长三角更富魅力的宜居宜业历史文化名城。

坚持高质量规划。完善规划体系，以“多规融合”为方向，编制国土空间总体规划，形成国土空间开发保护“一张图”。编制城市“双修”专项规划，深化龙游河、高铁南站周边等区域城市设计，完善中央商务区、城南片区等控制性详规，优化如泰运河生态通廊规划方案。有序推进土地出让，新开工商品房200万平方米，竣工180万平方米。加强东大街、集贤里、武庙街区等传统建筑保护性修缮改造。严格执行规划验线、巡查、核实制度，切实维护规划实施的严肃性。

坚持高品质建设。加快搬迁改造。统筹棚户区和反差地段改造，完成老拖修厂区域等18个地块75万平方米搬迁，推进张八里花苑等7个小区115万平方米安置房建设。实施秀水苑一期、福星新村等老小区改造，开展既有小区加装电梯试点。强化功能配套。开工建设龙游河三期、内外城河综合提升工程，建成龙游河——宁海路桥。加快壹言广场、希尔顿酒店等重点项目建设。完成城东初中规划设计，新建附小新城园、志颐小学、新城高中，推进奥体中心改造。启动新城医院规划研究。开工建设殡仪服务中心。建成小游园2个，新增绿地60公顷。完善交通体系。开展城市外围交通集疏运体系规划研究。通皋大道建成通车，完成高铁南站综合客运枢纽、紫光路北延、老204国道二期改造工程。保障G40改扩建，加速开展如常高速前期工作，开工建设张皋过江通道。全面优化城乡公交线路，完成城乡客运一体化运营改革。

坚持高水平管理。强化市容环境治理，推进规范户外广告设置全国试点。开展违法建设、小区绿化毁损、流动摊点乱设等专项整治。加强城区干道、背街后巷等重点区域综合保洁，试行城市管理社会化服务外包模式。推动主城区居民小区及单位生活垃圾分类设施投放、餐厨废弃物规范收运处置全覆盖，建成建筑装潢垃圾资源化处置中心。推行智慧停车、停车收费管理，优化万寿路绿波带，改善支路“微循环”，新增公共停车泊位400个。

六、扛起政治责任，攻坚克难补短板强弱项，着力打好打赢三大攻坚战。坚持问题导向、目标导向，强化使命担当，以决战必胜的信念，狠抓攻坚质量和攻坚成效，创造过硬全面小康成果。

以系统思维推进污染防治。整治突出问题。持续推动中央、省环保督察和“回头看”、南通市委环保专项巡察反馈问题全面整改销号。严格落实“河长制”“断面长制”“支流长制”，推进重点断面“一点一策”，实现市考以上断面水质优Ⅲ比例72.7%以上。强化重点区域管控，狠抓VOCs等专项整治，PM2.5平均浓度下降3个百分点、空气质量优良天数比率78%以上。全面抓好工业固废及污染地块综合治理。提升能力建设。建成运行4个市考断面水质自动监测站、14个大气环境自动监测点，完成上海电气垃圾焚烧工艺技改，建成生活垃圾飞灰填埋场二期工程。严守生态底线。深化长江“共抓大保护”行动，切实履行长江经济带生态环境保护责任，抓好“三线一单”落实，强化化工园区智慧平台运营管理，推动生态环境保护执法司法联动中心常态化运行。

以民本思维实施精准扶贫。聚焦“两不愁、三保障”，开展脱贫攻坚“回头看”，建立健全稳脱贫防返贫长效机制，落实好因病致贫返贫、支出型贫困家庭等救助扶持政策，扎实推进健康扶贫、社会保障兜底等各项措施，确保真脱贫、脱真贫。探索经济薄弱村资源开发经营新模式，拓宽资产稳定收益渠道，发展壮大集体经济。用好“阳光扶贫”、农村“三资”监管系统，遏制群众身边的腐败。继续推进与陕西洋县对口协作，促进共同发展。

以底线思维化解重大风险。持续推进国资国企改革，完善“2+1+1”运营体系，推动实质性市场化运作，力争年内新增AA+资信评级企业2家。完善政府性债务管理机制，用好综合监管系统，严控债务风险。着力整治非法集资，强化互联网金融等重点领域运营监测，确保不发生区域性系统性金融风险。进一步压紧压实安全生产责任，深入开展专项整治行动，持续推进化工产业安全环保整治，杜绝重特大事故发生，确保安全生产形势稳定向好。持续深化领导接访下访、包案化解等工作机制，着力抓好信访疑难问题和积案化解。加快民主法治进程，高标准通过“七五”普法验收。完善社会治安防控体系，持续推进扫黑除恶专项斗争，坚守公共安全底线。

七、牢记为民宗旨，矢志不渝办实事惠民生，着力回应人民群众新期盼。以民情民意为导向，坚持普惠性、保基本、均等化，奋力创造更具幸福感、更具获得感、更具安全感的美好生活。

补齐全面小康短板。强化主体责任，全面对照六大类41项48个监测指标，聚焦关键领域、围绕薄弱环节、突出重点人群，扎实开展补短板攻坚行动，对城市每万人拥有公共交通车辆、每千老年人口养老床位数、每万人拥有律师数等7个短板指标，制定路线图、任务书、时间表，加强统筹协调、跟踪监测、政策支持和督促检查，夯实工作成效，确保高水平全面建成小康社会圆满收官。

着力优化公共服务。推进教育高质量发展，加强学前教育资源配置，缓解中心城区义务教育资源紧缺矛盾，放大普通高中办学效应，办好职业教育，加强新时代教师队伍建设，争创省级教育现代化示范区、全国义务教育优质均衡发展县(市)。落实"健康如皋"行动计划，推进医共体建设，实行镇卫生院、村卫生室一体化管理，加强医学重点专科建设，实施卫生高层次人才引培工程。挖掘历史文化资源，提升城市文化软实力。抓好文化惠民工程，深化融媒体改革，推进广电智慧社区、"书香如皋"品牌建设，承办好国际马拉松等高端赛事，做好中甲联赛主场赛事保障。树立乡村文明新风，推进文明殡葬，开展乱建土庙整治工作，确保实现全国文明城市"双连冠"。做好第七次全国人口普查。

全面筑牢民生保障。深入实施全民参保计划，推进工伤保险"同舟计划"、养老保险"助保贷款"，实现法定人员社会保险基本全覆盖。强化基本医保、大病保险、医疗救助综合保障，完善长期照护保险制度。统筹各类群体就业，新增城镇就业不少于8500人。完善劳动关系协调协商机制，做好根治拖欠农民工工资工作。加快构建居家社区机构相协调、医养康养相结合的养老服务体系，新增"公建民营"敬老院2家、养老床位300张。

民生无小事，枝叶总关情。新的一年，我们将带着感情和责任，积极回应人民群众对美好生活的期盼，坚持尽力而为、量力而行，着力办好10件民生实事(见附件三)，把老百姓的操心事、揪心事，一件一件加以解决，让发展成果更多惠及民生。同时，今年也是谋划"十四五"发展的重要一年，我们将充分发扬民主，凝聚各方智慧，精心编制下一个五年规划，为实现如皋高质量发展、建设"强富美高"新如皋提供有力保障。

切实提高政府治理能力

初心如磐千钧担，使命在肩责任重。我们将始终坚持为民、务实、清廉和忠诚、干净、担当，着力推进政府治理体系和治理能力现代化建设，努力建设人民满意的服务型政府。

一、旗帜鲜明讲政治，务实勤政强担当。提高政治站位。自觉增强"四个意识"、坚定"四个自信"、做到"两个维护"，不断加强政府系统党的建设，切实把党的全面领导贯彻到政府工作全过程、各领域，坚决落实市委各项决策部署，确保政令畅通、令行禁止。主动担当作为。弘扬治沙精神、支边精神，坚持事业为上、知责思为，在加快建设"强富美高"新如皋的征程中勇于"挑重担"、敢啃"硬骨头"，迎着矛盾上、顶着压力冲。深入落实鼓励激励、容错纠错、能上能下"三项机制"，为担当者担当、为尽责者负责。锤炼干事本领。大兴调查研究之风，在学习和实践中找思路、想办法，不断形成新经验、深化新认识、贡献新方案，全面增强与新时代新要求相匹配的治理能力。

二、不忘初心担使命，高效施政优服务。践行人民立场。牢固树立以人民为中心的发展思想，深入开展"两代表一委员"密切联系群众工作，为群众排忧解难办实事，做好"后半篇文章"。坚持真抓实干。强化工作项目化、项目目标化、目标节点化、节点责任化的工作方法，低调务实不张扬，埋头苦干不懈怠，只争朝夕，不负韶华，推动政府工作快决策、快推进、快见效。提高行政效能。大力精文减会，优化工作流程，强化工作调度，定期会办、精准对接，确保运转高效、执行有力。坚持跟踪问效，加强督查督办，坚决整肃"中梗阻"，重拳治理"庸懒散"，做到有部署、有落实、有结果。

三、阳光善治慎用权，依法行政促规范。强化法治意识。将法治精神、法治思维、法治方式贯穿政府工作始终，常态化"晾晒"政府权力清单，争创全省法治政府建设示范市。坚持依法行政。落实重大决策前向党委和人大报告、向政协通报制度，健全政府法律顾问制度，推行行政执法“三项制度”。深入推进政务公开，加强政府诚信建设。接受全面监督。依法接受党内监督、人大法律和工作监督、政协民主监督以及纪委监委监督、司法监督，办好人大代表议案、建议和政协建议案、提案。重视社会监督、舆论监督，强化政府内部层级监督，让权力在阳光下运行。

四、从严治党再出发，廉洁从政树形象。强化制度约束。完善权力运行制约监督机制，强化重点领域和关键环节廉政风险防控，加大对重点部门、岗位和项目的监察，强化对公共资金、国有资产、政府投资项目和领导干部经济责任审计监督。严守纪律规矩。严格落实中央“八项规定”及其实施细则精神，驰而不息整治“四风”，坚决破除形式主义、官僚主义。严格执行党内政治生活若干准则、党内监督条例和问责条例。加强财政资金绩效管理，严控“三公”经费和一般性支出，以政府的“紧日子”换取群众的“好日子”。压实主体责任。深入推进党风廉政建设，严格履行主体责任和“一岗双责”，加强意识形态阵地建设，加大监督检查、效能监察、执纪问责力度，着力营造干部清正、政府清廉、政治清明的良好环境。

长三角一体化的愿景与蓝图，鼓舞我们砥砺奋进；高质量发展的目标与方向，激励我们勇往前行；全市人民的期盼与重托，鞭策我们实干担当。让我们在中共如皋市委坚强领导下，在市人大、市政协监督支持下，进一步解放思想、抢抓机遇、狠抓落实，为建设“强富美高”新如皋、高水平全面建成小康社会而不懈奋斗！

附件一

2019 年全市经济社会发展主要预期指标完成情况表

序号	指标名称	单位	2019 年	
			绝对数	增长%
1	地区生产总值	亿元	1221	7
2	固定资产投资	亿元	432	8
3	社会消费品零售总额	亿元	427.7	6.5
4	外贸进出口总额	亿元	243.8	2.6
5	实际利用外资	亿美元	3.51	—
6	一般公共预算收入	亿元	70	—
7	常住人口城镇化率	%	60.4	—
8	研发经费支出占 GDP 比重	%	2.2	—
9	高新技术产业产值占规模以上工业产值比重	%	38	—
10	每万人发明专利拥有量	件	22.36	—
11	每万劳动力中高技能人才数	人	1093	—
12	城镇居民人均可支配收入	元	46888	8.4
13	农村居民人均可支配收入	元	21900	8.6
14	城镇新增就业人数	人	9015	—
15	城镇登记失业率	%	2	—
16	学前三年教育资源配置率	所/万人	0.65	—
17	高等教育毛入学率	%	80.7	—
18	单位地区生产总值能耗降低	%	6.8	—
19	化学需氧量排放量	万吨	完成下达目标	—
20	二氧化硫排放量	万吨	完成下达目标	—
21	氨氮排放量	万吨	完成下达目标	—
22	氨氮排放量	万吨	完成下达目标	—
23	PM2.5 浓度	微克/立方米	41.4	—
24	空气质量优良天数比率	%	78	—

附件二

2019年为民办实事项目完成情况

1.继续实施城区教育资源提升工程,城东小学(李渔小学)所有单体建筑主体结构建成并同步实施装修工程,2020年秋季开学正式交付使用。

2.实施中小学生弹性离校制度,常态化开展课后服务。

3.实施城乡居保精准扶贫工程,全市建档立卡未标注脱贫的低收入人口、城市和农村低保对象以及特困人员享受政府代缴养老保险5814人、享受基础养老金11092人,已实现100%代缴和待遇享受。

4.精准帮扶重点困难群体,建立和完善了重大疾病救治医保补偿机制,基本医疗保险大额医疗费用二次补助8767人、6787.8万元;医疗救助110335人次、2174万元;使用个人账户余额购买商业保险106人、10.2万元;建档立卡低收入人口由政府购买重大疾病、意外伤害等商业补充保险33228名,理赔820人、125.4万元;医疗救助对象或建档立卡低收入人口大病保险待遇起付标准降低50%,起付标准以上各费用段支付比例均提高5个百分点;持续推进基本照护保险制度,受理失能评定5822人次,支付700余万元。

5.积极做好稳就业工作,对各类重点困难群体提供就业援助,新增城镇就业9015人,培育新型职业农民8384人。

6.继续实施蒲行苑解危和东皋市场周边棚户区(城中村)改造工程。蒲行苑地块已完成项目立项、规划方案审批、施工图审查、标底编制及审查等。该地块分A、B两个地块,A地块已摘牌,正在进行施工招标;B地块正在加快推进。东皋市场周边地块已完成总平及方案报批、施工图设计及审查、标底编制及审查、房屋搬迁等前期工作,土地正在挂牌。

7.健全医疗卫生服务体系,整合民营医院35家,新增镇公立卫生院(社区卫生服务中心)10家,实现了"一镇一公立卫生院"。招聘临床类本科及以上学历人才96人,免费培养农村定向医学生67人。

8.开工建设高铁如皋南站综合客运枢纽,紧扣高铁开通运营时间节点,已完成征地搬迁、图纸设计等前期工作,目前综合枢纽中的高铁站房、紫光路南延、站前广场等工程已进场并按进度推进。

9.实施"四好农村路"提升工程,继续推进农村公路"建养一体化"试点,提档升级农村公路300公里,新建通居路150公里,新建、改造农桥20座。

10.龙游河与外城河接通工程全面竣工,内外城河截污及水循环净化设施建成并投入运行。

11.焦港引水泵站工程和如泰运河接通工程建成并投入运行。

12.推进城市功能提升,16座公厕已完成新改建工程,新增投放垃圾分类设施1400个,城区生活垃圾分类处置设施投放覆盖率88.4%。

13.继续实施主城区交通疏堵工程,制定了城市交通疏堵工程三年实施方案、停车场建设和管理办法,完成海阳路、益寿路双向绿波带实时自适应控制改造,优化惠政路双向绿波带,大司马路实施限时单向通行,建成停车泊位434个,完成福寿路(益寿路—海阳路段)综合改造工程。

14.继续完善消防防控体系,中部地区(磨头)消防站已完成营区训练塔、车库以及办公、宿舍楼等主体工程,正在进行内部设备设施功能调试测试。

15.20个公安"e警务"便民服务站已投入使用,实现户籍、出入境、交通违法处理、居民身份证等审批业务24小时自助办理。

16.优化7条公交线路,建成并投入使用2个回车场、19个公交站台(亭)、125个公交站牌,投入运行85辆新能源公交车。

附件三

2020年为民办实事项目

1.完成城乡客运一体化运营改革,推行成本规制,全面优化城乡公交线路,配套建设公交站亭、站牌。

2.加强生态环保监测与治理能力建设,开展大气、水质网格化管控监测,建成运行4个市考断面水质自动监测站、14个大气环境自动监测点;完成3个镇级污水处理厂提标改造、6个村庄生活污水处理设施建设,完成如泰、通扬运河重要支流周边农户生活污水处理设施建设。

3.实施供水安全保障提升工程,完成镇级民营水厂整合,区域供水入户率达100%;推进区域供水三期工程,完成20万吨/天净水处理厂和60万吨/天深度处置中心土建工程、输水管线工程量的70%。

4.实施主城区农贸市场新建工程,开工建设东皋、新城2个市场。

5.实现主城区居民小区及单位生活垃圾分类设施投放、单位食堂及餐饮单位餐厨废弃物规范收运处置全覆盖,建成凌青建筑装潢垃圾资源化处置中心项目。

6.继续推进城区水系综合提升和居民小区综合整治工程,开工实施内外城河综合提升工程,实施秀水苑一期、福星新村等老小区改造,开展小区绿化集中整治。

7.实施就业帮扶工程,帮助未就业大学生、失业人员、建档立卡困难人员实现就业不少于8500人;推进"阳光扶贫"助保贷款,助保对象审核2000人以上;转业军官和士官安置率100%,促进下岗失业志愿兵实行再就业。

8.继续完善应急防控体系建设,建成市应急服务指挥中心,新建或改建白蒲镇、搬经镇以及江安镇消防站各1个。

9.推进教育高质量发展,完成新城高中和青少年宫、志颐小学地块搬迁并开工建设,完成附小新城幼儿园土建基础工程、实验小学西侧福星新村3幢居民楼搬迁,如皋中学品质提升工程完成总工程量的50%。

10.全面提升医疗服务能力,推进医共体建设,实施镇卫生院、村卫生室一体化管理,新增7个南通市级重点(建设)专科,培育2个省级重点(建设)专科;招引本科及以上卫技专业人才100名,免费培养农村订单定向医学生80人。

重 大 决 策

中共南通市委办公室、市政府办公室关于印发《如皋市机构改革方案》的通知

通办〔2019〕5号

中共如皋市委、如皋市人民政府：

根据中共江苏省委机构编制委员会《关于印发南通市所辖县(市、区)机构改革方案的通知》(苏编〔2019〕8号)要求,《如皋市机构改革方案》经省委机构编制委员会办公室审核,已报省委、省政府批准,现予印发,请认真组织实施。

中共南通市委办公室南通市人民政府办公室

2019年1月31日

如皋市机构改革方案

根据《中共中央关于深化党和国家机构改革的决定》《深化党和国家机构改革方案》《关于地方机构改革有关问题的指导意见》《江苏省机构改革方案》《中共江苏省委关于市县机构改革的总体意见》和《南通市机构改革方案》精神，结合实际，制定如皋市机构改革方案。

一、机构改革的总体部署

深化机构改革,要以习近平新时代中国特色社会主义思想为指导,全面贯彻党的十九大和十九届二中、三中全会精神,深入贯彻落实习近平总书记关于深化党和国家机构改革的重要论述,牢固树立政治意识、大局意识、核心意识、看齐意识,坚持加强党的全面领导、坚持以人民为中心的发展思想、坚持社会主义市场经济改革方向、坚持优化协同高效、坚持以法治方式推进改革、坚持在中央统一领导下充分发挥地方积极性。

深化机构改革,要认真贯彻落实习近平总书记关于建设经济:强、百姓富、环境美、社会文明程度高新江苏的要求,以及省委、南通市委工作部署,从机构职能上把加强党的领导落实到各领域各方面各环节,中央和省委、南通市委明确的改革任务坚决落实到位,如皋市主要机构设置同中央和省保持基本对应,与南通市级机构改革有效衔接;以"不见面审批服务"改革为抓手,加快政府职能转变,使市场在资源配置中起决定性作用、更好发挥政府作用,强化社会管理和公共服务职能,切实解决人民群众最关心最直接最现实的利益问题;统筹市、镇(街道)各层级、党政群各领域改革,优化机构设置和职能配置,提高效率效能;充分发挥法治规范和保障改革作用,在改革中完善和强化法治,坚决维护国家法制统一、政令统一、市场统一;结合如皋实际,因地制宜,大胆探索机构设置和职能配置,构建系统完备、科学规范、运行高效的机构职能体系,为建设"强富美高"魅力如皋,实现高质量发展走在前列提供坚强有力的体制机制保障。

深化机构改革，要在党中央集中统一领导和省委、南通市委部署安排下，由市委负总责，不折不扣落实好各项改革任务。

二、调整优化市党政机构和职能

(一)对应中央和省市机构改革，调整优化相应机构和职能

1.建立健全和优化市委对重大工作的领导体制机制

(1)组建市监察委员会。将市监察局的职责，市人民检察院查处贪污贿赂、失职渎职以及预防职务犯罪等反腐败相关职责整合，组建市监察委员会，同市纪律检查委员会合署办公，履行纪检、监察两项职责，实行一套工作机构、两个机关名称。不再保留市监察局。

(2)组建市委外事工作委员会，作为市委议事协调机构。市委外事工作委员会的办事机构为市委外事工作委员会办公室，设在市政府办公室。

(3)组建市委审计委员会，作为市委议事协调机构。市委审计委员会办公室设在市审计局。

(4)将市委全面深化改革领导小组改为市委全面深化改革委员会，作为市委议事协调机构。市委全面深化改革委员会办公室设在市委研究室。

(5)将市依法治市领导小组改为市委全面依法治市委员会，作为市委议事协调机构。市委全面依法治市委员会办公室设在市司法局。

(6)将市委网络安全和信息化领导小组改为市委网络安全和信息化委员会，作为市委议事协调机构。市委网络安全和信息化委员会办公室设在市委宣传部。

(7)组建市委教育工作领导小组，作为市委议事协调机构。市委教育工作领导小组日常工作由市委教育工作委员会承担。市委教育工作委员会与市教育局合署办公，实行一套工作机构、两个机关名称。

2.加强市委职能部门的统一归口协调管理职能

(1)市委组织部统一管理市委机构编制委员会办公室。调整优化市委机构编制委员会领导体制。市委机构编制委员会办公室作为市委机构编制委员会的办事机构，承担市委机构编制委员会日常工作，作为市委工作机关，归口市委组织部管理。

(2)市委组织部统一管理公务员工作。将市人力资源和社会保障局的公务员考试录用、职位管理、考核奖惩以及培训和工资福利等公务员管理职责划入市委组织部，对外加挂市公务员局牌子。

将市委非公有制企业和社会组织工作委员会、市委市级机关工作委员会由与市委组织部合署办公调整为在市委组织部挂牌。

市委组织部对外加挂市委党建工作领导小组办公室牌子。市考核工作委员会办公室设在市委组织部。

不再保留市人才工作办公室，相关职责由市委组织部承担。

(3)市委宣传部统一管理新闻出版和电影工作。将市文化广电新闻出版局(市版权局)的新闻出版、电影管理等职责划入市委宣传部。市委宣传部对外加挂市新闻出版局(市版权局)、市互联网信息办公室牌子。

(4)市委统一战线工作部统一领导民族宗教工作。将市民族宗教事务局并入市委统一战线工作部，对外保留市民族宗教事务局牌子。不再保留单设的市民族宗教事务局。

(5)市委统一战线工作部统一管理侨务工作。将市政府办公室(市政府外事侨务办公室)的侨务管理职责划入市委统一战线工作部，对外加挂市政府侨务办公室牌子。

将市委台湾工作办公室(市政府台湾事务办公室)并入市委统一战线工作部，对外保留市委台湾工作办公室、市政府台湾事务办公室牌子。

不再保留单设的市委台湾工作办公室(市政府台湾事务办公室)。

3.新组建和优化职责的机构

(1)组建市自然资源局。将市国土资源局(市不动产登记局)的职责，以及市发展和改革委员会的组

织编制主体功能区规划职责，市住房和城乡建设局的风景名胜区管理职责，市水务局的水资源调查和确权登记管理职责，市农业委员会(市林业局)的林业管理职责，市规划局的城乡规划管理职责，市环境保护局的自然保护区管理职责等整合，组建市自然资源局，作为市政府工作部门，对外保留市林业局牌子。不再保留市国土资源局(市不动产登记局)。

(2)组建市农业农村局。将市委农村工作办公室(市政府农村工作办公室)和市农业委员会(市农业机械管理局、市农业资源开发局)的职责，以及市发展和改革委员会的农业投资项目、市国土资源局的农田整治项目、市水务局的农田水利建设项目管理职责等整合，组建市农业农村局，作为市政府工作部门，对外加挂市政府扶贫工作办公室牌子。市委农村工作领导小组办公室设在市农业农村局。不再保留市委农村工作办公室(市政府农村工作办公室、市农业委员会(市农业机械管理局、市农业资源开发局)。

(3)组建市文体广电和旅游局。将市文化广电新闻出版局(市文物局)、市体育局和市旅游局的职责整合，组建市文体广电和旅游局，作为市政府工作部门，对外保留市文物局牌子。 不再保留市文化广电新闻出版局、市体育局、市旅游局。

(4)组建市卫生健康委员会。将市卫生和计划生育委员会的职责，市民政局承担的市老龄工作委员会办公室职责，市安全生产监督管理局的职业安全健康监督管理职责等整合，组建市卫生健康委员会，作为市政府工作部门。保留市老龄工作委员会，日常工作由市卫生健康委员会承担。不再保留市卫生和计划生育委员会。

(5)组建市退役军人事务局。将市民政局的退役军人优抚安置职责，市人力资源和社会保障局的军官转业安置职责等整合，组建市退役军人事务局，作为市政府工作部门。按中央有关改革部署实施。

(6)组建市应急管理局。将市安全生产监督管理局的职责，市政府办公室的应急管理职责，市公安局的消防管理相关职责，市民政局的救灾职责，市国土资源局的地质灾害防治相关职责，市水务局的水旱灾害防治相关职责，市农业委员会(市林业局)的森林防火相关职责，市科学技术局(市地震局)的震灾应急救援职责，以及防汛防旱、减灾、抗震救灾、护林防火等指挥部(委员会)的职责整合，组建市应急管理局，作为市政府工作部门。按中央有关改革部署实施。不再保留市安全生产监督管理局。

(7)组建市医疗保障局。将市人力资源和社会保障局的城镇职工和城镇居民基本医疗保险、生育保险、新型农村合作医疗职责，市民政局的医疗救助职责，市物价局的药品和医疗服务价格管理职责等整合，组建市医疗保障局，作为市政府工作部门。

(8)重新组建市司法局。将市司法局的职责，市政府办公室(市政府法制办公室)的法制工作职责整合，重新组建市司法局，作为市政府工作部门。市政府办公室不再保留市政府法制办公室牌子。

(9)优化市审计局职责。将市发展和改革委员会的重大项目稽查职责，市财政局的预算执行和其他财政收支情况的监督检查职责等划入市审计局。

(10)优化市市场监督管理局职责。将市科学技术局(市知识产权局)的知识产权保护协调和专利管理职责，市物价局的价格监督检查相关职责，市商务局的涉外知识产权及参与反垄断调查相关职责划入市市场监督管理局，对外保留市知识产权局牌子。保留市食品安全委员会，日常工作由市市场监督管理局承担。不再保留市工商行政管理局、市质量技术监督局、市食品药品监督管理局牌子。

(11)环保垂管体制改革具体工作按中央有关改革部署实施。

4.其他不再设立的机构

(1)不再设立市社会治安综合治理委员会及其办公室、市维护稳定工作领导小组及其办公室，有关职责交由市委政法委员会承担。

(2)将市委防范和处理邪教问题领导小组及其办公室职责交由市委政法委员会、市公安局承担。市委政法委员会指导协调有关工作，市公安局承担具体业务工作。

(二)与中央和省市机关基本对应的其他机构和因地制宜设置的机构

1.与中央和省市机关基本对应的其他机构

市委办公室、市委研究室、市委巡察工作办公室、市委老干部局作为市委工作机关;市政府办公室、市发展和改革委员会、市教育局、市科学技术局、市公安局、市民政局、市财政局、市人力资源和社会保障局、市住房和城乡建设局、市交通运输局、市水务局、市商务局、市统计局、市信访局、市地方金融监督管理局作为市政府工作部门。其中:

(1)优化市委办公室职责。将市委机要局(市国家密码管理局)、市委保密委员会办公室(市国家保密工作局)并入市委办公室,对外挂市委机要局、市国家保密局、市国家密码管理局牌子。

将市档案局(市档案馆)的行政职能划归市委办公室,对外加挂市档案局牌子。市档案馆作为市委直属事业单位。

不再保留市委保密委员会办公室(市国家保密工作局),不再保留单设的市委机要局。

(2)将市委研究室由在市委办公室挂牌调整为单独设置,作为市委工作机关。

(3)调整市委老干部局管理体制。将市委老干部局由市委组织部管理的机关调整为市委工作机关,归口市委组织部管理。

(4)优化市政府办公室职责。市政府办公室对外加挂市政府研究室、市政府外事办公室牌子。

不再保留市政府外事侨务办公室牌子。不再保留市机关事务管理局牌子,相关职责由市政府办公室承担。

(5)优化市发展和改革委员会职责。将市民政局、商务局等部门的组织实施重要物资和应急储备物资的收储、轮换和日常管理职责,市物价局的定价管理等职责划入市发展和改革委员会,对外加挂市工业和信息化局、市粮食和物资储备局牌子。

不再保留市物价局。不再保留市经济和信息化委员会、市粮食局、市中小企业局、市服务业办公室牌子。

(6)优化市教育局职责。将市政府教育督导室由与市教育局合署办公调整为设在市教育局。

(7)优化市科学技术局职责。将市人力资源和社会保障局的引进国外智力和外国专家管理职责划入市科学技术局。

(8)优化市财政局职责。市财政局对外加挂市政府国有资产监督管理办公室牌子,不再保留市国有资产监督管理局牌子。

(9)优化市住房和城乡建设局职责。将市规划局的房地产管理职责,市政府办公室(市人民防空办公室)的人防管理工作职责,市科学技术局(市地震局)的建设工程抗震设防监督管理职责等划入市住房和城乡建设局,对外保留市地震局、市人民防空办公室牌子。

不再保留市规划局。市住房和城乡建设局不再保留市建筑工程管理局牌子。

(10)重新组建市交通运输局。将市交通运输局和市港口管理局的职责整合,重新组建市交通运输局,作为市政府工作部门。

不再保留市港口管理局。市交通运输局不再保留市铁路办公室牌子,相关职责由市交通运输局承担。

(11)优化市水务局职责。将市民政局的三峡移民管理职责划入市水务局。

(12)调整市信访局管理体制。将市信访局由市委、市政府的工作机构调整为市政府工作部门。市委信访局与市信访局合署办公,实行一套工作机构、两个机关名称。

(13)组建市地方金融监督管理局。将市政府金融工作办公室的职责,以及市委农村工作办公室的从事信用互助的农民专业合作社管理职责,市发展和改革委员会的融资性担保机构监管职责,市商务局的典当行监管、融资租赁公司监管、商业保理公司监管等职责整合,组建市地方金融监督管理局,作为市政府工作部门,对外保留市政府金融工作办公室牌子。

不再保留单设的市政府金融工作办公室。

2.因地制宜设置的机构

市城市管理局、市行政审批局作为市政府工作部门。其中：

(1)优化市城市管理局职责。市城市管理局对外加挂市综合行政执法局牌子，不再保留市城市管理行政执法局牌子。

(2)重新组建市行政审批局。将市行政审批局和市公共资源交易管理办公室的职责整合，重新组建市行政审批局，作为市政府工作部门。

不再保留市公共资源交易管理办公室。市行政审批局不再保留市政务服务中心牌子，相关职责由市行政审批局承担。

机构改革后，共设置党政机构37个。党委机构10个，其中，纪检监察机关1个，工作机关9个。政府工作部门27个。(详见附件)

三、统筹推进相关领域改革

(一)深化市人大、政协机构改革和群团组织改革

1.深化市人大机构改革

健全人大组织制度和工作制度，完善人大专门委员会设置，更好发挥其职能作用。组建市人大社会建设委员会、市人大监察和司法委员会，作为市人大专门委员会。

2.深化市政协机构改革

将市政协经济科技委员会、文教卫体委员会、社会法制与城乡建设委员会(人口资源环境委员会)、学习文史委员会(民宗侨台委员会)等整合设置为经济科技和农业农村委员会、教文卫体和文史委员会、环境资源和城乡建设委员会、社法民宗和港澳台侨委员会。

3. 深化群团组织改革

认真贯彻落实党中央和省市关于群团组织改革的决策部署，健全党委统一领导群团工作的制度，紧紧围绕保持和增强政治性、先进性、群众性这条主线，强化问题意识，以更大力度、更实举措推进改革，着力解决“机关化、行政化、贵族化、娱乐化”等问题，把群团组织建设得更加充满活力、更加坚强有力。

牢牢把握改革正确方向，始终坚持党对群团组织的领导，群团组织设立的党组，接受市委统一领导，定期汇报工作，确保党的方针政策和决策部署得到贯彻落实。坚持眼睛向下、面向基层，将力量配备、服务资源向基层倾斜，更好适应基层和群众需要。

群团组织改革与机构改革相结合，改革机关设置、优化管理模式、创新运行机制，促进党政机构同群团组织功能有机衔接，支持和鼓励群团组织承接适合其承担的公共服务职能，增强群团组织团结教育、维护权益、服务群众功能，充分发挥党和政府联系人民群众的桥梁纽带作用。

抓好市总工会、市文联等群团机关改革方案落实。根据中央和省市委要求，研究出台其他群团组织改革方案并抓好落实。

(二)深化市委、市政府直属事业单位改革和承担行政职能事业单位改革

按照精干高效原则设置市委市政府直属事业单位。在前期试点基础上，进一步深化承担行政职能事业单位改革，理顺政事关系，实现政事分开。今后，除行政执法机构外，不再保留或新设承担行政职能的事业单位。

(三)深化综合行政执法体制改革

贯彻落实中央和省深化综合行政执法改革部署要求，按照减少层次、整合队伍、提高效率的原则，深化行政执法体制改革，统筹配置行政处罚职责和执法资源，实现一支队伍管执法、一套清单管权贵、一个中心管指挥、一个网格管治理、一个平台管信用、一套机制管检查，构建权责统一、权威高效的行政执法体制。

大力推进科学执法。全面梳理和精简行政处罚、行政强制事项，最大限度减少行政执法事项，实行清单化管理，建立动态调整机制。改变行政执法人海战术，更多应用科技手段，推行非现场执法。进一步整合信息资源，优化网格管理，深化指挥平台建设，不断完善依据权责清单追责、“双随机、一公开”、奖励举报、市场主体信用承诺联合惩戒、重大风险监测防控、绩效评估等6项机制。

下沉执法力量。强化市行政执法职责，推行“局队合一”体制。将综合行政执法向镇（街道）等基层延伸，进一步深化基层综合行政执法体制改革，县级以上派驻执法队伍要加强与镇（街道）的协调配合，逐步实现一支队伍管执法。

加强执法队伍建设。锁定人员队伍编制底数，暂保持现状不变，待中央统一明确政策后逐步规范。探索建立体现综合行政执法特点的编制和人员管理办法。全面清理规范临时人员和聘用人员，严禁使用辅助人员执法。严把人员入口关，突出德才兼备。综合行政执法改革涉及的机构编制事项按有关规定办理。

严格规范执法行为。完善执法程序，建立完善行政执法可追溯、可问责机制，不作为、乱作为退出机制，严格执法责任，加强执法监督，做到严格规范公正文明执法。

（四）深入推进审批服务便民化改革

严格贯彻落实中央和省委要求，以深化“不见面审批服务”改革为抓手，聚焦与人民群众生产生活关系最紧密和人民群众反映最强烈、最渴望解决、最难办的领域和事项，深入推进简政放权、放管结合、优化服务改革，推进审批服务便民化，最大限度减少政府对市场资源的直接配置，最大限度减少政府对市场活动的直接干预，提高资源配置效率和公平性，激发各类市场主体活力，不断优化办事创业和营商环境。

大力推进简政放权，进一步清理和规范各类行政许可、资质资格、中介服务等管理事项，大幅精简各类证照，压缩办理时间，清理取消经营服务性收费和行业协会商会收费，切实降低制度性交易成本。

强化事中事后监管，全面推行“双随机、一公开”监管和“互联网+监管”，加快实现政府监管信息共享，探索包容审慎监管，强化信用监管，发挥行业和社会监督作用，着力构建事前管标准、事中管检查、事后管处罚、信用管终身的监管体系，让守法者畅通无阻，让违法者处处受限。

全面推行以“网上办、集中批、联合审、区域评、代办制、不见面”为主要内容的“不见面审批服务”改革。加快推进“不见面审批服务”标准化、规范化建设。推动“3550”改革常态化和普惠制，实现审批效率最优化。

打破“信息孤岛”，统一明确各部门信息共享的种类、标准、范围、流程，加快推进部门政务信息联通共用，各部门审批服务系统尽快向各级政务服务机构和镇（街道）便民服务机构开放端口、权限和共享数据。

（五）加强基层政权建设

深入推进基层政权建设。全面加强基层党建，强化镇（街道）党（工）委领导核心作用，加强党（工）委对镇（街道）各项工作的全面领导。基层政权机构设置和人力资源调配必须面向人民群众、符合基层事务特点。进一步下放经济社会管理事项，推动治理重心下移，尽可能把资源、服务、管理放到基层。镇（街道）相关改革与市机构改革统筹谋划、同步推进，使各类机构、组织在服务保障群众需求上有更大作为。应由县级承担的职责任务不得层层下放、转嫁基层。

借鉴经济发达镇行政管理体制改革做法，按照中央部署，推广江阴市徐霞客镇“1+4”改革经验，构建简约便民、阳光高效的基层管理体制。推进镇（街道）改革，整合基层审批、服务、执法等方面的力量和职能，统筹机构编制资源，综合设置镇（街道）机构，实行扁平化和网格化管理，构建“集中高效审批、强化监管服务、综合行政执法”的治理结构。健全综合性全要素网格，实现基层治理“多网合一”。完善一体化综合指挥平台，建立健全发现问题、流转交办、协调联动、研判预警、督查考核等综合指挥工作机制。完善基层综合便民服务平台功能，实现线上线下多功能服务，将办件量大、与群众密切相关的服务下放到镇（街道）、延伸到城乡社区，普遍建立网上服务站点，加快完善乡村便民服务体系。推进供水、供电、供气等同人民群众经常打交道的公共事业部门的便民化改革。

（六）强化机构编制管理刚性约束

强化市委对机构编制工作的统一领导，推进各类编制资源统筹使用，加大部门间、行政区间编制统筹调配力度，严格执行机构编制管理法律法规和党内法规制度，严格机构编制管理权限和程序，严禁越权审批。

加强和规范机构编制管理。坚持总量控制和限额管理，严格执行中央和省委规定的机构限额，市党政机构总数不突破 37 个，不突破党政机构编制总量。原则上不设 10 名行政编制以下机构。按照严控总量、盘活存量、优化结构、增减平衡的要求，实行"瘦身"与"强身"相结合，统筹使用编制资源。清理不规范设置的机构和配备的职数，全面清理限额外设置的行政机构，规范管理合署办公机构，精简整合规范开发区管委会、驻外办事机关（机构）等各类派出机构，杜绝挂牌机构实体化、根除"事业局"。

清理规范议事协调机构，职能相近的予以整合，临时性、阶段性的任务完成后及时撤销，严控新设议事协调机构。议事协调机构一般不 单设办事机构，具体工作由有关部门承担，部门承担联席会议日常工作的内设机构不加挂牌子，不刻制印章。

认真做好部门"三定"工作。重新制定或修订市委工作机关、市政府工作部门"三定" 规定，坚持优化协同高效，科学配置机构职能编制，强化部门内部职责和业务整合，推动组织架构重建和流程再造，切实把加强党的全面领导和职能转变要求落实到位，规范履职行为，确保权责一致。统一规范内设机构规格和名称，加大内设机构综合设置力度，综合性内设机构不超过内设机构总数的三分之一。整合归并的党政机构，综合性内设机构合并为一套，业务机构根据工作的内在联系进行重新设计和整合，该精简的精简，该加强的加强。原则上不设 3 人以下内设机构。

坚决查处各类机构编制违纪违法行为。严禁超编进人、超限额设置机构、超职数配备领导干部。严格管理编外聘用人员。及时公开机构编制有关信息，接受各方监督。坚决整治上级部门通过项目资金分配、考核督查、评比表彰等方式干预下级机构设置、职能配置和编制配备的行为。完善机构编制部门同纪检监察机关和组织人事、巡察、审计等部门的协作联动机制，形成监督检查合力。

四、组织实施

（一）加强组织领导。各级各部门要充分认识做好地方机构改革的极端重要性，提高政治站位，增强"四个意识"，坚决维护习近平总书记的核心地位，坚决维护党中央权威和集中统一领导，切实将思想和行动统一到党中央关于地方机构改革的决策部署上来。在市委统一领导下，市机构改革领导小组负责统筹做好全市机构改革的组织实施工作，市机构改革领导小组办公室承担机构改革具体工作。

（二）细化工作进度。各级各部门要按照市委统一部署，结合实际，科学制定机构改革方案，严格按照中央和省委规定的时间进度完成改革任务。市机构改革在 2019 年 2 月底前基本完成。

（三）稳妥有序推进。各级各部门要全面贯彻先立后破、不立不破原则，有序做好人员转隶、新机构挂牌、集中办公等工作。特别是涉及安全生产、应急救援、维护社会稳定等工作的新老机构要确保工作有序衔接。要紧紧抓住职能转变这个关键，在改职责上出实招硬招，在职能整合、业务融合上真正发生化学反应，做到脱胎换骨。要高度重视思想政治工作，教育引导广大党员干部特别是领导干部坚持党性原则和全局观念，自觉服从改革大局，确保思想不乱、工作不断、队伍不散、干劲不减。要加强改革正面宣传，做好舆论引导和政策解读工作，为改革顺利开展营造良好氛围和环境。

（四）严明纪律规矩。各级各部门要坚决维护党中央改革决策的权威性和严肃性，对上级明确的改革任务要坚决落实到位，不讲条件、不打折扣、不搞变通、不开口子。要加强对机构改革落实情况的督导检查，严格执行机构改革政治纪律、组织纪律、机构编制纪律、干部人事纪律、财经纪律、保密纪律。要将机构改革实施情况纳入市委、市政府重要决策部署督查任务和巡察范围，强化监督和执纪问责，确保高质量完成改革任务。各级各部门推进机构改革情况和遇到的重要问题要及时向市委报告请示。

附件：1

中共如皋市委机构设置表

- 纪律检查委员会监察委员会机关
- 办公室
- 组织部
- 宣传部
- 统一战线工作部
- 政法委员会
- 研究室
- 全面深化改革委员会办公室（设在市委研究室）
- 全面依法治市委员会办公室（设在市司法局）
- 网络安全和信息化委员会办公室（设在宣传部）
- 外事工作委员会办公室（设在市政府办公室）
- 机构编制委员会办公室
- 审计委员会办公室（设在市审计局）
- 农村工作领导小组办公室（设在市农业农村局）
- 巡察工作办公室
- 老干部局

说明：

中共如皋市委设置纪检监察机关 1 个，计入机构限额的工作机关 9 个（设在相关部门的市委议事协调机构的办事机构不计入机构限额）。其中，纪律检查委员会与监察委员会合署办公，实行一套工作机构，两个机关名称；办公室挂机要局、市国家保密局、市国家密码管理局、市档案局牌子；组织部挂非公有制企业和社会组织工作委员会、党建工作领导小组办公室、市级机关工作委员会、市公务员局牌子；宣传部挂市精神文明建设指导委员会办公室、市新闻出版局（市版权局）、市互联网信息办公室牌子；统一战线工作部挂台湾工作办公室、市政府台湾事务办公室、市民族宗教事务局、市政府侨务办公室牌子；机构编制委员会办公室挂市事业单位登记管理局牌子；老干部局挂离退休干部工作委员会牌子。教育工作委员会与市教育局合署办公，市委信访局与市信访局合署办公，均不计入机构限额。

附件 2

如皋市人民政府机构设置表

- 办公室
- 发展和改革委员会
- 教育局
- 科学技术局
- 公安局
- 民政局
- 司法局
- 财政局
- 人力资源和社会保障局
- 自然资源局
- 住房和城乡建设局
- 城市管理局
- 交通运输局
- 水务局
- 农业农村局
- 商务局
- 文体广电和旅游局
- 卫生健康委员会
- 退役军人事务局
- 应急管理局
- 审计局
- 行政审批局
- 市场监督管理局
- 统计局
- 医疗保障局
- 信访局
- 地方金融监督管理局

说明：

如皋市人民政府设置工作部门 27 个。其中，市政府办公室挂市政府研究室、市政府外事办公室牌子；发展和改革委员会挂工业和信息化局、粮食和物资储备局牌子；财政局挂市政府国有资产监督管理办公室牌子；自然资源局挂林业局牌子；住房和城乡建设局挂人民防空办公室、地震局牌子；城市管理局挂综合行政执法局牌子；农业农村局挂市政府扶贫工作办公室牌子；商务局挂口岸办公室牌子；文体广电和旅游局挂文物局牌子；行政审批局挂政务服务管理办公室牌子；市场监督管理局挂知识产权局牌子；地方金融监督管理局挂市政府金融工作办公室牌子。

2018 年度如皋市生态环境状况公报

根据《中华人民共和国环境保护法》《江苏省环境保护条例》和江苏省环境保护厅《关于定期发布地方环境状况公报的通知》的规定，现发布 2018 年度如皋市环境状况公报。

一、综述

2018 年，全市深入贯彻习近平生态文明思想，认真落实中央、省、市加强生态环境保护的决策部署要求，以改善生态环境质量为核心，统筹推进环境整治、生态保护、执法监管等重点任务，坚决打好污染防治攻坚战，全市主要污染物排放总量和强度持续下降，环境质量持续改善，环境安全得到保障，全年未发生重特大环境污染事故及环境事件。

二、环境质量

（一）水环境

1.饮用水源水

2018 年集中式水源地和备用水源地水质均符合《地表水环境质量标准》（GB3838-2002）中表 1Ⅲ类、表 2 和表 3 标准，水质状况良好。

2.地表水

2018 年，全市共设碾砣港闸、焦港桥、夏堡北大桥、曙光电灌站、勇敢大桥、新省道 334 公路桥、新国道 204 公路桥、长庄大桥、林梓大桥、东陈大桥、环西大桥等 11 个“水十条”考核断面。全年总体水质为轻度污染，Ⅰ~Ⅲ类水质断面占 27.3%，Ⅳ类水质断面占 36.4%，Ⅴ类水质断面占 36.4%。

3.地下水

2018 年两地下水测井质量综合指标类别均为Ⅳ类，Ⅳ类指标均为氨氮。

4.废水和主要污染物排放量

2018 年，全市工业废水排放总量 1014.7 万吨。工业废水中主要污染物化学耗氧量（COD）排放量为 1108.9 吨。城市生活污水排放量（含全市各乡镇进入污水处理厂的量）3375 万吨。

（二）空气环境

1.城市空气

2018 年我市环境空气中二氧化硫、二氧化氮、颗粒物(PM10)、颗粒物(PM2.5)指标年均值分别为 14 微克/立方米、36 微克/立方米、66 微克/立方米和 40 微克/立方米，自然降尘浓度年均值为 5.0 吨/平方公里·月。2018 年我市空气质量优良天数 274 天，优良率 75.5%。

2.酸雨

2018 年我市降水总体呈弱酸性，降水 PH 均值为 6.05，酸雨频率为 4.92%。

3.废气和主要废气污染物排放量

全市工业废气排放量 134 亿立方米，二氧化硫排放量 1078.9 吨，氮氧化物排放量 1309.6 吨，烟（粉）尘排放量 703.3 吨。

（三）声环境

1.区域环境噪声

2018 年市区区域声环境质量昼间平均等效声级值为 48.9 分贝，总体水平等级为一级（好）；夜间平均等效声级值为41.8分贝,总体水平等级为二级(较好)。

2.道路交通噪声

2018年全市道路交通噪声昼间加权平均等效声级值为60.4分贝,强度等级为一级(好);夜间加权平均等效声级值为54.7分贝,强度等级为一级(好)。

3.功能区噪声

2018年,如皋市功能区噪声除二类区夜间和4a类区夜间声环境质量未达到相应功能区要求外,其余均符合相应功能区要求。

(四)固体废物

全市工业固体废物产生量19.1万吨,其中危险废物产生量10.4万吨;工业废物综合利用量14.4万吨,处理量3.4万吨,贮存量1.5万吨。到2018年年底,全市共有城镇污水处理厂21座,实际处理污水量13万吨/天,日产生污泥量62.1吨。污泥规范化处置率达到100%。

具体措施

1.突出大气污染治理。推进大气污染防治项目建设,完成2018年大气污染防治治理工程87项。将重污染天气应对纳入政府突发事件应急管理体系,实行政府主要领导负责制。做好上海合作组织2018年峰会、中日韩环境部长会议和中国国际进口博览会等重大活动空气质量保障。制定并实施秋冬季大气污染综合治理攻坚行动方案,聚集重点领域,将攻坚目标、任务措施进行分解并督促落实。

2.加强水环境治理。完成《如皋市2018年水污染防治工作计划》《如皋市"十三五"水环境保护规划》中期评估报告。编制完成全市夏堡北大桥等8个市考以上不达标断面整治方案。持续开展镇域生态补偿考核。2018年1月起按月发布各镇(区、街道)断面的监测结果及结算金额,由财政部门根据规定进行财政结算。全面开展饮用水水源保护区问题隐患排查专项整治、水污染防治督查整改和我市国省考断面达标"百日攻坚行动"督查整改工作。落实长江经济带"共抓大保护"战略要求,对入江入河排污口进行整治。执行最严格水资源管理制度,严格控制地下水开采,推进加油站地下油罐改造工作。

3.推进土壤污染治理。开展农用地土壤污染状况详查。对全市330个调查单元,2个重点关注区域农用地样品进行采集,对样品进行分析和检测。开展重点行业企业用地土壤污染状况调查,对全市329家重点行业企业用地土壤污染状况进行调查,现已完成并通过省专家质控、纠偏评审。开展重金属污染防控工作,编制《如皋经济技术开发区重金属表面处理园整治专项实施方案》,对园区内涉重企业逐一排查,针对个性问题制定整治计划和要求,确保整治到位。

4.强化农村环境综合整治。推进覆盖拉网式农村环境整治工程的实施,建设污水管网13.04千米;完善农村生活垃圾收运率并新增分类垃圾房2199座。

5.加强固体废物管理。推进固体废物处置基础设施建设。南通九洲环保科技有限公司年焚烧处置1万吨危险废物二期项目投入运行;总投资1.5亿元,填埋处置危废共计26大类,设计处置能力3.5万吨/年的危废填埋场项目项目投入试运行。总投资3760万元,填埋处置生活垃圾焚烧飞灰设计处置能力6万吨/年的如皋生活垃圾飞灰填埋场项目,已完成工程建设并已完成积存飞灰安全填埋工作。

6.保持执法高压态势。针对行业性、区域性、季节性的环境问题,有的放矢,开展各类专项执法检查,夜查、节假日检查等突击检查常态化。开展"散乱污"及砖瓦生产企业专项整治,截至目前,全市共完成整治散乱污及砖瓦窑生产企业464家,其中,关闭各类散乱污及砖瓦生产企业251家,提升整治213家。2018年,对245起环境违法行为给予罚款,金额3200多万元,按环保法"四个配套"办法办理16起环境违法案件,移送行政拘留案件5起。加强行刑衔接,协同移案办案,从快从严从重打击环境污染犯罪行为。组织开展5次集中打击环境违法犯罪专项整治行动,向公安机关移送刑事案件9件,开展联合行动次数、移送案件数比去年同期有了大幅度上升。

7.加强环境信访化解。召开如皋市环境信访"百日攻坚"化解动员会,印发专项行动方案通知,制定化解计划,确保责任落实到人。深入排查信访积案,全面梳理环境信访件办理情况,按照"查处到位、处罚到位、整改到位”的标准，梳理出问题清单，及时进行交办，实行领导包案制度，全市共受理各级环境信访 3816 件，同比下降 8.86%，其中南通级 685 件，同比下降 2.7%，省厅以上 248 件，同比下降 11%。

8.加强环境风险防控。修编《如皋市突发环境事件应急预案》《如皋市饮用水源突发环境污染事件应急预案》《如皋市环境保护局突发事件应急预案》。积极推进全市 90 家重点排污单位污染源自动监控设备安装。开展电镀、农副食品加工、食品制造等 11 个行业污染物排放情况评估工作。开展企业突发环境事件风险评估，建立全市 88 家重点环境风险企业数据库，推进重点风险企业环境安全达标建设及“八查八改”专项行动。针对水源地水域污染事故等，开展多部门环境应急演练。

9.完善环保信用评价。对全市 366 家非国控主要工业污染源企业进行 2017 年度环保信用评级，其中绿色 17 家，蓝色 289 家，黄色 20 家，红色 15 家，黑色 25 家。评级结果在媒体上发布。配合银行、物价等部门对黄色以下企业实施联合惩戒。

10.夯实环境监测基础。完成环境质量例行监测、污染源监督监测、水气声自动监测等各类监测任务，全分析样品数 2646 份，编制各类监测报告(表)556 份，获手工监测数据约 17419 个，水、气、声自动监测数 158354 个，配合开展信访监测、调查监测和应急监测 150 多次。全面加强自动化监测建设，完成水源水水质预警站和应急水库水质预警站的建设和验收并正式投入使用；建成国考断面碾砣港闸水质自动站站房，完成水质自动站仪器安装。

如皋市2019年国民经济和社会发展统计公报

如皋市统计局

2019年，全市上下认真贯彻落实市委、市政府决策部署，抢抓长三角一体化发展机遇，统筹推进"六个高质量"发展，较好地完成全年目标任务，高水平全面建成小康社会取得新的进展，"强富美高"新如皋建设迈出新的步伐。

一、综 合

经南通市统计局初步核算，全年实现地区生产总值1215.18亿元，可比价增长6.1%。人均地区生产总值98125元，增长6.6%。第一产业增加值72.40亿元，增长3.7%；第二产业增加值597.44亿元，增长6.8%，其中工业增加值498.59亿元，增长6.9%；第三产业增加值545.33亿元，增长5.6%。三次产业结构为5.9:49.2:44.9。

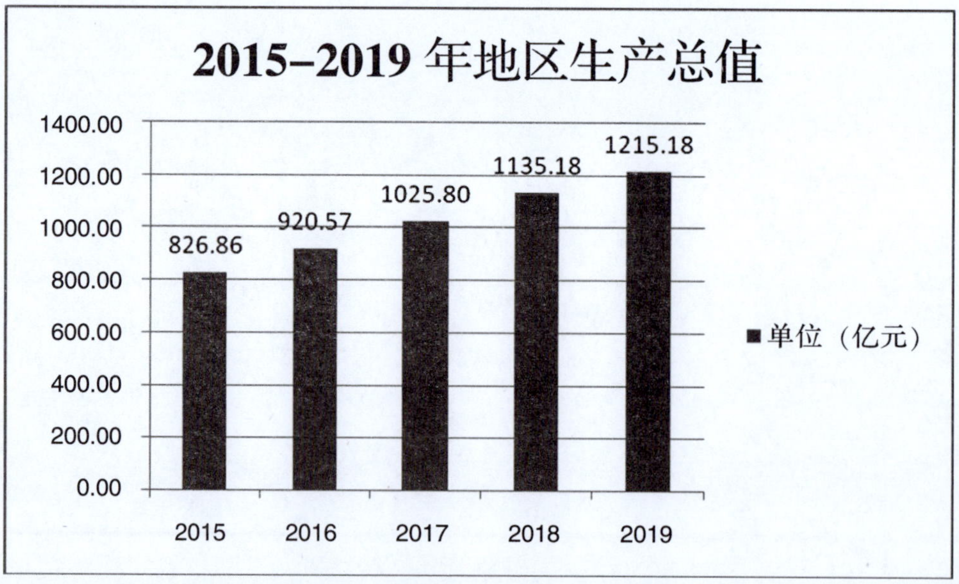

年末全市常住人口123.51万人，其中，城镇人口74.70万人，城镇化率60.5%，比上年提高0.9个百分点。年末户籍人口141.30万人，比上年减少0.67万人。全市人口出生率6.36‰，人口死亡率8.53‰，人口自然增长率-2.17‰。

2019 年末人口数及构成

指　标	年末数(万人)	比　重(%)
年末常住人口	123.51	–
城镇人口	74.70	60.5
乡村人口	48.81	39.5
年末户籍人口	141.30	–
#18 岁以下	19.44	13.8
18–34 岁	26.67	18.9
35–59 岁	55.61	39.4
60 岁及以上	39.58	28.0
# 男性人口	70.32	49.8
女性人口	70.97	50.2

全年居民消费价格总指数 103.2，即物价总水平比上年增长 3.2%，分别比全国、全省高 0.3 和 0.1 个百分点。全年八大类商品及服务价格与上年相比全部上涨。八大类中，食品烟酒类价格上涨 6.8%，为八大类中价格涨幅最高，影响全年 CPI 上涨 1.82 个百分点；衣着类价格涨幅次之，上涨 3.7%；其他用品和服务类价格上涨 3.3%；教育文化和娱乐类价格上涨 2.0%；居住类价格上涨 1.8%；医疗保健类价格上涨 1.4%；生活用品及服务类价格上涨 1.1%；交通和通信类价格上涨 0.9%。

八大类商品及服务价格涨跌及对总指数的影响

项目名称	上年同期=100	对总指数涨跌影响(百分点)
居民消费价格总指数	103.2	3.17
食品烟酒	106.8	1.82
衣着	103.7	0.30
居住	101.8	0.38
生活用品及服务	101.1	0.06
交通和通信	100.9	0.13
教育文化和娱乐	102.0	0.25
医疗保健	101.4	0.11
其他用品和服务	103.3	0.12

二、农　业

全年实现农林牧渔业总产值 118.93 亿元(现价，下同)，增长 5.4%。其中，农业产值 66.91 亿元，增长 1.5%；牧业产值 33.92 亿元，增长 11.8%。(去年同期对比数据与“四经普”接轨)

全年粮食种植面积 99.52 千公顷，比上年减少 1.93 千公顷；棉花种植面积 0.05 千公顷，比上年增加 0.01 千公顷；油料种植面积 8.86 千公顷，比上年增加 0.72 千公顷；蔬菜种植面积 21.98 千公顷，比上年增加 0.41 千公顷。全年粮食产量 66.94 万吨，下降 0.5%；棉花产量 48 吨，增长 17.1%；油料产量 2.58 万吨，增长 9.3%；蔬菜产量 78.22 万吨，增长 2.3%。

主要农副产品产量

项目名称	计量单位	产　量	比上年增长%
粮　食	万吨	66.94	−0.5
棉　花	吨	48	17.1
油　料	万吨	2.58	9.3
生猪年末存栏数	万头	17.38	−73.1
生猪出栏数	万头	82.69	−21.8
羊年末存栏数	万头	16.50	−22.6
羊出栏数	万头	41.17	−3.2
家禽年末存栏数	万只	918.96	2.1
家禽出栏数	万只	2590.7	4.6
禽　蛋	万吨	4.89	4.0
水产品	万吨	2.65	2.4

年末全市拥有农业机械总动力85.9万千瓦；拥有拖拉机3165台，其中大中型拖拉机2299台；拥有谷物联合收割机2115台；全市用于农业机械购置投入达5372万元。

三、工业和建筑业

全市完成工业增加值498.59亿元，增长6.9%。规模以上工业企业完成总产值1190.27亿元，增长9.4%；高新技术产业产值444.42亿元，增长4.0%，占全市规模以上工业总产值的比重为37.3%；新兴产业产值347.03亿元，下降0.5%，占全市规模以上工业总产值比重为29.2%。全市规模以上工业主营业务收入1105.63亿元，增长2.5%；规模以上工业利润总额55.89亿元，下降1.7%；工业产品销售率98.9%。2019年末全部工业应税销售1646.22亿元（含一般纳税人、小规模纳税人、供电公司），增长15.7%，全部工业实缴税金43.23亿元，增长16.2%。规模工业主要工业产品产量如下：

主要工业产品产量情况

	单　位	全年产量	累计±%
橡胶轮胎外胎	条	3340484	8.3
民用钢质船舶	万载重吨	5.56	−4.6
钢球	万粒	576005	−5.8
新能源汽车	辆	1216	−85.1
锻压设备	台	476	−32.2
高压电器	台	36022	−25.5
半导体分立器件	万只	649806	92.4
纱	吨	64339.91	0.2
布	万米	33587.4	8.1
服装	万件	11919.43	−7.7
玻璃纤维纱	吨	36214	0.1
饮料酒	吨	11300	−7.8

全年规模以上工业企业综合能源消费量95.25万吨标准煤，下降0.1%；万元产值综合能耗0.08吨标准煤，下降8.7%。重工业企业综合能源消费量68.61万吨标准煤，上升4.8%，万元产值能耗0.0868吨标准煤，下降2.3%；轻工业企业综合能源消费量26.64万吨标准煤，下降10.8%，万元产值能耗0.0666吨标准煤，下降21.9%。

十大行业能源消耗情况

行　业	综合能源消费量（万吨标准煤）	单位产值能耗（吨标准煤/万元）	单位产值能耗比上年增减(%)
纺织服装业	2.13	0.0288	−11.8
化学原料及化学制品制造业	15.21	0.0742	−25.4
纺织业	13.39	0.1712	−0.6
黑色金属冶炼及压延业	0.72	0.2107	86.1
橡胶和塑料制品业	5.27	0.1041	−14.7
通信设备、计算机设备业	1.75	0.0438	18.1
通用设备制造业	2.84	0.0454	20.1
非金属矿物制品业	8.31	0.0875	−35.4
电气机械及器材制造业	3.85	0.0387	−13.7
汽车制造业	2.72	0.0348	20.8
铁路、船舶、航空航天及其他交通运输设备制造业	2.03	0.0629	8.9

全年实现建筑业增加值99.02亿元，增长5.8%。全市完成建筑业总产值1242.91亿元，增长8.4%。建筑队伍人数24.97万人，遍布全国29个省（区、市）、10多个国家和地区，其中工程技术人员1.76万人；年末境外劳务人员近千人。全年建筑企业承建施工面积1.67亿平方米，增长3.5%。全年建筑企业获境外鲁班奖1项、参建鲁班奖1项、境外参建鲁班奖1项、国优奖12项、省优质工程奖15项。全市拥有特级资质建筑企业4家，一、二、三级资质建筑企业分别达到34家、147家和174家。全市注册一级建造师1168人，二级建造师3613人。

四、固定资产投资

全年完成固定资产投资432.75亿元，增长8.0%。其中，工业投资254.28亿元，增长6.9%；三产投资178.47亿元，增长9.6%。

全年完成房地产开发投资77.88亿元，增长55.7%；房屋施工面积737.63万平方米，增长10.2%，其中，住宅施工面积537.42万平方米，增长18.5%；商品房屋销售面积192.76万平方米，增长23.1%；商品房屋销售额148.33亿元，增长34.1%。

五、国内贸易

全年社会消费品零售总额425.29亿元，增长5.2%。分城乡看，城镇消费品零售额280.24亿元，增长5.7%；乡村消费品零售额145.05亿元，增长4.3%。分行业看，批发和零售业零售额375.09亿元，增长4.8%；住宿和餐饮业零售额50.20亿元，增长8.5%。

限额以上批发和零售业零售额分类情况

指 标	零售额(亿元)	比上年增长(%)
粮油、食品类	9.25	-7.2
饮料类	1.20	-7.3
烟酒类	2.89	-2.0
服装鞋帽、针、纺织品类	7.44	-8.9
家用电器及音像器材类	6.21	-19.0
汽车类	38.09	-3.2
石油及制品类	30.27	9.7
家具类	0.77	-24.7
日用品类	2.44	-66.6
化妆品类	1.80	2.6
金银珠宝类	2.23	-2.2
书报杂志类	1.25	6.2

年末,全市拥有亿元市场13个,亿元市场年成交额297.45亿元,增长122.3%。

六、开放型经济

全年新批外资投资项目42个，其中1000-3000万美元项目5个,3000万-一亿美元项目4个,超亿美元项目6个。全年完成工商注册外4.38亿美元，增长49.2%；实际到账外资3.51亿美元，下降23.1%。全年完成进出口总值246.14亿元,增长0.6%,其中自营出口总额200.88亿元,增长0.8%。出口超亿元的企业37家。出口贸易总值中,机电产品出口65.37亿元,增长27.5%;纺织品出口32.94亿元,增长1.6%;高新技术产品出口24.05亿元,增长5.4%。

进出口贸易主要方式分类情况

指 标	总量(亿元)	比上年增长(%)
进出口总值	246.14	0.6
出口	200.88	0.8
其中:一般贸易	152.82	-3.2
加工贸易	43.68	8.6
进口	45.26	-0.5
其中:一般贸易	21.62	-27.5
加工贸易	12.12	-1

进出口贸易主要市场情况

国家和地区	出口总值（万元）	比上年增长(%)	进口总值（万元）	比上年增长(%)
印　度	33366	−20.7	2813	56.5
日　本	248952	4.5	38044	−8.3
泰　国	119390	24.5	1677	17.7
比利时	35341	34.1	564	30.1
英　国	58676	1.1	9897	14.1
德　国	75643	18.3	15570	100.6
法　国	38849	12.5	10050	−52.3
意大利	35768	11.6	24480	491.1
荷　兰	73268	37.6	13532	41.6
西班牙	40866	−17.2	13965	115.0
俄罗斯	23184	15.9	3623	405.7
巴　西	78416	68.6	2257	41.1
美　国	385355	−13.5	30054	−48.6
澳大利亚	29984	−6.8	10357	1583.9
东盟组织	222366	−17.9	65769	−44.8
欧盟组织	476724	14.1	117430	72.9

七、交通和电力

全年交通运输、仓储及邮政业增加值 21.12 亿元，增长 2.7%。全年公路客运量 429 万人次，旅客周转量 35897 万人公里；公路货运量 2720 万吨，货物周转量 431174 万吨公里；水上货运量 715 万吨公里，货物周转量 553203 万吨公里。港口完成货物吞吐量 6765 万吨。完成交通设施投入 27.3 亿元，完成农村等级公路 200 公里，改造危桥 26 座。全市新投入新能源汽车 85 辆。

全社会用电量 62.14 亿千瓦时，增长 3.0%，其中，农业用电量 9640 万千瓦时，下降 1.2%；工业用电量 41.26 亿千瓦时，增长 2.3%；建筑业用电量 7644 万千瓦时，下降 4.9%；城乡居民生活用电量 11.33 亿千瓦时，增长 1.3%。

八、财政和金融

全年完成财政总收入 196.87 亿元，增长 23.5%，其中一般公共预算收入 70.01 亿元，增长 0.01%。全年财政总支出 186.76 亿元，增长 11.2%，其中一般公共预算支出 121.94 亿元，增长 13.1%。

年末，金融系统本外币各项存款余额 1493.08 亿元，增长 15.5%，其中，城乡居民储蓄存款余额 925.46 亿元，增长 24.2%。金融系统贷款余额 1036.73 亿元，增长 17.3%。其中，短期贷款余额 408.80 亿元，增长 17.1%；中长期贷款余额 588.25 亿元，增长 19.3%。

九、科学技术和教育

全年专利授权量206件,拥有有效发明专利2585件。现有注册商标1.2万件,其中驰名商标6件,地理标志证明商标6件。全年申报各级各类科技项目605项,立项452项,获各级扶持资金2333万元。全年有10项科技成果获国家及省市科技进步奖,其中国家行业协会科技进步奖7项,江苏省科学技术二等奖2项、三等奖1项。全年新增省级工程技术研究中心2家。

全市共有普通中学33所,在校学生49196人;职业中学2所,在校学生9031人;小学53所,在校学生65957人;特教学校1所,在校学生250人;幼儿园81所,在园儿童32487人。年末,教职工总人数13079人,其中专任教师11245人。

十、文化、卫生、体育和旅游

全市共有规上文化产业法人单位164家。年末累计建成农村乡镇文化站14家,“农家书屋”、“社区书屋”347家。拥有公共图书馆2家、各类博物馆纪念馆4家、各级文物保护单位53处,其中,全国重点文物保护单位2处,省级文物保护单位6处,南通市级文物保护单位2处。拥有国家级非物质文化遗产1项,省级非物质文化遗产10项,南通市级非物质文化遗产28项。全年广播人口综合覆盖率和电视人口综合覆盖率均达到100%。年末有线数字电视用户285412万户,占总户数的78.7%。

年末全市有各级各类医疗机构560个,其中,公立医院18个,非营利性民营医院16个,以预防保健为主的医疗卫生机构17个,门诊部20个,村卫生室(社区卫生服务站)355个,个体诊所、厂校医务室125个。全市医院共有床位6648张,每千人常住人口拥有床位5.38张;有执业(助理)医师3128人,每千人常住人口拥有执业(助理)医师2.53人;注册护士2532人,每千人常住人口拥有注册护士2.05人。全市有卫技人员6730人、乡村医生243人。城乡居民基本医疗保险筹资标准提高到人均723元,全市共有99.22万人参保,参保率保持100%。

全年分别成功承办国际、全国和省级体育赛事3项、6项和2项。全市新增晨晚练健身点25个。体育彩票年销售额达1.69亿元。

全年共接待游客1585万人次,实现旅游综合收入190亿元,分别增长18.2%、21.4%。拥有国家4A级景区2家、3A级9家;省乡村旅游重点村1家,省星级乡村旅游区23家,其中五星级1家、四星级4家,数量和等级在南通地区位居第一,在苏中苏北县(市)中名列前茅。新建改建旅游厕所100多座,新增旅游停车场32处,新增旅游咨询中心29个,完善或新增旅游标识标牌近200个,新建、提升旅游慢行绿道近50公里。

十一、人民生活和社会保障

城乡居民抽样调查数据显示,全年全体居民人均可支配收入35495元,增长8.9%。城镇居民人均可支配收入46958元,增长8.6%;人均生活消费性支出25350元,增长6.4%。年末全市城镇居民人均住房建筑面积59.9平方米。

城镇居民人均消费支出情况

指　标	人均消费支出(元)	增长(%)
食品烟酒	7100	7.0

指　标	人均消费支出(元)	增长(%)
衣　着	1940	8.8
居　住	4598	6.5
生活用品及服务	1514	6.6
交通通信	3135	6.7
教育文化娱乐	4537	5.1
医疗保健	1812	4.2
其他用品和服务	714	5.6

全年农村居民人均可支配收入21912元,增长8.7%;人均生活消费支出15906元,增长7.9%。年末农村居民人均住房面积60.9平方米。

农村居民人均消费支出情况

指　标	人均消费支出(元)	比上年增长(%)
食品烟酒	4730	8.0
衣　着	907	9.3
居　住	2734	8.8
生活用品及服务	988	7.6
交通通信	2105	5.4
教育文教娱乐	2750	7.5
医疗保健	1314	9.6
其他用品和服务	378	8.6

年末全市拥有各类养老机构29家,总床位数7080张;年末全市农村拥有敬老院14家,床位4246张。在全市农村5460名五保对象中,有1177人实行了集中供养。全年婚姻登记15462对。

年末全市参加企业职工养老保险人数180441人,比上年增加8946人;参加失业保险人数150532人,比上年增加6300人。

十二、城镇建设、环境保护和安全生产

全年新开工房地产面积230万平方米,竣工162万平方米,新开工建设安置房6.2万平方米,竣工2.3万平方米;全年新增道路5.96公里,建成区新增绿化面积27.64公顷,城市绿化覆盖率41.6%;年末共有道路灯具3.98万盏,城市亮化率99%;建成区新增燃气管道277.3公里,新增用户2.46万户,年供气量达2.1万立方米;全年新增自来水管网120公里,自来水日供水能力40万吨;生活垃圾无害化处理率100%。完成市级城建重大项目11项,完成河道开挖2条,新建生态廊道2条,建设"三小"项目3个。成功举办首届全省建筑施工BIM技术应用职业技能竞赛,开展村庄污水分散处理科研试点,荣获4项国家专利。

全市空气主要污染物年平均值为:二氧化硫12毫克/立方米,二氧化氮28毫克/立方米,可吸入颗粒物(PM10)75毫克/立方米,可吸入颗粒物(PM2.5)41.4毫克/立方米。全年空气污染指数达到良好以上的天数达285天,占全年天数的78.1%。全市主要河流水质基本符合相应功能区水质标准,集中式

饮用水源地水质达标率 100 %。区域环境噪声平均等效声级为 48.5 分贝,交通干线噪声加权平均等效声级为 60.7 分贝,符合国家环境噪声质量标准。

全年发生工商贸建生产安全亡人事故 29 起,死亡 30 人,未发生一次死亡 3 人(含 3 人)以上安全生产事故。发生火灾 1586 起,直接经济损失 1100 万元。发生一般以上道路交通事故 236 起,死亡 66 人、伤 196 人、直接经济损失 66.01 万元。

注:1、本公报数为初步统计数,人均 GDP 按常住人口计算。

2、公报中地区生产总值、各产业增加值绝对数按当年价格计算,增长速度按可比价格计算。

3、公报中部门数据由相关部门提供。

4、部分数据因四舍五入问题,存在总计与分项合计不等的情况。

5、部分指标数据因统计口径调整,较上年不具可比性。

先进荣誉

Xianjin Rongyu

2019年度荣誉榜

1月18日

在中国软件行业协会举办的2019年中国软件产业年会上，如皋软件园与中关村软件园、上海浦东软件园等一道荣获“2018年中国最具活力软件园”，如皋软件园成为获此殊荣的唯一一家县级市软件园。

1月19日

江苏人才发展战略研究院、江苏省人才创新创业促进会联合发布了《江苏省县(市)人才竞争力报告(2018)》，其中，我市人才综合竞争力居第九位，已连续3年进入全省县(市)前十位。

1月25日

省广播电视局下发《关于表彰2018年度全省境外电视传播秩序专项整治工作先进单位的通报》，我市被表彰为省专项整治工作先进单位，为南通市唯一。

1月31日

南通市委宣传部、南通市水利局、南通市文广新局联合召开“寻找运河南通记忆”活动市级运河地标评选会，如皋龙游国家级水利风景区等被评为十大南通运河文化地标，将代表南通参加全省“寻找大运河江苏记忆”运河地标推选活动。

1月底

中国文明网发布2019年1月“中国好人榜”，105位(组)身边好人光荣上榜。如皋市面对尖刀毫不退缩、英勇牺牲的年轻辅警沈银亮当选敬业奉献类“中国好人”。

2月2日

国家机关事务管理局、国家发展改革委员会、财政部共同印发了《关于公布2017—2018年节约型公共机构示范单位名单的通知》（国管节能〔2019〕35号），经过申报、创建、初评和复核等环节，如皋市行政中心顺利通过国家级节约型公共机构示范单位的验收评估，荣获“2017—2018年国家级节约型公共机构示范单位”称号。

2月15日

农业农村部等9部门发出《关于公布2018年国家农民合作示范社和全国农民用水合作示范组织名单的通知》，共认定2082家合作社为国家农民合作社示范社，如皋市共有4家合作社榜上有名。分别是：如皋市长蝶观赏鱼专业合作社、如皋市超然果蔬农地股份合作社、如皋市恒孚稻米农地股份合作社和如皋市万福禽业专业合作社。

2月19日

江苏省总工会对全省第三批“江苏省示范性劳模创新工作室”进行了命名表彰，国网江苏省电力有限公司如皋市供电分分司丁雪峰劳模创新工作室榜上有名。

2月21日

江苏省民政网公布了2017至2018年度江苏基层社会治理创新成果奖和提名奖名单，如皋市“1654”小组自治新模式获2017至2018年度江苏基层社会治理创新成果奖。

2月25日

如皋著名词作者缪新华的作词《溜溜的水乡》经过重新编曲，在中央电视台综艺频道再次唱响。

3月7日

《如皋日报》报道，江苏省民政厅公布了2017至2018年度江苏基层社会治理创新成果奖和提名奖名单，如皋市“1654”小组自治新模式获2017至2018年度江苏基层社会治理创新成果奖。

3月8日

白蒲镇朱家桥村村民王秀珍、如皋籍武汉大学2008级学生赵小亭、如皋籍知名女作家黄蓓佳荣获“新中国成立70年南通影响力女性”。

3月11—12日

江苏省慈善会长会议在淮安市召开。会上，省慈善总会授予省国信资产管理集团有限公司等69家爱心企业和秦华礼等76名爱心人士“慈善之星”荣誉称号。曾经两度获得国家科技进步奖特等奖的如皋市企业爱心人士马斌又获得江苏省“慈善之星”荣誉称号。

3月13日

2019年江苏省福彩工作会议在南京召开，如皋市被省福利彩票发行中心授予“2018年度全省福利彩票销售先进县(市)”称号，实现“八连冠”。

3月20日

省食品安全委员会公布第三批“江苏省食品安全示范县(市、区)”名单，如皋市上榜，荣获“江苏省食品安全示范市”称号。

3月21日

江苏省全民阅读活动领导小组公布了“书香城市建设示范市”名单，如皋市榜上有名。

3月27日

《如皋日报》报道，中共江苏省委机构编制委员会办公室发布2018年营商环境评价情况通报，如皋市在全省96个县(市、区)综合排名中，再次位列第一。这是自2017年全省启动营商环境评价工作以来，如皋市连续两年全省夺冠。

3月28日

江苏省全民阅读活动领导小组发布全省第二批书香城市建设示范市的通报，4个设区市和9个县市区上榜，其中，南通海门市和如皋市入选江苏省书香城市建设示范市(县、区)。

4月22日

南通市总工会代表向如皋市总工会党组书记、主席周太荣转授了由全国总工会颁发的“全国优秀工会工作者”奖牌。

5月7日

南通市教育局公布首批“新优质学校”和第二批建设单位名单。如皋市4家学校入选首批南通市义务教育“新优质学校”，分别是港城实验学校(小学部)、高新技术产业开发区实验初中、高新技术产业开发区实验小学、搬经镇初级中学。

5月15日

△在北京揭晓的2019年度全国“最美家庭”中，如皋市妇联选送的田贞家庭光荣当选。

△2019年度南通市“最美家庭”寻访结果揭晓。如皋市有6户被授予2019年度南通市“最美家庭”称号。他们分别是：孝老爱亲家庭吴窑镇周贵凤家庭，爱岗敬业家庭市民政局刘朱建家庭，家国情怀家庭市公安局曹剑军家庭，最美和谐家庭城南街道吴祥贞家庭，邻里和睦家庭如城街道洪美芳家庭，科学教子家庭搬经镇顾圣华家庭。

6月4日

“寻找大运河江苏记忆”活动成果发布，40个“江苏最美运河地标”评选结果出炉，如皋市水绘园上榜有名。

6月5日

工信部公布全国首批248家专精特新“小巨人”企业名单。其中，江苏入选的18家企业中，如皋有3家企业入选，分别是南通星球石墨设备有限公司、江苏万达特种轴承有限公司、江苏明德玩具股份有限公司，入选企业数居全省县(市、区)之首。

6月17日

住建部发文，决定在全国范围内遴选9家城市作为规范城市户外广告设施管理试点城市。如皋市作为全国唯一的县级市入选。

6月18日

△由南通力威机械有限公司主导制定的国际标准《船舶与海洋技术——海船用锚链轮》获批发布。这是南通市政、更是如皋市首个由民营企业主导起草制定并发布的国际标准。

△历时6天的2019年亚洲击剑锦标赛在日本东京落幕，如皋籍选手石高峰和队友联袂夺得男子重剑团体冠军。

7月3日

省教育厅网站公布江苏省乡村优秀青年教师培养计划人选，如皋市有2名教师入选，分别是吴窑镇凤毛小学教师钱小晶、江安高级中学教师冯虎。

日前

省自然资源厅、省工业和信息化厅联合评选的“2018年度全省高标准厂房建设与使用先进地区”结果公布，如皋市成功入选，位列第一。

7月26日

长三角城市文化馆联盟成立大会暨第一次代表大会在上海浦东召开。会上，市文化馆当选长三角城市文化馆联盟理事单位。

7月27日

在第二十九届全国图书交易博览会上，如皋市新华书店中心门店——如皋书城被中国新华书店协会评为2019年度中国“最美新华书店”，这是该店继2017年摘得“江苏最美书店”殊荣后，获得的图书发行行业国家级最高荣誉。

7月31日

中央文明办在内蒙古呼和浩特举办全国道德模范与身边好人现场交流活动，并发布7月“中国好人榜”，共有109位身边好人光荣上榜，如皋市女企业家薛娟入选“助人为乐”好人。

8月1日

阿里研究院2019年淘宝村、淘宝镇正式公布，如皋市长江镇被认证为“中国淘宝镇”。

8月6日

经南通市卫生健康委员会、南通市医师协会联合评选，共产生了10名南通市最美医生。如皋市如城街道顾庄社区卫生服务站站长、助理医师何琴光荣入选。

8月8日

省商务厅公布省级公共海外仓评比结果，共10家企业获评省级公共海外仓，如皋市的梦百合家居科技有限公司榜上有名。

8月15日

江苏省委退役军人事务工作领导小组举行发布仪式，向社会公布首届“江苏最美退役军人”及首届“江苏最美退役军人”提名名单。如皋市红十四军纪念馆吴庄烈士陵园专职护陵员张孝礼获提名。张孝礼，男，1963年9月出生，1982年12月入伍，1988年10月退役。

8月22日

全国工商联发布2019中国民营企业500强榜单，如皋市有2家企业上榜，其中南通六建、中如建工分别位列第170位和第379位。

9月24日

江苏省教育科学研究院中小学教学研究室公布江苏省STEM教育县域实验区评选名单，全省8个县(市、区)入选，如皋市榜上有名，为南通唯一入选县级市。

9月2日

中国书法家协会官方网站公布了全国第十二届书法篆刻展览入展公示名单，如皋籍青年书法家宋志伟的草书作品入展，为如皋市争得荣誉。

9月5日

△人力资源社会保障部、教育部发布《关于表彰全国教育系统先进集体和全国模范教师全国教育系统先进工作者的决定》，如皋市丁堰镇刘海小学教师陈培娟获评“全国模范教师”。

△由南通市政府主办，南通市民政局、南通市慈善总会共同协办的第二届“南通慈善奖”颁奖典礼在中华慈善博物馆举行。如皋共获四项，分别为：如皋市神马电力股份有限公司和东升南通国际石材产业城荣获“最具爱心捐赠单位”奖，南通市福友置业有限公司总经理张吴麟荣获“最具爱心捐赠个人”奖，如皋市慈善基金会“农村危房改造三年行”扶贫项目荣获“最具影响力慈善项目”奖。

9月6日

△由教育部语言文字应用管理司主办的“2019年中华经典诵写讲”大赛获奖名单公示。如皋市朗诵学会会长徐芹霞喜获经典诵读类教师组一等奖。

△由中共南通市委宣传部、南通市文明办、南通市教育局联合开展的第十届“感动南通·教育人物(群体)”名单出炉，如皋中学黄亚丽老师榜上有名。

9月7日

《关心下一代周报》2019年度“冰凌花”奖学金获奖名单已揭晓，白蒲镇林梓小学学生肖陈婕荣获该奖学金。

9月9日

南通市第三届“爱莲杯”廉政书画摄影作品比赛评选结果揭晓，如皋市选送的市委老干部局张建军书法作品获一等奖。

9月10日

如皋师范附属小学校长朱爱华，应邀参加在北京人民大会堂召开的2019年教师节暨全国教育系统先进集体和先进个人表彰大会，受到习近平总书记和李克强总理等党和国家领导人的亲切会见，同时代表团队参加国家级教学成果一等奖的颁奖典礼。

9月11日

第三方机构竞争力智库和中国信息协会信用专业委员会在京发布《中国乡镇综合竞争力报告2018》。江苏省34个镇进入2018中国乡镇综合竞争力100强。如皋市长江镇上榜，位列第69位。

9月12日

南通市政府发布《关于授予丁亚峰等同志见

义勇为荣誉称号的决定》,如皋市搬经镇个体工商户丁亚峰第一时间冲进火场，将泄漏的液化气钢瓶阀门关闭,及时消除了重大火灾安全隐患。被评为南通市见义勇为模范。

9月16日

农业农村部公布第二批41个国家农业绿色发展先行区名单。据名单显示:海南省国家农业绿色发展先行区、北京市大兴区国家农业绿色发展先行区等41个区入选,如皋市成功入选。

9月18日

△江苏文明网公布第二届江苏省文明家庭候选家庭名单,如皋市两户家庭入选。入选的家庭分别是长江镇永平闸村石晓华家庭和磨头镇新港村的田贞家庭。

△南通市政府公布第一届青少年科技创新市长奖评选结果,如皋中等专业学校李王炜的《VEX工程挑战赛》项目有幸入选。该奖是全市青少年科技创新活动的最高荣誉奖项,由南通市科协、市教育局、市科技局、市财政局、团市委等部门共同组织实施,每两年评选一次。

9月26日

市文明委举行“微笑之城 大爱如皋”——第四届如皋市道德模范颁奖典礼暨首场报告会,公布了第四届如皋市道德模范名单,他们分别为:孝老爱亲模范冯春、敬业奉献模范沈银亮、诚实守信模范施建银、见义勇为模范朱进明和宗青春、助人为乐模范刘同元。

近日

江苏省文化和旅游厅发布了《关于第一批入选江苏省乡村旅游重点村名录乡村名单》,如皋市城北街道平园池村榜上有名。

10月8日

《人民日报》发布公告,发布了2019年中国中小城市高质量发展指数研究成果,江苏多地上榜。如皋市分别入选2019年度全国综合实力百强县市，名列第24位;2019年度全国绿色发展百强县市，名列第21位;2019年度全国科技创新百强县市,名列第19位。

10月8日

△省委政法委对“江苏最美网格员”获评人员进行通报表彰，如皋经济技术开发区花园桥社区的网格员宗青春获得提名,他也是全省10位荣获“最美网格员”提名人之一。

10月9日

江苏省生态环境厅、省教育厅公布了江苏省第十八批“绿色学校”名单,如皋市东皋幼儿园榜上有名。

10月10日

△第七届“江苏最美警察”推选宣传活动评选结果在江苏大剧院现场揭晓，如皋市公安局如城中心派出所长李百战光荣当选。

△中国化学会公示第33届中国化学奥林匹克(初赛)一等奖学生名单。其中,南通学生共有10人入选,如皋中学徐朋辰同学榜上有名。

10月10日

胡润研究院发布《2019胡润百富榜》,这是胡润研究院自1999年以来连续第21次发布“胡润百富榜”,上榜门槛连续第七年保持20亿元。如皋市共有3名企业家财富上榜,他们分别是:月星集团丁佐宏、恒盛集团张志熔家族及梦百合家居科技股份有限公司倪张根。

10月22日

江苏省商务厅认定第二批江苏老字号企业名单,南通麒麟阁食品厂“麒麟阁”品牌和如皋市广生德大药房连锁有限公司“广生德”品牌榜上有名。

10月24日

农业农村部等部门公布第二批41个国家农业绿色发展先行区名单,如皋市成功入选。

10月26日

第五届全国粮食行业职业技能竞赛在烟台举办。如皋市粮食储备库职工夏培培代表江苏参赛,获农产品食品检验员企业组个人三等奖。

11月5日

2019年10月份“新时代江苏好少年”名单出炉，如皋市磨头小学五年级学生丁沈玉榜上有名。丁沈玉（传承传统体育的“毽球少女”）女，2008年9月9日出生，如皋市磨头镇磨头小学五（4）班学生。丁沈玉从小就对毽球这一传统体育项目产生浓厚兴趣，是大家口中“肯吃苦、拼劲足”的校毽球队队长。在2019年省毽球锦标赛上斩获女双第二名、全能第三名等7块奖牌，并荣获2019年全国青少年毽球锦标赛磕踢冠军。

11月13日

经地方推荐和专家审核，共260个村落被评为2019年中国美丽休闲乡村，江苏省共9个村居入选，位于经济技术开发区的平园池村成为南通市唯一入选的村。

11月14日

由国家档案局主办、中国档案报社承办的“新中国的记忆”主题征文活动评选揭晓了，如皋市成果丰硕：江苏省唯一县级市获组织奖；一等奖1人、三等奖1人、优秀奖3人，获奖等次及人数在全国名列前茅。

11月20日—21日

2019年全国BIM高峰论坛暨第九届“龙图杯”启动会及第八届“龙图杯”颁奖会在北京国家会议中心召开，南通六建作为施工组一等奖获奖单位代表受邀出席。

11月23—24日

2019年“中国体育彩票杯”南通市中小学生航天航空模型比赛中，如皋市白蒲小学代表队喜获佳绩，夺得3个团体项目的冠军，3个团体项目的亚军、3个团体项目的季军以及个人单项奖20多个。

11月29日

2019年11月“江苏好人榜”发布，如皋“诚信妻子”施建银荣登11月榜单。施建银，女，1965年生，如皋市搬经镇高明庄社区居民。2006年，施建银和丈夫创办了一家小型织布加工厂。2014年，丈夫因病去世，家中积蓄用尽，还欠下了工厂职工10多万元工资。施建银主动扛起了沉重债务，只身前往苏州，靠在脚手架公司扛运钢管赚钱，用5年时间还清了欠款。

12月6日

由国家知识产权局组织评审的“2019年度国家知识产权优势示范企业”结果出炉，如皋市台资企业南通斯密特森光电科技有限公司被认定为“国家知识产权示范企业”。

12月6日

△江苏省教育厅、省人力资源和社会保障厅公布2019年江苏省中小学和中职校老师正高级专业技术资格评审委员会评审结果，如皋市外国语学校钱美华、如皋师范学校附属小学幼儿园吴彩霞、如皋经济开发区实验小学章小英和陈志华、江苏省如皋中等专业学校姜先锋5位老师通过评审，获评正高级专业技术资格。

12月7日

△省文明委下发《关于表彰2016—2018年度江苏省文明村镇的决定》，其中，如皋市获评2016—2018年度江苏省文明乡镇的有：如皋市搬经镇、如皋市丁堰镇、如皋市九华镇、如皋市石庄镇、如皋市磨头镇、如皋市下原镇、如皋市东陈镇。

如皋市获评2016—2018年度江苏省文明村（社区）的有：如皋市如城街道顾庄社区（村）、如皋市江安镇周庄社区（村）、如皋市城北街道平园池村、如皋市东陈镇南东陈社区（村）、如皋市白蒲镇朱家桥村、如皋市下原镇花园头村、如皋市搬经镇搬东社区（村）、如皋市城南街道宋家桥社区（村）、如皋市如城街道新民社区（村）、如皋市长江镇薛窑社区（村）、如皋市磨头镇磨头社区（村）、如皋市城北街道邓园社区（村）、如皋市丁堰镇新堰社区（村）、如皋市吴窑镇何柳村、如皋市石庄镇永兴社区（村）、如皋市搬经镇湖刘社区（村）、如皋市江安镇联络新社区（村）、如皋市如城街道大明社区（村）。

△江苏省精神文明建设指导委员会下发《关于命名表彰2016—2018年度江苏省文明行业和江苏省文明单位、文明校园的决定》，其中，如皋市获评江苏省文明单位的有：

中国邮政集团公司江苏省如皋市分公司、江苏省如皋高新技术产业开发区管理委员会（如皋市城南街道办事处）、如皋市财政局、国网江苏省电力有限公司如皋市供电分公司、南通市烟草公司如皋分公司、江苏如皋农村商业银行股份有限公司、如皋市司法局、如皋市城市管理局、如皋市交通运输局、如皋市教育局、如皋市人民法院、国家税务总局如皋市税务局、如皋工业园区管理委员会、如皋市人民检察院、江苏九鼎集团有限公司（本部）、中国移动通信集团江苏有限公司如皋分公司、如皋市自然资源和规划局、如皋市文体广电和旅游局、如皋市审计局、如皋市水绘园风景区管理处、如皋市红十四军纪念馆、如皋市行政审批局（如皋市政务服务管理办公室）、如皋市中医院、中国银行股份有限公司如皋支行、双钱集团（江苏）轮胎有限公司（本部）、如皋市农业技术推广中心、如皋市市场监督管理局、南通泰慕士服装有限公司、国家税务总局如皋市税务局第二税务分局。

如皋市获评省文明校园的有：如皋市安定小

学、如皋市实验初中、如皋市搬经镇初级中学、江苏省如皋中学获评。

12 月 10 日

2018—2019 年度中国建筑工程“奥斯卡奖”——鲁班奖在北京会议中心隆重颁发。南通六建总承包施工的迪拜万丽中心酒店项目入选境外鲁班奖。

12 月 12 日

农业农村部办公厅公布 2019 年中国美丽休闲乡村名单，共推介全国 260 个村，其中，如皋市城北街道平园池村榜上有名。

12 月 16 日

全国县域经济与县域发展专业研究机构、社会智库中郡研究所完成并发布《第十九届县域基本竞争力评价》。南通 5 个县区进入前 50 强榜单，如皋排名全国第 21 位。

12 月 17 日

2019 年度江苏省科学技术奖综合评审结果正式揭晓，如皋市 3 个项目榜上有名。其中，江苏省如高高压电器有限公司、南通大学、思源电气股份有限公司联合申报的“基于非液相控制的广域高性能系列断路器关键技术及产业化”项目和南通星球石墨设备有限公司、南通南京大学材料工程技术研究院联合申报的“石墨盐酸合成装置余废热高效回收利用技术”获二等奖；江苏天南电力器材有限公司、华北电力大学联合申报的“输电线路防灾减灾金具关键技术及应用”项目获三等奖。

12 月 18 日

江苏省 2018 年国家义务教育质量监测结果解读会在丹阳召开，解读监测结果，指导结果应用。监测结果显示，如皋取得全国领先，全省第一的成绩。如皋市四年级学生学业总体表现高于全省 99 分，高于全国 154 分。如皋市八年学生数学学业总体表现高于全省 42 分，高于全国 104 分。如皋四年级、八年级学生的运算能力、空间想象力、数据分析能力、推理能力、问题解决能力等数学学业指标在全省均排名第一。

12 月 20—22 日

在北京国家会议中心举行的第四届国际创新创业博览会上，如皋的"花名堂"微型盆景参加此次博览会，其创始人为刘小飞，是南通市推报的唯一涉农青创企业。花名堂的小微盆景以独特的魅力，受到很多年轻一代的追捧。

12 月 24 日

江苏省卫生健康委员会对江苏省人民医院等 10 家医院评审结果进行公示，如皋市人民医院拟确定为三级乙等综合医院。

12 月 27 日

由江苏省委网信办指导，省互联网行业联合会主办，省文化投资集团承办的 2019 江苏网络文化季成果展演在江苏大剧院戏剧厅举行。全省共有 10 家获评优秀网络文化项目，# 如皋如歌 长来长寿 # 网络主题活动光荣上榜。

12 月 30 日

中央文明办发布消息，如皋市搬经镇高明庄社区居民施建银以 21 万票的成绩，当选诚实守信中国好人。施建银在丈夫去世后，信守诺言，主动扛起沉重的债务，打工 5 年还清亡夫欠款 10 余万元，用实际行动诠释一诺千金的可贵和依法履行义务的可敬。

12 月

江苏省企业创新发展奖颁奖大会在南京举行，如皋市诚源港务集团有限公司、江苏南通六建建设集团有限公司、江苏汤臣汽车零部件有限公司、南通市建华交通建设工程有限公司、南通鼎盾保安服务有限公司共 5 家企业荣获此殊荣。

2017—2018年度南通市文明乡镇、文明村、文明社区、文明单位、文明校园名单

一、文明镇(共42个,如皋8个)

如皋市搬经镇　如皋市丁堰镇
如皋高新技术产业开发区(城南街道)
如皋市九华镇　如皋市石庄镇
如皋市磨头镇　如皋市下原镇
如皋市东陈镇

二、文明村(共162个,如皋25个)

如皋市如城街道大明社区
如皋市城南街道肖陆村　如皋市丁堰镇刘海村
如皋市吴窑镇立新社区　如皋市搬经镇万富村
如皋市东陈镇徐湾社区　如皋市白蒲镇文著社区
如皋市石庄镇石庄社区
如皋市城北街道袁桥社区
如皋市长江镇镇龙社区　如皋市九华镇姜园村
如皋市江安镇胜利社区　如皋市磨头镇朗张村
如皋市下原镇老坝村　如皋市东陈镇双群社区
如皋市城南街道申徐村　如皋市丁堰镇鞠庄社区
如皋市如城街道贺洋社区
如皋市城北街道里庄村　如皋市长江镇永丰社区
如皋市白蒲镇蒲东社区　如皋市吴窑镇吴窑社区
如皋市九华镇郭李社区　如皋市搬经镇鞠桥社区
如皋市长江镇田桥社区

三、文明社区(共149个,如皋13个)

如皋市如城街道花园社区
如皋市如城街道迎新社区
如皋市如城街道秀水社区
如皋市如城街道宏坝社区
如皋市如城街道城东社区
如皋市如城街道蒲行社区
如皋市如城街道西郊社区
如皋市城北街道城北社区
如皋市如城街道仙鹤社区
如皋市如城街道陆桥社区
如皋市城北街道东风社区
如皋市丁堰镇茄儿园社区
如皋市长江镇二案社区

四、文明单位(共893个,如皋86个)

如皋市人民检察院　江苏九鼎集团有限公司
中国移动通信集团江苏有限公司如皋分公司
如皋市自然资源局　如皋市文体广电和旅游局
如皋市审计局　如皋市水绘园景区管理处
如皋市红十四军纪念馆
如皋市行政审批局(政务服务管理办公室)
如皋市中医院　中国银行股份有限公司如皋支行
双钱集团(江苏)轮胎有限公司
如皋市农业技术推广中心
如皋市市场监督管理局
南通泰慕士服装有限公司
国家税务总局如皋市税务局第二税务分局
中共如皋市委办公室　如皋市人大常委会办公室
如皋市人民政府办公室
中国人民政治协商会议江苏省如皋市委员会办公室
中共如皋市纪律检查委员会(市监察委)
中共如皋市委组织部(市级机关工委、编办)
中共如皋市委宣传部(市文明办)
中共如皋市委政法委员会　如皋市信访局
江苏银行股份有限公司如皋支行
国家税务总局如皋市税务局石庄税务分局
如皋市民政局　中共如皋市委统战部
如皋市人力资源和社会保障局
中共如皋市委党校

如皋市发展和改革委员会
如皋市消防大队如皋中队
如皋市统计局　中国人民银行如皋市支行
国家税务总局如皋市税务局丁堰税务分局
中共如皋市委老干部局
中华人民共和国如皋海关
中国共产主义青年团如皋市委员会
如皋市妇女联合会
如皋市城市管理监督指挥中心
如皋市社会保险基金管理中心
如皋市卫生健康委员会　南通市如皋生态环境局
如皋市气象局　如皋市农业农村局
如皋市总工会　如皋市水务局
如皋市城市建设管理综合执法大队
如皋市科学技术局
中共如皋市委党史工作办公室
长江青少年素质教育实践基地
国家税务总局如皋市税务局城北税务分局
国家税务总局如皋市税务局城南税务分局
南通杰克拜尼服帽有限公司　如皋市园林管理处
江苏凤凰新华书店集团有限公司如皋分公司
南通市住房公积金管理中心如皋管理部
中国电信股份有限公司如皋分公司
中国农业银行股份有限公司如皋市支行
中国人寿保险股份有限公司如皋支公司
如皋市档案馆　如皋市卫生监督所
江苏省如皋市公路管理站
江苏省如皋市航道管理站
如皋市交通运输综合执法大队
国家税务总局如皋市税务局白蒲税务分局
如皋市公安局指挥中心　标龙建设集团有限公司
南通汽运实业集团有限公司如皋分公司
如皋市应急管理局　如皋市商务局
江苏有线如皋分公司
如皋市住房和城乡建设局
国家税务总局如皋市税务局第一税务分局
如皋市融媒体中心(传媒集团)
如皋市政府投资项目工程建设中心
花木大世界控股有限公司
如皋文峰大世界有限公司
中国邮政储蓄银行股份有限公司如皋市支行
国家税务总局如皋市税务局磨头税务分局
如皋市水务集团有限公司
江苏如皋港集团有限公司
如皋市公安局迎春派出所
国家税务总局如皋市税务局长江税务分局
如皋市公安局高新技术产业开发区派出所

五、文明校园(共 187 个,如皋 26 个)

如皋市安定小学　江苏省如皋师范学校附属小学
如皋经济技术开发区实验小学
如皋市长江镇郭园小学　如皋市如城实验小学
如皋市东陈镇东陈小学　如皋市白蒲镇白蒲小学
如皋市吴窑镇江中小学　如皋市磨头镇磨头小学
如皋市石庄镇石庄小学　如皋市江安镇江安小学
如皋市搬经镇搬经小学
如皋经济技术开发区第二实验小学
如皋市白蒲镇林梓小学　江苏省如皋中学
如皋市实验初中　如皋市搬经镇搬经初级中学
江苏省江安高级中学　如皋市第一中学
如皋市长江高级中学　江苏省如皋中等专业学校
如皋经济技术开发区实验初中
如皋市港城实验学校
如皋市东陈镇东陈初级中学
如皋市白蒲镇白蒲初级中学
如皋市九华镇九华初级中学

2019年度如皋市重点工作先进单位

科技创新先进单位

白蒲镇
经济技术开发区(城北街道)
南通百川新材料有限公司
江苏省如高高压电器有限公司
江苏汤臣汽车零部件有限公司
南通星球石墨股份有限公司
南通斯密特森光电科技有限公司
梦百合家居科技股份有限公司
江苏力星通用钢球股份有限公司
江苏隆昌化工有限公司
江苏卓远半导体有限公司
南通力威机械有限公司

人才工作先进单位

长江镇(如皋港工业园区)
如皋工业园区(如城街道)
经济技术开发区(城北街道)
高新区(城南街道)
下原镇　　磨头镇　　石庄镇
组织部　　人社局　　科技局

工业运行先进单位

长江镇(如皋港工业园区)
经济技术开发区(城北街道)
磨头镇　　九华镇　　吴窑镇　　东陈镇
梦百合家居科技股份有限公司
南通百川新材料有限公司
南通泰慕士服装有限公司
南通海泰科特精密材料有限公司
南通海螺水泥有限责任公司
江苏省如高高压电器有限公司
森松(江苏)重工有限公司
双钱集团(江苏)轮胎有限公司
汤始建华建材(南通)有限公司
南通星球石墨股份有限公司

服务业先进单位

如皋工业园区(如城街道)
长江镇(如皋港工业园区)
石庄镇　　搬经镇　　下原镇　　丁堰镇
如皋港务集团有限公司
南通市烟草公司如皋分公司
江苏益昌集团有限公司
江苏如皋港集团有限公司
南通市远邦石油有限公司
江苏华医大健康服务股份有限公司
华东煤炭交易中心有限公司
如皋文峰大世界有限公司
江苏顺丰通讯服务有限公司
南通荣程物流有限公司

建筑业先进单位

江苏南通六建建设集团有限公司
江苏江中集团有限公司
中如建工集团有限公司
标龙建设集团有限公司
江苏沪港装饰有限公司
南通市常青建筑安装工程有限公司
南通泛华建设有限公司
江苏路翔交通工程有限公司
南通市戴庄建筑安装工程有限公司
江苏志鹏建工集团有限公司

开放型经济先进单位

经济技术开发区(城北街道)
长江镇(如皋港工业园区)
丁堰镇　磨头镇　石庄镇　白蒲镇
小咖秀(江苏)科技有限公司
茂友木材(江苏)有限公司
上海电气环保热电(南通)有限公司
苏州工业园区凌志软件如皋有限公司
江苏顺丰通讯服务有限公司
江苏力星通用钢球股份有限公司
梦百合家居科技股份有限公司
如皋晟东物流有限公司
江苏明德玩具股份有限公司
江苏苏中江人力资源服务有限公司

乡村振兴工作先进单位

如皋工业园区(如城街道)　白蒲镇　石庄镇
乡村振兴示范村（社区）　搬经镇搬东社区
丁堰镇鞠庄社区　石庄镇石南社区
江安镇六团村　东陈镇山河社区　下原镇老坝村
长江镇田王村　白蒲镇文著社区
磨头镇邓高社区　石庄镇永兴社区

产业兴旺先进村(社区)

城北街道天河桥村　东陈镇凌云社区
石庄镇砖桥村　江安镇联络新社区
搬经镇龙桥村　丁堰镇刘海村　磨头镇塘湾村
如城街道新官村　城南街道夏庄社区

生态宜居先进村(社区)

下原镇花园头村　石庄镇思江村　东陈镇杭桥村
城北街道花园桥社区　长江镇蒲港社区
白蒲镇姜北村　磨头镇曹石村
江安镇徐柴村　丁堰镇新堰社区
搬经镇万全村

乡风文明先进村(社区)

搬经镇高明庄社区　石庄镇何正村
城南街道左邬村　城北街道里庄村
如城街道十里社区　搬经镇万富村
东陈镇冯堡村　白蒲镇蒲东社区
城北街道北郊花苑　长江镇五零村

治理有效先进村(社区)

东陈镇北庄村　城北街道何庄社区
白蒲镇斜庄社区　长江镇平南社区
丁堰镇皋南社区　搬经镇肖马村
如城街道城西社区　石庄镇邹蔡村

生活富裕先进村(社区)

东陈镇杨庄社区　城北街道新王庄社区
九华镇郭李社区　如城街道城东社区
城南街道宋家桥社区　江安镇宁通社区
磨头镇新徐村

创建“国家全域旅游示范区”工作先进单位

如皋工业园区(如城街道)　高新区(城南街道)
经济技术开发区(城北街道)
白蒲镇　丁堰镇　磨头镇　宣传部
住建局　城管局　交通局
文体广电和旅游局　市场监管局
公安局　财政局如皋市水绘园风景区管理处
如皋市旅游集散中心有限公司
南通天海国际旅行社有限公司
南通泰华大酒店有限公司
南通天天假期国际旅行社有限公司
如皋汇金大酒店

2019年度如皋市高质量发展综合考核优秀单位

党群部门:

市纪委(监察委/巡察办)
市委办(研究室/机要局/国家保密局/国家密码管理局/接待办/档案局)
组织部(编办/非公有制企业和社会组织工委/党建办/机关工委/公务员局)
宣传部(文明办/新闻出版局(版权局)/互联网信息办/文联/社科联/新闻中心)
人大办(委室)　政协办(委室)　政法委
统战部(侨联/台办/民宗局/侨务办)　检察院

政府部门:

政府办(研究室/外事办)
财政局(国有资产监管办)
公安局　教育局(教工委)　交通运输局
行政审批局(政务服务管理办)　卫生健康委员会
发展和改革委员会(工业和信息化局/粮食和物资储备局)
人力资源和社会保障局
市场监督管理局(知识产权局)

条管部门:

国家税务总局如皋市税务局
南通市如皋生态环境局
气象局

镇(区、街道):

高新区(城南街道)　磨头镇　丁堰镇

2019年度如皋市高质量发展红旗单位

项目建设红旗单位

丁堰镇　磨头镇　石庄镇　白蒲镇
长江镇(如皋港工业园区)　高新区(城南街道)
江苏华永汽车悬架有限公司
江苏盈达机电科技有限公司
梦百合家居科技股份有限公司
如皋市宏茂铸钢有限公司
上海电气环保热电(南通)有限公司
江苏华夏电影胶片修复技术有限公司
江苏汤臣汽车零部件有限公司
南通超达装备股份有限公司
南通荣威娱乐用品有限公司
森松(江苏)重工有限公司

财政收入红旗单位

高新区(城南街道)　如皋工业园区(如城街道)
东陈镇　磨头镇　九华镇　吴窑镇

生态文明建设红旗单位

高新区(城南街道)　长江镇(如皋港工业园区)
九华镇　公安局　生态环境局　水务局　住建局

社会治理工程红旗单位

如皋工业园区(如城街道)
长江镇(如皋港工业园区)
搬经镇　丁堰镇　石庄镇　政法委
公安局　地方金融监管局　交通局

党建和精神文明建设红旗单位

如皋工业园区(如城街道)　高新区(城南街道)
经济技术开发区(城北街道)
下原镇　搬经镇　白蒲镇　丁堰镇
石庄镇　九华镇　检察院　交通局
教育局　卫健委　财政局　税务局

组织机构

Zuzhi Jigou

2019年如皋市组织机构及负责人名录

中国共产党如皋市委员会

书　　记　张建华
副 书 记　何益军　丁兴华
常　　委　张建华　何益军　丁兴华　马金华　缪小华　刘向阳
丁　锋(3月20日免)　史有根　缪爱诚　茅红宇(女)
祝国庆　高　峰(6月6日任)　石慧宏(挂职)

如皋市人大常委会

主任、党组书记　吴道健
党组副书记　陈万圣
副　主　任　邵晓泉(党外)　张　勇　钱志刚
党组成员　张　健(12月7日免)

如皋市人民政府

市长、党组书记　何益军
党组副书记　丁　锋(6月6日免)　茅红宇(女,6月6日任)
副　市　长　丁　锋(3月20日辞)　茅红宇(女,6月5日提名,6月6日任)
陈晓彬　黄文斌　张亚鸾(女)　高　峰(6月5日辞)　张百璘
程瑞琴(女)　顾留忠(6月5日提名,6月6日任)
孙　恒(科技镇长团团长挂职)　吕　兰(女,挂职至9月7日止)
蒋　丽(女,挂职,8月26日提名,9月27日任)
党组成员　万维庆(1月19日免)

中国人民政治协商会议如皋市委员会

主席、党组书记　张元健
党组副书记　冒　平(1月19日任) 郑振明(党外) 严世斌　刘晓洁(女)
党组成员、秘书长　许映亮

中共如皋市纪律检查委员会

书　　记　史有根
副 书 记　马铁军　郭　建
常　　委　刘培林　倪新建　吴敬民　符　行

如皋市监察委员会

主　　任　史有根
副 主 任　马铁军　郭　建
委　　员　倪新建　符　行　江其林　孙　健

市纪委监委派驻第一纪检监察组组长　殷亚平(女)
市纪委监委派驻第二纪检监察组组长　陈　建
市纪委监委派驻第三纪检监察组组长　程继红(女)
市纪委监委派驻第四纪检监察组组长　陈建宏
市纪委监委派驻第五纪检监察组组长　李益民
市纪委监委派驻第六纪检监察组组长　施建石
市纪委监委派驻第七纪检监察组组长　章　兵
市纪委监委派驻第八纪检监察组组长　徐春建
市纪委监委派驻第九纪检监察组组长　周　标
市纪委监委派驻第十纪检监察组组长　万久平(女)
市纪委监委派驻第十一纪检监察组组长　吴　琼(女)
市纪委监委派驻第十二纪检监察组组长　韩国强
市纪委监委派驻第十三纪检监察组组长　徐　剑
市纪委监委派驻第十四纪检监察组组长　刘国林
市纪委监委派驻第十五纪检监察组组长　殷桂平
市纪委监委派驻第十六纪检监察组组长　肖连生(8月2日免)　俞晓荣(11月23日任)
市纪委监委派驻第十七纪检监察组组长　郭继锋
市纪委监委派驻第十八纪检监察组组长　柳昌祥(8月2日免)　冯　健(11月23日任)

市委工作机构、部门管理机构、合署挂牌机构和直属事业机构

市委办公室

主　　任　崔建村(11月23日免)　杜晓峰(11月23日任)
副 主 任　刘志伟　宗爱君(8月2日免)　贲如江
　　　　　张　兵　黄晓勤(挂职,2月20日免)　孙　鑫(挂职,2月20日任)
市档案局副局长　冒玉书(2月20日任)

市委组织部

部　　长　缪爱诚
常务副部长　纪成如(10月15日任)
副 部 长　郝晓东　陈　实
部务委员　姜洪峰

市委宣传部

部　　长　茅红宇(女,6月6日免)　高　峰(6月6日任)
常务副部长　陈建军(2月20日任)
副 部 长　薛建兵　居小刚(2月20日任)　纪树华(2月20日任)

市委统战部

部　　长　缪爱诚
副 部 长　顾卫国　陆爱斌(2月20日任)　姚大平　朱益红(女)

市委政法委
书　　记　缪小华
常务副书记　马小平(2月20日任)
副书记　钱志强　高生健
政治处主任　殷高林(5月11日任)

市委研究室(1月31日机构改革由在市委办公室挂牌调整为单独设置,作为市委工作机关)
主　　任　崔建村(兼,11月23日免)
副主任　沈晶晶(女)　许映华

市委机构编制委员会办公室
主　　任　郝晓东(兼,5月11日免)　纪成如(兼,8月2日任)
副主任　张世闻　姚建军

市委巡察工作领导小组办公室
主　　任　马铁军(兼)
专职副主任　冯　峰

市委第一巡察组
组　　长　倪　兵
副组长　黄成智　张来建　明小海

市委第二巡察组
组　　长　吴金林
副组长　冯文明　秦　宗

市委第三巡察组
组　　长　倪新建(兼)
副组长　刘正林　陶益军　许　鹏

市委第四巡察组
组　　长　陈　建
副组长　许海霞(女)　丁小建

市委老干部局
局　　长　纪成如(兼,2月20日免)　陈　实(兼,2月20日任)
副局长　严金宏　薛爱平　张海兵

市委机要局(1月31日机构改革调整为市委办公室挂牌机构)
局　　长　孙　鑫(2月20日免)
副局长　冒玉书(2月20日免)　徐关保

市委全面深化改革委员会办公室(1月31日机构改革由市委深化改革办公室更名成立)
副　　主　　任　　范小华(2月20日任)

市委督查室(1月31日机构改革撤销)
主　　　　　任　　许正阳(8月2日免)

市公务员局(1月31日新设立,为市委组织部挂牌机构)
局　　　　　长　　纪成如(兼,2月20日任)

市委党建工作领导小组办公室(1月31日新设立,为市委组织部挂牌机构)
副　　主　　任　　陈　波(2月20日任)

市考核工作委员会办公室(1月31日新设立,设在组织部)
副　　主　　任　　贾华兵(5月11日任)

市级机关工作委员会(1月31日机构改革调整为在市委组织部挂牌)
副　　书　　记　　丁　群

市委非公有制企业和社会组织工作委员会(1月31日机构改革调整为在市委组织部挂牌)
副　　书　　记　　彭之俊

市人才工作办公室(1月31日机构改革撤销)
副　　主　　任　　陈　波(2月20日免)

市新闻出版局(1月31日机构改革调整为在市委宣传部挂牌)
局　　　　　长　　居小刚(2月20日任)
副　　局　　长　　张小波(2月20日任)

市互联网信息办公室(市委宣传部挂牌机构,1月31日新设立)
主　　　　　任　　纪树华(2月20日任)

市委网络安全和信息化委员会办公室(1月31日新设立,设在宣传部)
副　　主　　任　　丁　群(女,2月20日任)

市精神文明建设指导委员会办公室
副　　主　　任　　陆　兵

市民族宗教事务局(1月31机构改革调整为在市委统战部挂牌)
局　　　　　长　　陆爱斌
党　组　书　记　　陆爱斌(2月20日免)
副　　局　　长　　陈洪波　丁卫兵　倪东波

市委台湾工作办公室(1月31日机构改革调整为在市委统战部挂牌)
主　　任　居小刚(2月20日免)
副 主 任　吴国章(2月20日免)　潘文胜(女)　田晶晶(女)

市国家安全办公室
副 主 任　曹　蓉(女,2月20日任)

市法学会
副 会 长　黄庆庆(2月20日提名)

市社会管理综合治理委员会办公室(1月31日机构改革撤销)
副 主 任　曹　蓉(女,2月20日免)　黄庆庆(2月20日免)

市委全面依法治市委员会办公室(1月31日机构改革由市依法治市领导小组办公室更名成立,设在市司法局)
主　　任　缪小华(兼,2月20日免)
副 主 任　马小平(兼,2月20日免)　陈非非(女,兼,2月20日免)

市事业单位登记管理局
副 局 长　郁　梅(女,2月20日任)

市委离退休干部工作委员会
书　　记　陈　实(兼,2月20日任)
副 书 记　薛海华

市委党校、市行政学校
市委党校校长　丁兴华(兼)
市行政学校校长　丁　锋(兼,6月6日免)　茅红宇(兼,女,6月6日任)
常务副校长　万锡元(6月6日免)
副 校 长　纪成如(兼,8月2日免)　施国华　环立忠

市委新闻中心
主　　任　陈建军(兼)
副 主 任　邵亚丽(女)　纪树华(2月20日免)　徐鑫焱(女)

市委党史工作办公室
主　　任　徐亚军
副 主 任　侯　晖(女)　顾小平(2月20日任)

市档案馆(1月31日机构改革调整为市委直属事业单位)
馆　　长　谢晓明
副 馆 长　徐爱军(女)　陈　红(女)

市人大常委会办公室、各工作委员会

办公室

主　　　任　张　健(12月7日辞)
副　主　任　吉小燕(女)

研究室

主　　　任　朱华杰
副　主　任　盛聪锋

信访督办室

副　主　任　景雪玲(女)

财政经济工委

主　　　任　彭深海
副　主　任　钱建宏(女)

人事代表联络工委

副　主　任　冒　燕(女)

内务司法工委

主　　　任　谢晖来
副　主　任　张　轶

教科文卫工委

主　　　任　林　凯
副　主　任　洪　军(女)

外事民宗侨台工委

主　　　任　杨国斌
副　主　任　张媛媛(女)

环资城建工委

主　　　任　朱留宽
副　主　任　朱兴雨

农业农村工委

主　　　任　朱国镔
副　主　任　胡欣荣
专职委员　周荣明　姚呈明　张爱民　王桂兰(女)　丁建兰(女)　神俊华

市政府工作机构

市政府办公室

主任、机关党组书记　陈小燕
副主任　张小星(2月20日任)　龚卫东　陈晓华　丁陆一　章剑峰　吴正隆　王贞慧(女)　戴轶楠
机关党组成员　韩　欣(2月20日免)　詹文天(2月20日免)　胡银飞(2月20日任)　陈　宜(女,2月20日任)　周小荣(2月20日任)　沙亚峰(2月20日任,5月11日免)

市发展和改革委员会

主任、党组书记　顾季青
党组副书记　邱德华(2月20日免)　倪新福　吕　庆
副主任　邱德华(2月20日免)　倪新福　曹　霞(女)　吕　庆(2月20日免)　冒　军　章建德(2月20日任)
党组成员　丁正海(2月20日免)　徐春建

市教育局

局长、党组书记　张　俊
党组副书记　王　红(女)
副局长　王　红(女)　郭其龙　田小飞　丁　非(党外)　冯志刚

市科学技术局

局长　马军华(8月2日辞)　宗爱君(8月2日提名,8月13日任)
党组书记　马军华(8月2日免)　宗爱君(8月2日任)
党组副书记　陈广建
副局长　陈广建　李伟华　陈久平(2月20日免)　徐　强(2月20日任)　冒　峰　蔡建兰(女)

市公安局

局长、党委书记　陈晓彬
政委　邢新华
党委副书记　邢新华　张　勇　周绍亮
副局长　张　勇　陆书俊　邱　俊　郑云娟(女,2月20日任)　张　新　张　斌
副政委　郑云娟(女,2月20日免)
党委委员　李　祝　章春建

市民政局

局长　狄邦建(2月20日辞)　缪永辉(2月20日提名,3月1日任)
党组书记　狄邦建(2月20日免)　缪永辉(2月20日任)

副局长 施 才(2月20日免) 曹 俊(2月20日免)
刘 荣 程学军(女) 张叶庆 颜海群(11月23日任)
党组成员 夏 勇(2月20日免)

市司法局

局长、党组书记 卢延林
党组副书记 狄邦建(2月20日任)
副局长 陶建军 缪霄峰 丛 越 沈孝峰
陈非非(女,2月20日任) 孙 锴(2月20日任)
党组成员 许秀军(10月15日撤职)

市财政局

局长、党组书记 冒海清
党组副书记 杨 玉
副局长 杨 玉 张建明 蔡志斌 丁正付 张小俊

市人力资源和社会保障局

局长 纪成如(8月2日辞) 胡晓勇(8月2日提名,8月13日任)
党组书记 纪成如(8月2日免) 胡晓勇(8月2日任)
副局长 瞿 进 薛宜发 薛正刚(2月20日免) 周昌峰 程 蓉(女)

市自然资源局(1月31日机构改革市国土资源局、市规划局合并组建)

局长、党组书记 石 剑
党组副书记 朱贵宏(2月20日任) 冒国华(2月20日任)
副局长 朱贵宏(2月20日任) 冒国华 周长海
陶文建 平四勇(8月8日免) 范 彦
如皋经济技术开发区分局局长 周长海(兼)

市住房和城乡建设局

局长、党组书记 苏 强
党组副书记 缪永辉(2月20日免) 卢晓剑(2月20日免) 韩 欣(2月20日任)
副局长 缪永辉(2月20日免) 卢晓剑(2月20日免) 王建华 张建军
顾新建(2月20日任) 刘建华(2月20日任) 陈子富(2月20日免)
袁权民(2月20日任) 王 庆(11月23日任) 赵仁奇(挂职)

市城市管理局

局长、党组书记 何福平
副局长 秦永忠(2月20日免) 陈爱明 朱志兵 翟建兵
孙夏兵 杨海燕(党外,2月20日任) 陈文红(挂职,2月20日任)

市交通运输局

局长、党组书记 吴小平

党组副书记　卢玉兰(女,2月20日任)
副局长　卢玉兰(女,2月20日免)　刘佩骏　高学明(2月20日任)　洪　勇　田　骏(2月20日任)　葛　军　范迪平(2月20日任)　刘志俭
总工程师　卢玉兰(女,2月20日任)

市水务局
局长、党组书记　徐　海
副局长　沈亚林　张昌明(5月11日免)　管　峰(5月11日任)　陈大平

市农业农村局(1月31日机构改革由市委农村工作办公室、市农业委员会合并组建)
局长、党组书记　朱为民(2月20日任)
党组副书记　花爱梅(女,2月20日任)　夏茂宏(2月20日任)
副局长　花爱梅(女,2月20日任)　夏茂宏(2月20日任)　姜石泉(2月20日任)　张玉峰(2月20日任)　张建明(2月20日免)　戴春祥(2月20日任)　陈玉峰(2月20日任)　季浩民(2月20日任)　王志斌(2月20日任)
党组成员　肖连生(2月20日任,8月2日免)　俞晓荣(11月23日任)　陈　慎(2月20日任)
总农艺师　陈　慎(2月20日任)

市商务局
局长、党组书记　王建云(女)
党组副书记　倪　建(8月2日免)　秦　天(11月23日任)
副局长　郭成凤(女)　刘加峰　吴志强
党组成员　吉俊国(11月23日任)
市口岸办公室副主任　倪　建(2月20日任,8月2日免)

市文体广电和旅游局(1月31日机构改革由市体育局、市文化广电新闻出版局、市旅游局后合并组建)
局长　谢裕斌(2月20日提名,3月1日任)
党组副书记　谢裕斌(2月20日任)
党组书记、副局长　陈仁高(2月20日任)
党组副书记　沙　进(2月20日任)　阮强舟(2月20日任)
副局长　沙　进(2月20日任)　阮强舟(2月20日任)　张国平(2月20日任)　冒　逊(2月20日任)　姚寓韶(党外,2月20日任)　范建兵(2月20日任)　杨　阳(2月20日任)　吴爱兵(2月20日任)　刘　晖(2月20日任,6月6日免)　胡建锋(2月20日任)

市卫生健康委员会(1月31日机构改革撤销市卫生和计划生育委员会重新组建)
主任　郭夕俊(8月2日辞)　马军华(8月2日提名,8月13日任)
党组书记　郭夕俊(8月2日免)　马军华(8月2日任)
党委副书记　张智娟(女,2月20日免)　石留权(2月20日任)
副主任　张智娟(女,2月20日免)　周咏梅(女)　秦龙银

陶　亮　谢宇晨　康　岚(女)　吴海燕(女)　谢仁圣(挂职)　夏建国
党委委员　章献方(兼)　郭继锋

市退役军人事务局(1月31日机构改革新组建)
局长　冯　昕(2月20日提名,3月1日任)
党组书记　冯　昕(2月20日任)
党组副书记　夏　勇(2月20日任)
副局长　夏　勇(2月20日任)　陈子富(2月20日任)
施　才(2月20日任)

市应急管理局(1月31日机构改革撤销市安全生产监督管理局重新组建)
局长　陆海峰(2月20日提名,3月1日任)
党组书记　陆海峰(2月20日任)
副局长　刘建华(2月20日免)　秦永忠(2月20日任)　杨　建　张善良
杨海燕(党外,2月20日免)　陈海峰(2月20日任)
总工程师　徐　兵(8月2日任)

市审计局
局长、党组书记　张文斌
党组副书记　康建芳(女)
副局长　康建芳(女)　朱宏彬(党外)　龚志鸿
总审计师　汤春华(10月15日任)

市统计局
局长　宗爱君(8月2日辞)　章　彬(8月2日提名,8月13日任)
党组书记　宗爱君(8月2日免)　章　彬(8月2日任)
党组副书记　宗　晓
副局长　宗　晓　季　康(党外)　黄爱军
党组成员　谢晓飞

市市场监督管理局
局长、党组书记　贾宏斌
副局长　沙　群　章新祥　王志刚　纪　勇　石昭峰　徐爱宁(女,2月20日免)
李晓东　张　晔　谢　娟(女,2月20日任)
党组成员　陈建国　柳昌祥(8月2日免)　冯　健(11月23日任)

市行政审批局
局长　范晓强
党组书记　范晓强(2月20日免)　姜跃进(2月20日任)
党组副书记　范晓强(2月20日任)　杨晓峰　范荣华
副局长　姜跃进(2月20日任)　杨晓峰　范荣华　谢　健
徐　猛　陈　岗(2月20日任)　张亚军(2月20日任)

周巧良(2月20日任) 田向阳(2月20日任)
首席审批员 范亦男(女,2月20日免) 卢宗志(2月20日免)
总工程师 卢宗志(2月20日任)

市医疗保障局(1月31日机构改革新组建)
局长 张智娟(女,2月20日提名,3月1日任)
党组书记 张智娟(女,2月20日任)
副局长 薛正刚(2月20日任) 徐爱宁(女,2月20日任)

市信访局
局长 黄晓勤(2月20日辞) 孙 鑫(2月20日提名,3月1日任)
党组书记 黄晓勤(2月20日免) 孙 鑫(2月20日任)
副局长 明小虎 施俊杰 居怀军 黄国建

市地方金融监督管理局(1月31日机构改革新组建)
局长 邱德华(2月20日提名,3月1日任)
党组书记 邱德华(2月20日任)
党组副书记、副局长 王荷春(2月20日任)

市物价局(1月31日机构改革撤销)
局长 石留权(2月20日辞)
党组书记 石留权(2月20日免)
党组副书记 沈寿高(2月20日免)
副局长 沈寿高(2月20日免) 徐 强(党外) 邹济明
谢 娟(女,2月20日免)

市港口管理局(1月31日机构改革撤销)
局长 冯 昕(2月20日辞)
党组书记 冯 昕(2月20日免)
副局长 高学明(2月20日免) 田 骏(2月20日免) 范迪平(2月20日免)

市公共资源交易管理办公室(1月31日机构改革撤销)
主任、党组书记 姜跃进(2月20日免)
副主任 陈 岗(2月20日免)
张亚军(2月20日免) 周巧良(2月20日免) 田向阳(2月20日免)

合署办公、挂牌机构、部门管理机构和市政府直属事业机构

市委外事委员会办公室(1月31日机构改革新成立,设在市政府办公室)
副主任 周小荣(2月20日任,5月11日免)
江 宇(女,5月11日任)

市政府研究室

副主任　沙亚峰(2月20日任,5月11日免) 周小荣(5月11日任)

市政府法制办公室(1月31日机构改革撤销)

主任　詹文天(兼,2月20日免)

市政府金融工作办公室(1月31日机构改革撤销)

主任　张小星(2月20日免)

副主任　孙　锴(2月20日免)

市政府应急管理办公室(1月31日机构改革撤销)

副主任　周小荣(2月20日免)

市机关事务管理局(1月31日机构改革不再保留牌子)

副局长　胡银飞(2月20日免)　陈　宜(女,2月20日免)

市公共治理服务中心

主任　龚卫东

副主任　王　岳　卢　建

徐邵鑫(挂职)　费建国(挂职)

市政府督查室(1月31日机构改革撤销)

主任　江　宇(女,5月11日免)

市粮食和物资储备局(1月31日由市粮食局更名成立,为市发展和改革委员会挂牌机构)

副主任　吕　庆(2月20日任)

市政府教育督导室(1月31日机构改革由与市教育局合署调整为设在市教育局)

副主任　陈强燕(2月20日任)

副主任　陈强燕(2月20日任)

市社会矛盾纠纷调处中心

主任　缪小华(兼)

常务副主任　卢延林(兼,2月20日免)　狄邦建(2月20日任)

副主任　许秀军(10月15日撤职)　申爱学(2月20日免)　吴亚军　明曙光

市委全面依法治市委员会办公室(1月31日机构改革新设立,设在司法局)

副主任　申爱学(2月20日任)

市人民防空办公室

副主任　韩　欣(2月20日任)

市建筑工程管理局(1月31日机构改革不再保留牌子)

副　　局　　长　顾新建(2月20日免)　刘建华(2月20日免)

市口岸办

副　　主　　任　倪　建(兼,8月2日免)

市文物局

副　　局　　长　张国平(兼,2月20日任)

市政务服务管理办公室

副　　主　　任　范亦男(女,2月20日任)

市广播电视台

台　　　　　长　薛建兵

副　　台　　长　姚寓韶(党外)　陈亦骏　严保林

市政府投资项目工程建设中心

主　　　　　任　张加琴

副　　主　　任　薛小青　缪世兴　张锦贵

市政协办公室、各工作委员会

办公室

主　　　　　任　张小凤(女,2月20日辞)　严佩兰(女,2月20日提名,3月1日任)

副　　主　　任　顾艳枫(女)

经济技术和农业农村委员会

主　　　　　任　孙德祥(2月20日提名,3月1日任)

副　　主　　任　沈德君(2月20日提名,3月1日任)

教卫文体和文史委员会

主　　　　　任　孙天骄(2月20日提名,3月1日任)

副　　主　　任　邱贵平(2月20日提名,3月1日任)

环境资源和城乡建设委员会

主　　　　　任　陈晓仲(2月20日提名,3月1日任)

副　　主　　任　朱生全(2月20日提名,3月1日任)

社法民宗和港澳台侨委员会

主　　　　　任　詹文天(2月20日提名,3月1日任)

副　　主　　任　刘　霞(女,2月20日提名,3月1日任)

委员工作委员会

副　　主　　任　刘亚丽(女,2月20日提名,3月1日任)

提案委员会

主　　　　　任　万有富

副　　主　　任　吴小蓉(女)

社会法制与城乡建设(人口资源环境)委员会

主　　　　　任　詹文天(2月20日辞)

副　　主　　任　朱生全(2月20日辞)

学习文史、民宗侨台委员会

主　　　　　任　周　星(2月20日辞)

副　　主　　任　邱贵平(2月20日辞)

经济科技委员会

主　　　　　任　孙德祥(2月20日辞)

副　　主　　任　沈德君(2月20日辞)

文教卫体委员会

主　　　　　任　严佩兰(女,2月20日辞)

副　　主　　任　刘亚丽(女,2月20日辞)　刘　霞(女,2月20日辞)

如皋市人民法院

院长、党组书记　章智敏(女)

党 组 副 书 记　陈　祥(5月11日免)　顾雪红(女,11月23日任)

副　　院　　长　陈　祥(5月11日辞)　顾雪红(女)　吴剑平(女,党外,5月11日免)　黄卫东　任　锋(5月11日任)　李斯武(5月11日任)

政 治 处 主 任　朱玉林(5月11日免)

执 行 局 局 长　周　云(女)

专　职　委　员　任　锋(5月11日免)　吴剑平(女,党外,5月11日任)　周　云(女,5月11日任)

党　组　成　员　周海刚(5月11日免)　郝　玮(5月11日免)

如皋市人民检察院

检察长、党组书记　孙　亚

党 组 副 书 记　高　丽(女,11月23日任)

副　检　察　长　高　丽(女)　王　珺(女)　李国平

专　职　委　员　倪伯斌　卢海琴

党　组　成　员　李文祥

如皋市人民武装部

部　　长　祝国庆
政　　委　夏　淼
副 部 长　徐宏明(7月31日退出现役)　王　瑛(7月19日任)

如皋市消防救援大队

大 队 长　张春强(8月12日免)　郑伟(8月12日任)
教 导 员　唐铁军

中华人民共和国如皋海关

关　　长　石根庆(1月29日免)　陈夫忠(1月29日任)
副 关 长　陈爱华(1月29日免)　黄　海　张晓春(1月29日任)
　　　　　何学明(11月19日免)　王晓军

如皋出入境边防检查站

站　　长　王建华
政　　委　忽伟军
副 站 长　王爱军　崔恒宽

中华人民共和国南通如皋海事处

副 处 长　顾立刚(主持工作)　蒋楠隽
　　　　　李佳华(6月10日任)　李承前(挂职,7月26日任)

市人民团体

工商联

主　　席　杜永红
党组书记、副主席　顾卫国
副主席、党组副书记　缪爱国
副 主 席　余国平　常伟华

总工会

主席、党组书记　周太荣
副 主 席　周维宽　沙旭宇　章　军　苏小燕(女)　陈光荣
　　　　　陈非非(兼,女,不驻会,9月7日任)　吴小红(女,挂职,9月7日任)

团市委(9月7日,根据《中国共产党党组工作条例》有关规定,撤销共青团如皋市委员会党组)

书　　记　崔　金
副 书 记　顾　潍(女)　陈新煜(挂职)　章　衡(挂职,9月7日任)

妇联

主席、党组书记　李晓红(女)

副主席 张峰(女) 缪剑云(女)
杨敏(兼,不驻会) 丁群(女,兼,不驻会)
吴海燕(女,兼,不驻会) 潘海燕(女,挂职)

侨联

主席 朱一飞(党外)
副主席 王晓云(女)
郝玮(女,不驻会) 张锋(不驻会)
张亚明(不驻会,9月7日止) 曹建国(不驻会)
金海建(不驻会) 陈银忠(不驻会,9月7日任)

科协

主席、党组书记 张勇
副主席 季永冬(2月20日辞) 段月祥 黄存华 吴国章(2月20日提名)

文联

主席 纪树华(兼,2月20日辞) 张小凤(女,2月20日提名,3月5日任)
副主席 丁群(女,2月20日辞)

残联

理事长、党组书记 戴斌
副理事长 陈永圣 郭锦泉 陈久平(2月20日提名)

红十字会

会长 丁锋(兼,6月6日辞)
茅红宇(女,6月6日提名,12月7日任)
常务副会长 张智娟(女,2月20日辞)
石留权(2月20日提名,12月7日任)
副会长 章献方

市社科联

主席 陈建军(兼)
副主席 吴华

南通市如皋生态环境局(机构改革调整垂直管理机构)

局长、分党组书记 黄晓勤(2月20日推荐任职)
副局长 陈文扣 耿银文 徐宣安 苏燕(女,党外) 许疆

镇(区、街道)

如皋经济技术开发区(国家级)

党工委副书记 马金华(负责党工委日常工作)
管委会副主任 石兵(11月22日免) 郝晓东 赵宏祥 曹汉清
杨飞 孙得利(3月11日任)

纪工委书记　吴　鹏

城北街道(与如皋经济技术开发区合署)

党工委书记　赵宏祥

办事处主任　赵宏祥

副主任　张伟伟　贾根建

人大工委主任　黄亚周

长江镇

党委书记　顾留忠(11月22日免)　卢志敏(11月22日任)

副书记　卢志敏(11月22日止)　许　薇(女,11月23日任)

刘金城　杨海鹏　黄山虎(工资行政关系在公安)

人大主席团主席　张建军

副主席　钱福良

政府

镇长　卢志敏(11月23日辞)　许　薇(女,11月23日提名,2020年1月27日任)

副镇长　高源兵　陈红军　陈凤芸　陈佳佳　朱　永(挂职)　石卫明(第一书记挂职)

如皋港工业园区

党工委书记　顾留忠(兼,2月20日任,11月23日免)　卢志敏(11月23日任)

党工委副书记　卢志敏(兼,2月20日任,11月23日止)　许　薇(11月23日任)

管委会主任　卢志敏(兼,2月20日任,11月23日免)　许　薇(11月23日任)

如皋港物流园区

管委会主任　杨海鹏

管委会副主任　夏　刚　汪　东　周向阳

如皋高新技术产业开发区(11月机构升格)

党工委书记　石　兵

副书记　孙得利(11月23日免)　刘亚东(11月23日任)

何李川　李小军　刘志斌(工资行政关系在公安)

管委会主任　孙得利(11月23日免)　刘亚东(11月22日任)

副主任　沈剑梅(女)　丁　飞　田学平　谢书平

纪工委书记　季美华(女)

城南街道党工委

书记　石　兵(兼)

副书记　章爱平(12月7日免)　阮爱银(女)

人大工委主任　丛明昌

办事处主任　章爱平(12月7日免)

副主任　沈　燕(女)　季陈中　叶　雯(女)

如皋工业园区党工委
书　　　　记　刘向阳(兼)
副　书　记　刘亚东(11月23日免)　崔建村(11月23日任)　张长健
　　　　　　魏志兵(12月7日免)　陈爱明(挂职)　杨　明(工资行政关系在公安)
管委会主任　刘亚东(11月23日免)　崔建村(11月23日任)
副　主　任　杨明华　周小芳(女)　陈　晖　郭震寰(党外)　程　澄(9月7日免)

如城街道
党工委书记　刘亚东(11月23日免)　崔建村(11月23日任)
副　书　记　沙海军
人大工委主任　仲纪元
副　主　任　殷小红(女)　彭理英(女)
办事处主任　沙海军
副　主　任　范存莲(女)　郝　强

如皋市长寿旅游度假区
党工委书记　刘向阳(兼)
副　书　记　唐建如　吴亚兵　钱钰璐(女)
管委会主任　唐建如
副　主　任　郭桂忠　张昌明(5月11日任)　张开玉　徐　浩　张　婧(女)

江苏南通国家农业科技园区管理办公室
主　　　任　崔建村(11月22日任)

丁堰镇
党委书记　储开平
副　书　记　刘小冬　杨　海　申　进(工资行政关系在公安)
人大主席团主席　薛献忠
副　主　席　郭继平
政府
镇　　　长　刘小冬
副　镇　长　张金森　吴　畏　林璐璐(女)　谢锦宇　方烁淼(第一书记挂职)
　　　　　　程　飞(第一书记挂职)　姜　哲(第一书记挂职)

白蒲镇
党委书记　杜晓峰(11月23日免)
副　书　记　张　成　王亚明　管　峰(5月11日免)　沙亚峰(5月11日任)
　　　　　　朱敏建(工资行政关系在公安)
人大主席团主席　陈慧华
副　主　席　曹　玲(女,8月2日辞)　侯茂华
政府
镇　　　长　张　成
副　镇　长　宗炳生　徐拥军　戴海峰　朱金建
　　　　　　陈彬彬(第一书记挂职)　黄金慧(女,第一书记挂职,1月19日止)

下原镇

党委书记　柳杰军
副书记　张亚东　赵红飞　薛松祥(工资行政关系在公安)
人大主席团主席　孙世军
副主席　张　建
政府镇长　张亚东
副镇长　曹武元　邓陈胜　严循国　曹慧华(5月11日提名,7月24日任)
陶周嵩(挂职,2月20日任)　张学军(第一书记挂职)
陈伟嘉(第一书记挂职)

九华镇

党委书记　丁山燕
副书记　孙　康　张小兵　马小锋(工资行政关系在公安)
人大主席团主席　薛美银(女)
副主席　肖茂华
政府镇长　孙　康
副镇长　郭　庆　胡素华(女)　刘　东(5月11日辞)　吴　为
苏伯全(5月11日提名,7月20日任)　史进华(第一书记挂职)
高新星(第一书记挂职)

石庄镇

党委书记　薛　煜
副书记　陈　飞　徐　建　阚书宏(工资行政关系在公安)
人大主席团主席　丁　毅
副主席　林炳文
政府
镇长　陈　飞
副镇长　刘　华　王正华　唐铜香　葛桢松
吴　伟(第一书记挂职)　吴锋成(第一书记挂职)

江安镇

党委书记　朱建军
副书记　章　彬(8月2日免)　王　鹏(8月2日任)　申　燚
石晓鹏(5月11日免)　陈　飞(工资行政关系在公安)
人大主席团主席　王　鹏(8月2日辞)
副主席　马　彬
政府
镇长　章　彬(8月2日辞)　王　鹏(8月2日提名,8月19日任)
副镇长　唐晓星　吴红云(女)　陈志坤　朱伟锋　余鲲鹏　张　进(第一书记挂职)

搬经镇

党委书记　胡晓勇(8月2日免)　刘　莉(女,8月2日任)

副书记 刘 莉(女,8月2日止) 梅志祥 张兴龙 喻晓春(工资行政关系在公安)
人大主席团主席 杨建华
副主席 张 斌
政府
镇长 刘 莉(女)
副镇长 石明良 许 鹏 陈小强 袁 健 王钰崧(女)
冯细华(第一书记挂职) 杨 鹏(第一书记挂职)

东陈镇
党委书记 吴冰冰(2月20日免) 焦晓斌(5月11日任)
副书记 焦晓斌(5月11日止) 张 勇(5月11日任) 谢小丽(女)
陈云龙(工资行政关系在公安)
人大主席团主席 张 勇(5月11日辞)
副主席 吉爱明
政府
镇长 焦晓斌(5月11日辞) 张 勇(5月11日提名,6月26日任)
副镇长 冒 华 王 洁 朱亚光 佘 飞 包杨滨(高层次人才挂职)
沈 伟(第一书记挂职) 吴 杰(第一书记挂职)

吴窑镇
党委书记 顾晓春(5月11日免) 袁天明(5月11日任)
副书记 袁天明(5月11日止) 石晓鹏(5月11日任) 周 勇
娄劲松(工资行政关系在公安)
人大主席团主席 周永刚
副主席 薛宜全
政府镇长 袁天明(5月11日辞) 石晓鹏(5月11日提名,7月13日任)
副镇长 田 祥 蔡爱忠 严海兵 钱锦锋
阮铁均(第一书记挂职) 丁邦民(第一书记挂职)

磨头镇
党委书记 许 薇(女,11月23日免)
副书记 戴 峰 李丽萍(女) 黄 震(工资行政关系在公安)
杨 阳(第一书记挂职)
人大主席团
主席 薛 涛
副主席 单芝龙
政府
镇长 戴 峰
副镇长 赵小成 刘剑锋 蔡 娟(女) 陈 飞 殷小宏(第一书记挂职)

国有资产公司(集团)

市文广传媒集团

党委书记　薛建兵
董事长、总经理　薛建兵
副总经理　姚寓韶(党外)　陈亦骏　严保林　张　强　何　军

如皋港集团

党委书记　马玉东
董事长、总经理　马玉东
副总经理　黄　俊　陈　然
纪委书记　陈　然

富皋万泰投资发展有限公司

党委书记、董事长　张书强
党委副书记　章爱平(12月7日任)
总经理　张书强(12月7日免)　章爱平(12月7日任)
副总经理　许　强　周　静(女,2月20日任)
纪委书记　赵天海
党委委员　卢晓剑(12月7日任)　许益飞(12月7日任)
薛建明(12月7日任)　周　培(女,12月7日任)

市城市产业发展集团有限公司

董事长　曹金林(12月7日任)
总经理　魏志兵(12月7日任)
副总经理　孟志远(12月7日任)

市交通产业集团有限公司

董事长　张　健(12月7日任)
总经理　张小平(女,12月7日任)
副总经理　许　宁(12月7日任)

江苏皋开投资发展集团有限公司

董事长　薛晓云
副总经理　陈　群　周　峰

其他机构

市接待办公室

主任、党组书记　贲如江
副主任　张建业(女,1月19日免)

市供销合作总社

理事会主任、党组书记　张益群

理事会副主任　何玉堂　孙克千　王红德
监事会主任　章琪运

市招商局
局长　秦　天
副局长　吉俊国　葛　波　陈　飞(挂职)　纪国杰(挂职)环向荣(挂职)　林　波(挂职)

国家税务总局如皋市税务局
局长、党组书记　沙　兵
党组副书记、副局长　高建秋(4月30日免)
副局长　严建军　周　昇　周宏兵　范晓军
倪锦祝　仲　巍(2月21日任)　石　俊(2月21日任)
纪检组组长　顾宝丰

如皋市气象局
局长、党组书记　陈新育
副局长　肖　霁　张开进(9月12日任)
纪检组长　张开进(10月25日任)

市管企事业单位

市党员干部现代远程教育中心
主任　吴晓晖
副主任　章志刚

市疾病预防控制中心
主任、书记　沙留强
副主任　张晓莉(女)　吴　坚　周祥国(党外)

市卫生监督所
所长、书记　范旻昊
副所长　何云祥　周　宇(女)

市海事处(机构撤销)
主任、书记　钱俊林(11月23日免)
副主任、副书记　周小兵(12月6日免)
副主任　孔咏梅(女,12月6日免)

如港公路磨头收费站(机构撤销)
站长、书记　顾卫东(11月23日免)
副站长　谭俊清(12月6日免)　徐相君(12月6日免)

市交通运输综合执法大队

大　队　长　陈建华

教　导　员　唐幸炜

副 大 队 长　范晓兵　石　峰　汤建平　张小燕　赵玉军

副 教 导 员　黄　健(12月6日免)　周小兵(12月6日任)

市社会保险基金管理中心

主任、书记　丁玉林

副　主　任　谢仁杰　周晴晖(女)　季苏岷(女)

副　书　记　陆江华

技工学校

校　　　长　张永飚(党外)

副　校　长　田岱越　韶庆生

市人才服务中心

主任、书记　张建华

副　主　任　赵晓建

市城市建设管理综合执法大队

大　队　长　杨小卫

教　导　员　姚松来

副 大 队 长　李建军　张　敏(女)　赵四军　葛　伟(8月2日任)

副 教 导 员　吴　昊

市农技推广中心

主任、书记　丁　峰

副主任、副书记　严　军(12月6日免)

副　主　任　袁小华

市机构编制研究与评估中心

主　　　任　郁　梅(女，2月20日免)

市财政结算管理中心

主　　　任　谢晓红

副　主　任　张　伟(女)　陆建英(女)

市预算管理审核中心

副　主　任　秦　军　陈　宏(女)

市机关后勤服务中心

主　　　任　谢向阳

市环境监察执法大队

大　队　长　张林红

副 大 队 长　钱　进　蒋宏东　马小兵

市文体旅游综合执法大队

大　队　长　陈建波

教　导　员　孙　伟

副 大 队 长　郭勇(10月21日任)

市农林水利综合执法大队

大　队　长　陈　慎

教　导　员　陈小明

副 大 队 长　魏国才(12月6日免)　马　宏　倪玉堂　汤小勤(12月6日任)

市公共资源交易中心

主　　　任　陈　萍(女)

副　主　任　胡　静(女)　丁树华

市房屋征收管理办公室主任

主　　　任　孟志远(12月7日免)

白蒲中学

校长、书记　缪德军

副　校　长　陆志新(8月2日免)　柳永红(8月2日免)　石春梅(女)

　　　　　　黄建锋(8月2日任)　丁文桂

石庄中学

校长、书记　陈强燕

副　校　长　严　勇(8月2日免)　马　华　吴建军(8月2日任)

　　　　　　邹晨光　朱建华(2月20日任)

江安中学

校长、书记　陈　锋

副　校　长　黄建锋(8月2日免)　严勇(8月2日任)

　　　　　　纪友根(8月2日免)　章小建　陆小祥(8月2日任)

市一中

校长、副书记　鞠九州

书记、副校长　陈　军

副　校　长　许金松　薛　钧　王　华(8月2日任)

搬经中学
校长、书记 陈宽林
副校长、副书记 卢海兵
副校长 许金波(8月2日免) 王华(8月2日免) 洪海军(8月2日任) 宋勇

市二中
校长、书记 蔡成兵(8月2日免) 柳永红(8月2日任)
副校长、副书记 陈亮
副校长 吴建军(8月2日免) 曹正国 纪友根(8月2日任) 潘建国

长江中学
校长、书记 杨勇
副校长 蔡建 洪海军(8月2日免) 张志成 丁锁勤

如皋中专
校长 冯志刚(8月2日免) 贾建军(8月2日任)
书记 王军
副书记 冯志刚(8月2日免) 贾建军(8月2日任)
副校长 姜先锋(8月2日免) 郭夕国 徐年华 徐峰 陆克平

第一中专
校长 贾建军(8月2日免) 曹江泉(8月2日任)
书记 曹江泉
副书记 贾建军(8月2日免)
副校长 曹江泉(8月2日免) 韩克山 费建国
刘剑 陈玉华 陆晓丽(女,8月2日任)

市通用技术教育实验学校(市青少年素质教育实践基地)
校长、书记 朱新华
副校长(副主任)、副书记 吴国建
副校长(副主任) 邱永忠
副校长 曹树泉 周栋 朱沈国(8月2日任)

如皋初中
校长 郭富慧(8月2日免) 孙兴波(8月2日任)

市人民医院
院长、副书记 朱银圣
书记、副院长 朱小平
副院长 卢弘栩 石国平 石高寒
纪委书记 张文怡(女)

市中医院
院长、副书记　贾　运
书　　　记　薛瑞华
副　院　长　沈安明(党外)　吕　军　刘　俊　韶建生　谢铁群(女)
纪委书记　吴宏匀(女)

条管企事业单位

中国邮政集团有限公司江苏省如皋市分公司
总经理、党委书记　施鎏鑫
副总经理　许卫权　沈　荣　冯国华
纪委书记、工会主席　许卫权

中国电信股份有限公司如皋分公司
总经理、党委书记　徐东建
副总经理、纪委书记　戴云卿
副总经理、工会主席　仇春彬
副总经理　汤毓謇

国家电网江苏省电力公司如皋市供电公司
总经理、党委副书记　蔡立华(3月20日免)　吴　强(3月20日任)
党委书记、副总经理　管建明
副总经理　周　鑫　丁雪峰(6月25日免)　王　震(6月25日任)　纪斌斌
纪委书记、工会主席　徐　华

江苏省如皋市烟草专卖局(南通市烟草公司如皋分公司)
局长、经理、党组书记　吴　彬
副局长　王鸿俊
副经理　单友兰

如皋市盐务管理局(江苏省盐业公司如皋支公司)
局长、经理、书记　郑小军
副局长、副经理　鲁　骏

中国人民银行如皋市支行
党组书记、行长　曹建平(10月14日任)
党组成员、纪检组长兼副行长　徐晓东
党组成员、副行长　吴小红(女)

中国工商银行股份有限公司如皋市支行
行长、书记　王　曙
党委副书记、纪委书记　周治平(8月21日任)
副行长　朱建(8月21日任)　许瑞静(女)

中国建设银行股份有限公司如皋市支行

行长、书记　金瑛珲

副行长　朱鹏祥(6月6日免)　章世维　顾　鹏(挂职，6月6日任)　周礼伟(挂职,7月2日任)

纪委书记　曹广勇(11月20日免)　陆亚建(11月20日任)

中国银行股份有限公司如皋支行

行长、书记　顾鹏飞

副书记　陆卫东

副行长　邱　晔　丁保兵　杨燕红

见习副行长　陆　凯(10月8日免)

中国农业银行股份有限公司如皋市支行

行长、党委书记　石　慧(女)

党委副书记、副行长　周　铭(10月11日任)

党委委员、副行长　缪世杰　周书学　倪存波

党委委员、纪委书记　卢小青(10月11日免)　顾庆庆(10月11日任)

中国农业发展银行如皋市支行

行长、书记　丁　炜

副行长兼信贷部主管　王广才(1月23日免)　蒋青云(1月23日任)

副行长兼会计部主管　黄　成

交通银行股份有限公司南通如皋支行

行长、书记　曹　霞(女)

副行长　宗位滨

行长助理　宗　祥　朱　敏(1月15日任)

江苏如皋农村商业银行股份有限公司

党委书记、董事长　钱海标

行长、党委副书记　徐晓兵

监事长、纪委书记　张士锋

副行长　展爱云(女)　张　俊　殷开峰(6月30日免)　吴慧阳(女,9月30日免)
黄璀迎(8月2日任)　叶雁琳(女,10月28日任)

招商银行股份有限公司如皋支行

行长、书记　许建军

副行长　蔡海峰

行长助理　高　华(女)　季筱磊(女)

上海浦东发展银行如皋支行

行长、书记　谢鸿飞

副行长　王　艳(女)

中国民生银行股份有限公司如皋支行
副行长　陈礼尉(6月3日免)
副行长　杨春丽(6月4日任)

南京银行股份有限公司如皋支行
副行长(主持)　赵　威
行长助理　陈　坚(7月1日任)
行长助理　张　强(7月1日任)

江苏银行股份有限公司如皋支行
行长、书记　石　瑀
副行长　杨建明
行长助理　龚　婷(女)

中信银行股份有限公司南通分行如皋支行
行长　黄　飞
副行长　杨　洋　胡　敏(女)

华夏银行股份有限公司南通分行如皋支行
行长　花嘉乐
副行长　秦　捷

兴业银行股份有限公司如皋支行
行长　张锦年
副行长　顾敏敏(女)　王　敏(女,12月9日任)

中国邮政储蓄银行如皋市支行
行长、书记　项志宙
纪检委员、副行长　张　明
副行长　王海燕(3月14日免)　范谷雨(7月23日任)

无锡农村商业银行股份有限公司如皋支行
行长　黄海东

江苏张家港农村商业银行股份有限公司如皋支行
行长　赵小静
江苏常熟农村商业银行股份有限公司如皋支行
行长　姜贞玺
行长助理　薛　慧

江苏南通如皋包商村镇银行股份有限公司
行长　张雪冬(9月10日免)　李瑞峰(9月10日任)
党支部书记、董事长　刘晓霞(女)

中国人民财产保险股份有限公司如皋支公司
经理、书记　冒建勋
副经理　陈伏虎　高志伟　周宏建　许志祥

中国人寿保险股份有限公司如皋支公司
经理、书记　杨　陈
副经理　戴海娟(女)　孙建东　陈　杰(9月26日免)

中信证券股份有限公司如皋健康南路证券营业部
总经理　曹培荣
副总经理　陆晓霜(女)

华泰证券股份有限公司如皋福寿路证券营业部
总经理　纪　熙

东海证券股份有限公司如皋中山东路证券营业部
总经理　沙　晨

长城证券股份有限公司如皋海阳路证券营业部
总经理　殷　杰

中国银河证券股份有限公司如皋健康路证券营业部
总经理　张元潮

中国联合网络通信有限公司如皋市分公司
总经理　张　雨
副总经理　蔡　琴(女)
总经理助理　邱　易(8月29日免)

中国移动通信集团江苏有限公司如皋分公司
经　理　宗迅怀
副经理　吴光燕　吕娟娟(女)

如皋中学
校长、书记　左伯华
副校长　钱国祥　李　兰(女)　刘　建　蒋　晶(女)　季小军